大学入学共通テスト

地理B

の点数が面白いほどとれる本

河合塾講師
瀬川 聡

JN247771

はじめに

▶地理は難しくない！　しかも最高におもしろい！

　こんにちは。河合塾地理科講師の瀬川 聡 です。本書は，大学入学共通テスト（以下，共通テスト）にチャレンジする受験生の絶対的な味方となるべく書きあげたものです。この『大学入学共通テスト　地理Ｂの点数が面白いほどとれる本』は，従来のセンター試験対策以上に君たちの実力アップと夢の実現を図れるよう磨きをかけて完成させました。本書を手にとった「君」は，もう大丈夫です！

　地理は，人類の未知なことに対する 憧 れから出発しました。未だ見ぬ世界に思いをはせ，見果てぬ夢を追いかけたのです。でも，新しい知識を獲得することだけが地理の目的ではありません。地表のできごとを関連づけ理論的に解明する「地」の「理」なのです。そして地理（Geography）を学べば，国際社会を生き抜くための人間力（生き抜く力）を身につけることができます。受験で成功するのはもちろんですが，地理との出合いによって視野を広げ本当のグローバルな人材に育ってくださいね！

　共通テストの地理は，莫大な知識量だけで勝負する科目ではありません。もちろん覚えるべきこともあります。しかし，バタバタとあわてて語句や地名，統計の丸暗記をしても，さほど効果がありません。君たちにとって高得点をとるための最良の方法は，地理の基本的な知識と理論を身につけ，与えられたデータや素材から地理的思考力や観察力を発揮して正答を導き出すことなのです。

　本書は，今から地理の学習を始める人にも，すでに十分な学力が身についていて，さらに高得点をねらう人にも満足してもらえる，画期的な参考書に仕上がったと自負しています。

▶本書の使い方

　本書を使うにあたって，最初にP.8（共通テストで大成功するための5箇条）を必ず熟読しましょう！
第1講の「地図と地理情報」，第2講の「系統地理」では，しっかりと地理の基本を身につけ，地理的な見方や考え方を君たちのものにしてください。そして第3講の「地誌」では，これまでに学んだことを十分に活かして世界を正しく観察してください。そして世界の諸地域の関係性や相異点を見出してほしいのです。今まで時間をかけて，頭に無理やり詰め込んできた知識や情報がすんなり理解できるはずです。

まずは，語句や地名，統計などを丸暗記しようとするのではなく，本文をしっかりと読み込んでください。地理が単なる暗記科目ではなく，「理解していく」科目だとわかれば，地理がたちまちおもしろくなり，得点力もアップします。読みながら理論武装していきましょう！

　さらに，本書は共通テストにとって欠かせないデータ・資料などをできる限り多く載せ，共通テストを解くための重要な鍵をちりばめています。本文に沿って，しっかりとどこに着目すればよいのかを学びましょう！　そして，**チェック問題**を解いてみましょう。その際には，正答したかどうかを確認するだけでなく，**正答に至った過程が正しいかどうか**，本文中で君たちに与えた**アドバイスを有効に利用できたかを**，必ず確認してください。最新の出題傾向も理解できるよう，できるだけ共通テストに対応できる問題を載せてあります。

　また，本書をひと通り通読したら，それだけで終わらせることなく，**頑張ってもう2回読み直して**ください（1回目は，かるーくハイスピードで，2回目以降はマーカーでチェックしたり，付せんをつけたりしながらじっくりと時間をかけて読むのが高得点の秘訣）。必ず実力アップと，共通テストでの成功に通じます。

▶最愛の受験生へ

　本書には，**地理のおもしろさ，共通テストでの成功法，君たち受験生を応援する俺のパワーとエネルギー**がたくさんつまっています。地理がおもしろくなった，好きになった，高得点が取れるようになったと，君たちに言ってもらえると信じています。

　苦しいときもあると思うけど，君たち1人ひとりが，**自分にできるだけのことを精一杯やってみてください。**そして本書と学校や予備校の授業に真剣に取り組んでください。**必ず道は開けます！**　春に，君たちから吉報が舞い込むのを楽しみに待っています。

▶謝　辞

　本書の執筆にあたっては，河合塾をはじめ多くの先生方にご協力いただきました。先生方のご協力なしに，本書の完成はあり得ませんでした。この場をお借りしてお礼申し上げます。また，㈱KADOKAWAの原 賢太郎さん，デザイナーのムシカゴグラフィクス長谷川 有香さん，イラストレーターのたはら ひとえさん，地図制作の佐藤 百合子さんにも，心から感謝しています。

2020年7月

河合塾地理科講師

瀬川　聡

もくじ

第 ③ 講　地　　誌

本文デザイン：長谷川有香（ムシカゴグラフィクス）

本文イラスト：たはら　ひとえ／けーしん

地図制作：佐藤　百合子

さあ，共通テスト「地理Ｂ」の勉強をこれから始めよう！　難しくないから大丈夫！　最初はちょっとキツいけど，あとからたまらないほど楽しくなるよ！

本書の特長と使い方

項目ごとに，そこで学ぶテーマを冒頭に示しています。

重要記述は太字と下線で，重要用語は赤字で，それぞれ表されています。

図表は見やすく，わかりやすく表現しています。そのまま共通テストに出ちゃうかも!?

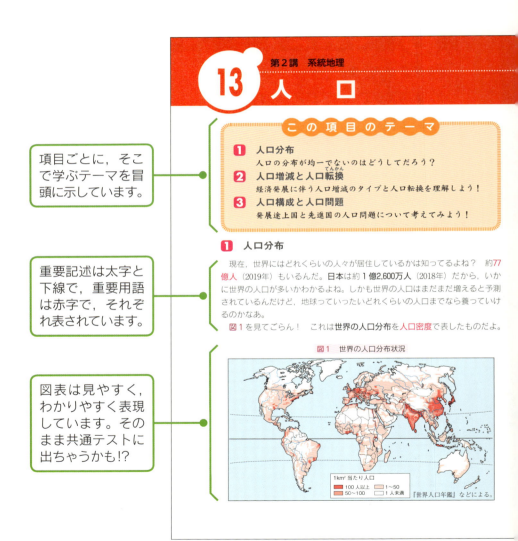

第2講　系統地理

13　人　口

この項目のテーマ

❶ **人口分布**
人口の分布が均一でないのはどうしてだろう？

❷ **人口増減と人口転換**
経済発展に伴う人口増減のタイプと人口転換を理解しよう！

❸ **人口構成と人口問題**
発展途上国と先進国の人口問題について考えてみよう！

❶　人口分布

現在，世界にはどれくらいの人々が居住しているかは知ってるよね？　約77億人（2019年）もいるんだ。日本は約1億2,600万人（2018年）だから，いかに世界の人口が多いかわかるよね。しかも世界の人口はまだまだ増えると予測されているんだけど，地球っていったいどれくらいの人口までなら養っていけるのかなあ。

図1を見てごらん！　これは世界の人口分布を人口密度で表したものだよ。

図1　世界の人口分布状況

1km²当たり人口
■ 100人以上　■ 1〜50
■ 50〜100　□ 1人未満
『世界人口年鑑』などによる。

本書は，共通テスト「地理Ｂ」対策において必要となる基本事項を，苦手な人にも十分読みこなせるよう，他の本では手薄になりがちな地理の“**根本原理**”をフォローし，これ以上丁寧には書けないというレベルまでかみくだいた最強の共通テスト対策本です。本書を読み込んで，苦手なところを全部つぶしてしまいましょう！

この図を見ると人口の分布が不均等で，人口密度が高い地域と低い地域がどこにあるかはっきりとわかるだろう？

　じゃあ，ここで**図1**［➡ p.213］を見ながら君たちに考えてもらおう！　どんなところで人口密度が高いかなぁ？　……そうだね，**西ヨーロッパ，モンスーンアジア，アメリカ合衆国北部**の3か所で特に人口密度が高いね。
　人口密度が高いということは，多くの人々を養っていくだけの「何か」がある地域と考えていいよ。つまり，**西ヨーロッパ**は早くから産業が発展し，農業，工業，商業などが高度に発達している地域だよね。
　モンスーンアジアは恵まれた地形，気候，土壌を利用して稲作（連作が可能で生産性が高く，米は熱量も大きいから**人口支持力**が高い）が発達した地域だったよね。
　そして**アメリカ合衆国北東部**は世界的な商工業地域（アメリカンメガロポリス）なんだ。それぞれ特色は異なっていても，共通しているのは多くの人間を支えていける**産業が発達している**ということが背景にあることがわかるね。

> 世界にはたくさんの国々があるけど，**人口密度**には大きな違いがみられるよね？　高い国と低い国は，ただ覚えるしかないのかなぁ？

　共通テストでは細かな数値や地名を丸暗記する必要はないよ（ただ，**国名や位置**はある程度わからないとまずいからね！）。
　じゃあ，どういうところに注意をして勉強していったらいいのかを**表1**を見ながら確認してみよう!!
　モ　ナ　コ（19,484人/km²）やシンガポール（8,072人/km²）などの都市国家を除くと，**モンスーンアジアの国々がかなり高い数値を示している**のがわかるよ。
　じゃあ，人口密度が低い国はどんな国かな？
　モンゴル，オーストラリア，リビアなどの**乾燥地域を含む国**やアイスランド，カナダなど高緯度の**寒冷な国**で人口密度が低いことがわかっただろう？　**農業生産に不利な気候環境**だからだよ。これは共通テストで，かなり重要なポイント

表1　国別人口密度

人口密度が高い主な国		人口密度が低い主な国	
バングラデシュ	1,105	モンゴル	2
韓　国	511	オーストラリア	3
インド	416	アイスランド	3
オランダ	412	カナダ	4
日　本	340	リビア	4

※単位は人/km²。統計年次は2019年。

「地理的思考力」が身につく，ていねいで論理的な解説が展開されています。

読者が疑問に思うところを，キャラクターが読者になり代わって質問しています。

＊本書に掲載されている情報は，2020年4月現在のデータに基づいています。ただし，一部の資料は，資料内に記載されている年月日現在のデータです。

Ⅰ 『地理』という科目を十分に理解する！

地表で生じるさまざまな事象を，バラバラにしかも強引に丸暗記するだけじゃおもしろくない。『地図と地理情報（第1講　1)』『系統地理（第2講　2～18)』でしっかりとテーマごとの基礎的知識と理論を学習しよう。特に**地形や気候などの自然環境（1～7）は成因に注目！**　自然環境をマスターできれば，絶対に地理は得意になれる!!!

Ⅱ 地図を利用し，図で理解する！

地球上での位置関係をとらえることは，地理学習の基本！　めんどうでも**本書の横には必ず地図帳を置いて学習する習慣を身につけること**。細かい地名までを覚える必要はないが，**重要な自然地名（海洋，山脈，河川など）や国の位置は必ずチェックしよう！**　なかなか本書の内容が頭に入ってこないときは，できるだけ図を描いたり，フローチャート（flow chart：Aが原因で➡Bが生じ➡Cになる，というような流れを図式化したもの。大学生になったり，社会人になっても使える技だ）を作成してみよう。

Ⅲ 『地誌(第3講　19～27)』では，さまざまなスケールで地域性をとらえる！

まずは，系統地理で学んだことをできるだけ，地誌で使ってみよう（たとえば「コンゴ民主共和国では国土の大半が熱帯である」➡「コンゴ民主共和国は，ほぼ赤道直下に位置し，赤道低圧帯の影響を受けるため，国土の大半が熱帯になる」)。地誌は，ある地域や国がもっている総合的な特色，つまり**地域性を学習する分野**だ。まずは大陸規模，国家的規模の特徴をしっかりとらえよう！　そのためには，「東アジアとはどのあたりに位置していて，どのような国が東アジアに該当するのか」という基本的な知識を定着させたい。

Ⅳ 本書を最大限に有効利用する！　大切に持ってるだけじゃダメ！

共通テスト対策の基本テキストとして使用してもよいし，定期考査や模試対策として使用してもよいが，どちらにしても**しっかりと通読して，地理の醍醐味を味わってほしい**。そのためには，以下の読み方を勧める。

❶　1回目は，概観をとらえるためにスピーディにざっと読もう！　ただし，気になるところや，ちょっと難しく感じたところはマーカーなどでチェックしておくこと。

❷　2回目は，「地球と地図」，「大地形」などテーマごとにしっかりと理解を深めよう！

❸　かなり力がついてきたので，アウトプットにもチャレンジ！

『瀬川聡の　地理Ｂ［系統地理編］超重要問題の解き方』，同じく『瀬川聡の　地理Ｂ［地誌編］超重要問題の解き方』（以上，KADOKAWA）で，解法のスキルをアップしよう！　得点がとれるようになるはず。この問題集は本書に準拠しているので，学習の到達度を測るには最も効果的！！

❹　3回目は，ノートやメモ用紙などを横に置いて，記憶に残りにくい部分やよく誤ってしまう部分については，ラフでよいので書き出したり，まとめたりしながら読んでいこう。

もうこれで大丈夫！！！

Ⅴ　受験当日までの時間を最大限に有効利用する！

「時間がない！」のは受験生全員同じ。数学も英語もやるべきことが多くて大変だというのはよくわかる。でも成功する人は「**時間はないけど，できるだけがんばろう**」とする。失敗する人は「**時間がないから焦って手につかなくなる**」，または「**時間がないから地理まで手が回らなくても仕方がない**」と自分に言い訳をする。俺は君たちに受験だけじゃなく，人生で成功してほしい。そのためには乗り越えなくちゃいけない壁がある場合，完璧じゃなくていいから，いつも最善の努力を惜しまないことを，受験を通じてわかってもらいたい。時間はなくても，1日に30分の時間がとれない人はいない！　もしそんなこともできないなら，仕事をし始めると，友人と遊ぶことも，家族と楽しい時間を過ごすことも，趣味に興じることもできなくなる。3分×10回でも貴重な勉強時間だ！　入試当日に「**不十分かもしれないけど，自分なりに精一杯やってきた**」という思いで入試のステージに立てるようにがんばれ！！！

この5箇条は，本書を読んで勉強するときには，必ず頭のどこかに入れておこう!!

本書で使用する世界の地域区分

図1 形式的な指標である州による地域区分

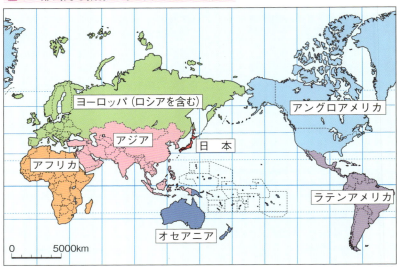

ヨーロッパ（ロシアを含む）

アングロアメリカ

アジア

日 本

アフリカ

ラテンアメリカ

オセアニア

0　　　5000km

＊メルカトル図法

図2 アジア州の区分

アジア

中央アジア

東アジア

西アジア

南アジア

東南アジア

0　　　3000km

地域区分とは，世界を共通性や関連性をもとに，まとまりのある地域に分けてとらえることである。地域は，地形や気候などの自然環境，政治・経済，民族・宗教などの文化のような指標にもとづいて区分することができる。**本書では，形式的な指標である州によって地域区分を行った。**

地球と地図

この項目のテーマ

1 　球面上の世界
地球が球体であることと，地表の海陸分布に注目しよう！

2 　地図投影法
各種地図の特色を理解しよう！

3 　地図と地理情報
統計資料などの地理情報は地図化すると一目 瞭 然！

4 　地域調査
事前調査と現地調査で，地域の特色をとらえる！

1　球面上の世界

　さぁ，いよいよ楽しい**地理（Geography）**の世界の始まりです！　最初に地球の概観をとらえておこうね。

　われわれの暮らしている世界が**球体**であるということは，君にとって当たり前だろうけど，古代バビロニア（現在のイラク付近）やインド，中国では「世界は平面で中央に大陸がある」という世界観が一般的だったんだ。**世界が球面であるという考え方は古代ギリシャ時代に生まれ**，2世紀には**経緯線を使用**した世界地図（**プトレマイオスの世界地図**）まで作られたんだよ［➡ p.14 **図3**］。

　その後，**中世ヨーロッパのキリスト教世界**では，**TO図**のように再び**聖地エルサレム**を中心とする平面世界へ逆戻りしたけど［➡ p.14 **図4**］，7世紀以降イスラム世界では大地が球体であるという説にもとづき，科学的に研究が進められたんだ。そして，ついに15～16世紀の**大航海時代**には，**マゼラン**や**コロンブス**らによって球体であることが実証され，正確な世界地図も作成されるようになったんだね。

　では，最初に**地球の大きさ**について確認をしておこう！　**地球**は，**半径約6,400km**，**全周約4万km**の球体だ。赤道全周が子午線（経線）全周よりほんの少しだけ長いんだけど，ほぼ球形と考えていいよ。表面積は**約5.1億km²**で，

そこには**陸地**と**海洋**が分布しているんだね。

地球儀を見ていると，**陸地**と**海洋**って偏（かたよ）って分布しているように感じるんだけど？

地球儀は楽しいよ～。地球儀を見るといろんなことがわかってくるもんね。

地球の表面積における**陸地と海洋の割合は3：7**で，**海洋が圧倒的に大きい**よ。そして**北半球**（北極を中心とする半球）には**陸地の3分の2**が分布しているんだ。

図1を見てごらん！ これは**緯度別の海陸分布割合**（いど）を示したものなんだ。陸地の割合や海洋の割合がきわだっているところを地図帳でチェックしておこうね！

図1 緯度別の海陸分布割合

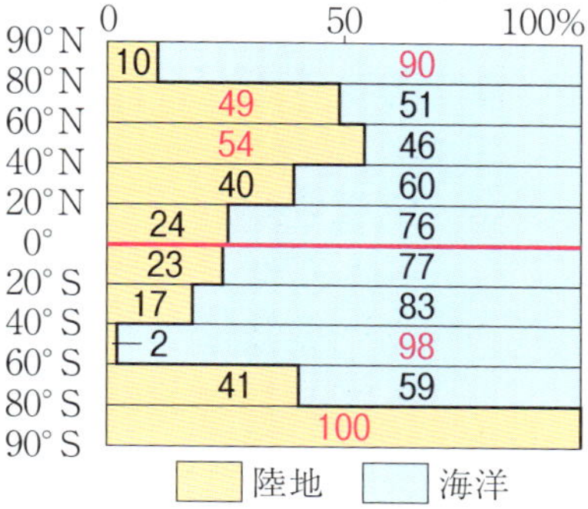

緯度	陸地	海洋
90°N	10	90
80°N	49	51
60°N	54	46
40°N	40	60
20°N	24	76
0°	23	77
20°S	17	83
40°S	2	98
60°S	41	59
80°S	100	
90°S		

（凡例）□ 陸地　□ 海洋

陸半球（りくはんきゅう）と水半球（すいはんきゅう）［図2］

陸地が最大となる半球を陸半球，海洋が最大となる半球を水半球と呼んでいる。陸半球の中心は48°N 0.5°E（北緯48度，東経0.5度のこと）で**パリ南西付近**，水半球の中心は48°S 179.5°W（南緯48度，西経179.5度のこと）で**ニュージーランド南東**にあるアンティポディーズ諸島付近となる。

図2 陸半球と水半球

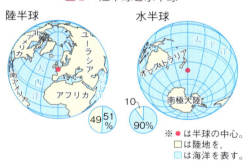

陸半球　水半球

49％　51％　10　90％

※ ● は半球の中心。
□は陸地を，
□は海洋を表す。

プトレマイオスの世界地図［➡ p.14 図3］

2世紀ごろのギリシャの地理学者プトレマイオスは，地球全周を360度として，経度（けいど）0度～180度における半球図を作成した。プトレマイオスは実際より経度幅を大きく考えたため（アジアの東西方向を誇大表現），西端のカナリア諸島から東端の唐の都 長 安（とう）（ちょうあん）（中国の西安付近）（シーアン）あたりまでを経度180度の広がりとしてとらえていたことがわかる。実際の経度180度は，ニュージーランドの東方を通過していることに注意しよう！ **緯度は太陽高度**や**北極星**の位置から比較的容易に求められたが，**経度は正確な時計**が発明されるまで測定することが難しかった。また，図からインド洋も誤って内海で表現されていることがわかる。

☞ TO図［図4］　中世ヨーロッパでは，地球球体説が否定され，**キリスト教の聖地エルサレム**を中心とする地球円盤説になってしまった。陸地はT字状の地中海などでアジア，アフリカ，ヨーロッパに三分割され，Oで示されるオケアノス（oceanの語源）で全体が囲まれている。中心がエルサレム（現在の**イスラエルの首都**付近），上が東を指している。

図3　プトレマイオスの世界地図

図4　TO図

[General Cartography]

1 東　2 アジア　3 ヨーロッパ
4 アフリカ　5 エルサレム

 地球表面にはかなり凹凸があるよね？

　そうだね。陸地の最高峰が**ヒマラヤ山脈のエヴェレスト山**（8,848m），海洋の最深点は**マリアナ海溝のチャレンジャー海淵**（10,920m）だよ。陸地の平均海抜高度は約880m，海洋の平均深度は約3,800m［図5］と，かなりの凹凸があるように思うけど，もし仮に地球を半径64cmの地球儀に見立てると，その凹凸は2mm以内におさまってしまう程度なんだ。数値を丸暗記する必要はないんだけど，地表面の凹凸が君たちの生活にもいろいろな影響を与えていることが，②**大地形**［p.30～］以降で理解できると思うよ。

　実力アップのために**表1**をしっかり見てみよう！

図5　陸地と海洋の高度別割合

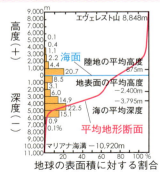

地球の表面積に対する割合

表1　大陸別の高度別面積割合（%）

大陸 高度 (m)	アジア（カフカス含む）	ヨーロッパ（カフカスを除く）	アフリカ	北アメリカ	南アメリカ	オーストラリア（ニューギニアなどを含む）	南極	全大陸
200未満	24.6	52.7	9.7	29.9	38.2	39.3	6.4	25.3
200～ 500	20.2	21.2	38.9	30.7	29.8	41.6	2.8	26.8
500～1000	25.9	15.2	28.2	12.0	19.2	16.9	5.0	19.4
1000～2000	18.0	5.0	19.5	16.6	5.6	2.2	22.0	15.2
2000～3000	5.2	2.0	2.7	9.1	2.2	0.0	37.6	7.5
3000～4000	2.0	0.0	1.0	1.7	2.8	0.0	26.2	3.9
4000～5000	4.1	0.0	0.0	0.0	2.2	0.0	0.0	1.5
5000以上	1.1	—	0.0	0.0	0.0	—	0.0	0.4
平均高度	960	340	750	720	590	340	2,200	875

　大陸別の高度別面積割合を示したものなんだけど，ヨーロッパは200m未満の低地の割合が高いことに気づくだろう？　低地は大部分が平野のことだから人間の経済活動，つまり農業や工業などの経済活動には有利だよね。これもヨーロッパが経済発展をしている要因の一つなんだ。

　逆にアフリカは低地の割合が低いのがわかるかな？　大部分が標高の高い高原状になっているんだよ。交通機関の発達一つをとっても，内陸部と海洋部分を結ぶ水運は発達しにくいことがわかるよね（コンゴ川やナイル川など大部分の河川は下流部に滝があるため，外洋船の航行が困難）。

　南極が群を抜いて高いことも不思議だったんじゃないかな？　これはね，南極大陸が平均して厚さ2,000m以上もの大陸氷河（氷床）に覆われているからなんだ。すごいね！　南極大陸の岩盤は，平均標高が200m程度しかないけど，氷河も陸地の一部とされているんだよ。

そうかぁ。高度一つとっても統計（データ）を読むのは楽しいんだなぁ。統計なんて暗記するだけで苦痛だと思ってたけど。ところで，地球上の位置を表すのに使われる緯度と経度って何なの？

　緯度と経度は球面上の位置を示すための座標だよ。緯度は南北，経度は東西の位置関係を表しているんだ。

　図6を見れば，緯度と経度の考え方がすぐわかるよ。地図上で赤道，本初子午線（経度0度），経度180度がどこを通過しているかを知っていると，地理的な思考力を使いやすくなるので，地図帳にマーカーで線を入れておこう！

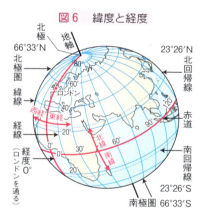

図6　緯度と経度

先日，ハワイにいるセツコおばあちゃんに電話をかけたんだけど，ハワイ時間の真夜中に電話してしまって怒られちゃった！　時差について教えてくれないかなぁ？

　それは，いけないねえ（^^;）。では図7［→ p.16］を見ながら，しっかり時差について勉強しておこう。

地球は，１日（**24時間**）かけて１回転（**経度360度**）するわけだから，**経度15度で１時間の時差**が生じることになるのはわかるよね？

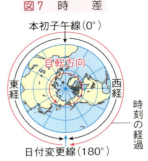

図7　時　差

もう一度**図7**を見てごらん！　**図7**は北極を中心に描かれた地図だよ。ほぼ**経度180度を日付変更線**とし，**この西側から１日が始まる**んだ**（日付変更線の西から順に時刻が進んでいく）**。つまり2019年の１月１日を最初に迎えるのが，日付変更線のすぐ西側，最後に迎えるのがすぐ東側の地域ということになるんだよ。

また，ロンドンを通過する**本初子午線**（経度０度）を**世界標準時**（GMT：Greenwich Mean Time）の基準線と定めているんだ。最近は原子時計に基づく協定世界時（UTC）が基準になっているけどね。

 標準時って何のために定めてあるの？

さっき**経度15度で１時間の時差**が生じるという話をしたよね。厳密に言えば，経度１度で４分の時差が生じるんだ。ということは，東京（東経140度）で午後７時だったら福岡（東経130度）ではまだ午後６時20分ということになるよね。

君たちも日本全国いろんなところに住んでいるだろうけど，日本中で時刻が異なっていると，とってもめんどうなので，ちょうど国土のほぼ中央部を通過する**東経135度**（**兵庫県明石市**）を**日本の標準時子午線**と定めているんだ。

ところが，ロシア，アメリカ合衆国，オーストラリアなどの**東西幅が大きい国では**，一つの標準時では無理があるので，**複数の標準時を定めている**んだよ。

じゃあ，次に **例題** を出してみるのでやってみよう！

例題1　東京に住んでいるスナオ君は，４月１日午後２時にロンドンに留学中のマサミさんに電話をかけました。マサミさんが電話を受けるのはロンドン時間で４月何日の何時ですか？

例題2　大学生になったタイヨウ君は夏休みにロサンゼルス（120°W）に行くことにしました。８月２日午前10時に成田を出発し，11時間の所要時間でロサンゼルスに到着しました。ロサンゼルス時間で８月何日の何時に到着しましたか？（**例題1** **例題2** ともサマータイムは考慮しない）

以上，２問は完答するまで徹底的に練習しよう！　［➡解答は p.17］

👆 **複数の標準時を採用している国** ロシアでは11，**アメリカ合衆国**では本土で4，アラスカ，ハワイを加えて計6，**オーストラリア**では3とおりの標準時が採用されている。例外として**中国**はペキン（北京）を基準とした標準時を用いており，時刻帯は一つである。

👆 **サマータイム** サマータイムは20世紀初めにイギリスで提案された。夏季に日光浴する時間を長くとったり，点灯時間を短くするなど省エネルギーを目的として設定された時間で，**標準時より１時間進んだ夏時刻（サマータイム）**を採用している国がある。特にイギリスやドイツなど**ヨーロッパ諸国**や**カナダ・アメリカ合衆国**などは，比較的高緯度に位置するため，夏の日照時間が長いことから採用している。サマータイムは約70か国で実施されているが，日本，韓国，アイスランドなどでは採用されていない。

ポイント 球面上の世界

❶ 地球は，**半径約6,400km**，**全周約４万km**，**表面積約5.1億km²**の回転楕円体で，陸地と海洋の割合は**３：７**である。

❷ 時差は経度**15度**につき**１時間**生じ，**日付変更線**を基準として西に向かうほど時刻は遅れる。

---

p.16 例題1 の解説

４月１日午前５時 東京は135°E，ロンドンは０°を**標準時子午線**としているので経度差が135°ある。これを15で割ると**９時間**の時差があることがわかり，**東京のほうが時刻が進んでいる**ため，スナオ君が電話をかけた東京時間の４月１日午後２時から９時間差し引いた時刻がロンドンの現地時間であるのだから，マサミさんが電話を受けるのは**４月１日午前５時**となる。

p.16 例題2 の解説

８月２日午前４時 飛行機による移動の問題では，必ずどちらかの時刻（この場合は成田かロサンゼルスのいずれか）に合わせて考える。ここでは**成田（135°E）とロサンゼルス（120°W）の経度差は135＋120**となり，15で割ると，**17時間**分だけ成田の時刻が進んでいることがわかる。したがって，タイヨウ君が成田を出発するのはロサンゼルス時間の８月１日午後５時となり，11時間（飛行機の所要時間）後に到着するのだから，**８月２日午前４時**となる。

② 地図投影法

　君は**地球儀**を見たことあるよね？　地球儀とは地球を縮小した模型で，経緯線，陸地と海洋，地名などが表記されているよ。**球面上での距離・方位・面積・角度の関係がそれぞれ正しく表されている**ため，地球を観察するにはとっても便利なものなんだ。

　しかし，作業や持ち運びを考えるとどうだろう？　俺も地球儀は持っているけど，自分の車に地球儀は載せていないし（いつも車にでっかい地球儀を載せて走り回ってたらかなり怪しいよね！），新幹線や飛行機での移動のときも困るよね。そこで地図が登場するわけだ。

　地図は地球の表面を写し取ることによって作成するんだ。これを**地図投影法（図法）**といって，写し取る面によって図8のような方法があるよ。

図8　地図投影法

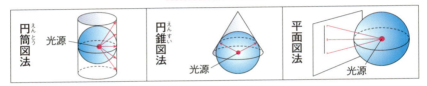

図9　平面図法の投影

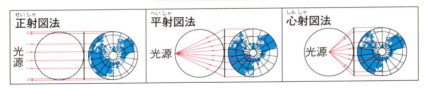

➡ **正射図法**では，地球を遠くから眺めた感じの地図になること，**心射図法では任意の2点間を結ぶ直線が最短（大圏）コースを示すこと**，図9の図法ではすべて**中心からの方位が正しい**ことに注意しよう！

　地図は地球儀と同じように地球を正確に表すことができるの？

　うーん，それは難しいねぇ。球面を平面にするわけだから，いろいろな問題が生じるんだ。つまり平面の地図上では**距離・方位・面積・角度のすべてを同時に正しく表すことはできない**んだよ。そこで地図の使用目的に合わせてさまざまな**図法**が作成されているんだね。

正積図法というのはどんな図法なの？

正積図法とは，**地図上での面積関係が正しく表されている図法**のことで，「アメリカ合衆国の面積は，日本の約25倍だ」ということが正しく表現されているんだ。主に，**ドットマップ**［→ p.23 図14］などの**分布図**（何が，どこに，どれぐらいあるかを示す地図）として使用されているよ。**分布図を作成する時に，面積がでたらめな地図を使うと，地図を読む人に誤った印象を与えてしまう**から要注意だ！　本来，地表面では緯線と経線が直交しているんだけど，平面上

地球と地図

図10　正積図法

●サンソン図法（円筒図法）

緯線は等間隔の平行線で，経線は正弦曲線（サインカーブ）。中低緯度は比較的正確だが，高緯度地方のひずみが大きい。

●モルワイデ図法（円筒図法）

経線が楕円曲線（ホモロ），緯線は平行線で，サンソン図法よりも高緯度地方でのひずみが小さい。

●ホモロサイン（グード）図法

モルワイデ図法
—— 40°44'
サンソン図法
—— 40°44'
モルワイデ図法

低緯度でサンソン図法，高緯度でモルワイデ図法を用い，緯度40度付近で接合したもの。さらに大陸の形のひずみを小さくするために，海洋の部分に断裂を入れた。船舶航路や等値線図，流線図を描くには不適当である。

●エケルト図法（円筒図法）

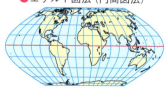

高緯度地方のひずみを小さくするために，極を赤道の2分の1の長さの直線とした。緯線間隔は面積が正しくなるように，緯度が高まるほど狭くしてある。

●ボンヌ図法（円錐図法）

中央経線

緯線は等間隔の同心円で，中央経線を離れるにつれ形のひずみが増すため，世界図や半球図には不適当であるが，大陸図や地方図にはよく用いられている。

では面積を正しくすることによって経緯線が直交しなくなるため，形の歪みが大きくなるのが欠点だ。

それを少しでも改善しようと，**図10**［➡ p.19］のようにいろいろな図法が作られてきたんだよ。

 ＜ メルカトル図法という名前をよく聞くんだけど，どんな図法なの？

確かに，有名な図法だよね。

では，**正角図法であるメルカトル図法**について説明してみよう！　共通テストではメルカトル図法をしっかり学習しておく必要があるからね。

まず，<u>**正角図法**</u>というのは**地球上での角度の関係が地図上でも正しく表現されている図法**なんだ。つまり，任意の線と経線との交わる角度が地表面と同じように描き表されているんだ。

さっきも話したけれども，地球の表面では経線と緯線が直交していて，<u>メルカトル図法でも経線と緯線が常に直交</u>しているよね。だから地球の表面で，測った角度は，地図上でも同じ角度になるため，**任意の2点を結んだ直線は等角航路**になるんだ。これによってコンパス（羅針盤）を使用すれば，経線に対して船の舵の角度（舵角）を常に一定に保って航行する等角航路を直線で表すことができるから，航海図としてはとても便利なんだよ。

ただ，君も気づいているように，大きな弱点があるよね。

本来は<u>**赤道上の経度1度と他の緯度における経度1度は距離が違う**</u>はずなのに，この図法ではすべての経度を赤道上と同じ長さに表しているから，<u>**高緯度になるほど距離や面積が著しく拡大**</u>してしまうんだ。それから，<u>**北極点や南極点は描き表せない**</u>のも欠点だね。

たとえば，<u>**北緯60度における経度1度分の距離は2倍に拡大**</u>されていることになるので，**図11**のメルカトル図法で見るロシアやカナダは，実際よりかなり大きく表されているんだ。

図11　メルカトル図法

A〜B間とC〜D間の実際の距離は等しい

距離の求め方

緯度1度分の距離
赤道上での経度1度分の距離 $\left.\begin{array}{c}\\\\\end{array}\right\}$ 40,000km（全周）÷360度＝約**111km**

緯度 θ 度における経度1度分の距離　111km×$\cos\theta$°

次の**図12**は何という図法なの？

図12　正距方位図法

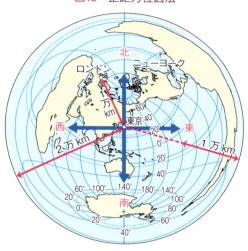

図12は東京を中心とする<ruby>正距方位<rt>せいきょほうい</rt></ruby>図法だね。君の地図帳にも必ず<ruby>載<rt>の</rt></ruby>ってるよ。これは**中心からの距離と方位が正しい図法**なんだ。

　われわれは，どの図法でもつい地図の上が北，右が東と思いこんでいるけれど，方位が正しい図法でなければこれは言えないんだ（地形図のような大縮尺の地図なら方位はほぼ正しくなるけどね）。

　メルカトル図法や**ミラー図法**などの見慣れた図法で，「東京から真東に行くとアメリカ合衆国の西海岸，西に行くと<ruby>地中海<rt>ちちゅうかい</rt></ruby>」などというミスを犯しがちだけど，**図12**の**正距方位図法**を見れば，東京からの真東と真西がどこに位置しているかをすぐ

図13　<ruby>大圏<rt>たいけん</rt></ruby>（<ruby>大円<rt>だいえん</rt></ruby>）コース

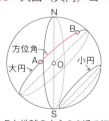

任意の点A・Bと地球の中心Oを通る切り口を大円と呼び，A・B間の最短経路（大圏コース）となる。

に理解できるよ。**真東**に進むと南アメリカのチリやアルゼンチンに出るし，**真西**に進むとアフリカ南東部に，**真北**に進むとブラジルの東部に行き着くんだね（これはちょっとびっくりかな？）。

また，この図法は中心からの距離も正しいので，**図12**［➡ p.21］に**東京からロンドン，東京からニューヨーク**へ直線を引くと，これが**最短（大圏）航路**［➡ p.21 **図13**］を表していることになるんだ。

ちなみに**東京～ロンドン間**は何 km ぐらいあるかわかるかな？　そう，約1万 km だね。球体上のある地点から最も遠い地点は，その真裏（**対蹠点**）なので，図の中心から最も遠い**外周が対蹠点**になるんだ。そこで地球全周は約4万 km ということから，**外周までは約2万 km** であるということがわかるよね。もちろん，これは**正距方位図法で世界全図が描かれている場合にわかること**だよ。入試頻出だからがんばって理解しよう！

ポイント　地図投影法

❶ **距離・方位・面積・角度（形）**を地図の4要素といい，このすべてを同時に1枚の地図上で表すことはできない。

❷ **メルカトル図法**では任意の2点間を結ぶ直線は**等角航路**となる。

❸ **正距方位図法**では中心からの**距離**と**方位**が正しく，中心から任意の点を結ぶ直線は**最短（大圏）航路**となる。

図法はちょっと難しいかもしれないけど，メルカトル図法と正距方位図法が得意になれば大丈夫だから，くじけずにがんばろう！　君だったらできるよ。すっきりしなくても，もう一度読めば必ずわかるからね！

❸　地図と地理情報

地図には，土地の起伏や土地利用など基本的な情報を1枚の地図にまとめてある**一般図**と，人口分布・気候区分・各種統計など特定の事柄に的をしぼって表現した**主題図**があるよ。**一般図**の代表的なものは**地形図**だけど，これは❹地形図〔p.66〜〕で勉強するからね。

主題図の一つに**統計地図**があるんだ。一見複雑な統計資料も地図化すると，とてもわかりやすくなるよ。だから**統計地図を作成するときは，用途に応じて地図を見る人にわかりやすい地図を作成する必要がある**んだね。

表現方法を間違えると，地図の読み手に大きな誤解を与えてしまうんだ。

統計地図にはどんな種類があるの？

統計地図には数値の**絶対値**を示した**絶対分布図**と，単位面積当たりや人口1人当たりなどの**割合**を示した**相対分布図**があるんだよ。

まず，絶対分布図を見てみよう〔**図14**〕。**ドットマップ**はドット（点）で人口や家畜などの分布を表現したものだね。**等値線図**は等しい値の地点を線で結んだもので，**等温線図**などに利用されているよ。

図14　いろいろな統計地図

ドットマップ

等値線図
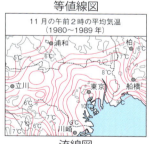

図形表現図

流線図

また，流線図は物資や人の移動元・移動先や量を流線で表すもので，貿易量や相手国を示すのに使われているね。図形表現図は〇や□などの図形の大きさで地域の統計数値を比較するのに便利なんだ。カルトグラムは表現する値にあわせて面積や形を変形させて視覚にうったえているよ ［図15］。

相対分布図の中でよく使われるのが図16の階級区分図（コロプレスマップ）だ。これは統計調査地区ごとの比率や密度を色彩や模様で表現したもので，各地区の特徴をつかみやすいのが利点だね。

図15　世界各国の二酸化炭素排出量

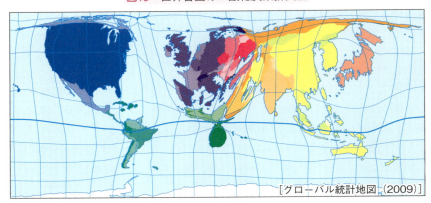

［グローバル統計地図　(2009)］

図16　階級区分図

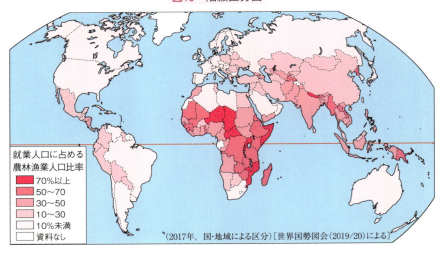

就業人口に占める
農林漁業人口比率

- 70%以上
- 50〜70
- 30〜50
- 10〜30
- 10%未満
- 資料なし

(2017年，国・地域による区分)［世界国勢図会(2019/20)による］

統計地図といっても，いろんな用途に適した地図があるんだなぁ。ところでさっきの階級区分図はどんな資料を表すのに用いられるのかなあ？

階級区分図は，１人当たりの GNI（国民総所得）や人口密度などの**割合（相対値）を示す**のに用いられることが多いね。数値が高いほど濃・密に，低いほど淡・疎にぬり分けて表現しているよ。

たとえば人口分布のように，**面積が広がると数値が大きく変わってしまうような指標には適さない**んだ。たとえば，都道府県別人口分布を階級区分図で示すと，面積がひときわ大きい北海道の人口が面積が小さい東京，大阪より多いようなイメージを与えてしまうんだよ。入試では頻出の統計地図なので忘れないでね。

話は変わるけど，最近では，日本全国に設置してある AMeDAS 情報をコンピュータ処理して地図化したり，人工衛星からの電波で位置を測定できる GPS（Global Positioning System：**全地球測位システム**）を利用した**カーナビゲーションシステム**の利用や，人工衛星などから発信する電磁波を地表に反射させて各種の情報を得る**リモートセンシング**も発達しているね。

さらに，収集された膨大な地理情報をコンピュータのデータベースにまとめて必要な情報のみを取り出したり，解析したりして地図に表現できる GIS（Geographic Information System：地理情報システム）の作成も進められているんだよ。

GIS（Geographic Information System）　地理情報システムのことで，位置情報を持つ空間データをコンピュータで管理し，その**データを地図上に表示**することができる技術である。地震，火山，洪水などのハザードマップや各種分布図などさまざまな主題図を容易に作成することができる。また，これらの地図に地名，衛星画像などを自由に重ね合わせることが可能で，**防災，商業活動，学術研究**などに広く利用されている。

リモートセンシング（Remote Sensing：**遠隔探査**）　人工衛星や航空機などに搭載したセンサーを使用し，熱や光から出る電磁波を観測して，地表の情報を獲得する技術のこと。**気象衛星ひまわり**の衛星画像では，**地表の温度，雲の様子，熱帯低気圧の発生や進路**などの気象情報を把握することが可能である。また，**ランドサット**などの地球観測衛星を利用すると，**石油などのエネルギー資源や鉄鉱石などの鉱産資源の探査**も可能で，**エルニーニョ現象の発生，洪水・津波・火山活動などの被災状況，森林破壊の進行状況**など多岐にわたる観測が行われている。

👆 **全球測位衛星システム**（GNSS：Global Navigation Satellite System） **人工衛星**の電波を受信し，**正確に位置を知ることができるしくみ**で，アメリカ合衆国では**GPS**（Global Positioning System），ロシアでは GLONASS などと呼ばれている。**自動車**，**航空機**，**船舶**などの運航に利用されているほか，近年は**携帯電話**（**スマートフォン**）などもその機能を備えている。

ポイント ▶ 地図と地理情報

❶ 地図は地形図などのように土地の起伏（きふく），水系，土地利用など基本的な情報が得られる一般図と，気候図や人口分布図，その他の統計地図のように特定の事象についての情報を伝えてくれる主題図に大別される。

❷ 各種の統計地図には，ドットマップ，等値線図（とうちせん），流線図，図形表現図，カルトグラム，階級区分図などがある。

④ 地域調査

本試や模試で地域調査が出題されると，「なんか嫌だった」とか「時間がかかって解けなかった」っていう話を時々聞くんだけど，そんなに難しいテーマじゃないよ。だって本当なら君たちは小学校や中学校の地理の時間でやってることなんだもの。俺も君が，小中学校でどんなことを学んできたのか知りたくて，教科書を読むことがあるんだけど，重要なことはほとんど書いてあるよ。思ったより小学校の地理の教科書は難しかったけど（笑）。

 ふ〜ん，そんなものかなぁ。まぁ，とにかく忘れちゃってるわけだから，先生ぼくにも思い出させてください。

よし，わかった！　じゃあ，シンプルにまとめておこう。

地域調査は，主に身近な地域について，調査したいテーマ（戦前戦後の地域の変化，市街地の郊外への拡大やスプロール現象，都心のドーナツ化と都心回帰，過疎化，高齢化などなんでもいいんだよ）を決め，書物や地図，統計資料から情報を手に入れ，そして現地に出向き自分の目で見たり，土地の人から話を聞いたりしていろいろな発見をするんだ。**事前調査**や**現地調査**した内容をもとに，**地形，土地利用，人口分布，産業や交通の発達や変化**など君たちなりに考えたり分析したりして，地域の特色をとらえたり将来の展望を考察するんだよ。**ただ調べてまとめるだけじゃなくて，自らの力で考え表現**することが大切かな。こうした経験や考え方は，君の人生ですごく役に立つと思うよ。

ということで，地域調査の手順は，
① 調査したい地域についてのテーマを決める。
② 調査の準備をして，文献調査と現地調査で資料を収集し整理をする。
③ 収集した資料をもとに統計地図を作成するなど資料の分析や考察をする。
④ 調査結果をレポートにまとめ発表する。
というのが一般的なやり方だ。プレゼンするときは，コンピュータソフトを駆使して，**統計地図**や**グラフ**で示したり視覚的にうったえると効果的かな。おもしろそうだろう？　学生の間にぜひやってみるといいよ。

共通テストの地域調査は，解いてもそんなに楽しくないかもしれないけど（問題作成のための地域調査なので），設問文をしっかり読んで，**出題の意図をとらえ，地理学習で学んできた系統地理の各テーマと地誌の日本をうまく利用**すると必ず解けるようになっているのでがんばってね！

チェック問題

1 次の図1中のA地点で1月1日午後1時に開始されるサッカーの試合の生中継を，東京で視聴するときの試合開始時刻として正しいものを，次の①〜④のうちから一つ選べ。なお，サマータイム制度は考慮しない。

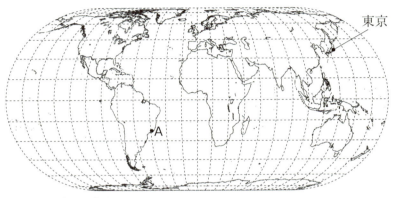

緯線・経線は15度間隔。

図1

① 1月1日午前1時 　　② 1月1日午前7時

③ 1月1日午後7時 　　④ 1月2日午前1時

2 地球を平面に表現したものが地図であり，さまざまな投影法がある。次の図2はシアトルを中心とした正距方位図法で描かれた地図，図3はメルカトル図法で描かれた地図である。図2中の**ア**と図3中の**イ**，**ウ**について説明した文として正しいものを，次の①〜④のうちから一つ選べ。

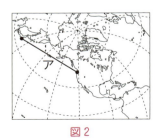

図2　　　　　　　　　**図3**

① 図2中のアは2地点間の最短距離を示し、図3中のイが同じ軌跡になる。
② 図2中のアは2地点間の最短距離を示し、図3中のウが同じ軌跡になる。
③ 図2中のアは2地点間の等角航路を示し、図3中のイが同じ軌跡になる。
④ 図2中のアは2地点間の等角航路を示し、図3中のウが同じ軌跡になる。

解答・解説　**1**　④　まずは東京とA地点の経度差を求めて、時差を計算する。東京は、日本の標準時子午線である東経135度を利用すればよいが、A地点（ブラジルのサンパウロ付近）は図1から読み取らなければならない。図1の左下に、緯線・経線は15度間隔と記してあるため、ロンドンを通過する本初子午線（経度0度）から数えて15×3＝45となり、西経45度であることがわかる。したがって、東京とA地点の経度差は135＋45＝180となり、時差は180÷15＝12時間で、**東京がA地点より12時間時刻が進んでいる**（逆にA地点が東京より12時間遅れている）ことから、A地点での1月1日午後1時からの生中継は、東京では＋12時間の**1月2日午前1時**となる。

2　①
① 図2は、直線アの右端に当たる**シアトルを中心とした正距方位図法**であるため、シアトルからの方位と距離は正しく表されている。したがって、シアトルと直線左端の東京との距離は正しく、**最短距離（大圏コース）**が示されている。また、**図3はメルカトル図法**で、**任意の2点を結ぶ直線は等角航路（コース）**を表すが、大圏コースは高緯度側の線分イが該当するため、これが正文である。
② メルカトル図法で、最短距離を直線で示せるのは、**赤道上と同一経線上のみ**である。ウは大圏コースではなく等角コースであることから、後半部分が誤り。
③ アもイも大圏コースであるため、全文誤り。
④ アは大圏コース、ウは等角コースであるため、全文が誤り。

地図と地理情報

地球と地図

２ 大地形

この項目のテーマ

1 プレートテクトニクス
現在の大陸と海洋はどのようにして形成されたんだろう？

2 内的営力と外的営力
地形はどのようにして形成されるのだろう？

3 世界の大地形
安定陸塊，古期造山帯，新期造山帯の特色と分布を理解しよう！

1 プレートテクトニクス

地理の土台をなす自然環境の学習を始めよう！

君たちがなにげなく見ている**大陸**や**海洋**の分布は，46億年前の地球誕生以来ずっと同じ状態であったわけではないんだ。

20世紀の初め，ドイツの地球物理学者の**ウェゲナー**が，「かつて大陸は一つの塊（かたまり）であったが，やがて裂（さ）け目ができて分裂し，移動することによって現在の大陸になった」という「**大陸移動説**」を発表したんだ。地図帳を開いて大西洋の両岸にあるアフリカ大陸と南アメリカ大陸の海岸線を見てごらん！　そっくりだろう？　彼は，この事実に注目して両大陸の地層，地質構造，動植物の化石などを調査し，大陸移動説にたどり着いたんだ。第二次世界大戦後，急速に海底の調査や研究が進み，彼の学説が脚光を浴びることになったんだ。これが「プレートテクトニクス」という考え方に発展していくことになるんだ。

プレートテクトニクスってどんな考え方なの？

プレートテクトニクス（Plate tectonics）とは，なぜ大陸が移動するのか，なぜ山脈や海溝ができるのかなどを説明した地球科学の学説のことだよ。地球の表面は十数枚の固い岩盤（がんばん）（**プレート**）に覆（おお）われているんだ。プレートの下には流動性のある**マントル**といわれる物質があり，この上にプレートがのって，

それぞれのプレートが移動すると考えればいいね。

プレートの**中央部は安定**しているけれど，**プレートとプレートの境界**部分はすごく**不安定**で，火山活動や地震が生じやすいんだよ。だからプレート境界については，絶対に得意になろうネ！

系統地理

大地形

小地形

地形図

気候要素と
気候因子

気候区分と
植生・土壌

陸水と海洋

農　業

林業・
水産業

エネルギー・
鉱産資源

工　業

地域開発と
環境問題

人　口

村落と都市

商業・
観光業

交通・通信

貿易と
資本の移動

国家・民族

図1　地球の内部構造

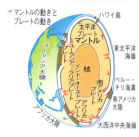

図2　プレートの分布

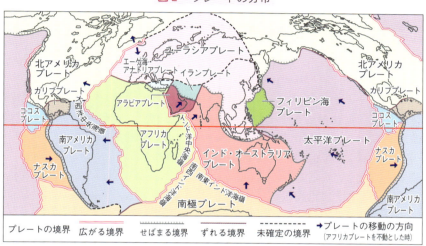

プレートの境界　　広がる境界　　せばまる境界　　ずれる境界　　未確定の境界　　→プレートの移動の方向
（アフリカプレートを不動とした時）

ふーん，**プレートの移動**で現在のような大陸分布になったんだね。ところでそのプレートの境界ってどんなものなのかなぁ？

プレートの境界は大きく三つの種類に分けられるよ。二つのプレートが互いに**遠ざかる部分**は「広がる境界」，**近づき合う部分**は「せばまる境界」，**水平にずれ動く部分**は「ずれる境界」と呼ばれているよ。

まず，**図3**の「広がる境界」から見ていこう！

プレートが両側に広がると，内部から

図3　プレートの境界

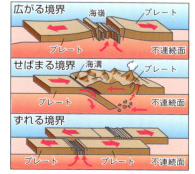

マントル物質が上昇し，**マグマ**となって海底から噴出するんだ。このときできる海底大山脈を海嶺と呼んでいるんだよ。たとえば，アフリカ大陸と南アメリカ大陸は一つの大陸（かつてのゴンドワナランド）が引き裂かれてできたので，大西洋の中央部には海嶺（**大西洋中央海嶺**）が分布しているということになるね。インド洋にも，**インド洋中央海嶺，南西インド洋海嶺，南東インド洋海嶺**があるだろ？　大西洋中央海嶺とともに，同じ色のマーカーで地図にチェックしておいてね！　また，アフリカの東部は，今まさに大陸が引き裂かれる瞬間で，**リフトヴァレー**（Rift valley）[➡ p.34 ⛰]と呼ばれる**大地溝帯**が形成されてるんだ。遠い未来にはアフリカは引き裂かれ，いくつかの大陸に分裂していくんだろうね。

次に「**せばまる境界**」の話だけど，その前に，プレートには重い**海洋プレート**と軽い**大陸プレート**［➡ p.34 ⛰]があるということを理解してね。

海洋プレートと大陸プレートが衝突すると，**重い海洋プレートが軽い大陸プレートの下に沈み込もうとする**んだ（**沈み込み型**）。すると，前ページの<u>図3</u>のように海溝（**6,000m 以上の深さ**になるよ）が形成され，さらに大陸プレート側には弧状列島（島弧）や大山脈が形成されるよ。

ここで注意したいことが二つあるんだ！

一つは**海溝**部分で**地震**が発生しやすいということだよ。海洋プレートは大陸プレートを引きずり込みながら地球内部に進むんだけど，大陸プレートは，ばねのように押し曲げられ，そのひずみの蓄積が大地震につながるんだよ（**海溝型地震**）。

もう一つは**火山**の形成だね。海洋プレートがある程度の深度まで沈み込むと，岩石が高温高圧で溶融して**マグマ**が発生するんだ。マグマが上昇することによって，地表には火山が形成されるんだね。

最後は「**ずれる境界**」だね。これはプレートが水平方向にずれるわけだけど，**アメリカ合衆国のカリフォルニア州**にある**サンアンドレアス断層**のように大断層が形成され，**地震**の多発地帯になるんだ。

> なるほど，「**せばまる境界**」では，海洋プレートと大陸プレートの衝突で，**海溝や弧状列島**ができるんだね。じゃあ，**大陸プレート**どうしが衝突するとどうなるの？

なかなかいい質問だね。**大陸プレートどうしが衝突**するとプレートが押し曲

げられ，高度を増し，**大山脈**が形成されるんだよ（**衝突型**）。たとえば**インド・オーストラリアプレート**と**ユーラシアプレート**の衝突により形成されたのが，標高8,000mを超える**ヒマラヤ山脈**や**チベット高原**なんだ。火山はできにくいけどね。

表1　プレート境界のまとめ

境界の種類	プレートの生成・消滅	特徴的な地形	具体例
広がる境界	生　成	海　嶺	大西洋中央海嶺 アイスランド リフトヴァレー
せばまる境界	消　滅	大陸プレートと海洋プレートの衝突 ➡海溝・弧状列島（島弧）・大山脈 大陸プレートと大陸プレートの衝突 ➡大山脈	日本海溝・日本列島 アンデス山脈 ヒマラヤ山脈
ずれる境界	生成・消滅はみられない	横ずれ（トランスフォーム）断層	サンアンドレアス断層

> 瀬川先生，陸地については，かなりくわしくなったけど，海底の地形についても説明してほしいな。

　そうだね。じゃあ，海底の地形についてもまとめておこう！　**地球の表面積の約70％を海洋が占めている**って話をしたよね。その海底の大半を占めるのが**大洋底**だ。大洋底は，主に**深海平原**と呼ばれる**水深4,000m**前後の平坦な深海底で，プレートが沈み込む部分には**海溝**，プレートが広がる部分には**海嶺**が分布してるよ。大陸沿いの海底には，傾斜が緩やかな**大陸棚**と呼ばれる浅海底が分布しているって聞いたことあるだろ？　たしか，小学校や中学校の教科書にも載ってたはず（笑）。**およそ200m未満の浅い海底**なんだ。大陸棚には，いろいろなできかたがあるんだけど，君たちには次のことをマスターしておいてほしいな。今から2万年前の**更新世の氷期**には，地表が寒冷化していたから，**海面が100m以上低下**していたんだ。つまり，**現在の大陸棚が分布しているところは，かつて海岸付近の平野だった**んだね。

> えっ !!!　**大陸棚**ってそういうことだったんだ！　ということは，地図帳の海洋部分で白く表現してあるところ，つまり**大陸棚はずっと昔には陸地の一部だったところ**なんだね。なんか地図帳を見るときのイメージが変わりそう。

系統地理

大地形
小地形
地形図
気候要素と気候因子
気候区分と植生・土壌
陸水と海洋
農業
林業・水産業
エネルギー・鉱産資源
工業
地域開発と環境問題
人口
村落と都市
商業・観光業
交通・通信
貿易と資本の移動
国家・民族

そのとおり！　その一例として，ユーラシア大陸と北アメリカ大陸の間にあるベーリング海峡は，更新世の氷期に陸化していて，そこを通ってシベリアのモンゴロイドがアメリカ大陸に移動していったんだよ。そのモンゴロイドの子孫こそが，アメリカ大陸の先住民（イヌイット，インディアン，インディオ）なんだ。

☞ **プレートと地殻**　地殻は，花崗岩などの酸性岩，安山岩などの中性岩，玄武岩などの塩基性岩からなる地球の表層部である。これに対し，プレートは，地殻とかんらん岩などの超塩基性岩石からなるマントル最上部を合わせた岩石層のことである。

☞ **海洋プレートと大陸プレート**　海洋プレートは玄武岩質，大陸プレートは花崗岩質の岩石を含むため，比重の大きい海洋プレートは大陸プレートの下に沈み込もうとする。たとえば，海洋プレートのナスカプレートが，大陸プレートの南アメリカプレートの下に沈み込んでいるため，南アメリカ大陸の太平洋岸にはペルー海溝，チリ海溝が分布する。しかし，北アメリカの太平洋岸は，太平洋プレートと北アメリカプレートのずれる境界部分に当たるため，海溝は形成されない（ただし，アラスカ，メキシコ沿岸を除く）。

☞ **リフトヴァレー（アフリカ大地溝帯）**　グレートリフトヴァレー，大地溝帯とも呼ばれる。プレートの「広がる境界」に当たり，紅海〜エチオピア高原〜ザンベジ川河口付近に連なる大地溝帯である。多くの地溝湖（タンガニーカ湖，マラウイ湖など）や，キリマンジャロ山，キリニャガ（ケニア）山などの火山も分布する。アフリカ大陸は大部分が安定陸塊に属するため地震や火山活動は少ないが，リフトヴァレー付近は活動が活発であることに注意したい。

> ## ポイント　プレートテクトニクス
>
> ❶　地表は十数枚の海洋プレートと大陸プレートからなる。
> ❷　プレート中央部は安定しているが，プレートの境界付近は地震や火山活動などが活発で変動帯となる。
> ❸　プレートの境界には「広がる境界」，「せばまる境界」，「ずれる境界」がある。

❷ 内的営力と外的営力

地形をつくる力を営力といい，地球内部の熱エネルギーによるものを**内的営力**（内作用），外部からの太陽エネルギーによるものを**外的営力**（外作用）というんだよ。さらに内的営力はマグマの噴出による**火山活動**と地表面を動かす**地殻変動**に分けられるよ。地殻変動には，長い期間にゆっくりと高原や盆地などを形成する**造陸運動**と，短い期間に激しく働き山地を形成する**造山運動**があるんだ。外的営力は**風化**や雨，河川，氷河などによる**侵食**，**運搬**，**堆積**などの作用からなることにも注意しよう！

表2　営力のまとめ

地形をつくる力	力の性質	運動・作用	地　形
内的営力	起伏を増大	火山活動 地殻変動：造陸運動 　　　　造山運動（褶曲・断層）	大地形をつくる
外的営力	起伏を平坦化	風化・侵食・運搬・堆積作用	小地形をつくる

図4　褶曲と断層

褶曲　　　　　逆断層　　　　　正断層　　　　横ずれ断層

→ 力の働く方向
⚡ 断層の動き

[A.N.Strahler ほか原図を改変]

地殻っていうのは，地球表面の岩石圏のことをいうんだよね。地殻変動のうち造山運動ってどんな運動なの？

簡単に言えば**山地を形成する運動**だよ。**図4**にあるように**褶曲**や**断層**を伴い，山地や山脈をつくるんだ。**プレートのせばまる境界で造山運動が生じている**ことに注意しようね。

褶曲は，横からの圧力によって地殻が波状に折り曲げられることで，**ヒマラヤ**，**アンデス**，**アルプス**などの大山脈を形成するんだ。

断層は地殻が断ち切られてその割れ目がずれることで，**断層山地**を形成するんだよ。断層のうち比較的最近活動したものを**活断層**と呼び，今後も活動が予想され，**地震**が発生する可能性があるんだ。

火山活動ってどんな運動なの？
それから，火山はどんなところに分布するのかなぁ？

地中で生成された**マグマ**が溶岩や火山砕屑物，火山ガスとなって地表に噴出することをいうよ。**火山地形**を形成し，**地震や津波**を発生させるだけでなく，溶岩流，土石流，火砕流（高温のガスを含む砕屑物が噴出），**降灰**となって山麓の集落や農地などに被害を与えることがあるんだ。

火山の周辺は，災害の危険性が高いってことだよね。日本は世界有数の火山国なんだけど，イヤなことばっかりなのかなぁ。なんか悲しいかも……。

そんなことないよ。もちろん災害の危険はあるけど，国や地方自治体などが**防災，減災**を目指して，**ハザードマップ**の作成やハザードマップを活用した**危険箇所の把握**，**避難ルートの確保**などの努力を行ってるんだ。地域や家族の協力や備えも大切だけどね。

それから，**火山による恩恵**も忘れちゃダメだよ。**火山噴火による火山灰を起源とした土壌は，肥沃な土壌のもとになる**し，火山の**美しい景観や温泉**は重要な観光資源だ。**地熱発電**だって火山の恩恵だし，火山地域には**豊富な地下水**が存在することが多くて，山麓の湧水は貴重な水資源だ。マグマの上昇によって銅や銀などの**有用な金属鉱床も形成**されるしね。ちょっと話しただけでもこれだけの恵みがあるんだから，火山って思った以上にありがたいんだよ。

地理を受験科目に選んで本当に良かった！　なんかすごく世界観が広がるし，もっともっと頭が柔軟になれそう。

そんなふうにいってくれると，俺もうれしいな。じゃあ，次は火山地形について説明するね。

火山地形は，流出する溶岩の粘性の大小や噴火の回数などによって決まってくるんだ。**ハワイ島やアイスランド**など粘性の小さいマグマが噴出する火山は，ゆるやかな傾斜の**楯状火山**や**溶岩台地**（インドの**デカン高原**が有名だね）になり，粘性が大きい場合には**溶岩円頂丘**と呼ばれる高まりをつくることがあるよ。さらに，プレートのせばまる境界付近では，溶岩や火山灰の層が重なって**成層火山**と呼ばれる**富士山型**の山体も多くみられるんだ。

それから，火山分布は，プレートの「広がる境界」に当たる海嶺や「せばまる境界」の海洋プレートが沈み込む部分に多くみられるよ。ただし，ハワイ島のようにプレートの中央部をマグマ（マントル物質）が上昇してくる**ホットスポット**と呼ばれる部分にも火山は分布していることに注意しよう。

図5　世界の主な火山の分布

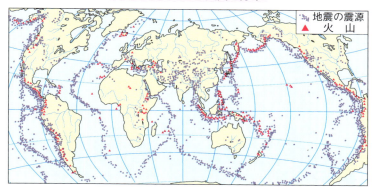

凡例: 地震の震源　▲ 火　山

系統地理

大 地 形

小 地 形

地 形 図

気候要素と
気候因子

気候区分と
植生・土壌

陸水と海洋

農　業

林業・
水産業

エネルギー・
鉱産資源

工　業

地域開発と
環境問題

人　口

村落と都市

商業・
観光業

交通・通信

貿易と
資本の移動

国家・民族

　内的営力は，地殻変動と火山活動からなってるってことはわかったよ。主に地形の起伏を大きくしているんだね。
では，**外的営力**っていうのはどんな力なの？

　外的営力は，**風化**（岩石が物理的または化学的に分解），**侵食**，**運搬**，**堆積**などの作用からなるということはさっき説明したよね。ここでは**侵食**についてくわしく説明しておこう！

　侵食とは，**雨や河川などの流水や氷河**の流下による摩擦で，**岩石が削り取られること**と考えていいよ。地表の凸の部分をなだらかにしようとするんだね。さらに削り取られた岩くずなどは河川や氷河によって運搬され，凹の部分に堆積するため，外的営力には，**最終的に地表を平坦化する**性質があるということになるよ。

　そういえば，地形の**侵食輪廻**という考え方があるって聞いたことがあるんだけど，これってどういうことなのかなぁ？

　侵食輪廻とは**河川の侵食作用**によって地形が変化していく過程をいうんだ。**図6**［➡ p.38］を見てごらん！
　造山運動などで隆起した直後の地形が**原地形**だよ。雨が降り，河川が谷（V字谷）を刻み始めたものが**幼年期地形**だ。河川は海抜が高いほど侵食力が強く，海面の高度に近づくほどその力は弱くなるんだよ。そこで河川はさらに深い谷を刻み，原地形や幼年期地形にみられる平坦面がなくなり，尾根は鋭くとがってくるのがわかるかな？　これを**壮年期地形**と呼んでいるよ。ちなみに**日本の山地は大部分が壮年期地形**に当たることを忘れないでね。

さらに侵食が進むと谷幅は広がり，丘陵性の山地ができて**老年期地形**となるんだ。古期造山帯の山地は，だいたいこんな感じかなあ。侵食によりほとんど海面（**河川の侵食基準面は海面**だからね）と同じ高さになった侵食輪廻の最終段階を**準平原**というんだ。もしこの後，再隆起（または海面が低下）したら，再び侵食が復活することになるよ。

図6 デービスによる地形の侵食輪廻

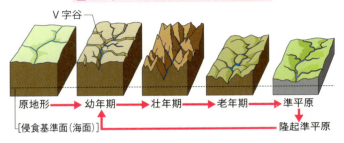

V字谷

原地形 → 幼年期 → 壮年期 → 老年期 → 準平原

[侵食基準面（海面）]　　　　　　　　　　隆起準平原

ポイント 内的営力と外的営力

❶ **内的営力**は**造陸運動**，**造山運動**（**褶曲・断層**），**火山活動**などからなり，地表の起伏を増大する。

❷ **外的営力**は**風化・侵食・運搬・堆積**作用からなり，地表の起伏を平坦化する。

火山・地震災害と防災 プレート境界と火山噴火や地震の震源はほぼ重なっている。地震は，「広がる境界」，「せばまる境界」，「ずれる境界」のいずれでも多発し，せばまる境界の沈み込み型（太平洋プレートが北アメリカプレートに沈み込む日本海溝付近など）では，海溝型の深発地震が多く巨大な津波を発生させることがある。チリ大地震，スマトラ島沖地震，東北地方太平洋沖地震による津波では甚大な被害が生じた。また，プレート境界ではなくても，活断層の動きで直下型地震が発生することがある。兵庫県南部地震や四川大地震のように人々の居住地域に近いところで地震が発生すると家屋の倒壊などの大きな被害が生じる。一方，火山はプレートの「広がる境界」と「せばまる境界」の沈み込み型付近に分布する。火山噴火は，降灰，溶岩流，火砕流，火山泥流により山麓の居住地域に被害をもたらすだけでなく，火山灰の浮遊による日傘効果（日射を遮る現象）などから異常気象の原因にもなっている。このような災害に対して，近年は防災意識が高まり，先進国を中心に，地震や火山活動の情報収集を積極的に行うことに加え，耐震・免震工法が導入されている。またGIS（地理情報システム）を活用したハザー

ドマップ（**防災地図**）の作成も積極的に行われている。ハザードマップとは，**災害が想定される地域を予測し地図化**したもので，危険地域や避難経路を示すことによって，**被害を軽減させる目的で作成**されている。

系統地理

大 地 形

小 地 形

地 形 図

気候要素と
気候因子

気候区分と
植生・土壌

陸水と海洋

農　業

林業・
水産業

エネルギー・
鉱産資源

工　業

地域開発と
環境問題

人　口

村落と都市

商業・
観光業

交通・通信

貿易と
資本の移動

国家・民族

❸ 世界の大地形

　世界の陸地は，造山運動を受けた時期によって安定陸塊，古期造山帯，新期造山帯に大別することができるんだ。安定陸塊［➡ p.43］は，プレート境界から離れたところ（つまりプレートの中央部）にある安定地域で，長い間地殻変動を受けていないため，侵食作用が進んでいるところだ。起伏も小さくなり，**大平原や高原**になっているところが多いよ。古期造山帯は，古い地質時代に成長を終えた山脈で，侵食が進んでいるため，**低くなだらかな山脈が多い**よ。アメリカ合衆国東部の**アパラチア山脈**やロシアの**ウラル山脈**などが代表的な古期造山帯の山脈だ。新期造山帯は，比較的最近の造山運動で形成された山脈で，現在も成長したり，地殻変動を受けていたりしているところが多いよ。**高く険しい山脈が多い**んだ。

　図7でわかるように，アフリカ北部からアルプス山脈〜ヒマラヤ山脈と続くアルプス＝ヒマラヤ造山帯と，太平洋を取り囲むロッキー山脈〜アンデス山脈のコルディエラ（大山脈のこと）山系と弧状列島（島弧）からなる環太平洋造山帯が新期造山帯に当たるよ。

　<u>安定陸塊って具体的にはどんなところに分布しているの？</u>

図7　大地形の分布

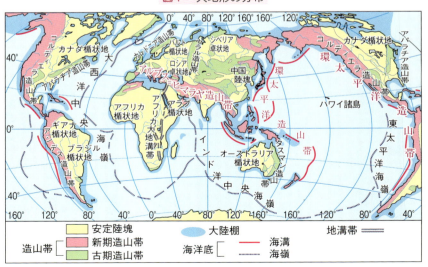

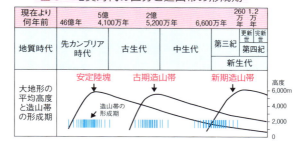

図8　地質時代の区分と造山帯の形成期

現在より何年前	46億年	5億4,100万年	2億5,200万年	6,600万年	260万年 1.2万年

安定陸塊は，地球上で最も古くからある陸地で，**大陸の大半は安定陸塊**だよ。図9にあるように，かつては一つの大陸（**パンゲア**）であったものが分裂し，北の**ローラシアランド**と南の**ゴンドワナランド**という大きな大陸が形成されたんだ。

　そして，ローラシアランドは北半球の大陸（**ユーラシア大陸，北アメリカ大陸**）になり，ゴンドワナランドは**アフリカ大陸，アラビア半島，インド半島，オーストラリア大陸，南アメリカ大陸，南極大陸**に分裂して，現在のような配置になったんだよ。

　つまり，これらの古い時代に形成された陸地が安定陸塊で，**火山や地震が比較的少ない地域となっている**んだ。

図9　大陸の移動

（←プレートの動きの方向）

①中生代初期（約2億2,500万年前）

②中生代中期（約1億8,000万年前）

③新生代初期（約6,500万年前）

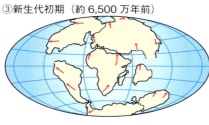

④現　在

系統地理

大地形
小地形
地形図
気候要素と気候因子
気候区分と植生・土壌
陸水と海洋
農業
林業・水産業
エネルギー・鉱産資源
工業
地域開発と環境問題
人口
村落と都市
商業・観光業
交通・通信
貿易と資本の移動
国家・民族

安定陸塊は，その名前のとおりに安定した地域なんだね。じゃあさ，古期造山帯っていうのはどんなところに分布しているのかな？

古期造山帯は，古い時代のプレートの境界だったところで，**低くなだらかな山脈**が多いんだ。**アパラチア山脈**，**ウラル山脈**，あとは，南アフリカの**ドラケンスバーグ山脈**，オーストラリアの**グレートディヴァイディング山脈**などが代表的だね。地図帳にマーカーしておこうね！

古期造山帯の山脈はみんな1,000～2,000mくらいの低くてなだらかな山脈なの？

大部分はそうだね。

ただ，インド・オーストラリアプレートがユーラシアプレートに衝突したときに，**断層運動で再隆起した**テンシャン山脈やアルタイ山脈は例外的に高く険しいよ。テンシャン山脈の最高峰はなんと**7,000m**を超えるんだ！　テンシャン山脈は，**中国の北西部**にあるから地図帳をチェックしておいてね！

日本は新期造山帯に属する弧状列島だよね。新期造山帯はどんなところに分布しているの？

新期造山帯は，プレートの「せばまる境界」付近に分布しているんだよ。大地形の分布図［➡ p.40 **図7**］とプレートの分布図［➡ p.31 **図2**］を比べて見てごらん。また**地震帯ともほぼ一致**しているし，海洋プレートが沈み込むところには**火山も多い**ことがわかるよね。**アルプス＝ヒマラヤ造山帯**と**環太平洋造山帯**の分布地域は要チェックだよ！　**図7**を見ながら，地図帳の**世界地図にマーカーで着色しておこう!!**　これをやらないと力がつかない！

大地形と資源の分布には，関連性があるって聞いたことがあるんだけど，よくわからないよ。丸暗記するしかないのかな？

安定陸塊では**鉄鉱石**，**古期造山帯**では**石炭**，**新期造山帯**では**銅鉱**，**石油**の埋蔵が多いという話だよね。共通テストでは成因についてまで出題されることはないけど，理由を少しでも知っておくと勉強しやすいから，簡単に説明しておこうね。

鉄鉱石は今から約6億年以上前の先カンブリア時代に，海水中の鉄が酸化して沈殿したものなので，侵食が進み古い岩石が地表面に露出している安定陸塊に多くみられる資源なんだ。特に**楯状地**に多いよ［➡ p.43 ☝］。

また，**石炭**は古生代以降の陸生植物（シダ類などの森林）が地中で炭化したものなんだ。古生代には多くの森林が繁茂していたため，これらが当時の造山運動による熱や圧力の影響を受けて生成されたんだ。だから古期造山帯の山脈（**アパラチア山脈**や**グレートディヴァイディング山脈**など）には**良質な石炭を産出する大炭田が分布**していることが多いんだね。**古期造山帯に石炭の埋蔵は多いけど，新期造山帯に石炭が分布していないわけではない**から注意してね！

石油は，海洋プランクトンが海底に堆積したもので，海底の隆起部分，つまり新期造山帯に分布していることが多いよ。ただし，石油の生成には，その他にもいろいろな条件が必要なので，**新期造山帯に必ず石油があるわけではない**ことは，**新期造山帯に属する日本にほとんど石油が分布しない**ことを考えればわかるよね。偏在性が大きく**西アジア～北アフリカでの埋蔵が多い**んだ（**⑩エネルギー・鉱産資源**〔p.166～〕で勉強するよ！）。

銅鉱や**銀鉱**は，マグマの活動によって生成されるので，**新期造山帯などの火山分布地域に多く埋蔵**されているんだ。

表3　大地形のまとめ

地体構造	造山運動の時期	特　徴	例	資源
安定陸塊	先カンブリア時代	楯状地卓状地	かつてのゴンドワナランド・バルト楯状地・カナダ楯状地・シベリア卓状地など	鉄鉱石金鉱
古期造山帯	古生代～中生代初	丘陵性の山地	アパラチア山脈・ウラル山脈・ドラケンスバーグ山脈・グレートディヴァイディング山脈など	石炭
新期造山帯	中生代末～新生代	険しい山地・島弧	環太平洋造山帯アルプス゠ヒマラヤ造山帯	銅鉱銀鉱石油錫鉱

👉　**楯状地**と**卓状地**　安定陸塊には，**先カンブリア時代の岩石が地表に露出している楯状地**（カナダ楯状地・バルト楯状地）と，**先カンブリア時代の岩石の上に古生代以降の地層がほぼ水平に堆積している卓状地**（ロシア卓状地・シベリア卓状地）がある。

ポイント　世界の大地形

❶　世界の陸地は造山運動を受けた時期によって，**安定陸塊，古期造山帯，新期造山帯**に大別できる。

❷　**安定陸塊**と**古期造山帯**はプレート中央部の**安定地域**に，**新期造山帯**はプレート境界の**変動帯**に位置する。

大地形

小地形

地形図

気候要素と気候因子

気候区分と植生・土壌

陸水と海洋

農業

林業・水産業

エネルギー・鉱産資源

工業

地域開発と環境問題

人口

村落と都市

商業・観光業

交通・通信

貿易と資本の移動

国家・民族

次の図1を見て，世界の自然環境と自然災害に関する下の問いに答えよ。

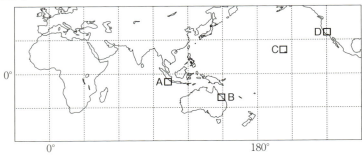

緯線・経線は 30° 間隔。

図1

地震の発生頻度や震源の深さは，プレートの運動や火山活動の影響を受ける。次の図2は，いくつかの範囲*における地震**の震源分布を深さ別に示したものであり，①〜④は図1中のA〜Dのいずれかである。Aに該当するものを，図2中の①〜④のうちから一つ選べ。

*経度・緯度ともに6°の範囲。
**1981〜2012年に発生したマグニチュード4以上の地震。

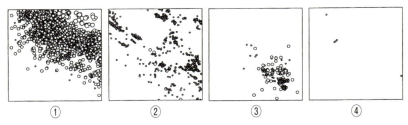

① ② ③ ④

震源の深さ　○20km 未満　○20〜100km　○100km 以上
United States Geological Survey の資料により作成。

図2

解答・解説 ① 　近年しばしば出題される**地震の震源分布**から地域を判定させる問題である。**図2**には，震源の分布だけでなく，**震源の深さ**が示してあることに注目する。**地震**は，**プレート境界で多発**するが，**広がる境界**と**ずれる境界**に当たる部分では，浅発地震が多く，逆に**せばまる境界**のプレートの沈み込みに当たる部分では，**深発地震が多い**。図中の A は，**インド・オーストラリアプレートがユーラシアプレートに沈み込むスンダ海溝**付近である。**海溝**がある沈み込み部分では，震源の深さが100km 以上のところが多いことから①と判定できる。B は，**オーストラリア北東部**の**安定陸塊**と**古期造山帯**に当たることから，震源が少ない④である。C は，**ハワイ諸島**付近の海域で，C の**ハワイ島**の分布地域と震源が対応することから③である。ハワイ島は，マントル深部からマントル物質が上昇する**ホットスポット**に当たり，**火山性の地震**が多発している。残る D は，プレートの「**ずれる境界**」に当たる**カリフォルニアのサンアンドレアス断層**付近である。震源が浅いことから判定できる。

系統地理

大地形
小地形
地形図
気候要素と気候因子
気候区分と植生・土壌
陸水と海洋
農業
林業・水産業
エネルギー・鉱産資源
工業
地域開発と環境問題
人口
村落と都市
商業・観光業
交通・通信
貿易と資本の移動
国家・民族

新期造山帯（アルプス＝ヒマラヤ造山帯と環太平洋造山帯）の分布地域は超頻出！　この際しっかり頭に入れておこうね！

3 小地形

第2講 系統地理

この項目のテーマ

❶ 平野の地形
侵食平野と堆積平野の成因や性質の違いに注意しよう！

❷ 海岸の地形
離水海岸と沈水海岸の特徴をしっかり理解しよう！

❸ 特殊な地形
氷河地形，乾燥地形，カルスト地形の成因や分布をマスターしよう！

❶ 平野の地形

平野とは農業をはじめとする経済活動に適した平坦面のことをいうんだ。最初から平野が存在したわけではなく，**②大地形**［p.30〜］で説明した**外的営力**によって**侵食平野と堆積平野が形成**されたんだよ。

侵食平野は，山地などの凸部分が削り取られてできた平野なんだけど，かなり長い期間侵食されないと山地が平野にはならないよね？　ということは侵食平野が形成されるところは，侵食の途中で造山運動が起きていない安定した地域なんだ。だから**安定陸塊**やその周辺には**侵食平野が分布**しているんだよ。一方，河川などの侵食により削り取られた岩くずや土砂が海底や谷底を埋めてできた平野を**堆積平野**というんだ。侵食平野に比べると**新しく形成されたものが多く**，一般に規模も小さいよ。**日本の平野は大部分が堆積平野**だ！

表1　平野のまとめ

平野の種類	成　因	特　色	例
侵食平野	山地などの陸地が長期間**侵食されて形成**	古い岩盤や地層からなり，**大規模**	準平原 構造平野
堆積平野	河川などが運搬してきた**土砂が堆積して形成**	比較的新しいものが多く**小規模**	沖積平野 （洪積）台地 海岸平野

侵食平野には準平原と構造平野ってあるよね？
勉強していると、ときどき、この二つの平野がわからなくなるんだけど、どうしたらいいのかなぁ？

確かに、やや難しいところもあるよね。でも共通テストではそんなにつっこんだことまでは聞いてこないので、心配しないで今からの説明をしっかり聞いてね！

準平原とは**山地が長い間侵食されて平坦化したもの**で、古い岩石が露出した平野だ。バルト海の沿岸（**バルト楯状地**）やカナダの北東部（**カナダ楯状地**）など安定陸塊に分布しているね。これに対し、**構造平野は古い岩石の上に、地層がほぼ水平に堆積したもの**だね（海面の上昇などにより浅海底で土砂が堆積）。それがもう一度、海面の低下によって陸化した後に侵食されて、高度が低くなった平野だよ。**東ヨーロッパ平野や北アメリカの中央平原**などが代表的な構造平野だから地図帳にマークしておいてね！　**準平原は楯状地、構造平野は卓状地**など**安定陸塊**やその周辺に分布していることが多いことを忘れないように！　もちろん、**日本にはない**！

また、**構造平野**には硬い岩石や地層が侵食に取り残されてできた特異な地形もみられるんだ。

図1を見てごらん！　特に**ケスタ**というのは面白いだろう？　これは硬層と軟層が交互に堆積している場合に、侵食に強い硬層部分が取り残されてできる地形なんだ。ケスタとは「斜面」という意味で、**急崖と緩斜面からなる非対称の丘陵が連続して分布**しているよ。**パリ盆地**［➡ p.48 図2］、**ロンドン盆地**、五大湖沿岸地方のものが有名だね。硬層の一部がテーブル状に取り残されたものは、図1のように**メサ**と呼ぶんだ。

図1　準平原と構造平野

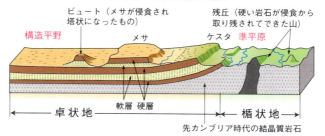

ビュート（メサが侵食され塔状になったもの）
残丘（硬い岩石が侵食から取り残されてできた山）
構造平野
メサ
ケスタ　準平原
卓状地
軟層　硬層
楯状地
先カンブリア時代の結晶質岩石

大地形

小地形

地形図

気候要素と
気候因子

気候区分と
植生・土壌

陸水と海洋

農業

林業・
水産業

エネルギー・
鉱産資源

工業

地域開発と
環境問題

人口

村落と都市

商業・
観光業

交通・通信

貿易と
資本の移動

国家・民族

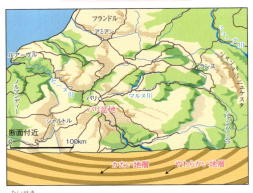

図2　パリ盆地のケスタ

じゃあ，今度は堆積平野の説明をしよう！

堆積平野は文字どおり河川や海洋の堆積作用でできた平野なんだ。最初に河川の侵食・運搬・堆積作用について確認をしておこうね。

河川は最終的に海に流れ込み，陸地を海面と同じ高さにしようとする性質があるんだよ。だから河川の上流部では海抜高度が高いため，侵食力や運搬力が強く働き，下流部や河口のように海面と同じ高さのところでは堆積力が強まるんだ。

このことを理解できれば堆積平野についてはわかったも同然だよ。46ページの表1にあるように**堆積平野は，沖積平野，（洪積）台地，海岸平野に分類できる**ことをわかってほしいな。

まず，沖積平野（約1万年前から現在までの完新世［沖積世］の堆積物でできた平野のこと）の説明から始めるよ！　**沖積平野は河川の堆積作用によって形成された平野**だと考えよう。

山地を流れだした河川は，勾配が大きいため侵食力が強く，流水の摩擦力で岩石を削り取り，谷（これが V字谷だね）をつくるんだ。ここで，流水の勢いが弱まれば，谷に土砂を堆積し，**谷底平野**をつくることになるね。

また，河川が山から平地に流れ出る山麓には，緩やかに傾斜する扇状地ができるよ。**河川は山の麓で急速にスピードが落ちるため，運搬力が低下**し，目の粗い礫（砂より粒径が大きなもので，水はけがいい）が堆積し，次ページの図3のような扇状地ができるんだよ。

扇状地では河川の水がすき間の多い礫の中に突入し，**扇央**では**地下水**となって流れ（**伏流**して**水無川**になることが多い），**扇端**で**湧水**することが多いね。

だから土地利用も水が得にくい**扇央**では，**果樹園や畑**（上下水道が整備された現在では**住宅地**の開発も行われているし，**灌漑設備**の建設によって**水田**化しているところもある），**水が得やすい扇端には集落**（特に古くからの農村）**や水田が立地**しているよ。

図3　扇状地の模式図

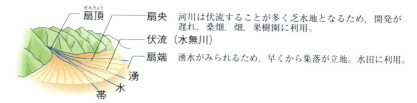

扇頂
扇央　河川は伏流することが多く乏水地となるため，開発が遅れ，桑畑，畑，果樹園に利用。
伏流（水無川）
扇端　湧水がみられるため，早くから集落が立地。水田に利用。
湧水帯

図4　扇状地の断面図

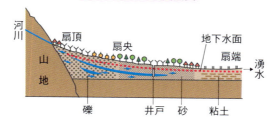

河川　扇頂　扇央　地下水面　扇端　湧水
山地　礫　井戸　砂　粘土

なるほど，だから**扇状地**って緩やかに傾斜してたり，水が得にくかったり，扇端に集落や水田が多く集まっているんだね。
河川は，さらに下流に行くとどうなるの？

　中下流では一層傾斜が緩やかになる（**河川勾配が小さくなる**）ため，**蛇行**するようになるんだ。みんなも気力・体力が充実しているときは，いろんな困難に出合っても，多少のことだったら乗り越えられるよね。でも風邪を引いていたり，悩みを抱えていたりするとくじけてしまうこともあると思うんだ。

　河川も同じで**勾配が小さいと流速も衰え**，ほんの少しの高まりも乗り越えられなくなるため蛇行するんだね。でも，もともと流水は最短コースで海まで流れていこうとする性質があるので，上流で雨がたくさん降って流速が増すと，ショートカットし（**三日月湖（河跡湖）**を形成），洪水を起こしやすくなるんだ。すると，あふれでた水は両岸に土砂を運び出し，**河川に近いところに比較的粒の大きな物質（砂礫）**を，岸から遠く離れたところには粒の小さな物質（**粘土など）を堆積**するんだ。

系統地理

大地形
小地形
地形図
気候要素と気候因子
気候区分と植生・土壌
陸水と海洋
農業
林業・水産業
エネルギー・鉱産資源
工業
地域開発と環境問題
人口
村落と都市
商業・観光業
交通・通信
貿易と資本の移動
国家・民族

河川両側に形成された微高地が自然堤防，その外側の低地が後背湿地だよ。
自然堤防は数 m（まあ普通は 1 ～ 2 m くらいかな）の微高地で，周囲よりは水はけもいいし，洪水の被害も受けにくいため，古くから集落や畑が立地していたんだよ。後背湿地は水はけが悪く水田に利用されているけど，最近は堤防の建設や排水を施すことにより，住宅地の開発も行われているね。このように，河川の氾濫によって形成された自然堤防や後背湿地を含む平野を氾濫原というんだ。

図5 沖積平野の模式図

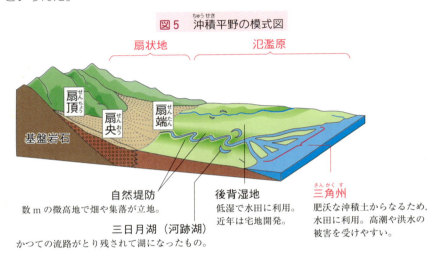

扇状地 / 氾濫原

扇頂 / 扇央 / 扇端 / 基盤岩石

自然堤防
数 m の微高地で畑や集落が立地。

三日月湖（河跡湖）
かつての流路がとり残されて湖になったもの。

後背湿地
低湿で水田に利用。近年は宅地開発。

三角州
肥沃な沖積土からなるため，水田に利用。高潮や洪水の被害を受けやすい。

河口付近には三角州ができるんだよね？　小学校のころから三角州の名前は知ってるんだけどどうもピンとこないんだよねぇ。

気持ちはわかるよ。でも大丈夫！
河川は，海に流入すると海にぶつかり，流速が減じるから，一気に運搬能力が衰えて，海底に土砂を堆積するんだ。つまり河川が海を埋め立てていると考えればわかりやすいね。こうやって新たにできた，**海面とほぼ同じ高さの陸地**が，三角州になるんだよ［図5］。ただ下流部は運搬力が小さく，すごく**細粒な物質（砂泥）から形成されている**ため，**三角州は水はけが悪い**んだ。でも土壌は，肥沃な沖積土だから水田や牧草地には適しているんだね。
それから，三角州はすべての河川で形成されるわけではないよ。**土砂の運搬が活発な河川でないと三角州はできない**からね。日本のように山地を侵食した河川が，水深の浅い内湾に急勾配で流入するようなところでは，小規模な三角

州が発達しやすいんだよ。

　もちろん日本だけでなく，**ナイル川，ガンジス川，ミシシッピ川**など，**流域面積が大きく多量の土砂を運搬してくる大河川の河口**には，**大規模な三角州が形成**されているよ。

　三角州は，**肥沃な沖積土に恵まれ水利の便もいい**から，**水田**には最高なんだけど，**低湿**（土地が低くて，べちゃっとしている）で**軟弱**だから**洪水**や**熱帯低気圧**による**高潮**，**地震**による**液状化**，過剰取水による**地盤沈下**などが生じやすいんだ。

系統地理

大 地 形

小 地 形

地 形 図

気候要素と
気候因子

気候区分と
植生・土壌

陸水と海洋

農　　業

林業・
水産業

エネルギー・
鉱産資源

工　　業

地域開発と
環境問題

人　　口

村落と都市

商業・
観光業

交通・通信

貿易と
資本の移動

国家・民族

表2　沖積平野のまとめ

種　類	形成される場所	特　色	伝統的土地利用
扇状地	山　麓	砂礫質で緩やかに傾斜	扇端・扇頂は水田や集落，扇央は畑や果樹園
氾濫原	河川の中下流	自然堤防や後背湿地を形成	自然堤防上は畑や集落，後背湿地は水田
三角州	河口付近	砂泥質で地盤が軟弱	氾濫原とほぼ同じ

　沖積平野は日本では重要な生活の舞台になっているんだなぁ。僕の家も瀬川先生の家も**沖積平野**にあるんだよねぇ（＾＿＾）。でもちょっと待って！　ほかにも**堆積平野**には（**洪積**）**台地**というのがなかったかな？

　そう，（**洪積**）**台地**［➡ p.52 **図6**］を忘れてはいけないね。**日本の台地はほとんどが洪積台地**だよ。特に**関東**平野は大部分が台地からできているんだ。

　洪積台地というのは，**更新世（洪積世）**（260万年～1.2万年前）に形成された扇状地，氾濫原，三角州，海岸平野などが**隆起**（または海面が低下）してできた**台地状の平野**で，**河岸段丘**［➡ p.52 **図7**］や**海岸段丘**［➡ p.53 **図8**］も洪積台地に含まれるよ。

　台地は高燥で**水が得にくい**ため**開発が遅れた**んだ（地下水面が地表から離れているから，取水が困難だった。**古くからの農家は，湧水がみられる崖下に立地**していることに注意！）けど，近年は逆に洪水の被害などが少なく，地盤も比較的安定していることから，**宅地開発**などが進んでいるよ。

☞　**洪積台地**　近年は，単に「台地」と表記することが多くなった。ただ，世界的な台地の定義では，コロンビア台地など山地の一部として分類されるような大規模な高原を含むが，**日本の台地は，大半が洪積台地で台地状の平野**であることに注意しよう！

図6 台地の模式図

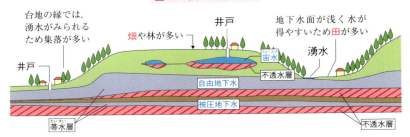

台地の縁では、湧水がみられるため集落が多い

井戸

畑や林が多い

井戸

地下水面が浅く水が得やすいため田が多い

湧水

宙水

不透水層

自由地下水

被圧地下水

帯水層

不透水層

☞ **海岸侵食** ダムや堰（砂防ダムなど）を建設したり、河床から土砂を採取すると、土砂が下流（河口付近）まで運搬されなくなるため、**海食により砂浜海岸や三角州が縮小する**などの**海岸線の後退**という問題が生じている。

☞ **河岸段丘** 河川沿いに形成された階段状の地形。氷期の海面の低下など陸地の相対的な隆起によって河川の侵食が復活し、河床が低下した結果、かつての氾濫原の一部が取り残され、**階段状の段丘面を形成**する。ライン川、天竜川、相模川沿岸などで発達している。

図7 河岸段丘の形成

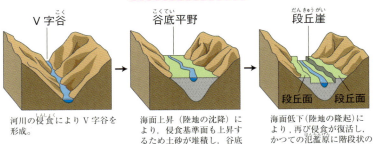

V字谷

谷底平野

段丘崖

段丘面　段丘面

河川の侵食によりV字谷を形成。

海面上昇（陸地の沈降）により、侵食基準面も上昇するため土砂が堆積し、谷底平野が形成。

海面低下（陸地の隆起）により、再び侵食が復活し、かつての氾濫原に階段状の地形を形成。

ポイント　平野の地形

❶ **平野**は成因により、**侵食平野**と**堆積平野**に大別される。**侵食平野**には**準平原**と**構造平野**があり、堆積平野には**沖積平野**と**洪積台地**がある。日本の平野は大部分が**堆積平野**である。

❷ **沖積平野**は、河川の**堆積作用**でできた平野で、山麓に**扇状地**、中下流に**氾濫原**、河口に**三角州**が形成される。

❸ **洪積台地**は、古い扇状地などが隆起した台地で、日本の台地の大部分がこれに当たる。

② 海岸の地形

さぁ，次は<u>海岸の地形</u>を勉強していこう！ 海岸は成因によって<u>離水海岸と沈水海岸に分けることができる</u>よ。

一般に<u>離水海岸の海岸線は単調で</u>，<u>沈水海岸は複雑</u>になってるんだ。離水と沈水というのは，相対的なもので，地殻変動による陸地の隆起や沈降，氷河の盛衰による<u>氷河性の海面変動</u>などがそれだね。

氷河性の海面変動という語句はちょっと難しく感じるかもしれないけど，大丈夫だよ。寒冷な<u>氷期</u>には，水が雪や氷河となってたくさん陸地にとどまるため<u>海面が低下</u>し，逆に温暖な<u>間氷期</u>には，<u>海面が上昇</u>するのはわかるよね。特に約2万年前の最終氷期には，<u>現在よりはるかに広い範囲で大陸氷河が広がり</u>，海面も100m以上低下していたんだよ。当時はベーリング海が陸化していて，ユーラシア大陸と北アメリカ大陸が陸続きになっていたんだね。そこで<u>ユーラシア大陸からモンゴロイドが北アメリカに移動</u>し，現在のイヌイットやインディオの祖先になったんだっていう話を以前したよね？

表3 離水海岸と沈水海岸のまとめ

	成　因	特　徴	地　形
離水海岸	陸地の隆起または海面の低下	海岸線が単調で<u>水深も浅い</u>	海岸平野，海岸段丘
沈水海岸	陸地の沈降または海面の上昇	海岸線が複雑で<u>水深も深い</u>	リアス海岸，フィヨルド，エスチュアリー

では，<u>離水海岸</u>の説明に入ろう。<u>離水海岸はかつての浅海底が離水</u>（海底が海面上に姿を現すこと）<u>して形成されたもので，海岸平野や海岸段丘がその典型</u>になるよ。

<u>海岸平野</u>は遠浅の海底が離水したもので，主として砂など細粒な物質からできているよ。千葉や宮崎の海岸に行ったことがある人は思い出してごらん！ 砂浜が広がっていたはずだよ。さらに海岸平野の沖合には<u>沿岸州</u>，砂浜には<u>浜堤</u>が発達していることが多いよ [➡ p.57 ⛰]。

次に<u>海岸段丘</u> [**図8**] だ。これは波の侵食作用によりつくられた<u>海食台</u>や<u>海食崖</u>が離水したもので，離水の回数によって複数の階段状段丘面が形成されるんだ。<u>上位段丘面ほど古い段丘</u>だということ

図8 海岸段丘の形成

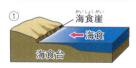

① 海食崖
海食
海食台

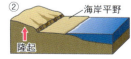

② 海岸平野
隆起

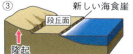

③ 新しい海食崖
段丘面
隆起

系統地理

大地形

小地形

地形図

気候要素と気候因子

気候区分と植生・土壌

陸水と海洋

農業

林業・水産業

エネルギー・鉱産資源

工業

地球環境と環境問題

人口

村落と都市

商業・観光業

交通・通信

貿易と資本の移動

国家・民族

になるね。**段丘**の崖下は，湧水がみられるため，**集落**が立地していることが多いよ [➡ p.57]。

　続いて**沈水海岸**の話をしよう！　離水海岸のときに説明したように，**氷期の海面低下時に侵食された谷の部分が，その後の海面上昇によって沈水**したと考えたらいいよ。水深が深くて，入り組んだ海岸線が特徴だね。代表的な沈水海岸には，**リアス海岸，フィヨルド，エスチュアリー（三角江）**があるんだ [**図9**]。

図9　沈水海岸の例

●リアス海岸（スペイン）

●フィヨルド（ノルウェー）

●エスチュアリー（ドイツ）

> **リアス海岸**は知っているよ！　ギザギザの海岸線からなる海岸だよね。確か日本では三陸海岸や若狭湾なんかにあると思うけど。

　よく知ってるね。でも地名を覚えているだけじゃまずいかな (＾＿＾;)。
　リアス海岸は，**壮年期の険しい山地が沈水したもの**で，尾根が岬，谷（V字谷だったよね！）が入江となった**鋸歯状の海岸線**をもった海岸なんだ。**スペイン北西部のリアス地方**が語源となっているよ（必ず地図帳でチェックしてね！　リアスバハス海岸って書いてあるはず）。
　壮年期の険しい山地がたくさんある**日本にも多数分布**しているから，君んちの近くにもあるんじゃないかな？　**水深が大きいため良港**になるけど，次に説明するフィヨルドと同様に，山地が海に迫り，**平地が狭い**ため，大きな貿易港などは発達しにくいよ。また，湾奥が狭いから**津波**の際には，波高が上昇するので被害を受けやすいんだ。逆に，山地に囲まれている分，波がおだやかだから**海面養殖**には適しているけどね。

> **フィヨルド**も知ってるよ。ノルウェーには世界最大級のソグネフィヨルドがあって世界的な観光地になっているんだよね。

すごい！　ソグネフィヨルドなんて知ってるんだね。でも共通テストでは問われないかな (＾_＾;)。共通テストでは,「どうやってできたんだろう？」という地理的思考力や理論を身につけることが, 高得点を取るための秘訣だね。

フィヨルドは**氷河の侵食**によって形成された**U字谷**（氷食谷）に海水が浸入したもので,**水深はとても大きくて, リアス海岸以上に湾奥も広く深い**んだ。**ノルウェー西岸, アラスカ～カナダ太平洋岸, チリ南西岸, ニュージーランド南島西岸**などに分布しているよ。

 ちょっと待って！　今気づいたんだけど,**フィヨルド**の分布地域って全部,**高緯度地方**で, しかも**西岸**に多くない？

そのとおり, フィヨルドは**かつて大陸氷河に覆われていた高緯度地方に分布**しているんだ。**高緯度の西岸は偏西風の影響で降雪が多かった**地域で, 氷河が大規模に発達していたんだよ。今までで一番いい質問で感動している……。

 先生！　感動はさておき (・∀・),**エスチュアリー**ってどんな海岸地形なの？

エスチュアリー（三角江）も氷期の海面低下時に侵食された谷が沈水したもので,**ラッパ状の河口**になっているんだ。河口だけが沈水しているから**水深が深く平野も広い**ため,**港湾都市や工業地域**などが発達しやすいんだ [➡ p.57 ㊙]。でもヨーロッパにはたくさんあるのに日本にはないよね？

エスチュアリーは,**日本**のように山がちで, しかも河川による侵食も盛んで,**土砂の生産や運搬・堆積作用が活発なところでは, 河口が埋積してしまうため発達しにくい**んだ。それに対して**安定陸塊など大陸の河川ではエスチュアリーがたくさんみられる**よ。でも,**ライン川**やドナウ川のように,**流域面積が広く,** アルプス山脈から流れ出て**土砂の運搬が盛んな河川**では, エスチュアリーではなく**三角州**が発達していることに注意しようね！

表4　沈水海岸のまとめ

種　類	成　因	形　態	分布地域
リアス海岸	険しい壮年期山地が沈水	V字谷が入江, 尾根が岬となる鋸歯状の海岸線	スペイン北西部, 三陸海岸, 若狭湾沿岸
フィヨルド	氷食によるU字谷に海水が浸入	湾奥が比較的広く, 細長い湾を形成	スカンディナヴィア半島西岸, アラスカ～カナダ太平洋岸, チリ南西岸
エスチュアリー	河口部が沈水	ラッパ状の河口を持ち, 比較的平野が広い	テムズ川, セーヌ川, エルベ川, ラプラタ川

海岸にはいろいろな**砂の堆積地形**がみられることがあるよね？説明してくれる？

いいよ！

一般に，浅い海では砕ける波の作用により**海岸線に平行**した<u>沿岸流</u>が生じるんだ。岬部分などを<u>侵食</u>してできた岩くずや河川が海に供給した土砂を，沿岸流が運搬し堆積すると<u>砂嘴</u>，<u>砂州</u>などのような特徴的な砂の堆積地形が形成されるんだよ［➡ p.57 👍］。

<u>図10</u>を見てみよう。**砂嘴**はかぎ状の堆積地形で，これが発達し湾口を閉じるように伸びると**砂州**（内側に**ラグーン**と呼ばれる<u>潟湖</u>を形成）になるんだ。

さらに砂州は対岸の陸地まで到達したり，島と連結する場合もあるね。連結した島を<u>陸繋島</u>，砂州の部分を<u>陸繋砂州</u>（トンボロ）と呼ぶんだ。

それから，**沿岸流は砂の堆積地形の付け根から先端にかけて流れている**ことに注意しよう！

図10　海岸部の砂の堆積地形

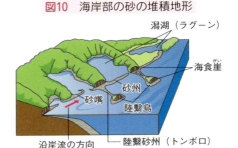

潟湖（ラグーン）
海食崖
砂州
砂嘴
陸繋島
沿岸流の方向
陸繋砂州（トンボロ）

 この前，テレビでオーストラリアの番組があったんだ。そのときにグレートバリアリーフ（**大堡礁**）が映ってて，すごくきれいだった！　<u>サンゴ礁海岸</u>はどうやってできたの？

<u>サンゴ礁海岸</u>は，サンゴを主とする**炭酸カルシウム**からなる生物の分泌物や遺骸が，海底の基盤岩の上に発達した地形なんだ。つまり造礁サンゴがつくりあげた<u>石灰質の海岸</u>なんだね。

サンゴは**熱帯～亜熱帯**の**水温が高く**，**きれいな海**を好む生物で，**水深が浅いところ**（共生する植物が太陽光を必要）に分布するよ。だから低緯度地方でも<u>寒流</u>が流れていたり，**土砂の流入が多いところでは発達しにくい**んだ（土砂の流入が激しい大陸部より，島のほうが発達しているのもこれが一因だね）。

また，島（陸地）が相対的に沈水するとサンゴは死滅してしまうので，生きのびるため上方に成長することから，<u>図11</u>［➡ p.57］のように<u>裾礁</u>（fringing reef）➡<u>堡礁</u>（barrier reef）➡<u>環礁</u>（atoll）の順に形成されることが多いよ。裾礁は陸地の裾にへばりついたもの，堡礁は堡みたいになったもの（オーストラリアの**グレートバリアリーフ**は超有名!!），環礁は環状になったものと考

えれば忘れにくいんじゃないかな。比較的高緯度にある**日本のようにサンゴ礁分布の限界付近では**裾礁**が多いし，赤道付近では**環礁**が多い**ことにも注意しよう！　それから，サンゴ礁が離水すると隆起（りゅうき）サンゴ礁の形で**石灰岩の台地**になるというのも興味深い話だよね。

系統地理

大地形
小地形
地形図
気候要素と気候因子
気候区分と植生・土壌
陸水と海洋
農業
林業・水産業
エネルギー・鉱産資源
工業
地域開発と国境問題
人口
村落と都市
商業・観光業
交通・通信
貿易と資本の移動
国家・民族

図11　サンゴ礁海岸

裾礁（きょしょう）　サンゴ礁／基盤岩

堡礁（ほしょう）　礁湖（ラグーン）（しょうこ）

環礁（かんしょう）

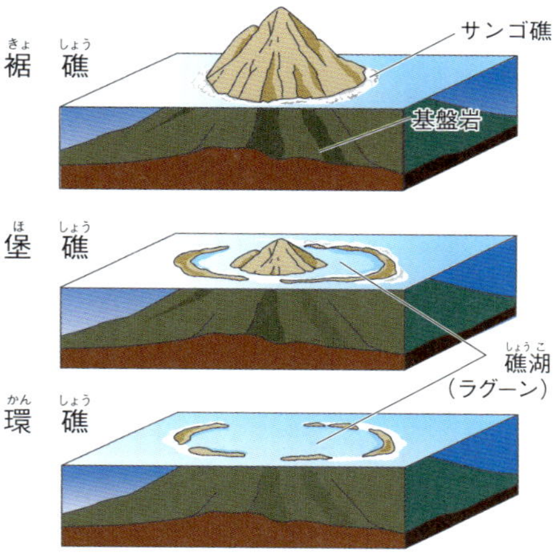

☝ **エスチュアリー**の代表的河川
河口には大貿易港が発達している場合が多い。**テムズ川**（ロンドン），**エルベ川**（ハンブルク），**セーヌ川**（ルアーヴル），**ラプラタ川**（ブエノスアイレス），**セントローレンス川**などがある。

☝ 沿岸州（えんがんす）と浜堤（ひんてい）　海岸平野などの沖合は遠浅（とおあさ）で，沖（おき）からの波の砕け作用により，**海岸線と並行した砂の堆積地形**が形成されることがある。これを**沿岸州**と呼ぶ。沿岸州が陸化したものを**浜堤**と呼び，海岸線に並行して数列並ぶことが多い。

☝ **海岸平野**と**海岸段丘**（だんきゅう）　海岸平野は，アメリカ合衆国の**大西洋岸**からメキシコ湾岸，日本の**九十九里平野**で発達している。また海岸段丘は**室戸岬**のものが有名。

☝ 砂嘴（さし）と砂州（さす）　砂嘴と砂州は，砂礫（されき）でできた海面上の高まりで，**野付崎**（北海道），**三保の松原**（静岡）は砂嘴，**弓ヶ浜**（鳥取），**天橋立**（京都）は砂州である。地図帳にマークをしておこう！

ポイント　海岸の地形

❶　海岸は成因によって，**離水海岸**と**沈水海岸**（ちんすい）に大別できる。
❷　**離水海岸**には**海岸平野**や**海岸段丘**（だんきゅう）があり，平坦（へいたん）面は人間の重要な活動の場となる。
❸　**沈水海岸**には，**リアス海岸**，**フィヨルド**，**エスチュアリー**があり，いずれも水深が大きいため**良港**（りょうこう）が立地しやすい。

❸ 特殊な地形

今までは，主として河川の侵食・堆積作用による地形を説明してきたね。河川は陸上の地形をつくるうえで最も重要な働きをしているんだ。

今度は氷河の侵食・堆積作用による地形，つまり氷河地形の話をしよう！まず，氷河とはどのようなものかということをしっかりと理解してね。

氷河とは，万年雪（年間を通じて融けない雪で，融雪の限界である雪線以上のところに分布）が数十メートル降り積もり，上層の雪の圧力によって圧縮され氷河氷になったもので，侵食力がものすごく大きいんだ。氷河には地表面を広く覆う大陸氷河（氷床）と，高山の山頂付近などで発達する山岳氷河（谷氷河）があることは知ってるよね。

氷河は地球上で盛衰をくり返してきたので，現在や過去の分布地域をわかっていれば，氷河地形の分布についても理解しやすいよ。

現在，大規模な大陸氷河は，南極大陸とグリーンランド（カナダの北のほうにある世界最大の島でデンマーク領）にしか分布していないんだ。

でも，過去の地質時代の第四紀（現在から約260万年前まで）には，氷期（氷河期）と間氷期が数度にわたってくり返され，約2万年前の最終氷期には全陸地の3分の1（現在の3倍）が氷河に覆われていたんだ。ユーラシア大陸で北緯50度付近，北米で北緯40度付近まで大陸氷河に覆われていたことに注意しよう！ 図12は頻出事項だよ！ ヨーロッパと北米における氷期の大陸氷河の分布については，君の地図帳にマーカーでハデに書き込んでおこう！

図12 氷期の北半球大陸氷河の分布

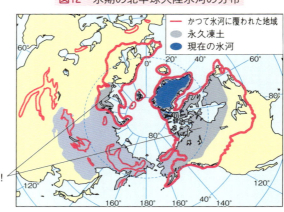

かつて氷河に覆われた地域
永久凍土
現在の氷河

特にこの2地域に注意！

すごいことに気づいたよ！　大陸氷河（ひょうが）の最大拡大範囲がわかれば，さっきやったフィヨルドや氷河によってつくられた氷河湖や，その他の氷河地形がどこで発達しているかわかってしまうよ！これは簡単でいいや！

本当に君の言うとおりだ。氷河地形だけでなく，**大陸氷河に覆われていた地域は表土（ひょうど）も薄く，土地もやせている**ことが多いから，農業にも関係してくるしね。では，続きを説明するよ。

氷河は侵食（しんしょく）作用が活発で，山頂付近に発達した氷河は，自（みずか）らの重さで岩石を削（けず）ったり，もぎ取ったりして移動するため，**カール**（圏谷（けんこく））と呼ばれる**半椀状（はんわん）の凹地（おうち）**を形成するんだ。さらに山頂の氷河が幾方向にも流下し，カールが複数できることにより**ホルン**（**ホーン**）と呼ばれる**とがった峰（みね）**（尖峰）になるよ。カールやホルンを形成した氷河は，谷を下り**U字谷（こく）**をつくるんだ（氷河地形は写真や地形図で頻出（ひんしゅつ）なので注意しよう）。

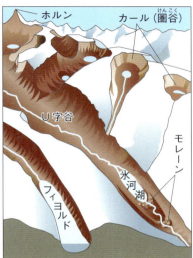

図13　氷河地形

ホルン　　カール（圏谷（けんこく））
U字谷
モレーン
氷河湖
フィヨルド

そして氷河に削り取られた岩くずは運搬（うんぱん）され，高度が低下し氷河が消失する（低地のほうが暖かいからね）と，**岩くずが押し固められたモレーンと呼ばれる丘陵状の氷河堆積地形**が残るんだね（**五大湖沿岸（ごだいこ）やドイツの北部**に分布➡図13）。

次は**乾燥地形**だ。乾燥地形は**砂漠気候（さばく）**下にみられる地形なんだけど，砂漠では**降水が非常に少なく，植生（しょくせい）もほとんどみられない**のはわかるよね。水がないわけだから，岩石の性質（比熱（ひねつ）が小さいため，温度が上がりやすく下がりやすい）が強く影響するので，日中は気温がすごく高くなり，夜間は寒いほど低温になるんだね（つまり**気温の日較差（にちこうさ）がとっても大きくなる**）。

そこで岩石は崩れやすくなり，**風化作用（ふうか）が活発**になるんだ。大きな岩石が砕（くだ）かれ，岩くずや礫（れき）が地表一面に広がることになるよ。だから**砂漠**は大部分が岩石や礫からできているんだね。

系統地理

大地形
小地形
地形図
気候要素と気候因子
気候区分と植生・土壌
陸水と海洋
農業
林業・水産業
エネルギー・鉱産資源
工業
地域開発と環境問題
人口
村落と都市
商業・観光業
交通・通信
貿易と資本の移動
国家・民族

えーっ！ 砂漠って「砂」だらけじゃないの？ 砂丘が広がって さぁ，砂嵐がきて……，ラクダに乗った商人が隊商を組んで……

まぁ，気持ちはわかるよ (^_^)。よく見る光景だよね。

desert（砂漠）とはもともと非常に降水が少なく植生に乏しいため，人間から放棄された場所という意味だよ（動詞の desert は「捨てる」という意味だったね）。かつては日本でも「沙漠」（水がきわめて少ないの意）と書かれていたんだよ。

今は「砂漠」と書くことが多いので砂のイメージが強いけど，実際は**岩石や礫の砂漠がほとんどを占め**，その周辺に風で運ばれた砂が堆積した**砂砂漠**がある程度なんだ（もちろんここには**砂丘**もあるよ）。

砂漠の年降水量はとっても少ないけど（たとえば年20mmとか），**年変動率が大きく**，ある年やある時期にまとまって降る場合が多いんだ。すると雨水はもろくなった岩石を激しく侵食しながら谷をつくり，**ワジ**（涸川）と呼ばれる河川を形成するんだね。降水時には**面的な侵食が働くため，比較的平坦な河床を形成**することが多いんだ。

ワジは**降水時しか流れてない**んだけど，ワジの周辺や底では，地下水面が浅く井戸も掘りやすいため，オアシス集落が立地しやすいよ。流水がないときは**交通路**として利用されることも多いね（砂漠は目印がないから道に迷いやすいんだ。迷ったらかなり危険だもんねえ。だからワジが利用されるんだ）。

河川には，ナイル川のような**外来河川**（「砂漠の外から来る川」の意）[➡ p.62 👆] もあるよ。**湿潤な地域や雪解け水が豊富な山から流れてくる**から水量も豊富なんだね。乾燥地域に住む人々にとって大切な河川で，流域では**オアシス**が形成され，**灌漑によって農業も営まれている**よ。

 そうかぁ，だから**エジプト**は国土の大部分が砂漠で水が得にくいはずなのに，ナイル川のおかげで古くから農業が行われてきたんだね。最後に**カルスト地形**について聞きたいなぁ？

よし，わかった！ 今まで説明してきた河川や氷河の侵食は大部分が摩擦力などによる**物理的侵食**だったけど，今度は**化学的侵食**だね。
雨水に含まれた二酸化炭素が，炭酸カルシウムを含む石灰岩を溶食 [➡ p.62 👆] してできた地形を**カルスト地形**（語源は東欧の**スロベニア**にある**カルスト地方**だよ）というんだ。雨水が直接触れやすい石灰岩の台地ではこの地形がはっきりとみられるよ。

雨水によって石灰岩が溶かされると**カルスト凹地**を形成することになるね。

図14にあるように**ドリーネ➡ウバーレ➡ポリエ**（溶食盆地）と呼ば

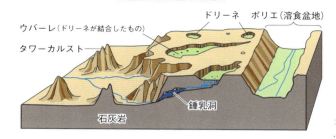

図14　カルスト地形

ウバーレ（ドリーネが結合したもの）
タワーカルスト
ドリーネ
ポリエ（溶食盆地）
鍾乳洞
石灰岩

れるカルスト凹地が順に発達していくんだ。凹地の底には石灰岩中の不純物が溶食から取り残されてできた**テラロッサ**（「バラ色の土」の意）と呼ばれる**赤土**が堆積していることが多いよ。それほど肥沃な土壌じゃないんだけど，土壌の発達が悪い石灰岩地域では，農業に利用されているんだ。

さらに雨水は地下に浸透し（石灰岩台地では地表に河川がみられないことが多い），地中に**鍾乳洞**を形成するよ。また，東南アジアや中国の華南（**コイリン**[桂林]）のような**熱帯から亜熱帯の多雨地域**では**タワーカルスト**[➡p.62]と呼ばれる特異な地形を形成しているんだ。

表5　特殊な地形のまとめ

種　類	成　因	特　徴	分布地域
氷河地形	氷河の侵食・堆積作用	**カール**，ホルン，U字谷，**モレーン**，氷河湖，**フィヨルド**を形成	高緯度地方や高山地域
乾燥地形	岩石の風化，雨水による面的侵食作用	砂漠，**ワジ**，**外来河川**，塩湖	緯度20〜30度の中緯度地方，大陸内部
カルスト地形	雨水中の二酸化炭素が石灰岩を溶食	**ドリーネ**，**ウバーレ**などのカルスト凹地，**タワーカルスト**，鍾乳洞	地中海沿岸，平尾台，秋吉台など石灰岩台地

風化　岩石が物理的，化学的に破壊されることである。**物理的風化**は主に**温度変化**による岩石の熱膨張と放射冷却による収縮により，岩石に割れ目が生じ，さらにその割れ目に浸入した水の膨張・収縮で岩石が破壊されることで，**乾燥気候**下で風化が進む。また，**化学的風化**は酸化や加水分解などにより岩石が破壊されることで，**高温多雨の気候**下で風化が進む。

レス　**氷河の侵食**によって生産された岩くずのうち，細かいものは**風**で運ばれてレスと呼ばれる**風積土**となり，**ヨーロッパや北アメリカ**に分布している。レスは，栄養分をよく吸収するため，ステップ気候や温帯気候など腐植が形成されやすい

系統地理

大地形
小地形
地形図
気候要素と気候因子
気候区分と植生・土壌
陸水と海洋
農業
林業・水産業
エネルギー・鉱産資源
工業
地域開発と環境問題
人口
村落と都市
商業・観光業
交通・通信
貿易と資本の移動
国家・民族

地域に堆積すると黄褐色の肥沃な土壌となることが多い。**ウクライナやロシアに分布するチェルノーゼムの母材はレスである**。ただし，**中国の黄土高原から華北に分布するレス（黄土）は，砂漠の表土が風で運ばれたものであることに注意しよう！** 氷河起源のものを氷成レス，砂漠起源のものを砂漠レスという。

🖐 **外来河川** 湿潤気候地域から流出し乾燥地域を貫流する河川で，農業・工業用水や生活用水の確保に重要な役割を果たしている。**ナイル川，ティグリス・ユーフラテス川，ニジェール川，インダス川，コロラド川**などが代表的である。

🖐 **溶食** 雨水に含まれる二酸化炭素が石灰岩を溶食する過程は，次のように示すことができる。$CaCO_3 + CO_2 + H_2O \longrightarrow Ca(HCO_3)_2$

🖐 **タワーカルスト** **熱帯や亜熱帯気候**地域では，**降水量が多い**ことに加え植生が豊富なため，土中には有機酸が多く含まれている。そのため溶食が活発で，石灰岩台地の一部が溶食から取り残され，タワーカルストと呼ばれる**巨大な塔状の山々が林立する特異な地形**が形成されることがある。特に，中国・コワンシー壮族自治区の**コイリン**（桂林）は，古くから景勝地として知られている。

ポイント ▸ 特殊な地形

❶ **氷河地形**は，氷河の**侵食・堆積作用**により形成されたもので，**高緯度地方**や**高山地域**で発達している。

❷ **乾燥地形**は，乾燥気候でみられ，岩石の風化作用が活発で，**砂漠**が分布する。

❸ **カルスト地形**は，**雨水**に含まれる二酸化炭素により**石灰岩**が**溶食**されて形成される。

「氷河地形」，「乾燥地形」，「カルスト地形」が，特殊な地形の3大頻出事項だよ。どこにみられるか，どのように形成されたかなどをしっかりおさえておこう！

チェック問題

易　1分

1 図1中の**ア〜ウ**は，ノルウェー南西部，スペイン北西部，フランス北部のいずれかの地域の海岸線を同じ縮尺で示したものである。また，図2の**カ**と**キ**は，その湾の海面下の横断面形を模式的に表している。ノルウェー南西部の地域に該当する海岸線と湾の模式的な横断面形の組合せとして正しいものを，あとの①〜⑥のうちから一つ選べ。

ア　　　　　　　　イ　　　　　　　　ウ

黒い部分が海を表す。図の上が北を示すとは限らない。

図1

海面　　　　　　　　　　　海面

カ　　　　　図2　　　　　キ

	①	②	③	④	⑤	⑥
海 岸 線	ア	ア	イ	イ	ウ	ウ
横断面形	カ	キ	カ	キ	カ	キ

2 現在では世界各地の自然環境を考察するために，GIS（地理情報システム）が積極的に使われている。次ページの図1は，世界のある海岸地方の衛星データからGISで作成した地図である。また，次ページの図2は，図1中の矢印の視点からの地形景観を3D化したものであり，図2の下の文章は，この地域の海岸地形の形成過程についてまとめたものである。次ページの文章中の空欄**ア**と**イ**に当てはまる語の正しい組合せを，65ページの①〜④のうちから一つ選べ。

大地形

小地形

地形図

気候要素と気候因子

気候区分と植生・土壌

陸水と海洋

農業

林業・水産業

エネルギー・鉱産資源

工業

地域開発と環境問題

人口

村落と都市

商業・観光業

交通・通信

貿易と資本の移動

国家・民族

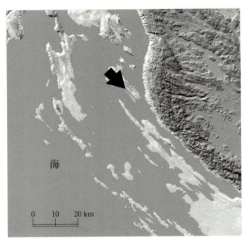

JAXA の資料により作成。

図1

高さは強調して表現してある。Google Earth により作成。

図2

図1では，海岸線とほぼ（　**ア**　）して，細長い島々が配列している様子が読み取れる。これは，海岸線と同じ向きの稜線をもった地形が沈水し，稜線の一部が沈水から取り残されて島々ができたことを示している。すなわち，図2にみられる海岸付近の山地と島に挟まれた海域は，雨水や河川など主に（　**イ**　）営力により形成され

た谷に，海水が侵入してできたものと考えられる。

	①	②	③	④
ア	直　交	直　交	平　行	平　行
イ	外　的	内　的	外　的	内　的

系統地理

大 地 形

小 地 形

地 形 図

気候要素と
気候因子

気候区分と
植生・土壌

陸水と海洋

農　　業

林業・
水産業

エネルギー・
鉱産資源

工　　業

地域開発と
環境問題

人　　口

村落と都市

商業・
観光業

交通・通信

貿易と
資本の移動

国家・民族

解答・解説　　**1**　⑥　　ノルウェー南西部は**フィヨルド**，スペイン北西部は**リアス海岸**，フランス北部は**エスチュアリー**が分布し，それぞれ**図1**中の**ア**がエスチュアリー，**イ**がリアス海岸，**ウ**がフィヨルドに該当する。
　　フィヨルドは**氷食(ひょうしょく)**によるU字谷(こく)に**海水が浸入(しんにゅう)**したものなので，湾奥(わんおう)も広く，水深も深い。
　　図2中の**カはV字谷**，**キはU字谷**とわかれば解答は容易だ。

2　③　　図2を見ると，細長い島々が海岸線とほぼ（**ア　平行**）しているのが読み取れる。2行目の「海岸線と同じ向きの**稜線(りょう)**」というのは，海岸線と同じ向きの**尾根線**と同じ意味で，図中の海岸は，このような地形が**沈水**してできた海岸地形である。沈水は，**地殻変動による陸地の沈降**または**氷河性海面変動による海面上昇**によって生じる。同じ沈水海岸でも**リアス海岸**は，稜線が海岸線に向かって，ほぼ垂直方向に伸びているため，陸地側に海水が浸入し，入り組んだ鋸歯状(きょし)の海岸線を形成している。共通テスト対策として覚える必要はない知識だが，**図1**ならびに**図2**に見られる海岸地形は，アドリア海沿岸のクロアチア南部に見られるダルマチア海岸と呼ばれる特異な海岸地形である。雨水や河川の作用により形成された谷に，海水が浸入してできた海岸とあるので，流水による**侵食作用**つまり（**イ　外的営力**）が正解である。外的営力とは，地球外部からの太陽エネルギーなどを起源とするもので，**風化**，**侵食**，**運搬**，**堆積**などの作用である。これに対して，選択肢にある**内的営力**とは，地球内部の熱エネルギーを起源とするもので，**地殻変動**，**火山活動**などがある。

4 地形図

この項目のテーマ

1 地形図の種類
地形図とはどのような地図なのかを理解しよう！

2 等高線と地図記号
等高線（とうこうせん）の性質を理解すれば地形図はとっても簡単！

3 地形図の読図
地形を理解していれば，読図は楽しい！

1　地形図の種類

　今回は地形図の話だよ。多くの受験生と話をするけど，「地形図がニガテ！」っていう話を聞くねぇ。逆に山に登ったりするのが好きなアウトドア派の人はけっこう得意な人が多いように感じるな。苦手な人の気持ちはわかるよ。じつはここだけの話，親しい地理の先生たちから「瀬川さんは地形図実習きらいだもんね」と言われるんだ。泥まみれになったり，汗（あせ）まみれになるのがあんまり好きじゃない（^_^;）。

　でも，地形図とは何かということをしっかり理解して，等高線と地図記号の（とうこうせん）ルールをちゃんと身につければ，すぐに読めるようになるから心配しないでね！　もともと得意な人はここを読んでいっそう得意になろう！　じゃあ，説明に入るよ！

　地形図とは等高線によって地形や水系を表現し，地図記号によって集落，道路，行政界（ぎょうせい），土地利用などの情報をくわしく記した地図だよ。うまく活用すれば，地域を理解する手助けになるんだ。

　国土地理院が発行している地形図は3種類あって，日本全土を表現したものは2万5千分の1と5万分の1の地形図だ（1万分の1は都市部だけ作成）。2万5千分の1地形図は実際に測量された実測図で，5万分の1地形図は実測図をもとにつくられた編集図だよ。

　また，近年は，標高，地図画像，土地利用，道路などを電子化した数値地図や電子地形図も刊行されていて，パソコンを使えばいろいろな地図表現ができ

るようになっているよ。現在は，**地理院地図**（国土地理院）という縮尺が自由に変えられ，加工もできる電子地図がインターネットで公開されているので，チャレンジしてみるといいね！

よーし，**地形図**に対する苦手意識をなくして得意になってみせるよ！　ところで地形図に出てくる縮尺(しゅくしゃく)って，いったいなんのこと？

縮尺とは縮小率のことで，**大縮尺（分母が小さい）**とは大きめに縮小しているということ（つまり**あんまり縮めていない**ということ），**小縮尺（分母が大きい）**とは小さめに縮小しているということ（**いっぱい縮めている**ということ）だよ。つまり2万5千分の1と5万分の1を比べた場合，2万5千分の1のほうが，実寸(じっすん)により近いということで，5万分の1より大縮尺の地図であるということになるんだね。よく逆に考える人がいるので注意しておこう！

2万5千分の1地形図のほうが5万分の1地形図より大縮尺でくわしい情報を得ることができるんだね。
じゃあ，どちらのほうがより広い範囲を描くことができるのかなぁ？

図1のように5万分の1地形図のほうが広い範囲を描くことができるんだ。5万分の1地形図では，2万5千分の1地形図の距離を半分に縮めてあるわけだから，**2万5千分の1地形図の4枚分の範囲を描くことができる**んだよ。つまり，2万5千分の1地形図はよりくわしい情報を得たい場合に使用するし，5万分の1地形図はより広い範囲の情報を得たい場合に使用すればいいということになるよ。

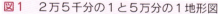

図1　2万5千分の1と5万分の1地形図

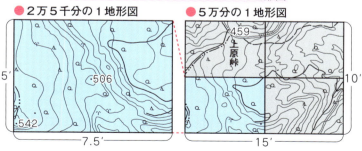

※　緯度・経度はともに，1°＝60′（60分），1′＝60″（60秒）で示す。

系統地理

大　地　形
小　地　形
地　形　図
気候要素と
気候因子
気候区分と
植生・土壌
陸水と海洋
農　　　業
林業・
水産業
エネルギー・
鉱産資源
工　　　業
地域開発と
環境問題
人　　　口
村落と都市
商業・
観光業
交通・通信
貿易と
資本の移動
国家・民族

👆 **国土地理院発行の地図**　地形図以外には，1：2,500と1：5,000の**国土基本図**，1：200,000の**地勢図**，1：500,000の**地方図**，1：1,000,000の**国際図**などがある。

👆 **地形図の図法**　国土地理院発行の地形図は，かつて多面体図法で作成されてきたが，現在は，ユニバーサル横メルカトル（UTM）図法で作成されている。

👆 **電子国土基本図**　国土地理院は，紙媒体の地形図だけでなく，これまでの2万5千分の1地形図にかわる基本図として，**デジタルデータ**をもとに**電子国土基本図**の整備を進めており，地図情報，オルソ画像（空中写真をひずみのない画像に変換したもの），地名情報からなる。また，**電子地形図25000**は，電子国土基本図をもとに作成された**デジタル地形図**で，インターネットで閲覧や購入が可能である。

> ## ポイント　地形図の種類
>
> ❶ 地形図は，等高線（とうこうせん）と地図記号を使用して，地形，水系，土地利用を表し，地域の特性を理解することに役立つ。
> ❷ 地形図には2万5千分の1と5万分の1があり，前者はくわしい情報を，後者は広範囲の情報を獲得することができる。

「地形図」がニガテという受験生が多いけど，ゼッタイにあきらめるなよ！　原理がわかれば，怖いことは何もないよ！

❷ 等高線と地図記号

等高線と地図記号は地形図の読図には欠かすことができないものなんだ。等高線とは海抜高度が等しい地点を結んだ線で、東京湾の平均海面を０ｍとして作成してあるよ。等高線には表１のような種類があるから、種類と数値については必ず頭にたたき込んでおこうね！

最も重要な等高線は主曲線（細実線）で、２万５千分の１では10m間隔、５万分の１では20m間隔で描かれているよ。さらに主曲線５本に１本の割合で計曲線（太実線）が描かれているんだ。

だから等高線が何ｍ間隔で描かれているかで地形図の縮尺もわかってしまうよね。つまり主曲線が10m（計曲線が50m）間隔ならば、２万５千分の１だし、それぞれ20m（100m）間隔ならば５万分の１になるから、君たちは全員縮尺の問題は解けるということになるね（^_^）。

それから主曲線と計曲線（実線）は必ず記入しなければならないんだけど、補助曲線（破線）は必要に応じて記入する等高線で、よりくわしく地形を表現したい場合に、必要な部分だけ使用するんだよ。

表１　等高線の種類と数値

	２万５千分の１地形図	５万分の１地形図
実際の距離１km	4 cm	2 cm
実際の面積１km²	16 cm²	4 cm²
〈等高線の種類〉		
計曲線 ———	50 m 間隔	100 m 間隔
主曲線 ———	10 m 間隔	20 m 間隔
補助曲線	5 m, *2.5 m 間隔	10 m 間隔
		5 m または、*2.5 m 間隔

（＊数値は必ず表示）

> 等高線って難しいと思っていたけどそうでもないんだね。
> 等高線にはどんなルールがあるの？

じゃあ、等高線のルールについてまとめてみよう！

〈ルール１〉 等高線は閉曲線になるよ。必ず閉じるんだ（ただし補助曲線は必要な部分だけ記入すればよいので、必ずしも閉曲線になる必要はない）。

〈ルール２〉 閉曲線の内側は必ず外側より高いことを忘れないでね。よく生徒から「私には等高線の内側がへこんでいるように見えるんですけど」っていう質問を受けるんだ（^ ^;)。

系統地理

大地形
小地形
地形図
気候要素と
気候因子
気候区分と
植生・土壌
陸水と海洋
農業
林業・
水産業
エネルギー・
鉱産資源
工業
地域開発と
環境問題
人口
村落と都市
商業・
観光業
交通・通信
貿易と
資本の移動
国家・民族

確かにそういわれれば見えないことも
ないんだけど，君たちはそこで「絶対に
内側は高いんだ！」って思ってね！
　凹地(おうち)**を表したい場合には，等高線の中
に矢印を入れたり，等高線の内側に小突**(とっ)
起を入れたりしなければならないんだよ
（**カルスト地形**などではこういう記号が
たくさんみられるので注意しようね！）。
図2を見てしっかり理解しておこうね。
凹地記号が入っている場合は，**図2**のよ
うに外側の等高線と同じ高さになるとい
う特別ルールがあるから十分に注意しよ
う！

〈ルール３〉　等高線は決して交わらな
いよ。ただし土崖(がけ) ╥╥╥╥や岩崖 ⋔⋔ 記
号がある場合には等高線が崖に吸い込ま
れているので，交わっているように見え
るけどね。

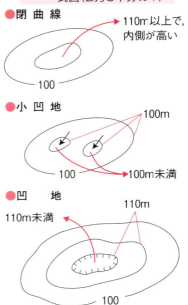

図2　閉曲線と凹地記号の模
式図（2万5千分の1）

● 閉 曲 線

110m以上で，
内側が高い

100

● 小 凹 地

100m

100　　100m未満

● 凹 　 地

110m

110m未満

100

でもね，実際に地形図を見ると，等高線に交わっている実線があ
るよ！　あれは何なんだろう？

　そうだね。それは**小河川**か**道路**だな。等高線を追っていく際に，道路や川に
入っていく人がいるもんね。**図3**を見て確認しておこう！

図3　等高線に交わっている道路や河川の模式図

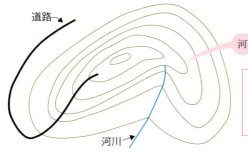

道路

河川は谷を流れていることに注意！

河川

実際の地形図はカラーで，
**等高線は茶，道路は黒，河
川は青**で表現されているが，
入試では白黒（モノクロ）
なので，十分な学習が必要。

〈ルール４〉 等高線の間隔が広ければ**緩やかな傾斜**，狭ければ**急な傾斜**を表しているんだ。**図４**を見るとわかりやすいよ。

図４　緩傾斜と急傾斜の模式図

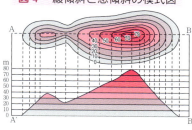

〈ルール５〉 等高線が標高の**高いほうから低いほうへ出っ張っているところが尾根**，逆に高いほうへくい込んでいるところが**谷**を表しているよ。尾根すじ（**尾根線**）というのは，君たちが山を登ったり下ったりする際に，**進行方向に対し必ず両側が低くなっている**道すじを指すんだ（周りが見渡せるので景色がいいはずだね）。

　逆に谷すじ（**谷線**）は両側が高くなっている道すじのことで，両側に山の斜面が見えるところだね。これを等高線で表すと**図５**のようになるよ。共通テストでは頻出の事項なのでがんばって勉強しよう！

図５　尾根，谷，集水域の模式図

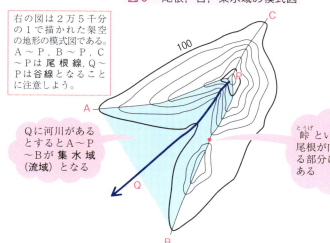

右の図は２万５千分の１で描かれた架空の地形の模式図である。A〜P，B〜P，C〜Pは尾根線，Q〜Pは谷線となることに注意しよう。

Qに河川があるとするとA〜P〜Bが**集水域（流域）**となる

峠といわれる部分で，尾根が向かい合っている部分は，尾根線上である

地形図では，**距離**，**面積**，平均勾配の計算問題が出題されているような気がするんだけど？

そうだね。頻出の計算問題だから，以下のことに注意しよう！

① **距離を求める場合**，1：25,000の地形図上での4cmは4cm×25,000で1km，1：50,000地形図上での4cmは4cm×50,000で2kmになる。

② **面積を求める場合**，1：50,000の地形図上で，2cm四方の水田の面積は，（2cm×50,000）×（2cm×50,000）＝1km² となる。

③ **平均勾配**を求める場合，A地点からB地点の平均勾配は，

$\dfrac{A〜B間の比高}{A〜B間の水平距離}$ となる。たとえば，A地点の標高が1,200m，B地点の標高が800mで，A〜B間の水平距離が5,000mであれば，$\dfrac{1,200-800}{5,000} = \dfrac{2}{25}$ となる。

 地形図を見てると，たまに等高線がほとんど入っていないものがあるよね。こんな場合どうすればいいの？

等高線が入っていないということは，傾斜があまりなく平坦な地形なんだろ

図6　地形図の記号（1：25,000）

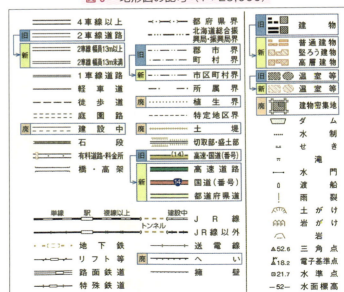

うね。そういう場合は土地利用を見ることが必要だよ。たとえば、**河川が流れていたり、水田があったりすれば周囲より低い**と考えればいいし、**畑や集落が**あれば周囲よりちょっとだけ高い可能性があるからね。

☝ **三角点**（△）**と水準点**（⊡）　地形図中での水準点、三角点、標高点の数値はすべて**海抜高度**（標高）を示しており、**水準点**は東京湾の平均海面を0mとした**海抜高度の基準点**、**三角点**は**位置**（緯度や経度）の**基準点**である。**電子基準点**（△）はGPS衛星を利用し、**地殻変動などによる位置・高度のずれを監視する**ために設置されている。

ポイント ― **等高線と地図記号**

❶ **等高線**は**閉曲線**となり、その**内側は外側より高い**ことを示す。
❷ **等高線は交わらない**。
❸ **等高線の間隔**が**密**であれば**急傾斜地**、**疎**であれば**緩傾斜地**を表す。
❹ 等高線が低いほうへ凸である場合は**尾根**、高いほうへ凸である場合は**谷**を示す。

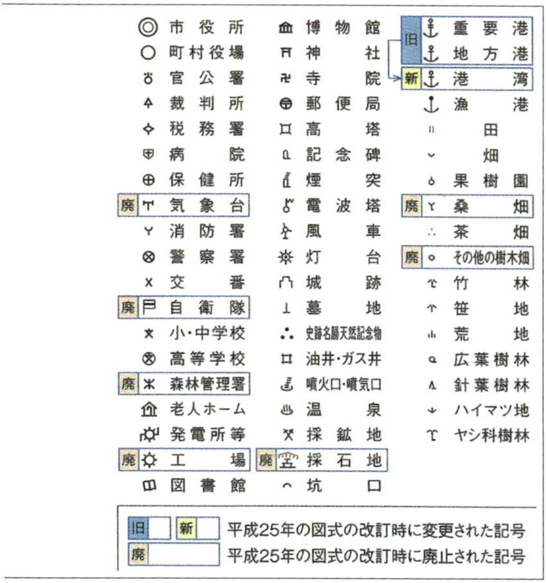

◎	市 役 所	⎈	博 物 館	旧 ⚓	重 要 港		
○	町村役場	⛩	神 社		地 方 港		
♂	官 公 署	卍	寺 院	新 ⚓	港 湾		
♣	裁 判 所	⊕	郵 便 局	⚓	漁 港		
◈	税 務 署	⊓	高 塔	‖	田		
⊞	病 院	♎	記 念 碑		畑		
⊕	保 健 所	⌇	煙 突	◌	果 樹 園		
廃 �	気 象 台	♂	電 波 塔	廃 Y	桑 畑		
Y	消 防 署	⚑	風 車	∴	茶 畑		
⊗	警 察 署	※	灯 台	廃 ○	その他の樹木畑		
×	交 番	⌓	城 跡	⋔	竹 林		
廃 ⊡	自 衛 隊	⊥	墓 地	⋔	笹 地		
⚹	小・中学校	∴	史跡名勝天然記念物	⌁	荒 地		
⊗	高 等 学 校	⊔	油井・ガス井	♀	広 葉 樹 林		
廃 ⚹	森 林 管 理 署	♨	噴火口・噴気口	↓	針 葉 樹 林		
⌂	老 人 ホ ー ム	♨	温 泉	↓	ハイマツ地		
⚙	発 電 所 等	⚒	採 鉱 地	Ⱳ	ヤシ科樹林		
廃 ✿	工 場	廃 ⛏	採 石 地				
⊞	図 書 館	⌒	坑 口				

旧 新	平成25年の図式の改訂時に変更された記号
廃	平成25年の図式の改訂時に廃止された記号

（東京書籍『地理B』平成30年版より）

系統地理

大 地 形
小 地 形
地 形 図
気候要素と
気候因子
気候区分と
植生・土壌
陸水と海洋
農 業
林業・
水産業
エネルギー・
鉱産資源
工 業
地域開発と
環境問題
人 口
村落と都市
商業・
観光業
交通・通信
貿易と
資本の移動
国家・民族

❸ 地形図の読図

図7 扇状地の地形図

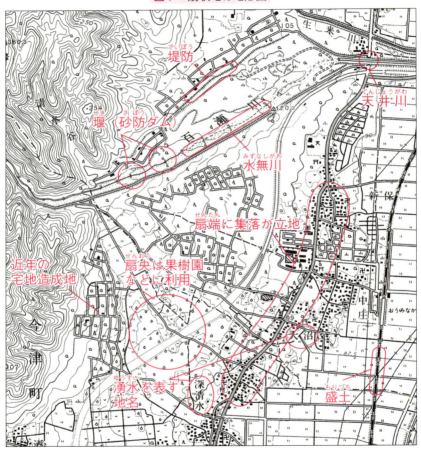

堤防

天井川

堰（砂防ダム）

水無川

扇端に集落が立地

近年の宅地造成地

扇央は果樹園などに利用

湧水を表す地名

盛土

深清水

▲ 「海津（滋賀県）」1：25,000地形図

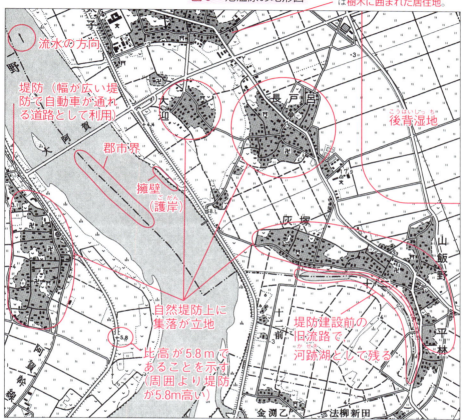

図8　氾濫原の地形図
　アミがかかった部分（■■■）は樹木に囲まれた居住地。

流水の方向

堤防（幅が広い堤防で自動車が通れる道路として利用）

郡市界

擁壁（護岸）

後背湿地

自然堤防上に集落が立地

比高が5.8mであることを示す（周囲より堤防が5.8m高い）

堤防建設前の旧流路で、河跡湖として残る

▲　「水原（新潟県）」1：25,000地形図

現地を歩かなくても
これだけのことが
わかるんだから，すごい!!

系統地理

大地形
小地形
地形図
気候要素と気候因子
気候区分と植生・土壌
陸水と海洋
農業
林業・水産業
エネルギー・鉱産資源
工業
地域開発と環境問題
人口
村落と都市
商業・観光業
交通・通信
貿易と資本の移動
国家・民族

図9　洪積台地の地形図

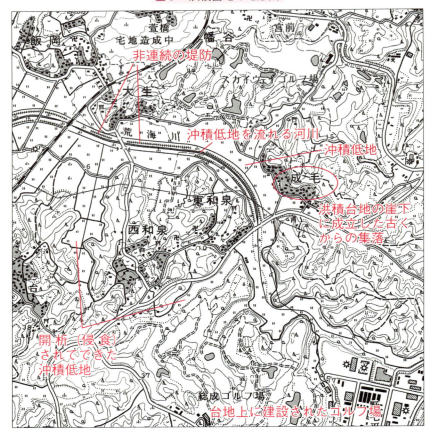

非連続の堤防

沖積低地を流れる河川

沖積低地

洪積台地の崖下に成立した古くからの集落

開析（侵食）されてできた沖積低地

台地上に建設されたゴルフ場

▲「成田（千葉県）」1：25,000地形図

水田の部分を青色に塗ってみよう！
色を塗ったところは，沖積低地，それ以外は洪積台地であることがわかる。

👆 **河川の右岸と左岸**　河川の**上流**から**下流**方向を見て，右が右岸，左が左岸と判断する。

👆 **天井川**　河床が周囲よりも高くなった河川のことで，土砂の運搬が活発な河川に，**人工堤防**を建設し，河道を固定すると土砂の堆積によって徐々に**河床が上昇**し，天井川になることがある。天井川を横切る道路や鉄道は**トンネル**を必要とすることと，**天井川を横切る等高線は下流側に凸**となっていることに注意しよう！

👆 **自然堤防**と**後背湿地**　等高線の状態で判断することが困難であるため，**土地利用**から判断する。自然堤防は，河川沿岸に**集落**や**畑**が列状に分布しているところ，後背湿地は，自然堤防の外側の低地で**水田**に利用されているところが多い。

👆 **古い集落と新しい住宅地**　農村などの成立が古い集落は，地形図上で**道路幅が狭い**こと，**寺院がある**こと，**樹木に囲まれた居住地**（ ▪️▪️▪️ 夏の陽射しや冬の寒冷な風を防ぐための屋敷林）があることで判断できるが，新興住宅地などは，自動車が一般家庭に普及した後に成立しているため，**道路幅が広く，規則的な地割りがしてある**場合が多いので注意しよう！

> ## ポイント ▶ 地形図の読図
> ❶ **扇状地**は，緩やかに傾斜しているため，等高線がほぼ**等間隔**の同心円状をなす。
> ❷ **氾濫原**は，傾斜が少なく，河川の両側に**自然堤防**が，その外側に**後背湿地**が分布することを土地利用から判断する。
> ❸ **洪積台地**は，乏水地であるため**台地上には畑**や**果樹園**，**侵食谷**では**水田**が分布し，古くからの集落は台地の崖下，新しい集落は台地上に立地する。

地形図もそんなに
大変じゃないだろう？
等高線のルールを
しっかり理解してね！

大 地 形

小 地 形

地 形 図

気候要素と
気候因子

気候区分と
植生・土壌

陸水と海洋

農　　業

林業・
水産業

エネルギー・
鉱産資源

工　　業

地域開発と
環境問題

人　　口

村落と都市

商業・
観光業

交通・通信

貿易と
資本の移動

国家・民族

次の5万分の1地形図を見て，あとの問い（**問1〜2**）に答えよ。

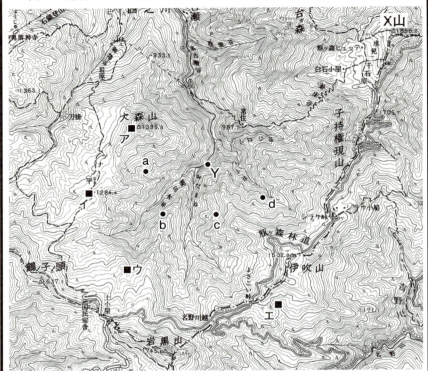

（編集の都合で90%に縮小しています）　（国土地理院「石鎚山」）

問1 地形図中のX山の山頂からア〜エの4地点を眺めたとき，尾根の陰となり明らかに見えない地点を，次の①〜④のうちから一つ選べ。

① ア地点　　② イ地点　　③ ウ地点　　④ エ地点

問2　地形図中のa～dの4地点のうち，地形図中のY地点の集水域に含まれない地点を，次の①～④のうちから一つ選べ。ただし，Y地点の集水域とは，降雨が川となってY地点に到達する地域全体を指す。

① a地点　　② b地点　　③ c地点　　④ d地点

解答・解説　問1　④　まず**地形図**中の高低をつかむ必要がある。**X山**（1896.2m）や**地形図**中の**ア～エ**は比較的高いところにあり，**X山**から伊吹山の山頂を通過する**尾根線**（**解説図**中の**——**）より，北側が相対的に低くなっているのを読み取ることが必要である。

次にX山から**ア～エ**に向かってそれぞれ直線を引くと，**X山**から**ア～ウ**に対しては眺望の障害はないが（眺望の妨げとなる高い尾根などはない），**エ**は**伊吹山**（1502.8m）の尾根の南側にあり，尾根の陰となって見ることができないことがわかる。

問2　④　a～d付近からY（低い方）に向かって尾根線を引くと解答できる。a～dの4地点とYの間に尾根があれば，流水はYに到達できないのだが，伊吹山から**c～d**間にある**尾根**（**解説図**中の**‥‥‥**）をたどると，**d**に降った雨はYに到達せず，Yより下流に向かって流れることがわかる。

ただ尾根が，道路や行政界と重なって見にくい場合には，谷を利用すればよい。a～dに降った雨は**谷**を流下するため（**解説図**中の**→**），a～dのそれぞれに近い谷線を標高が低い方にたどると，a～cはYに到達するが，dはYに流れ込まないことから判定してもよい。

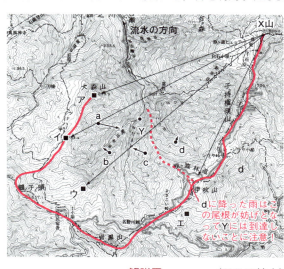

流水の方向

dに降った雨はこの尾根が妨げとなってYには到達しないことに注意！

解説図　　　（60%に縮小）

大地形

小地形

地形図

気候要素と
気候因子

気候区分と
植生・土壌

陸水と海洋

農業

林業・
水産業

エネルギー・
鉱産資源

工業

地域開発と
環境問題

人口

村落と都市

商業・
観光業

交通・通信

貿易と
資本の移動

国家・民族

5 気候要素と気候因子

この項目のテーマ

1 気 温
気温の高低はどのようにして決定されるのだろう？

2 降 水
降水の原理をしっかり理解しよう！

3 風と大気の大循環
風の成因や風向を考えてみよう！

1 気 温

　気候も好ききらいがはっきり分かれる分野だけど，はっきり言って気候はとっても面白い！　ここでがんばれば，ますます地理が楽しくなって，農業，人口などいろんな分野が得意になるよ！　できれば，小中学校の理科をちょっとだけ思い出してくれるといいな。

　では，説明に入ろう。まず，気候って何なんだろう？

　気候とは，長期間の大気の平均状態を示したもので，たとえば「暑い」，「寒い」，「雨が多い」，「風が強い」といった日々の天候の総体なんだ。ある地域の気候は，**地形，動植物の分布，人々の衣食住，経済活動，人口分布など多くの地理的事象に影響を与える**んだよ。

　気候を構成する**気温，降水量，風**（風向速度），**気圧，日照時間，蒸発量**などの大気現象を**気候要素**というんだ。特に気温と降水量と風が重要で，これがわかれば共通テストでの高得点は間違いなしだよ！

　その気候要素の地理的な分布に影響を与えるものは**気候因子**と呼ばれ，**緯度，海抜高度**（標高），**隔海度**（海岸からの距離），**海流，地形**などがあるんだ〔➡p.81 **表1**〕。気候因子の違いによって，世界の各地域に実にさまざまな気候の特色があらわれるんだよ。

　じゃあ，今から，気候要素の一つ，気温についての話をしよう！

　気温は，**緯度**との関係が深く，**低緯度ほど気温は高くなり，高緯度ほど気温**

表1　気候因子

気候因子	気候要素に与える影響
緯　度	低緯度は高温，高緯度は低温になる。
海抜高度	海抜高度が 100m 上がると，気温は約 0.6℃低下する。 南米の低緯度には高山都市が発達。
隔海度	海に近いと，水蒸気の流入が増加し多雨， 海から離れると，水蒸気の流入が減少し少雨となる。
地　形	山地の風上側は多雨，風下側は少雨となる。 偏西風に対してペニン山脈の風上側にあるイギリスのランカシャー地方（湿潤）とヨークシャー地方（やや乾燥）。同じく偏西風に対してアンデス山脈の風上側にあるチリ南部は多雨，風下側にあるアルゼンチン南部は少雨。
水陸分布	大陸は海洋より比熱が小さいため， 大陸内部は，気温の年較差や日較差が沿岸部より大きくなる。
海　流	暖流の影響を受けると温暖湿潤（北西ヨーロッパ）， 寒流の影響を受けると冷涼乾燥になる（ペルーの海岸～チリ北部）。

系統地理

大 地 形

小 地 形

地 形 図

気候要素と
気候因子

気候区分と
植生・土壌

陸水と海洋

農　業

林業・
水産業

エネルギー・
鉱産資源

工　業

地域開発と
環境問題

人　口

村落と都市

商業・
観光業

交通・通信

貿易と
資本の移動

国家・民族

は低くなることはわかるよね（つまり赤道に近づくほど暑くなり，極に近づくほど寒くなるということ）。

図1を見てみよう！　低緯度ほど太陽高度が高いので，単位面積当たりの受熱量が大きいことがわかるはずだよ（放熱量は緯度による差が受熱量ほど大きくない）。ということは気温は，ほぼ緯度に対応するわけだから，これからいろいろな問題を解くときに，まずは緯度の高低を考えればいいね！

図1　緯度による太陽放射の入射量の違い（春分・秋分のとき）

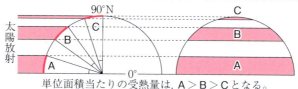

単位面積当たりの受熱量は，A＞B＞Cとなる。

そうかぁ，だから気温の等しい地点を結んだ等温線は，緯度とほぼ平行に走るんだね。
等温線図を見るとどんなことがわかるのかなぁ？

<u>等温線図</u>はね，**現地観測気温**の数値をそのまま記入する場合と，<u>海面更正気温</u>（海抜高度0mの気温に修正した気温）の数値を使う場合があるよ。等温線図はとっても便利な**統計地図**で，**世界各地のおおよその気温を知ることができる**んだ。**図2**の等温線図を見てみよう。

図2　等温線図

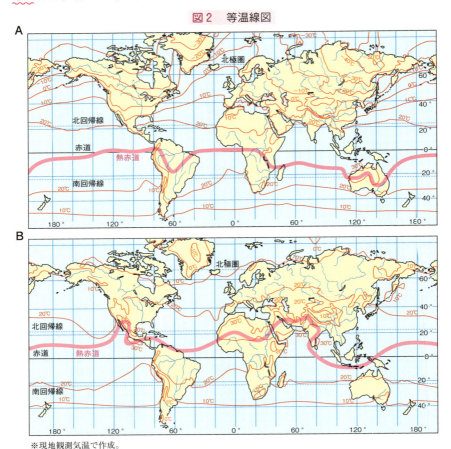

※現地観測気温で作成。

　今から説明することは，めちゃめちゃ重要だから絶対にチャレンジしてね！

　図2のAとBでは，どちらが**1月の平均気温**を示す等温線図だと思う？　ちょっとだけ考えてみてくれないかなぁ……。Aが1月，Bが7月の等温線図だ！　判定できなかった人は，**図3**（Aの日本付近を拡大した図）[➡ p.83] を見てごらん！　同緯度の海洋部分aと大陸部分bを比べると一目瞭然！　**等温線は緯度に対して平行**になるはずなのに**大陸部分で低緯度側に曲がってい**

るよ。**海洋**は水でできていて，**比熱**［→p.85 ］が大きいよね。これに対して**大陸**は大部分が岩石なので**比熱が小さい**んだ。つまり温度が低下しにくい海洋部分より温度が低下しやすい**大陸部分が低温**になっていることから，**図3**は1月（北半球の**冬**）の等温線図だということが読みとれるよ。反対に，7月（北半球の夏）なら等温線が大陸部分で，高緯度側に曲がるんだ［**図2**のB→p.82］。

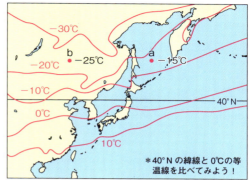

図3 日本付近の等温線図

＊40°Nの緯線と0℃の等温線を比べてみよう！

aとbは，同緯度なので，本来は気温が同じはずなのに，aは−15℃，bは−25℃になっている。

この考え方さえ身につければ，等温線を使用した問題で**季節**（1月と7月の判定）を間違えることはないってことだ（＾_＾）。

特に等温線の問題では**等温線が曲がっているところがポイント**になるよ。たとえば，**海抜高度がとても高かったり**（海面更正していない場合），**寒流が流れていたりすると，周囲より低温になる**ため，低緯度側に向かって曲がっているから注意しようね！

 海抜高度（標高）が上昇すると，気温は低下するんだよね？

そうだよ。太陽からの熱は，地表の岩盤を暖め，その輻射熱により大気を暖めるんだ。だから地表が最も高温になり，**海抜高度が100m上がるごとに気温は平均して約0.6℃ずつ下がる**んだよ（気温の逓減率っていうんだ）。

だから，**南アメリカの低緯度地方**では，快適な気候を求めて**高山都市**（コロンビアの**ボゴタ**，エクアドルの**キト**，ボリビアの**ラパス**など）が発達しているし，**アフリカの低緯度地方でも標高が高いキリマンジャロ山（5,895m）やキリニャガ山（5,199m）の山頂付近では，氷雪や氷河がみられる**んだ。

日本を通過している等温線は何℃の等温線なの？

いい質問だね！ 世界の各地域の特色をみる際に，日本の数値を基準に考えるとわかりやすいよね。**1月の0℃，7月の20℃，そして年平均10℃の等温線が東北日本を通過**しているよ。

系統地理

大地形
小地形
地形図
気候要素と気候因子
気候区分と植生・土壌
陸水と海洋
農業
林業・水産業
エネルギー・鉱産資源
工業
地域開発と環境問題
人口
村落と都市
商業・観光業
交通・通信
貿易と資本の移動
国家・民族

ちなみに札幌の年平均気温が8.9℃，東京が15.4℃，那覇が23.1℃と南北でかなり違いがみられるね。等温線図を見れば，おおよそ君たちが住んでいる地域の気温もわかるだろう？　図3［➡ p.83］の等温線図を見て，君たちの居住地の気温を読み取ってごらん。

> 気温の日較差と年較差ってあるよね。日較差は1日の最高気温と最低気温の差，年較差は1年の最暖月と最寒月の平均気温の差だということはわかるんだけど，どんなところでこの差が大きくなったり，小さくなったりするのかな？

　これも大学入試では重要な要素だよね。
　日較差は，昼夜間の気温差のことで，低緯度地方，特に砂漠気候地域で大きくなるよ。乾燥地形で説明したように［➡ p.59］，降水が少ないためほとんど水の影響を受けず，比熱が小さい岩石の影響をもろに受けるため，日中の気温は50℃になるところもあり，逆に夜は0℃近くになることもあるからね。
　世界の最高気温を記録したところはアメリカ合衆国のデスヴァレーにあるグリーンランドランチ（イラクのバスラ，リビアのアジージーヤなど諸説あるが）で，やっぱり砂漠気候なんだよ。雨が多い熱帯地域より，低緯度の砂漠のほうが日中の気温が上がりやすいということだね。

　年較差は，夏冬の気温差のことで，高緯度の大陸内部で大きくなるんだ。高緯度では夏と冬の受熱量の差がとても大きくなるし（季節による太陽高度と日照時間の差が大きい），さらに大陸の内部は海洋の影響が少ないから，年較差が非常に大きくなるんだよ（逆に年較差が小さいのは低緯度の沿岸部ということになるね）。ちなみにシンガポール（1°N）の年較差は1.8℃，東京（36°N）は21.3℃，東シベリアのイルクーツク（52°N）は36.0℃と大きく異なっているのがわかるよね。気温の年較差は，高緯度で大，低緯度で小ということを忘れないように！

　ついでに大陸の東岸と西岸でも気温に違いがみられるということを説明しておこう！　特に北半球の中高緯度の東岸と西岸では違いが顕著で，冬季に西岸は暖流と偏西風の影響を受けるため温暖（海洋性気候）だけど，東岸は大陸内部から寒冷な季節風が吹き出すため，低温になる（大陸性気候）ことも重要なポイントだよ。つまり中高緯度では東岸のほうが西岸より年較差が大きくなるということだね。

☝ **比熱（熱容量）**　ある物質 1g の温度を 1℃変化させるための熱量を示す。**水は，ガス体を除く自然界の物質では最も比熱が大きいため，ある一定の熱量に対する温度変化が小さい。**したがって，主に水からなる**海洋は温度が上昇しにくく，低下しにくい。**一方，主に岩石からなる**大陸は，温度が上昇しやすく，低下もしやすい。**

☝ **気温の極値**　世界最高気温の記録としては，イラクのバスラ（58.8℃），リビアのアジージーヤ（58.0℃）など諸説あったが，2012年にWMO（世界気象機関）がアメリカ合衆国・カリフォルニア州の**デスヴァレー**にあるグリーンランドランチ（56.7℃）とした。上記の地域はすべて**砂漠気候（BW）**であるため，日中の気温が著しく上昇する。世界最低気温を記録したのは**南極のヴォストーク基地**（ロシア・－89.2℃）で，**北極**は大部分が海洋（北極海）であるが，南極は大陸であるため，より低温になる。人間の常住地域（**エクメーネ**）としては**シベリア北東部**の**オイミャコン**（ロシア連邦内のサハ共和国）で，1926年1月26日に世界最低気温（－71.2℃）を記録し，「**北の寒極**」と呼ばれている。

> ### ポイント　気温
>
> ❶ **気温**は，単位面積当たりの受熱量の違いによって，**低緯度ほど高温，高緯度ほど低温**になる。
>
> ❷ **気温**は，海抜高度が **100m上昇するごとに，約0.6℃ずつ低下**する。
>
> ❸ 気温の**年較差**は，高緯度の大陸内部では大きく，低緯度の沿岸部では小さい。

「この地点は，なぜ気温が高いんだろう？」とか「この地方は，なぜ雨が多いんだろう？」と考えることが大事だ！　丸暗記だけでは，共通テストには対応できないよ。

系統地理

大地形
小地形
地形図
気候要素と気候因子
気候区分と植生・土壌
陸水と海洋
農業
林業・水産業
エネルギー・鉱産資源
工業
地域開発と環境問題
人口
村落と都市
商業・観光業
交通・通信
貿易と資本の移動
国家・民族

❷ 降　水

世界の年平均降水量は約800mm なんだけど，日本は約1,700mm でかなり雨が多いという話は聞いたことがあるよね。降水にはいろいろな原因があるんだけど，大原則として次のことはしっかりと理解しよう！

まず，水蒸気を含んだ空気が暖められて上昇するとするね。すると空気は膨張し，温度が下がるんだ。飽和水蒸気量は気温にほぼ比例するので，温度が低下すると空気に含まれていた水蒸気は水滴になるよ。これが雲となり，落下してきた水滴が雨になるわけだ。

つまり降水のメカニズムは，空気が上昇する（上昇気流）ところで雨が降りやすいということになるんだね［図4］。

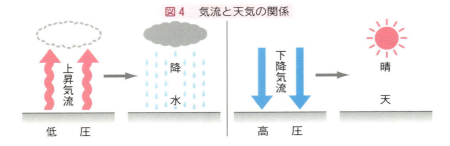

図4　気流と天気の関係

空気が上昇するところは，一般に低圧になって雨が降りやすく，空気が下降するところは高圧になって晴天が多くなるんだ。天気予報で「低気圧の影響で雨が降ります」，「高気圧に覆われ晴天になります」っていうのを聞いたことあるよね。あれだよ！　次の❸（p.90～）で説明する世界の気圧帯や季節による気圧帯の移動も降水の有無に関係してくるので，しっかり勉強しておこうね。

表2　降水の成因別分類

降水の形式	上昇気流の成因	例
対流性降雨	強い日射で地表が急激に暖められ，激しい上昇気流が生じる。	積乱雲が発生。熱帯地域のスコール，夏の夕立。
低気圧（収束）性降雨	気圧の低いところに空気が吹き込み，上昇気流が生じる。	温帯低気圧や熱帯低気圧に伴う雨，赤道低圧帯（熱帯収束帯）の雨。
前線性降雨	暖かい空気と冷たい空気がぶつかり，暖かい空気が上昇する。	梅雨前線，秋雨前線など寒帯前線上の雨。
地形性降雨	貿易風，偏西風，季節風などの山地の風上斜面で上昇気流が生じる。	山地の風上側の雨（ノルウェー西岸，チリ南部，インド南西岸など）。

雨は**低圧部**で降りやすく，**高圧部**で降りにくいっていうのがやっとわかったよ！　ところで，**熱帯地域**では雨がすごくたくさん降るのに，**砂漠**ではほとんど降らないよね。これも**上昇気流**や**下降気流**と関係あるの？

そうだよ！　**熱帯地域**が分布する赤道付近は，**受熱量がとっても大きいので上昇気流が発生しやすい**んだ。ここでは**赤道低圧帯**が形成され，その影響を強く受けるために雨が降りやすくなるんだね。

一方，**赤道付近で上昇**して雨を降らせたあとの空気が，**緯度20〜30度付近に降下**していくため，**亜熱帯（中緯度）高圧帯**が形成され，この影響を強く受ける地域に**砂漠**などの乾燥気候は分布していることが多いね。原因・理由やその背景がわかると地理の面白さがきわだってくるだろう？

降水のラストは，砂漠の成因について説明しておこう！　**砂漠**は，**表3**［➡ p.89］にあるように，**成因によって大きく4種類に分けられる**んだ。最も一般的に広くみられる砂漠は，年中**亜熱帯高圧帯**の影響を受けてできる**中緯度砂漠**だね。ちょうど南北の**回帰線**（緯度23度26分）付近に広がるから**回帰線砂漠**とも呼んでいるよ。北アフリカの**サハラ砂漠**，アラビア半島のルブアルハリ砂漠，ネフド砂漠，イランの**ルート砂漠**，**カヴィール砂漠**，インド・パキスタン間の**タール（大インド）砂漠**，アフリカ南部の**カラハリ砂漠**，**オーストラリア**の砂漠なんかが代表的な例だね。たぶん君の砂漠に対するイメージが最も強いのはこのあたりだろう？

瀬川先生！　地図帳を見ると面白いよ。先生が言ったとおり，**緯度20〜30度付近**を見ると本当に砂漠が多い!!!　でもね，モンゴルと中国の国境付近にある**ゴビ砂漠**や中国北西部にある**タクラマカン砂漠**は，回帰線付近じゃなくてもっと緯度が高いんだけど……

すごいところに気づいたね！　確かにこの2つの砂漠は，**北緯40〜50度**付近に位置しているよね。ここじゃあ年中亜熱帯高圧帯の影響を受けるわけないしなあ。せっかく地図を開けてるのだったら，もういちど**ゴビ砂漠**と**タクラマカン砂漠**を見てごらんよ。ねえ，降水のメカニズムって覚えてる？

……もちろん!!!　**水蒸気を含む空気が上昇**すれば雲ができて……。あっ，わかった！　ゴビ砂漠やタクラマカン砂漠は，水分の供給源の海からめちゃめちゃ離れてるからじゃない？

そのとおり！　大陸内部のように**隔海度が大きい**と，水蒸気が供給されにくくなって砂漠になってしまうこともあるんだよ。このような砂漠を**内陸砂漠**と呼ぶんだ。

　ところで，主な成因は４つあるって話したよね？　ということは，あと２つあるよね。今度は，南アメリカ南部のパタゴニアを見てみよう！　アルゼンチンの南部を見てごらん。**パタゴニア**は**南緯40〜60度付近**に位置しているから，中緯度砂漠じゃないし，海からすごく離れているわけじゃないから，内陸砂漠でもないよね。南緯40〜60度付近は**偏西風**がとっても発達していて，**太平洋から大量に水蒸気を運搬**してくるんだ。でも水蒸気を含んだ大気は高峻な**アンデス山脈**にぶつかって上昇気流になるよね。すると風上側に当たる**チリ南部ではものすごく降水量が多くなる！**　気候は**西岸海洋性気候**で，世界的な多雨地域だよ。多量の雨を降らせた大気は，**乾燥大気となって風下側のアンデス山脈東側に吹き込む**とどうなる？　そうだよねえ，一年中乾燥大気が西側からアルゼンチン南部に吹き下りてくるので，上昇気流は起きにくいし，東側からの水蒸気も運ばれてこない。ということで，パタゴニアは**地形性（雨陰）砂漠**と呼ばれているよ。地形性砂漠は，パタゴニアさえわかれば大丈夫！

　最後の１つは，寒流の影響を受けて海岸部が砂漠になってしまう**海岸砂漠**だ。**中低緯度の温暖な地域の沿岸部に優勢な寒流**が流れているとするよ。本来は受熱量も大きくて暖かい地域なんだよね。つまり暖められた大気は上昇するから雨が降りやすいはず。しかも海の近くだったら水蒸気も供給されるから最高の条件！　ところが，ところが……君が「えっ！」ってなるくらい雨が降らない。沿岸を流れる冷たい**寒流によって，地表近くの岩盤や大気が冷やされてしまって，大気下層が低温，上層が高温**という**気温の逆転**が起こってしまうんだ。普通は，地表付近の方が気温が高くて，上昇したほうが気温は低くなるよね。大気が逆転してしまうと，冷たい大気は低いところにじっとしてるから（**大気の安定**），上昇気流が起きなくなる。せっかく水蒸気は供給されるのに……。こうやってできる砂漠を**海岸砂漠**と呼んでいるんだ。特に，頻出なのが**ペルー海流**の影響による**ペルー海岸部〜チリ北部のアタカマ砂漠**，**ベンゲラ海流**の影響による**アンゴラ海岸部〜ナミブ砂漠**だよ。

　表3で**砂漠の成因**についてまとめておこう！

表3 砂漠形成の主要因

成 因	特 徴	例
亜熱帯高圧帯の影響 （中緯度砂漠）	年中下降気流が卓越するため，上昇気流が生じにくい。	サハラ砂漠 西アジアの砂漠 オーストラリアの砂漠
隔海度が大 （内陸砂漠）	海から離れているため，水蒸気が流入しにくい。	ゴビ砂漠 タクラマカン砂漠 中央アジアの砂漠
卓越風の風下側 （地形性（雨陰）砂漠）	偏西風などの恒常風に対し，山地の風上側で上昇気流が発生し降水がみられるが，風下側では乾燥した空気が降下する。	パタゴニア地方
寒流の影響 （海岸砂漠）	中低緯度の大陸西岸では，寒流によって下層の空気が冷却されるため，大気が安定し（気温の逆転），上昇気流が生じない。	ペルー沿岸〜チリ北部のアタカマ砂漠（ペルー海流），ナミブ砂漠（ベンゲラ海流）

ポイント 降 水

❶ 水蒸気を含んだ**空気が**上昇すると断熱膨張などによって水蒸気が凝結し，雨が降る。

❷ 赤道低圧帯の影響を受けると多雨になり，亜熱帯高圧帯の影響を受けると少雨となり，砂漠を形成するところもある。

❸ 砂漠はさまざまな要因がからみ合って形成されるが，亜熱帯高圧帯の影響，隔海度，山地の風下，寒流の影響などが重要な因子となる。

系統地理

大地形

小地形

地形図

気候要素と気候因子

気候区分と植生・土壌

陸水と海洋

農業

林業・水産業

エネルギー・鉱産資源

工業

地域開発と環境問題

人口

村落と都市

商業・観光業

交通・通信

貿易と資本の移動

国家・民族

❸ 風と大気の大循環

気温と降水量についてはこれで理解できたよね。

次は風について説明していこう。風は空気の移動なんだけど，なぜ風が吹くかわかるかな？　**風は高圧部分から低圧部分への空気の移動**なんだ。図5を見ると一目瞭然だよ。

風の中で，年間を通じほぼ一定方向に吹くものを**恒常風**（**惑星風**）というんだ。これによって**低緯度と高緯度の熱交換**が行われ，**大気の大循環**を形成しているんだよ（もし恒常風が吹いていなかったら，赤道付近は今よりはるかに高温になり，極付近はとてつもなく低温になるはずだ。つまり中緯度の限られた温帯地域だけしか人間は居住できないかもしれないね）。

図6を見ながら，**恒常風**や**大気の大循環**を説明していこう。

まず，赤道付近を見てくれる？　赤道付近には，**赤道低圧帯**（**熱帯収束帯**）が形成され，**緯度20〜30度**付近に**亜熱帯高圧帯**（**中緯度高圧帯**）が形成されるということは，降水のところで説明したね。風は，高圧部から低圧部に吹くため，**亜熱帯高圧帯から赤道低圧帯に向けて貿易風が吹き込む**ことになるよ。

本来なら貿易風は北半球では北風，南半球では南風になるはずなんだけど，**地球の自転の影響**（**転向力，コリオリの力という物理的法則**）を受けて，**風の進行方向に対して北半球では右**（時計回り）に，**南半球では左**（反時計回り）に

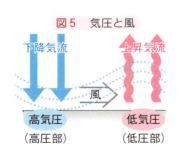

図5　気圧と風

下降気流　上昇気流

風

高気圧（高圧部）　低気圧（低圧部）

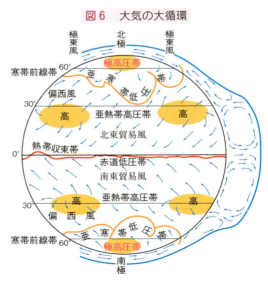

図6　大気の大循環

北極　極東風
寒帯前線帯　60°　亜寒帯低圧帯　極高圧帯
偏西風　30°　亜熱帯高圧帯　高　高
北東貿易風
熱帯収束帯　0°　赤道低圧帯
南東貿易風
高　亜熱帯高圧帯　高　30°
偏西風
寒帯前線帯　60°　亜寒帯低圧帯
極高圧帯
南極

曲がろうとするんだ。つまり**貿易風は，北半球では北東風，南半球では南東風**となるんだよ。あとで説明する偏西風や極東風も同じような動きをしているんだ。

　最も受熱量が大きく気圧が低いのが赤道付近だとすると，その逆は極付近となるね。極付近では受熱量が小さいため，空気は冷えて重くなるはず。そこで下降気流が生じ極高圧帯が形成されることになるんだ。**極高圧帯から低緯度側に吹き出す風を極東風（極偏東風）という**んだよ。

表4　風のまとめ

風の種類	性　質	例
恒常風	大気の大循環により，ほぼ一定方向に吹く。	貿易風（亜熱帯高圧帯➡赤道低圧帯） 偏西風（亜熱帯高圧帯➡亜寒帯低圧帯） 極東風（極高圧帯➡亜寒帯低圧帯）
季節風	海洋と大陸の比熱差により，季節によって風向を変える。	東・東南・南アジアで特に発達。 日本付近では夏に南東風，冬に北西風。 インド付近では夏に南西風，冬に北東風。
熱帯低気圧に伴う風	熱帯海域で発生し，高緯度側に移動する。暴風雨を伴う。	東アジアでは台風，南アジアではサイクロン，カリブ海周辺ではハリケーン。 高潮，高波，洪水などの気象災害。
地方風（局地風）	局地的に発生する風で，寒冷乾燥風や温暖湿潤風などさまざまな風がある。	フェーン（アルプス地方の高温乾燥風） やませ（東北地方・太平洋岸の冷涼湿潤風） ボラ（アドリア海沿岸の寒冷乾燥風） ミストラル（フランス・地中海沿岸の寒冷乾燥風） シロッコ（イタリア南部の高温湿潤風）

世界の気圧帯がわかるようになると，恒常風も簡単に理解できるんだね。亜熱帯高圧帯と極高圧帯の間はどんなふうになっているのかなぁ？

図7を見てみよう！

　亜熱帯高圧帯から高緯度側に吹き出すのが偏西風なんだけど，ちょうど極高圧帯からの極東風と偏西風が衝突することになるよね。

　すると上昇気流が発生し，低圧帯が生じるわけだ。これを**亜寒帯低圧帯**というんだよ。ここは，寒気団と暖気団の境界にあたるから，**寒帯前**

図7　亜寒帯低圧帯の形成

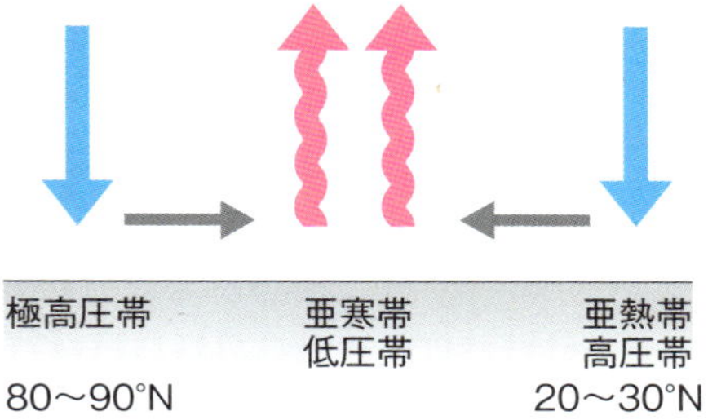

極高圧帯	亜寒帯低圧帯	亜熱帯高圧帯
80〜90°N		20〜30°N

線が形成され，雨も降りやすくなるんだ。

偏西風というのは学校の授業や過去問を解いてても頻繁に出てくるんだけど，偏西風ってそんなに人間にとって大きなかかわりがあるの？

そうだねえ。確かに気候を勉強すると必ず**偏西風**の話が出てくるよね。どうしてだと思う？　それはね，よーく**大気の大循環**の図［➡ p.90 図6］を見ると答えが得られると思うよ。偏西風と他の恒常風とは何か違いがないかい？そうだ！　**偏西風**だけ**低緯度から高緯度**に向けて吹いているよね。つまり偏西風は他の風と違って**低緯度側の熱を高緯度側に運んでいる**んだよ。だから偏西風の影響を受けると，**ヨーロッパ**のように高緯度のわりに温暖になるわけだ。

そうかぁ，納得だね。偏西風が気候や人間の生活に大きなかかわりがあるというのは理解できたけど，偏西風は中高緯度地域ではどこでも吹いているはずだよね。だけど，**ヨーロッパで偏西風の影響が大きい**ことは知っていても，日本で偏西風の話ってまず出てこないよ。どうしてなの？

いいことに気づいたね！　では，**図8**を見てみよう！

風は地表と接触することで摩擦を生じるんだ。特に海洋より陸地と接すると摩擦が大きいので風は弱くなってしまうんだ。図中の①〜③のどの地点で偏西風は強いと思う？

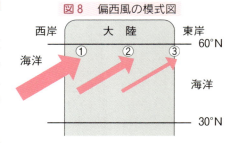

図8　偏西風の模式図

そう，①の**大陸西岸**だよね。偏西風は中高緯度ではどの地域でも吹いているんだけど，日本など大陸東岸では弱くなってしまうんだ。特に**ユーラシア大陸は東西幅が大きい**からね。

これに対して，ヨーロッパや北アメリカ西岸，ニュージーランド（南半球は**南緯40度〜70度付近に大陸がほとんどない**ため，偏西風がすごーく発達しているよ）などでは偏西風が強いため，気候や植生に大きな影響を与えるんだ。**偏西風は温暖な空気を運ぶだけでなく，海洋から湿潤な空気も運んでくるから，年間を通じて温暖湿潤な気候**をつくり出すことになるね（**⑥**の「西岸海洋性気候」参照［➡ p.106］）。

せっかくだから，ジェット気流の話もしておこう！　**偏西風が卓越している**

地域の高層では強い西風が吹いているんだ。これをジェット気流というんだよ。高層を吹くジェット気流は地表の影響をあんまり受けないから，大陸西岸〜内陸〜東岸のいずれの上空でも卓越するわけだ。これは航空機で実際に移動してみるとよくわかるんだけど，福岡から東京へ移動するより，東京から福岡まで移動するほうが所要時間が長くかかるんだよ。これはあきらかにジェット気流が航空機に対して追い風に

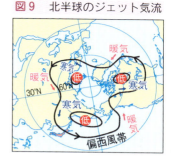

図9　北半球のジェット気流

なったり，向かい風になったりしている証拠なんだね。それから，この緯度帯では，火山灰や大気汚染物質も東に運搬されることに注意しておこう！

ところで，世界の風系や気圧帯は，季節による変化はないの？

　厳しいところをついてきたね(°～°)！　そのとおり，**季節による太陽高度の変化**は，気候にものすごく大きな影響を与えているんだ。今から説明するので完璧に理解してね！

　最初に君たちに見せた大気の大循環の図［➡ p.90 図6］は，ちょうど**春分**や**秋分**のころ（赤道上に太陽光線が垂直に当たるとき，つまり赤道上で太陽高度が最も高いとき）の図なんだ。**夏至**（北回帰線上で太陽高度が最も高いときで，6月下旬ごろ）のころは北半球の受熱量が大きいため，**赤道低圧帯や亜熱帯高圧帯が北上**し，**冬至**（南回帰線上で太陽高度が最も高いときで，12月下旬ごろ）のころは，南半球の受熱量が大きく，**それぞれの気圧帯は南下**するんだ。その結果，**赤道低圧帯**の影響下に入れば**雨季**になったり，**亜熱帯高圧帯**の影響を受ければ，**乾季**が訪れたりするだけでなく，**偏西風や貿易風が影響を及ぼす範囲も北上したり，南下したりする**ということになるね。**図10**を見て，得意になってほしいな⑥「ケッペンの気候区分」［➡ p.99］を理解するのに絶

図10　季節による太陽高度の変化

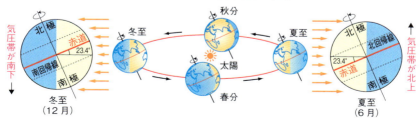

系統地理

大 地 形

小 地 形

地 形 図

気候要素と
気候因子

気候区分と
植生・土壌

陸水と海洋

農　　業

林業・
水産業

エネルギー・
鉱産資源

工　　業

地域開発と
環境問題

人　　口

村落と都市

商業・
観光業

交通・通信

貿易と
資本の移動

国家・民族

対に必要なポイントになるよ）。

　恒常風の話はこのへんにして，次に季節風（モンスーン）の説明をしよう！季節風は，恒常風と違って季節によって風向を変える風だよ。ここでまたまた比熱の話になるんだけど［➡ p.85🔺］，夏季は比熱の小さい大陸部が高温になり，暖められた空気は膨張するため低圧部ができるのはいつものとおりだね。

　すると相対的に高圧な海洋から低圧な大陸に風が吹き込むことになるよね。これが，夏季の季節風だよ。

　冬季は逆に低温・高圧の大陸部から海洋に吹き出すことになるね。これが冬季の季節風だよ。つまり夏季の季節風は海洋から吹くため，湿潤な空気を移動させて降水の原因となることをしっかり理解しよう。

　季節風の顕著な地域は図11にある東アジア，東南アジア，南アジアで，これらの地域は季節風の影響が強いため，モンスーンアジアと呼ばれているんだ（一般に夏の降水が極めて多い）。

図11　モンスーンアジア

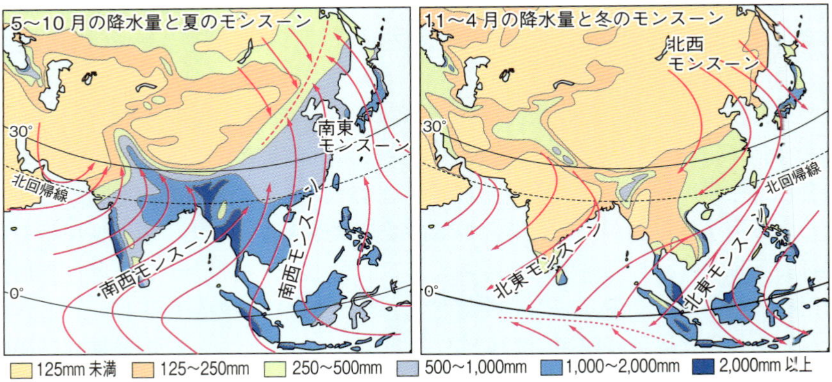

　次は台風に代表される熱帯低気圧の説明をしよう！　熱帯低気圧は，熱帯地域の海洋上で発生するよ。海水温が高くならないと発生しないから，たとえ低緯度であっても南アメリカ大陸の西岸を北上するペルー海流のような寒流が流れていると発生しないことに注意しようね！　さらに，赤道直下では自転による渦が生じないので，赤道直下では発生せず主に緯度5度以上の地域で発生するんだよ［➡ p.95 図12］。

　熱帯低気圧は地域によっていろいろな呼び名があるけど，太平洋上で発生して，日本や中国などを襲うものを台風，ベンガル湾やインド洋で発生してバングラデシュやインドを襲うものをサイクロン，カリブ海で発生してメキシコ湾

岸など北アメリカを襲うものを**ハリケーン**と呼ぶことは知ってるよね？

これらの熱帯低気圧は**暴風雨**を伴うため、**洪水**や**高潮**（低気圧

図12　熱帯低気圧の分布

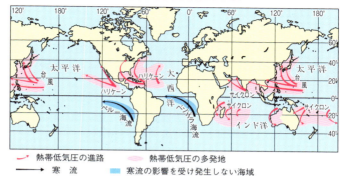

━━ 熱帯低気圧の進路　　■■ 熱帯低気圧の多発地
──▶ 寒流　　■■ 寒流の影響を受け発生しない海域

が発生すると、空気が海面を押す力が弱くなるので、**海面が上昇**する）によって家屋の倒壊や人的被害を与えるんだ。その反面、農業など水の供給に貢献していることも忘れちゃいけないけどね。

さぁ、いよいよ風も次の地方風で最後だから、もうひとふんばりしようね！世界各地にはいろいろな特徴をもつその地域特有の風があり、これを**地方風**（**局地風**）［➡ p.91 **表4**］と呼んでるよ。

図13　日本への台風の進路

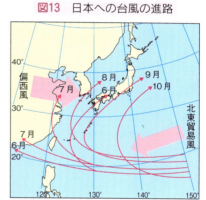

最も代表的な地方風には**フェーン**があるね。この名前を聞いたことがない人はいないだろう？　もともとは春から夏にかけて地中海から吹く風がアルプス山脈を越える際に生じる**高温乾燥風**のことを指していたんだけど、現在は世界各地で生じる同様の気象現象を**フェーン現象**と呼ぶよ。

フェーンのメカニズムについて説明してみよう。

まず湿潤な空気が山地の風上側で上昇気流となり雨を降らせるとするね。**飽和状態の空気は海抜高度が100m上昇すると0.5℃ずつ低下**（**湿潤断熱減率**）するのに対し、雨を降らせた後に山を越えた**乾燥状態の空気は100m降下すると1℃ずつ上昇**（**乾燥断熱減率**）し、高温乾燥風となるんだよ。果実などの熟成には役立つけど、火事を発生させる恐れもあるんだね。

一方、秋から冬にかけてフランスの地中海沿岸に吹く**ミストラル**やアドリア海に吹く**ボラ**は**寒冷乾燥風**で、日本の嵐や空っ風も同様の風だよ。

大地形

小地形

地形図

気候要素と気候因子

気候区分と植生・土壌

陸水と海洋

農業

林業・水産業

エネルギー・鉱産資源

工業

地域開発と環境問題

人口

村落と都市

商業・観光業

交通・通信

貿易と資本の移動

国家・民族

このほか日本では<u>やませ</u>（山背）が有名な風だね。これは<u>梅雨期</u>にオホーツ
ク海高気圧が優勢な場合，日本に向けて吹く<u>北東風</u>で，<u>冷涼湿潤</u>な風だよ。
寒流の千島海流の上を吹いてくるから，かなり冷やされてしまうんだ。<u>東北日
本</u>の<u>太平洋岸</u>地域で気温の低下や<u>日照</u>不足をもたらすため，しばしば<u>冷害</u>が
<u>生じる</u>こともあるんだ。

🖐 **温帯低気圧**　中緯度地方で，温暖な空気塊と寒冷な空気塊の境界付近で発生し，
寒冷前線や**温暖前線**を伴う。偏西風により西から東へ移動することが多いため，日
本でも**西日本から東日本にかけて天候がくずれやすい。**

ポイント ▸ 風と大気の大循環

❶ **風**は**高圧**部から**低圧**部に吹く空気の移動である。

❷ **恒常風**には，**貿易風**，**偏西風**，**極東風**があり，低緯度地方と高
緯度地方の**熱交換**を行う。

❸ **季節風**（**モンスーン**）は，**海陸の比熱差**によって生じ，夏季には
海洋から，冬季には大陸から吹く風で，特に**夏季の季節風は多くの
降水**をもたらす。

❹ **地方風**は**フェーン**，**やませ**など，地域特有の性質をもつ風である。

チェック問題

易 2分

1 図1は、緯度と標高が異なる4地点（赤道付近の標高約2,500mと約30m、北緯45度付近の標高約2,500mと約30m）における月平均気温の年変化を示している。このうち、赤道付近の標高約2,500m地点を示すものを、図1中の①〜④のうちから一つ選べ。

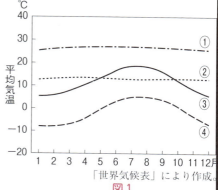

「世界気候表」により作成。

図1

2 次の図2は、赤道付近から北極付近における大気大循環の模式図である。図2にかかわる内容について述べた文として最も適当なものを、次の①〜④のうちから一つ選べ。

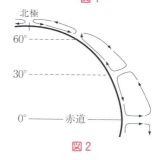

図2

① 北極付近と赤道付近は、いずれも高圧帯となっている。

② 高圧帯や低圧帯の南北移動は、降水量の季節変化の一因となっている。

③ 北緯30度付近から高緯度側へ向かう大気の流れは、極東風とよばれる。

④ 北緯30度付近では下降気流が卓越し、湿潤な気候をもたらしている。

解答・解説

1 ②　まず、**赤道付近は気温の年較差が小さい**ことに着目する。つまり①と②が赤道付近である。さらに**標高（海抜高度）が上昇すると気温は低下**するのだから、赤道付近の標高30mが①、2,500mが②であるとわかる。同様に北緯45度付近の標高30mが③、2,500mが④である。

系統地理

大地形

小地形

地形図

気候要素と気候因子

気候区分と植生・土壌

陸水と海洋

農業

林業・水産業

エネルギー・鉱産資源

工業

地域開発と環境問題

人口

村落と都市

商業・観光業

交通・通信

貿易と資本の移動

国家・民族

2 ②　　　**大気大循環**の模式図である。赤道付近には**赤道低圧帯**，緯度20～30度付近には**亜熱帯高圧帯**，緯度50～60度付近には**亜寒帯低圧帯**，極付近には**極高圧帯**が分布していることを本文で確認しておこう！　基本的な問題なので全員正答したい。

①　**北極付近は高圧帯**になっているが，赤道付近は受熱量が大きく**大気が上昇**していることから，低圧帯となっているため，「いずれも高圧帯」は誤り。

②　季節による太陽高度の変化から，**7・8月には気圧帯が北上，1・2月には気圧帯が南下**するため，**低圧帯の影響を受ければ降水量が増加，高圧帯の影響を受ければ降水量が減少**する。したがって，この文が正しい。

③　北緯30度付近の亜熱帯高圧帯から高緯度に吹き出す恒常風は，「極東風」ではなく**偏西風**である。したがって，この文は誤り。

④　北緯30度付近では，下降気流が卓越するため，雲が生じにくく降水量が少なくなり，**砂漠気候**や**ステップ気候**などの乾燥気候が分布している。世界の主な砂漠である**サハラ砂漠**，アラビア半島のネフド砂漠，ルブアルハリ砂漠，**大インド砂漠**，**オーストラリア**の砂漠などは，**亜熱帯高圧帯の影響**による**中緯度砂漠**であることに注意しよう。したがって，「湿潤な気候をもたらしている」が豪快な誤り！

6 気候区分と植生・土壌

系統地理

大地形

小地形

地形図

気候要素と
気候因子

気候区分と
植生・土壌

陸水と海洋

農業

林業・
水産業

エネルギー・
鉱産資源

工業

地域開発と
環境問題

人口

村落と都市

商業・
観光業

交通・通信

貿易と
資本の移動

国家・民族

この項目のテーマ

❶ ケッペンの気候区分
気候区の定義をしっかりと理解しよう！

❷ 植生
植生とケッペンの気候区との密接な関係に注意しよう！

❸ 土壌
土壌が理解できれば，農業もわかりやすい！

❶ ケッペンの気候区分

　世界にいろいろな気候環境が分布していることはわかってくれたと思うけど，世界の気候をわかりやすくするためには，似た気候をひとまとめにして気候区を設定すると学習しやすいよね。

　ここではケッペンの気候区分を取り上げてみよう！

　ケッペンはドイツの気候学者で，植生に着目し，気温の年変化と降水量の季節的配分を考慮して気候区分を行ったんだ。気候区分に植生の境界（限界）を使ったので，自然の景観（だから景観写真が出題されることが多いんだよ）にも対応し，農牧業を基盤とする人間の生活と密接に関係しているよ。だから地理的に離れた地点の気候を比較したりするのにも，とっても便利なんだ。ということはケッペンの気候区分をマスターすれば世界の農業なんかについても理解しやすくなるね！　ここは一発，本気で取り組もう（⑤気候要素と気候因子［➡ p.80～］を復習しておけば得意になるよ！）。

　では，ケッペンの気候区分の説明を始めよう！

　まずケッペンは，世界の気候を樹木が生育するかしないかで，樹林気候と無樹林気候に大別したんだ。樹林気候は熱帯（A），温帯（C），冷帯（D）からなり，無樹林気候として，乾燥が著しく樹木が生育しない乾燥帯（B），寒冷で樹木が生育しない寒帯（E）に区分したよ。

共通テストでは，ケッペンの気候区分に関する数値まで覚える必要はないよね？

　いや～，そんなことないよ。何となく暑いのが熱帯（ねったい）で，寒いのが冷帯（れいたい）という程度の知識では，共通テストは解けないよ！　むしろ共通テストだからこそ，**ケッペンの気候区分やそれらの数値については，正確に理解しておかなければならないんだ。** 図1 を見るとわかりやすくなるから，最低限度これの数値だけは覚えておこう！

　表1 は，君たちがよく見かけるケッペンの気候区分をまとめたものだよ。これにしたがって**気候区の特色**を説明していこう。丸暗記しようとしないで，今まで一緒にやってきた気候の理論を十分に活かして理解しながら先に進もう！

図1　気候の判別法

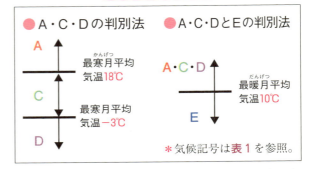

*気候記号は**表1**を参照。

表1　ケッペンの気候区分

	気候記号	気候名	定　義	気　候　区
樹林気候	A	熱帯（ねったい）	最寒月平均気温18℃以上	Af（熱帯雨林） Am（熱帯モンスーン） Aw（サバナ）
	C	温帯（おんたい）	最寒月平均気温 －3℃以上18℃未満	Cs（地中海性） Cw（温暖冬季少雨） Cfa（温暖湿潤） Cfb（西岸海洋性） Cfc（西岸海洋性）
	D	冷帯（れいたい） （亜寒帯）	最寒月平均気温－3℃未満， 最暖月平均気温10℃以上	Df（冷帯湿潤） Dw（冷帯冬季少雨）
無樹林気候	E	寒帯（かんたい）	最暖月平均気温10℃未満	ET（ツンドラ） EF（氷雪）
	B	乾燥帯（かんそうたい）	年降水量が，乾燥限界値の2分の1以上ならBS，2分の1未満ならBW	BS（ステップ） BW（砂漠）

＊A．C．Dはすべて最暖月平均気温が10℃以上。

図2　A気候の判別法

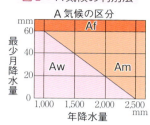

A気候の区分

（縦軸：最少月降水量　mm、横軸：年降水量）

Af / Am / Aw / Aw

表2　B気候の判別法

降雨型	BS	BW
s　（冬雨）	$R<20t$	$R<10t$
f	$R<20\ (t+7)$	$R<10\ (t+7)$
w　（夏雨）	$R<20\ (t+14)$	$R<10\ (t+14)$

R……年降水量（mm）
t……年平均気温（℃）
➡ s・f・wの区別はC・D気候の場合も同じ。

表3　ケッペンの気候区分のまとめ

● **熱　帯（A）**…… 最寒月でも月平均気温が18℃以上

　　　熱帯雨林気候（Af）区 ➡ 年中多雨（最少月降水量が60mm以上）
　　　熱帯モンスーン気候（Am）区 ➡ 最少月降水量が60mm未満でも年降水量が多い
　　　サバナ気候（Aw）区 ➡ 明瞭な乾季がある
　　　　　　　　　　　　　　　　最少月降水量が60mm未満

● **乾燥帯（B）**…… 降水量が蒸発量より少ない

　　　ステップ気候（BS）区 ➡ 年降水量が250〜500mm程度
　　　砂漠気候（BW）区 ➡ 年降水量が250mm未満の場合が多い

● **温　帯（C）**…… 最寒月の平均気温が18℃未満で−3℃以上

　　　地中海性気候（Cs）区 ➡ 夏に少雨（最少月降水量×3≦最多月降水量
　　　　　　　　　　　　　　　　かつ　最少月降水量が30mm未満）
　　　温暖冬季少雨気候（Cw）区 ➡ 冬に少雨（最少月降水量×10≦最多月降水量）
　　　温暖湿潤気候（Cfa）区 ➡ 年中多雨。最暖月の平均気温が22℃以上
　　　西岸海洋性気候区 ➡ 年中多雨。最暖月の平均気温が22℃未満
　　　　　　　　（Cfb）区 ➡ 月平均気温10℃以上の月が4か月以上
　　　　　　　　（Cfc）区 ➡ 月平均気温10℃以上の月が4か月未満

● **冷　帯［亜寒帯］（D）**‥ 最寒月の平均気温が−3℃未満で最暖月の平均気温が10℃以上

　　　冷帯湿潤気候（Df）区 ➡ 年中湿潤
　　　冷帯冬季少雨気候（Dw）区 ➡ 冬に少雨（最少月降水量×10≦最多月降水量）

● **寒　帯（E）**…… 最暖月の平均気温が10℃未満

　　　ツンドラ気候（ET）区 ➡ 最暖月の平均気温が10℃未満 0℃以上
　　　氷雪気候（EF）区 ➡ 最暖月でも平均気温が0℃未満

＊たいへんだろうけど，ケッペンの気候区分とその定義は，必ず覚えておいてね

大地形
小地形
地形図
気候要素と気候因子
気候区分と植生・土壌
陸水と海洋
農業
林業・水産業
エネルギー・鉱産資源
工業
地域開発と環境問題
人口
村落と都市
商業・観光業
交通・通信
貿易と資本の移動
国家・民族

図3 ケッペンの気候区による仮想大陸

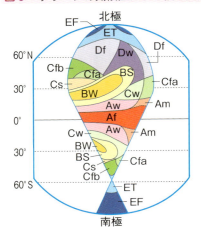

※仮想大陸とは，世界の陸地を1つにまとめ，緯度ごとに西岸・内陸・東岸に留意しつつ気候区の面積比を示したものである。仮想大陸では，緯度と大陸の西岸，内陸，東岸における気候区の分布に注目しよう！

図4 雨温図とハイサーグラフの読み方（東京の例）

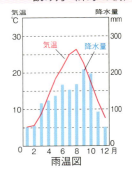

雨温図

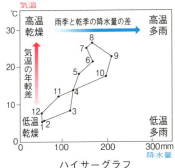

ハイサーグラフ
※1〜12の数値は月を示す。

先生の言うように，ケッペンの気候区の定義をしっかり勉強するよ！　ところで，熱帯っていうと暑くて雨が多いっていうイメージしかないんだけど，まずいかなぁ？

　それだけじゃあ，まずいよ（^^;）。では，まず熱帯気候から順に気候帯の特色を説明していこう！

　熱帯（A）は年中高温で，四季の変化もなく気温の年較差が小さいよ（日較差＞年較差）。乾季があるかどうかで熱帯雨林気候（Af・ケッペンの区分ではAmも含む）とサバナ気候（Aw）に大きく分けられるよ。

　熱帯雨林気候（Af）は，ほぼ赤道直下に分布し，年間を通じて赤道低圧帯の影響を受けるので雨が降りやすいんだ。日中の強い日射により上昇気流が生じて，積乱雲が発生し，毎日一定の時刻にスコールという突風を伴う激しい雨が短時間に降るんだね。熱帯地域の街を歩くと，いたるところに避難所になる長い軒先がみられるよ。また，常緑広葉樹の密林が形成されているのも特徴的

図5 熱帯の分布

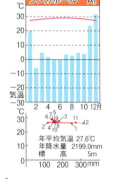

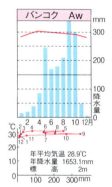

大地形

小地形

地形図

気候要素と
気候因子

気候区分と
植生・土壌

陸水と海洋

農業

林業・
水産業

エネルギー・
鉱産資源

工業

地域開発と
環境問題

人口

村落と都市

商業・
観光業

交通・通信

貿易と
資本の移動

国家・民族

だね。雨季・乾季の区別はないけれど，雨が多い時期というのはあるので，そのときには河川の水位も上昇し洪水を起こしたりするから，高床式住居も用いられているよ。アマゾン盆地やコンゴ盆地が代表的だね。

　熱帯モンスーン気候（Am）は，弱い乾季があるか，乾季があっても年降水量がすごく多いから，常緑広葉樹と落葉広葉樹が混在する熱帯季節風林（雨緑林）を形成しているんだ。インドシナ半島の西岸（ミャンマー）やインド半島西岸にみられるよ。

　サバナ気候（Aw）は，熱帯雨林気候の周辺に分布していて，アフリカ，南アメリカ，インドシナ半島に広く分布しているんだ。高日季（夏季）には赤道

低圧帯の影響で雨季となるけど，低日季（冬季）には亜熱帯高圧帯の影響により明瞭な乾季を迎えることになるんだね。⑤ [➡ p.93] で学習した季節による気圧帯の移動について確認しておこう！

　降水量も熱帯雨林気候より少ないため，樹木は点在し疎林と長草草原が広がるけど，乾季には樹木は落葉し，草は枯死してしまうんだ。

やっとわかったよ。サバナ気候で雨季・乾季が生じるのには，季節による気圧帯の移動が関連しているんだね。熱帯は赤道付近に分布するけど，乾燥帯はどのあたりに分布するのかなぁ？

　おおよそ南北の回帰線付近（ほぼ緯度25度）に分布しているよ。

　では，乾燥帯の説明をしよう！

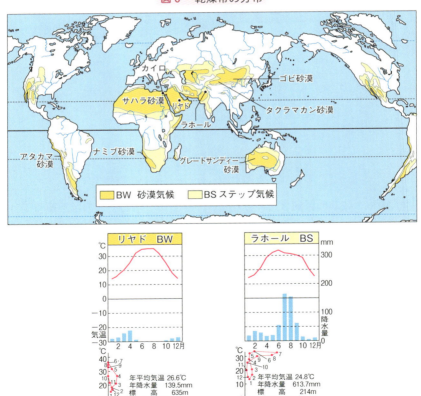
図6　乾燥帯の分布

乾燥帯（B）は，年間の蒸発量（蒸発量は気温に比例することに注意しようね！）が降水量より多い気候で，気温の（日較差）が大きいよ。昼間はすごく暑いのに夜間はかなり冷え込むんだ。**BWとBSをあわせた乾燥帯は，世界の約1/4の面積**に分布しているのに，日本には全くないから驚きだね。

　砂漠気候（BW）は，ほとんどが**年降水量が250mm未満**の地域だ。オアシスを除くと**植生がない**（木も草も生えていない）から，人々はオアシスに集落を建設し，**なつめやし**などの栽培を行う**オアシス農業**［➡ p.133］を営んでいるんだよ。日中はかなり気温が高くなるけど，夜は急に冷えこんで，**気温の日較差が大きい**ことにも注意しようね！　**北アフリカ**や**西アジア**には広大な砂漠が広がっているよ。

　ステップ気候（BS）は，**年降水量が250〜500mm程度**（蒸発散量とほぼ同じ）の地域で，**短草草原**が広がるんだ。おおよそ**砂漠気候の周辺に分布**しているね。アジアやアフリカでは牧草を求めて家畜を移動させる**遊牧**が行われていることは知ってるよね？　アメリカ合衆国の**グレートプレーンズ**やアルゼンチンの**パンパ**などでは，やや降水量の多い地域になると，**灌漑**によって**小麦**の大規模栽培なども行われているよ。**BS地域では，自然環境が厳しいわりに，農牧業が盛んに行われている**から，**過耕作**や**過放牧**などによる**砂漠化**が深刻化しているところがあることにも注意しよう。

　では，いよいよ温帯に入ろう！
　温帯（C）は，**四季が明瞭**で，人間が最も生活しやすい気候環境にあるんだよ。つまり適度な気温と降水量に恵まれているんだね。およそ**緯度30〜45度**の**大陸西岸**には**地中海性気候**（Cs），その高緯度側に当たる**緯度45〜60度**に**西岸海洋性気候**（Cfb），**東岸**には高緯度側に**温暖湿潤気候**（Cfa），その低緯度側に**温暖冬季少雨気候**（Cw）が分布しているんだ。

　地中海性気候（Cs）は，**夏に亜熱帯高圧帯の影響で乾燥し，冬は偏西風の影響を受けるため降水が多くなる**よ（小文字の"s"はドイツ語の「夏」の略称で，**夏に乾燥**することを意味している）。ヨーロッパの**地中海沿岸**が代表的だからこの名がついたんだ。大陸西岸の緯度30〜45度付近に分布してるよ。西岸海洋性気候の低緯度側に分布しているから注意してね。**地中海沿岸地方**，アメリカ合衆国の**カリフォルニア**，**チリ中部**，**オーストラリア南西部**などが有名だけど，やっぱりヨーロッパの地中海地方だよね。

大地形
小地形
地形図
気候要素と気候因子
気候区分と植生・土壌
陸水と海洋
農業
林業・水産業
エネルギー・鉱産資源
工業
地域開発と環境問題
人口
村落と都市
商業・観光業
交通・通信
貿易と資本の移動
国家・民族

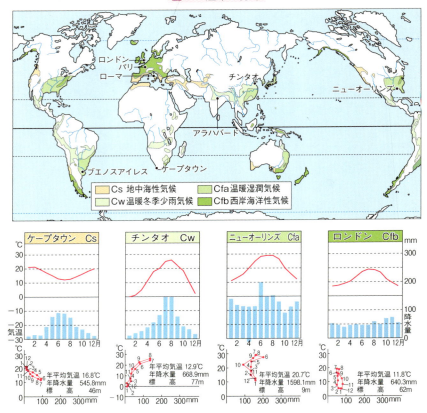

図7 温帯の分布

Cs 地中海性気候
Cw 温暖冬季少雨気候
Cfa 温暖湿潤気候
Cfb 西岸海洋性気候

ケープタウン Cs
年平均気温 16.8℃
年降水量 545.8mm
標高 46m

チンタオ Cw
年平均気温 12.9℃
年降水量 668.9mm
標高 77m

ニューオーリンズ Cfa
年平均気温 20.7℃
年降水量 1598.1mm
標高 9m

ロンドン Cfb
年平均気温 11.8℃
年降水量 640.3mm
標高 62m

　温暖冬季少雨気候（Cw）は，**中国南部からインド北部**にかけて広く分布するけど，夏は熱帯なみに高温となり，**モンスーン**の影響で降水も集中するため，アジアの稲作（いなさく）には好条件となっているんだよ（小文字の"w"は同じくドイツ語の「冬」の略称で，**冬に乾燥**することを意味している）。**南アメリカやアフリカでも，Awの高緯度側**に分布しているから注意しよう！

　Csの高緯度側（緯度45〜60度付近）には，**年中偏西風の影響を受ける西岸海洋性気候**（Cfb）が分布しているんだ。**北西ヨーロッパ，アラスカ〜カナダの西岸，チリ南西岸，ニュージーランド**が代表的で，**緯度が高いわりに冬季は温暖で，年較差も比較的小さい**よ。**年間を通じて平均的な降水**がみられることに注意しよう。

図8　冷帯・寒帯の分布

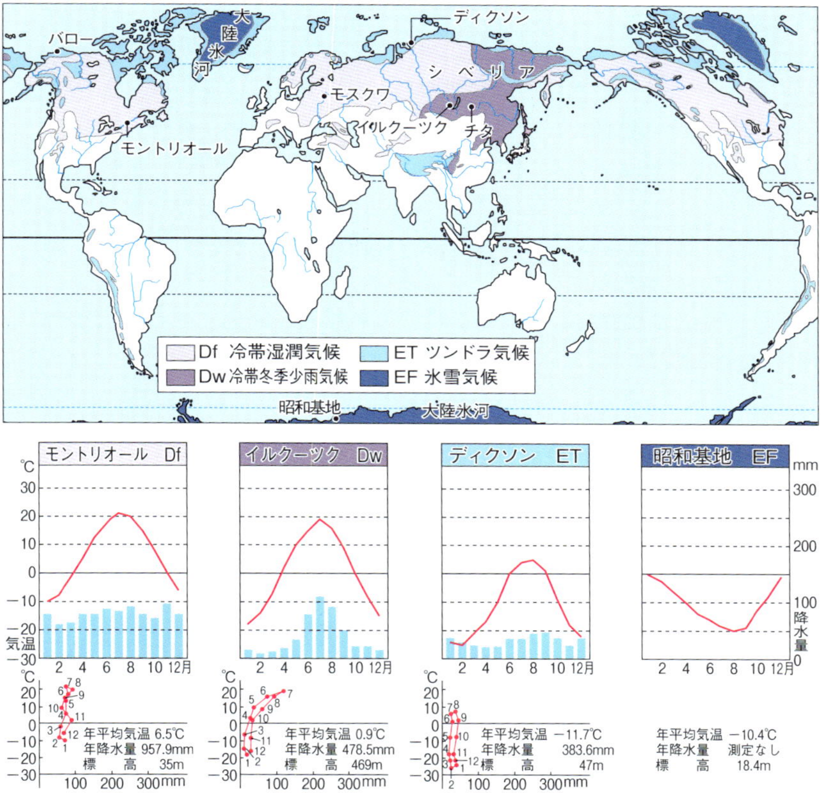

Df 冷帯湿潤気候	ET ツンドラ気候
Dw 冷帯冬季少雨気候	EF 氷雪気候

モントリオール Df　年平均気温 6.5℃　年降水量 957.9mm　標高 35m

イルクーツク Dw　年平均気温 0.9℃　年降水量 478.5mm　標高 469m

ディクソン ET　年平均気温 -11.7℃　年降水量 383.6mm　標高 47m

昭和基地 EF　年平均気温 -10.4℃　年降水量 測定なし　標高 18.4m

　北海道（Df）を除く日本の大部分は**温暖湿潤気候**（Cfa）で，**地中海性気候**とほぼ同緯度の**大陸東岸**に分布しているよ。たとえば中国の**華中**や**アメリカ合衆国東部**，**アルゼンチンのパンパ**にも分布しているね。

　日本や中国など東アジアでは，夏季には比較的高温になり，**梅雨**や**台風**の影響で雨も多いんだ。**冬季**は，大陸から**寒冷なモンスーン**が吹き出して低温になるため，Cfb と比べると年較差も大きくなるよ。

　Cfa と Cfb の違いだけど，**最暖月平均気温が22℃以上なら Cfa，22℃未満なら Cfb** になるということを忘れないように！

　次は，**冷帯（亜寒帯）**について説明しようね。

　冷帯（D）は**気温の年較差がとても大きい大陸性の気候**だということに注意

系統地理

大地形

小地形

地形図

気候要素と
気候因子

気候区分と
植生・土壌

接水と海洋

農業

林業・
水産業

エネルギー・
鉱産資源

工業

地域開発と
環境問題

人口

村落と都市

商業・
観光業

交通・通信

貿易と
資本の移動

国家・民族

しよう。まず最初に入試頻出のポイントをあげておくね。冷帯は，**北半球の高緯度地方**に広がるけど，**南半球には存在しない**んだ。なぜなら，南半球には本来冷帯が分布するはずの**南緯50〜70度付近に大陸がほとんどない**からなんだ。

　この気候帯では，**冬季はとても寒冷**だけど，夏季にはある程度気温が上がるから，**針葉樹林（タイガ）**が形成されているよ。でも，シベリアやカナダの地中には一年中凍結している**永久凍土**（おもに凍結した土や岩）が残っているところがあって，雨が降っても地中に浸透しにくいので，**沼地**や**湿地**が多く分布しているんだよ。近年は開発による**凍土の融解**（人工熱の伝導）や再凍結による**凍上現象**（いったん融解して生じた水分が，冬季に再び凍結する際に，地面が隆起），凍土の融解にともなって**温室効果ガス**の**メタンガス**が放出されるなどの問題も生じているよ。

　冷帯湿潤気候（Df）は**ユーラシアでも北アメリカ**でもみられるけど，**冷帯冬季少雨気候**（Dw）は冬季に優勢な**シベリア高気圧**の影響を受ける**ユーラシア大陸東部にしか分布していない**ことを忘れないで（北半球で最も寒いから，「北の**寒極**」と呼ばれているんだったよね）！

　最後は**寒帯**（E）だね。

　寒帯は，北極や南極のような**極圏**（66度33分より高緯度）などに分布する気候だよ（ただ低緯度だけど，海抜高度が非常に高い**チベット高原やアンデス地方**にも**ツンドラ気候**（ET）が分布しているから注意しよう！）。太陽高度が低いため，年間を通じて受熱量が小さく，年中寒さが厳しいところだね。

　寒帯でも**ツンドラ気候**（ET）は，**北極海沿岸に分布**していて，夏季には気温が**0℃以上**になるため，永久凍土の表層が融け，**コケ**や**小低木**が生育するんだ。でも，これでは農耕は不可能だよね！

> **ツンドラ気候**の分布地域には，人間は住んでいないということなの？

　そうじゃないよ。ユーラシアでは，**トナカイの遊牧**（コケや草をえさとする），北アメリカでは**狩猟**や**漁労**を営んでいる人々がいるんだ。スカンディナヴィア半島北部の**サーミ**，アラスカ〜カナダの**イヌイット**（エスキモー）など，アジア系の民族（モンゴロイド）が居住しているよ。

　氷雪気候（EF）は，年中雪や氷に覆われていて，草も木も生えていないことは知っているよね。**南極大陸**と**グリーンランド内陸部**がこれに当たるんだ

けど，典型的な**アネクメーネ**（非居住地域）［➡ p.215 ］になってるよ。

　南極は多雪地帯だと思ってる人がいるけど，違うんだ。極高圧帯の影響で降雪は少ないんだけど，溶けないから**大陸氷河**が発達して地吹雪が舞うため，雪がたくさん降っているように感じるんだね。それから**緯度66度33分**より高緯度側の極圏では，**夏に1日中太陽が沈まない**白夜が，**冬に一日中太陽が昇らない**極夜が訪れるんだ。ちょっと信じられない!!

図9　高山気候の分布図

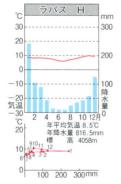

ラパス　H

年平均気温 8.5℃
年降水量 816.5mm
標　　高 4058m

　高山気候（H）って聞いたことがあるんだけど，これっていったいなんのこと？

　高山気候（**H**）はケッペン自身が作った気候区じゃないんだけど，ケッペンの弟子が改良型として作ったんだ。

海抜高度が**中緯度で2,000m以上**，**低緯度で3,000m以上**の<u>森林限界</u>（樹木が生育する限界）より高い地域でみられるんだ。低緯度の高山気候では**気温の年較差が小さい**よ。空気が薄いから気圧も低く紫外線が強い（だから帽子をかぶりたくなる）のが特徴だね。地誌分野の**南アメリカ**で**高山都市**が出てくるから要注意！

ポイント　ケッペンの気候区分

❶　<u>ケッペン</u>の気候区分は，植生（しょくせい）をもとに**気温の年変化**と**降水量**の季節的配分で決定する。

❷　A・C・Dは**樹林気候**（じゅりん），B・Eは**無樹林気候**となる。

❸　**気候帯**は，赤道（せきどう）を中心にほぼ**A・B・C・D・E**の順に，ほぼ**南北対称で分布**している（Dは北半球のみ）。

たいへんだろうけど，ケッペンの気候記号はマスターしてほしいな！

❷ 植　生

　植生（森林や草地などの植物の集団）は気温や降水量に影響されるから，気候とのかかわりが大きいということはわかるよね。ここでは植生帯が気候帯とほぼ対応しているということをしっかり学習しよう！

　熱帯（A）地域は熱量，降水量ともに豊富だから，植物の生育が活発だよ。特に熱帯雨林気候（Af）では多種類の常緑広葉樹の密林が形成され，アマゾン川流域ではセルバ，東南アジアやアフリカではジャングルと呼ばれているよ。君たちも，マングローブ林［➡ p.112 📖］って聞いたことがあるだろ？大河川の河口付近や沿岸部に繁茂する森林で，ほかの樹木と異なり，海水と淡水が混じり合うようなところを好むんだ。面白い植物だねえ（＾o＾）。

　熱帯モンスーン気候（Am）では，常緑広葉樹に落葉広葉樹が混じった**熱帯季節林（雨緑林）**がみられるよ。

　サバナ気候（Aw）では，強い乾季があり年降水量もAfよりやや少ないので，疎林（樹林密度が低い森林）と長草草原が分布しているんだ。このような熱帯草原をサバナというんだけど，南米のオリノコ川流域ではリャノ，ブラジル高原ではカンポ，パラグアイからアルゼンチン北部ではグランチャコと呼ばれているよ。

図10　植　生　図

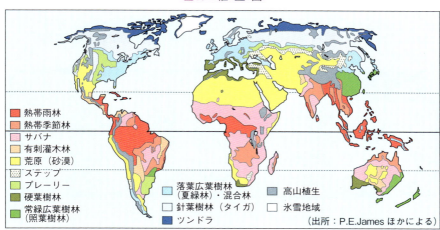

熱帯雨林	
熱帯季節林	
サバナ	
有刺灌木林	
荒原（砂漠）	
ステップ	
プレーリー	
硬葉樹林	
常緑広葉樹林（照葉樹林）	落葉広葉樹林（夏緑林）・混合林　高山植生 針葉樹林（タイガ）　氷雪地域 ツンドラ

（出所：P.E.James ほかによる）

系統地理

大地形

小地形

地形図

気候要素と気候因子

気候区分と植生・土壌

陸水と海洋

農　業

林業・水産業

エネルギー・鉱産資源

工　業

地域開発と環境問題

人　口

村落と都市

商業・観光業

交通・通信

貿易と資本の移動

国家・民族

熱帯と冷帯は，森林がたくさんあるっていうイメージがあるんだけど，温帯は森林の生育に適していないのかなぁ？

　そんなことないよ。温帯（C）も気温と降水量に恵まれているから，森林形成には適しているんだけど，**早くから開発が進んだため**，伐採されて**農地や草原**に変わってしまったところが多いから，そんなふうに感じたんだろうね。じゃあ，**温帯**の植生について説明してみよう。

　温帯地域の低緯度側には**常緑広葉樹**（**クス**，**カシ**，**シイ**などが**照葉樹林**を形成），高緯度側には**落葉広葉樹**（**ブナ**，**ナラ**，**カエデ**）と**針葉樹**の混合林が分布しているよ。**地中海沿岸**はちょっと変わっていて，乾燥に強い常緑の**硬葉樹**（**オリーブ**，**コルクがし**，**月桂樹**）が生育しているんだ。

　冷帯（D）地域では，低温に耐える**針葉樹**（**エゾマツ**，**カラマツ**，**トウヒ**）が多く，**タイガ**と呼ばれる針葉樹林が広がっているよ。さらに夏の気温が低い**ツンドラ気候**（ET）地帯では，樹木は生育できなくなり（**森林限界**），**地衣類**（菌類・藻類）や**蘚苔類**（**コケ類**）が生える**ツンドラ**になるんだね。

　乾燥帯（B）は植生に乏しいけど，**ステップ気候**（BS）では短い雨季があるため，**ステップ**と呼ばれる**短草草原**が分布しているんだ。**砂漠気候**（BW）では**オアシスを除いてほとんど植生はみられない**ことに注意しようね。

👆　**マングローブ林**　**東南アジア**，**インド沿岸**など熱帯・亜熱帯の海岸の低湿地や河口付近に生育する樹木の総称で，耐塩性があるため，潮間帯付近でも生育が可能である。幹からは多くの支柱根が生えているのが特徴的である。近年は，新炭用の伐採やエビの養殖池造成のための伐採が進み，**自然の防波堤の役割が失われ**，**海岸侵食**が進行している地域もある。

ポイント 植　生

❶ 　**植生**は，気温，降水量とのかかわりが深いため，**植生帯は気候帯**とほぼ**対応**する。

❷ 　**森林**の主な分布地域は，**熱帯**，**温帯**，**冷帯**である。

❸ 　**サバナ気候**や**ステップ気候**地域には**草原**が分布している。

❸ 土　壌

さて，次は土壌についてマスターしてみよう。土壌って何なんだろうね？

土壌とは岩石が風化してできた砂や粘土のような，細かい粒子になったものに，動植物が分解されてできた腐植 [➡ p.114] などの有機物が含まれたもので，湿潤地域では酸性，乾燥地域ではアルカリ性を帯びることが多いよ（農作物をはじめとして，植物はあまり酸性やアルカリ性が強い土壌を好まないことも知っておこうね）。

> 土壌は成帯土壌と間帯土壌に大別されるよね？
> よくわかんないなぁ？

成帯土壌は気候や植生の影響を強く受けた土壌で，気候帯，植生帯に沿って帯を成す土壌なんだ。これに対して，間帯土壌は，土壌のもととなる岩石の影響を強く受けたもので，気候帯，植生帯の帯の間に，局地的に分布する土壌のことをいうんだよ。では，成帯土壌の話から始めよう！

熱帯では，激しいスコールにより，栄養塩類のように水に溶かされやすい物質が流され，鉄やアルミニウムなどの金属が多く残った土壌になるよ。酸化した金属の色が反映されて，赤色のやせたラトソルという土壌が分布するんだ（アルミニウムの原料となるボーキサイト［酸化アルミニウムを含む岩石］の産地が，熱帯に多い理由の一つだね）。熱帯と温帯の境界付近には，ラトソルよりはややマシな赤黄色土が分布しているよ。

図11　土壌図

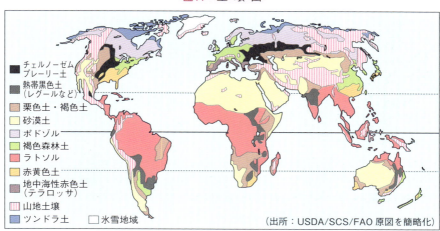

凡例：
- チェルノーゼム・プレーリー土
- 熱帯黒色土（レグールなど）
- 栗色土・褐色土
- 砂漠土
- ポドゾル
- 褐色森林土
- ラトソル
- 赤黄色土
- 地中海性赤色土（テラロッサ）
- 山地土壌
- ツンドラ土
- 氷雪地域

（出所：USDA/SCS/FAO 原図を簡略化）

系統地理

大地形

小地形

地形図

気候要素と気候因子

気候区分と植生・土壌

陸水と海洋

農業

林業・水産業

エネルギー・鉱産資源

工業

地域開発と環境問題

人口

村落と都市

商業・観光業

交通・通信

貿易と資本の移動

国家・民族

温帯には，いろいろな土壌が分布しているよ。亜熱帯気候の地域では赤黄色土が分布しているけど，代表的なのはやっぱり褐色森林土だね。温暖湿潤気候や西岸海洋性気候地域では落葉の堆積によって，比較的厚い腐植層を含む褐色森林土が分布しているんだ（日本で普通にみられる茶色い土だよ）。

冷帯は，低温だから微生物があんまり活動しないので，有機物の分解が進まず，土壌が酸性になりやすいんだ。すると土中の金属成分が溶かされて下方に移動してしまって，酸に溶けにくい石英だけが地表付近に残され白っぽい土になってしまうんだね。この灰白色のやせた土壌をポドゾルというんだ。

寒帯のツンドラ気候地域には，コケなどの遺骸が，低温のために分解されないまま堆積して炭化した泥炭を含むやせたツンドラ土が分布しているんだ。

半乾燥のステップ気候では，一面の短草草原が乾季に枯れ，土中に腐植層を形成するよ。しかも降水による流失も少ないため，腐植層はどんどん厚くなり，とっても肥沃な黒色土が分布することになるんだね。ウクライナ～ロシアにかけてのチェルノーゼム，やや降水が多いところでは北アメリカのプレーリー土，アルゼンチンのパンパ土がその典型だね。

間帯土壌については，表4にまとめてみたので読んでおいてね！

表4　間帯土壌のまとめ

土壌名	母岩の種類など	特徴とその利用	分布
テラロッサ	石灰岩	薄い腐植層を持ち，果樹栽培などに利用される赤色土壌。	地中海沿岸など石灰岩分布地域
テラローシャ	玄武岩・輝緑岩	肥沃でコーヒー栽培に好適な赤紫色土壌。	ブラジル高原南部
レグール	玄武岩	肥沃で綿花栽培に好適な黒色土壌。	デカン高原西部
レス（黄土）[➡ p.61]👆	砂漠起源または氷河堆積物起源	肥沃で小麦栽培に好適な黄色土壌。	黄河流域，ヨーロッパ（ドイツ中南部，ハンガリー），北米（ミシシッピ川流域の一部）

👆 **腐植**　有機物が土中の微生物によって**適度に分解された微粒子**で，腐植に富む土壌は生産力が高く，腐植に乏しい土壌は生産力が低くなる。**落葉から生成された腐植は褐色，草から生成された腐植は黒色になる**ことに注意しよう。

図12　気候帯・植生帯・土壌帯のまとめ

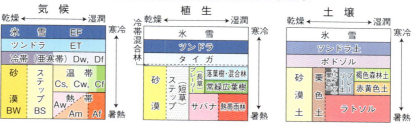

大 地 形

小 地 形

地 形 図

気候要素と
気候因子

気候区分と
植生・土壌

陸水と海洋

農 業

林業・
水産業

エネルギー・
鉱産資源

工 業

地域開発と
環境問題

人 口

村落と都市

商業・
観光業

交通・通信

貿易と
資本の移動

国家・民族

ポイント　土　壌

❶ **土壌**は，気候帯と対応する**成帯土壌**（せいたい）と，局地的に分布する**間帯土壌**に大別される。

❷ **土壌**には**肥沃度**の高低があって，植物の成長や農業の生産性に影響を与える。

チェック問題　標準 2分

1 　次の図1中の**ア**〜**ウ**は，次ページの図2中の**A**〜**C**地点のいずれかにおける月平均気温と月降水量を示したものである。**A**〜**C**の地点と**ア**〜**ウ**のグラフの組合せとして正しいものを，あとの①〜⑥のうちから一つ選べ。

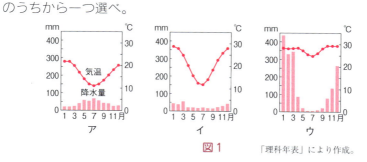

図1

「理科年表」により作成。

図2

	①	②	③	④	⑤	⑥
A	ア	ア	イ	イ	ウ	ウ
B	イ	ウ	ア	ウ	ア	イ
C	ウ	イ	ウ	ア	イ	ア

2 次の図3を見て，赤道から北緯20度までの範囲にみられる土壌や植生の特徴を述べた文として**誤っているもの**を，次の①〜④のうちから一つ選べ。

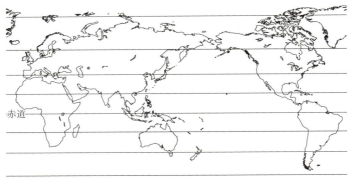

赤道

経緯は20度間隔。

図3

① アフリカには，栗色土がみられるステップ地域が分布する。

② 南アジアには，砂漠土がみられる無植生地域が分布する。

③ 東南アジアには，ラトソルがみられる熱帯雨林地域が分布する。

④ 南アメリカには，ラトソルがみられるサバナ地域が分布する。

解答・解説 **1** ⑥　ア〜ウの雨温図はすべて南半球のものなので，6〜8月が冬で，12〜2月が夏であることに注意したい。

アは Cs（地中海性気候），イは BS（ステップ気候），ウは Aw（サバナ気候）となる。図中の A が最も低緯度で，気温も高く，降水量も多いことから熱帯のウ，B はほぼ南回帰線付近に位置し，大陸内部にあって降水量が少ないため乾燥帯のイ，C は南緯30〜40度の沿岸部に位置するため温帯のアが該当する。

2 ② 世界地図を見ながら，土壌や植生の特徴について考えさせる問題である。選択肢の文を読むだけでなく，**地図の緯度を確認**しながら解かないと，誤答してしまうので気をつけよう！ 入試当日，一見易しそうな問題であったとしても，地図やデータをきちんと見ないと失点してしまうので，日ごろから訓練をしておくべきだ。

① 設問文に「**赤道から北緯20度までの範囲**」という条件が述べられているので，アフリカにおけるその緯度帯では，**BW 〜 BS の乾燥気候が分布**していることがわかる。BW には**砂漠土**，BW 〜 BS の境界付近には**栗色土**が分布しているため，この文は正しい。

② 南アジアでは，**パキスタンなどに BW（大インド砂漠など）が分布**し，砂漠土がみられる無植生地域（木も草も生えていないところ）がみられるが，**赤道から北緯20度までの範囲には，インドやスリランカが含まれ，パキスタンは含まれない。**この緯度帯では大部分が A（熱帯気候）か BS（ステップ気候）となり，**BW（砂漠気候）が広がる無植生地域はみられない**ため，この文が誤りである。地図をしっかり見ないとミスをするので要注意！

③ 東南アジアでは，**マレー半島**，**スマトラ島**，**カリマンタン島**などに **Af（熱帯雨林気候）**が広がっている。また Af，Aw などの熱帯気候下では，やせた赤色の**ラトソル**が分布しているため，この文は正しい。

④ 地図中の南アメリカ大陸の赤道から北緯20度までの範囲には，アマゾン川流域の **Af（熱帯雨林気候）**が分布し**熱帯雨林のセルバ**もみられるが，その北側には**熱帯草原のリャノ**が広がる **Aw（サバナ気候）**もみられるため，この文も正しい。南アメリカの低緯度地域は，すべてが Af であるわけではないので注意したい。

共通テストでは，意味なく図，表，グラフを載せることはないので，簡単な問題であっても，与えられた資料はしっかり分析しようね！

系統地理

大地形

小地形

地形図

気候要素と気候因子

気候区分と植生・土壌

陸水と海洋

農業

林業・水産業

エネルギー・鉱産資源

工業

地域開発と環境問題

人口

村落と都市

商業・観光業

交通・通信

貿易と資本の移動

国家・民族

7 陸水と海洋

この項目のテーマ

1 水収支
水は，地球上を様々な形で循環していることを理解しよう！

2 陸水と海洋
水と人々の生活とのかかわりを考えよう！

1 水収支

さぁ，今回のテーマは水だよ。日本は雨が多いところなので水の恩恵がわかりにくいかもしれないけど，水が不足すれば，農業や商工業だけでなく日常の生活さえやっていけなくなるよね。

地球上には約14億 km³ の水があるんだ。でもその大部分は海水（**97.5%**）で，陸水はわずか2.5%しか存在しないよ。しかも**陸水のうち76.4%が氷河や氷雪**なんだ。残る**陸水の22.8%は地下水**で，河川水，湖沼水，土壌水，水蒸気などの**地表水はわずか1％にも満たない**んだよ。地球上の水の総量からするとわずかに0.01%しかないんだから本当にびっくり！　いかに大切に水を使わなければならないかということが，この数値だけでも理解できるね。さらにこのわずかな河川の水が地表を侵食して，さまざまな地形をつくり上げているんだから驚きだよね！

図2 [➡ p.119] のように水は循環することによって地形，気候などの地球環境に大きな影響を与えているんだね。

特に，**海洋上では蒸発量が降水量を上回り，陸上では降水量が蒸発量を上回っている**こと，海洋上の水蒸気が陸上に移動し降水となり，陸地で余った水が河川水や地下水となって海に流れ込んでいることに注意しようね！

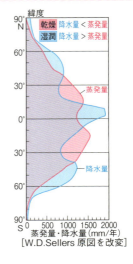

図1　平均降水量と平均蒸発量

| 乾燥 | 降水量＜蒸発量 |
| 湿潤 | 降水量＞蒸発量 |

蒸発・降水量（mm/年）
[W.D.Sellers 原図を改変]

図2　水の循環

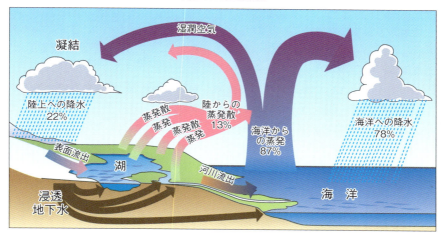

凝結

湿潤空気

陸上への降水
22%

蒸発散
蒸発

蒸発散
蒸発

陸からの
蒸発散
13%

海洋からの蒸発
87%

海洋への降水
78%

表面流出

湖

河川流出

海　洋

浸透
地下水

系統地理

大 地 形

小 地 形

地 形 図

気候要素と
気候因子

気候区分と
植生・土壌

陸水と海洋

農　　業

林業・
水産業

エネルギー・
鉱産資源

工　　業

地域開発と
環境問題

人　　口

村落と都市

商業・
観光業

交通・通信

貿易と
資本の移動

国家・民族

1人当たり水資源賦存量 理論上人間が最大限利用可能な水資源量のことで，降水量から蒸発散量を引いたものに面積を乗じてその国の人口で割って求めた値である。日本の**1人当たり水資源賦存量（m³/人・年）**を海外と比較すると，世界平均の**1/2以下**で，その背景には，**地形が急峻で河川延長が短く**，降水は梅雨期や台風襲来期の**短期間に集中**するため，水資源のかなりの部分が洪水となり，水資源として利用されないまま**海に流出**してしまうなどがある。

ポイント　水 収 支

❶ 地球上の**水**のうち**97.5%**が**海水**，残る**2.5%**が**陸水**である。

❷ **水**は，固体（**氷河，氷雪**），液体（**雨水，河川水，地下水**など），気体（**水蒸気**）と形を変えながら，地球上を**循環**している。

「地理」で扱うテーマって幅広いね〜。今さらながら，そう思うよ〜。

2　陸水と海洋

　陸水のうち多くを占めているのは氷河や氷雪だったけど，ここでは人々の生活とかかわりが深い地下水と地表水の話をしていこう。地下水は農業用水，工業用水，生活用水としても人々の生活に役立っていることは知ってるよね。降水が地下に浸透し，不透水層（粘土層や岩盤）上に滞留したものを地下水というんだ。地表に近い不透水層上を流れるものを自由地下水，そのさらに下の不透水層上を流れるものを被圧地下水というんだ。流れるとはいっても河川のように速くはないんだけどね。

　自由地下水は地表から近いため，取水しやすく，古くから世界中で利用されてきたんだけど，乾燥地域では気候の影響を受け，水量が乏しいことが多いんだ。

　次は被圧地下水の話をしよう。オーストラリアのグレートアーテジアン（大鑽井）盆地での利用が有名だよ。ここの地下水は人間が飲んだり，灌漑に使ったりするには塩分濃度が高いので，人間や作物より塩分の許容限界が大きい羊や牛の飲み水として使われることになり，大規模な牧畜が行われているんだ。一般的に被圧地下水は水量が豊富で，灌漑などの農業用水や工業用水として利用されているんだけど，岩盤を掘り抜いて井戸（これを掘り抜き井戸，または鑽井と呼ぶんだ）をつくらなければならないので，技術や資本が必要になってくるんだね。

　また，不透水層上に局地的にある地下水のことを宙水と呼び，水が得にくい台地上の集落にとって貴重な水資源になっていたんだ。

　図3を見て，地下水についてしっかり学習しておこう！

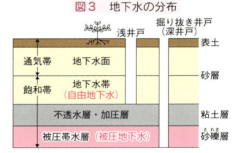

図3　地下水の分布

地下水は豊富にあるから農業や工業でたくさん使われているんだね。地下水を大量に汲み上げても問題はないのかなぁ？

　そうだね，地下水の枯渇以外にも大きな問題が生じているところがあるなぁ。特に三角州などの地盤の軟弱な沖積平野や埋め立て地では，過剰揚水による地盤沈下が問題となっているよ。また，地盤沈下だけでなく，海水が地下水に混入してきて，地下水が塩水化し，農地などに塩害をもたらすこともあるか

ら，利用には十分な注意が必要だね！

次は**地表水**だ。まずは**河川**についての話をしよう。**河川水**は，生活用水や農業・工業用水として利用されるだけではなく，**水運**にも利用されているよ。

河川の流量は安定しているほうが利用しやすいけど，これは**流域の地形や気候に大きく関係**しているんだ。たとえば，**ヨーロッパ**は低地が広がるので，**河川勾配が小さく**，気候的にも**西岸海洋性気候**（Cfb）の地域では**降水が年間を通じて一定**だから，**内陸水路**が発達しているんだよ。これは重要なポイントだ。

これに対して，**日本の河川は勾配が急で**，**河況係数**（河川のある地点における最大流量と最小流量の比）**も大きい**のが特徴だからね。

図4を見ながら，いくつかの地域について**河川流量の変化**を説明していこう！

①の**メコン川**はインドシナ半島を流れる河川で，流域は**Aw**が広がり，**夏のモンスーンによる多量の降水**の影響で，7〜9月の流量が増加しているのがわかるね。②の**レナ川**は**シベリア**

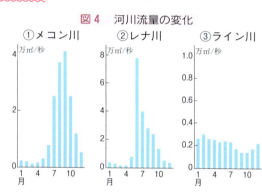

図4　河川流量の変化
①メコン川　②レナ川　③ライン川

東部を**北極海**に向かって流れる河川で，流域には**Dw**が広がっているんだ。6月に流量のピークを迎えるけど，これは**初夏の融雪**による流量の増加だね。頻出だから要注意！　③の**ライン川**はアルプス山脈から北海に向かって流れる河川だ。流域の大部分が**Cfb**で，**年中平均した降水があるため**，**流量変化も少ない**ことが読み取れるよ。

次は，**湖**についての話だ。

湖沼水は河川と同じように用水としても利用されてるけど，それ以外にも**沿岸の気候をやわらげたり**（高緯度にある**五大湖**やシベリアの**バイカル湖**の沿岸に都市が発達しているのなんかはその例だね），**洪水の調節**（**遊水池**），**水産業**，**観光**などに役立ったりしているんだ。

湖は，次のページの**表1**のように**さまざまな原因で形成**されていて，たとえば**氷河の侵食**による凹地や**地溝**に水がたまったもの，**火山活動**によるものなどいろんな湖があるから注意しよう。

大　地　形
小　地　形
地　形　図
気候要素と気候因子
気候区分と植生・土壌
陸水と海洋
農　　業
林業・水産業
エネルギー・鉱産資源
工　　業
地域開発と環境問題
人　　口
村落と都市
商業・観光業
交通・通信
貿易と資本の移動
国家・民族

また，日本のように湿潤気候の湖は淡水だけど，砂漠などの**乾燥地域の湖**は，塩分濃度が高い**塩湖**になっている場合もあるよ（イスラエルとヨルダンの間にある**死海**は，海水よりも塩分濃度が高い！）。また**チベットやアンデスのようにプレートの衝突によって海水が持ち上げられて塩湖になる場合もある**からね。

表1　湖の成因別分類

	成因	例
氷河湖	氷河の侵食作用による凹地に湛水，または堆積作用によるせき止めで形成	五大湖，北欧やカナダの湖
地溝湖（断層湖）	地溝や断層運動によってできた凹地に形成	東アフリカのリフトヴァレー沿いの湖（タンガニーカ湖，マラウイ湖など），バイカル湖，琵琶湖（滋賀），諏訪湖（長野）
カルデラ湖	火山活動によって生じたカルデラ内に形成	洞爺湖，支笏湖（以上，北海道），十和田湖（青森〜秋田），田沢湖（秋田）
海跡湖	かつて海洋であったところが地殻変動などにより閉ざされて形成	カスピ海，アラル海，霞ヶ浦（茨城）

世界にはたくさんの湖があるけど，**五大湖**のように生活用水や農業・工業用水の流入によって，汚染が進んだり，**富栄養化**［➡ p.202］しているところもあるんだ。先進国ではかなり改善されてるけどね。

河川水や湖沼水など陸水の話はわかってくれたかな？　じゃあ，最後に海洋の説明をしよう。

海洋は，**太平洋**，**大西洋**，**インド洋**の**三大洋**とヨーロッパ地中海や日本海などの**付属海**に大別できるよ。海洋には**潮流**や**海流**という海水の移動があることは知ってるよね？

潮流は太陽や月の引力によって生じる海面の昇降運動だよ。**海流**は，ほぼ一定方向に移動する海水の流れで，低緯度の熱を高緯度に運んで熱交換をしているんだね。

世界地図を見るとたくさんの海流があるみたいだけど，海流ってどうして流れるんだろう？

いろんな原因が考えられるけど，ここでは**恒常風**との関係に注目したいな［➡ p.90 図6］。

図5　世界の海流

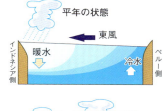

凡例：
—→ 暖流
—→ 寒流

北大西洋海流
メキシコ湾流
赤道
ブラジル海流
ベンゲラ海流
ペルー海流
親潮
黒潮
北赤道海流
赤道反流
南赤道海流
ペルー海流

大地形
小地形
地形図
気候要素と気候因子
気候区分と植生・土壌
陸水と海洋
農業
林業・水産業
エネルギー・鉱産資源
工業
地域開発と環境問題
人口
村落と都市
商業・観光業
交通・通信
貿易と資本の移動
国家・民族

貿易風（ぼうえきふう）や偏西風（へんせいふう）が吹くと，海との間で摩擦（まさつ）が生じるよね。これが表層の海水を動かす原動力となっているんだ。**図5**を見てみよう！（地表付近の卓越風（たくえつふう）の影響を強く受けて流れる海流を**吹送（すいそう）流**と呼んでいるよ）

主な**海流**は，**北半球では時計回り，南半球では反時計回り**になってるだろ？

ヨーロッパを見てごらん！　**北大西洋海流**は明らかに**偏西風（へんせいふう）**に引っ張られて，高緯度（たいせいよう）まで流れてるのがわかるよね？

もう一つ，いっしょに考えてみよう！
暖流（だんりゅう）と**寒流（かんりゅう）**に，なんだか規則的なものを感じないかなぁ？

そう，**低緯度（いど）から高緯度に向かうものが暖流**で，**高緯度から低緯度に向かうものが寒流**なんだ。

これがわかっていると，気候や人間の生活にどんな影響を与えているかを地理的に考えることができるよね。

最近，よく話題になる**エルニーニョ現象**と**ラニーニャ現象**についても，**図6**，**図7**と［➡ p.124 ］でしっかりと学習しておこう！

図6　赤道付近の東西断面でみたエルニーニョ現象とラニーニャ現象

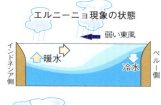

平年の状態
東風
暖水
冷水
インドネシア側
ペルー側

エルニーニョ現象の状態
弱い東風
暖水
冷水
インドネシア側
ペルー側

ラニーニャ現象の状態
強い東風
暖水
冷水
インドネシア側
ペルー側

［日本の気候Ⅰ（2002）ほか］

図7　エルニーニョ現象時の海面水温と平均海面水温との差

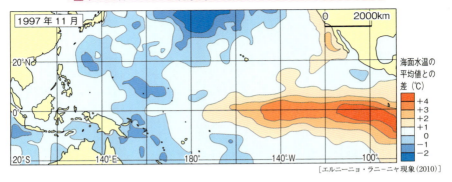

[エルニーニョ・ラニーニャ現象(2010)]

☞ **自由地下水と被圧地下水**　**自由地下水**は，浅い不透水層上にある地下水で，ほぼ大気と同じ圧力しか受けていないが，**被圧地下水**は上下を不透水層にはさまれ，大気より大きな圧力を受けている地下水で，**自噴**することもある。

☞ **地中海と沿海**　海洋は大洋と付属海に大別され，付属海は地中海と沿（縁）海からなる。**地中海とは大陸に囲まれた海のこと**で，**北極海**，**ヨーロッパ地中海**，アメリカ地中海（メキシコ湾，カリブ海）などが代表的な地中海である。**沿海は半島や島によって限られた海**で，日本海，オホーツク海，北海などのように大陸に沿って分布している。

☞ **エルニーニョ現象**　エルニーニョ現象とは，平年に比べ**東太平洋の赤道付近で海面温度が高くなる**現象のことで，**貿易風が弱まる**ことによって生じる。20世紀の末には大規模なエルニーニョ現象が起こり，砂漠が広がるペルー沿岸やチリ北部（アタカマ砂漠）での**集中豪雨**や**洪水**，インドネシアの**干ばつ**や**森林火災**，日本の**暖冬**や梅雨末期の集中豪雨，カリフォルニアでの冬季の降水量増加など世界中の**異常気象**の原因ではないかと考えられている。一方，**ラニーニャ現象**は，エルニーニョ現象の反対で，貿易風が強まることにより東太平洋の**海水温が平年より低下する**状態を指す。ラニーニャ現象が発生すると，日本では猛暑になったり，東南アジアではより多雨になったりする。

ポイント 陸水と海洋

❶ **地下水**には，地表に近いところにある**自由地下水**とその下の不透水層上にある**被圧地下水**がある。

❷ **河川**の流量は，**流域**の**地形**や**気候**とのかかわりが大きい。

❸ **海流**は，**恒常風**との関係が深く，**北半球では時計**回り，**南半球では反時計**回りに流れる。

大地形
小地形
地形図
気候要素と気候因子
気候区分と植生・土壌
陸水と海洋
農業
林業・水産業
エネルギー・鉱産資源
工業
地域開発と環境問題
人口
村落と都市
商業・観光業
交通・通信
貿易と資本の移動
国家・民族

チェック問題

やや難 4分

1 次の表は，いくつかの国における１人当たり水資源賦存量*と，国外水資源賦存量**の割合を示したものであり，①〜④はエジプト，中国，チリ，バングラデシュのいずれかである。エジプトに該当するものを，表中の①〜④のうちから一つ選べ。

*理論上，人間が最大限利用可能な水の量を指す。国内水資源賦存量と国外水資源賦存量の合計。

**隣接国から流入する河川水・地下水および国境をなす河川水の量。

	①	②	③	④
１人当たり水資源賦存量(m³)	722	2,017	7,932	52,849
国外水資源賦存量の割合(%)	97	1	91	4

統計年次は2008年〜2012年のいずれか。　AQUASTAT により作成。

2 湖沼は，様々な自然要因によって形成される。次ページの表１は，いくつかの湖の特徴を示したものであり，表１中の**ア〜ウ**は図１中の死海，パトス湖，レマン湖のいずれかである。湖名と**ア〜ウ**との正しい組合せを，次の①〜⑥のうちから一つ選べ。

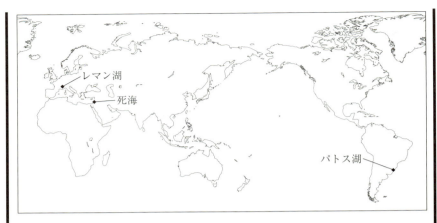

図1

	湖面標高（m）	最大水深（m）	主な成因
ア	372	310	氷食谷を流れる河川が堰き止められた。
イ	1	5	入江が砂州によって閉じられた。
ウ	−400	426	地殻変動によって地溝帯が形成された。

『理科年表』などにより作成。

	①	②	③	④	⑤	⑥
死海	ア	ア	イ	イ	ウ	ウ
パトス湖	イ	ウ	ア	ウ	ア	イ
レマン湖	ウ	イ	ウ	ア	イ	ア

表1

解答・解説 **1** **①** **1人当たり水資源賦存量**という指標は，耳慣れない
ためやや難しく感じるだろうが，（注）にあるように「**人間が最大限利用可能な
水の量**」とあり，表中の**単位**（m³）から，**年降水量 × 国土面積 ÷ 人口**によっ
て算出されることが読み取れる。**エジプト**は，国土のほぼ全域が**BW**で，極め
て降水量が少なく，人口規模も**約1億人**と多いことから，1人当たり水資源賦
存量は少なくなるはずである。これに対し，**チリ**は**南部での降水量が極めて多
く**（**偏西風**の風上に当たり，世界的な多雨地域），しかも人口が1,895万人と表
中の4か国で最も少ないことから，1人当たり水資源賦存量はかなり大きくな

ると考えられる。したがって，①が**エジプト**，④が**チリ**である。さらに表中の**国外水資源賦存量の割合**とは，（注）から**自国内で利用する水のうち，国外から流入する河川水や地下水の量**と考えて良い。したがって，赤道直下から流出する**外来河川のナイル川**による取水量が多いエジプトでは，国外水資源賦存量の割合が97%と利用可能な水資源量の大半を占めていることを読み取ることができる。残る②と③が中国かバングラデシュである。**中国**は，**東部が湿潤気候**だが，**西部は乾燥気候**が広がっている。一方，**バングラデシュ**は大半が**Aw**で，夏季の南西モンスーンと**熱帯低気圧のサイクロン**の影響を受けるため，年降水量が多い。しかし，国土面積と人口は圧倒的に中国が大きいため，②か③かの判定はやや難しい。中国は，**長江，黄河**など大半の河川が**国内のチベット・ヒマラヤ山系**を水源としているのに対し，バングラデシュに流入する**ガンジス川**は**国外のチベット・ヒマラヤ山系**を水源とするため，国外水資源賦存量の割合が91%と高い③が**バングラデシュ**，残る②が**中国**である。本問は難問ではないが，正答に至るまでの時間を要するため，時間をかけすぎると，たとえ正解していたとしても以後の解答に影響が出てくるので注意したい。

2 ⑥ アは，スイスとフランスの国境付近に位置する**レマン湖**で，湖面標高が高いことと氷食谷を流れる河川が氷河堆積物などによって堰き止められた**氷河湖**であることから判定できる。イは，ブラジルの大西洋岸に位置する**パトス湖**である。ブラジル南東部のリオグランデドスル州にあるラテンアメリカで2番目に大きい**ラグーン（潟湖）**であるが，地名を覚える必要はない。図中から，海岸沿いに位置することと主な成因の説明から「**砂州によって閉じられた**」と判定できるが，消去法でも良い。ウは，アラビア半島北西部に位置する**死海**で，西岸は**イスラエル**，東岸は**ヨルダン**に接している。スエズ湾〜死海〜紅海は，**グレートリフトヴァレー**（**アフリカ大地溝帯**）の延長上に当たり，プレートの「**広がる境界**」付近に位置する。湖面標高は表にあるように，−400m以上と**世界の陸地で最も低い**ところだといわれている。また，塩分濃度が極めて高い**塩湖**としても知られている。

「水」について理解は深まったかな？
次は「水」ととてもかかわりが強い
「農業」がテーマだよ！

系統地理

大地形

小地形

地形図

気候要素と
気候因子

気候区分と
植生・土壌

陸水と海洋

農業

林業・
水産業

エネルギー・
鉱産資源

工業

地域開発と
環境問題

人口

村落と都市

商業・
観光業

交通・通信

貿易と
資本の移動

国家・民族

8 農　業

この項目のテーマ

1 農耕文化と農業の成立条件
農業が成立するための自然的条件と社会的条件を理解しよう！

2 農業地域区分
自然環境を考えれば，農業地域区分は簡単だ！

3 農作物
原産地，栽培条件，主産地に気をつけよう！

1 農耕文化と農業の成立条件

　人間は古くから狩猟・採集によって食料を手に入れてきたことは知ってるよね？　でも農耕を始めたのは最終氷期後の約1万年前からなんだ。東南アジアではタロイモやヤムイモなどの根菜類を栽培する根栽農耕文化が，西アフリカでは夏作の雑穀を栽培するサバナ農耕文化が，西アジアから地中海沿岸では冬作の小麦や大麦を栽培する地中海農耕文化が，中南アメリカではトウモロコシやじゃがいもを栽培する新大陸農耕文化が生まれ，世界各地に伝播していったんだよ。

　そうかぁ，世界中で栽培されている多くの農作物も，長い時間をかけて，さまざまな経路をたどって伝わっていったんだね。
ところで，農業は他の産業以上に自然とのかかわりが深いよね。どんな自然的条件に左右されるのかなぁ？

　農作物の栽培が可能かどうかを決定するのが自然的条件で，中でも特に気温は重要だね。
　農業を行うには最暖月平均気温が10℃以上は必要なんだ。ケッペンの気候区分でいくと，寒帯（E）では農業はできないということになるね。あとはそれぞれ農作物によって高温を好むもの（カカオ豆，天然ゴムなど）もあれば，低温に強いもの（てんさい，じゃがいもなど）もあるから，農作物の栽培条件には注意しようね！

さらに降水量も重要になってくるよ。一般に，**年降水量250mm 未満では農牧業を営むのは難しくなる**よなぁ。だって250mm 未満ということは，植生がみられない砂漠気候（BW）だものね。**年降水量250〜500mm はステップ気候**（BS）で，短草草原（ステップ）が生育しているということは，家畜の牧草があるということになるので，牧畜が行われるようになるね。**年降水量500mm 以上**の地域では畑作が可能になり，**年降水量1,000mm 以上**になると水田稲作ができるようになるんだ。気温，降水量ともに注意しよう！

ということは，**ステップ気候（BS）や砂漠気候（BW）**地域では，農作物の栽培はできないと考えていいの？

うーん，確かに降水だけに依存するのは難しいよね。でもある方法を使えば，農業は可能になるよ。それは灌漑だよ！　灌漑とは河川水，地下水などを人工的に給水して農地をうるおすことで，**乾燥地域では灌漑を行わないと農業はできない**んだ。たとえば**エジプト**などは国土の大部分が年降水量100mm 未満のBW なんだけど，米や小麦，綿花の栽培が可能なのは，**外来河川のナイル川**の水を灌漑用水として利用しているからだね。

また，乾燥地域では**灌漑用水の蒸発を防ぐため**，**図1**のような自由地下水を利用した**地下水路**が古くから建設されてきたんだ。**イラン**では**カナート**，北アフリカでは**フォガラ**，アフガニスタンやパキスタンではカレーズ，中国ではカンアルチンと呼ばれているんだ。

図1　地下水路

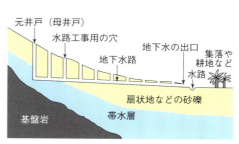

気温と降水量は農業にとって最も重要な要素だけど，地形や土壌も忘れてはいけないよ。地形的には平坦なところが適しているけど，島国のように平地が少ない場合には棚田や段々畑のような階段耕作をしないとしかたがないよね。また，⑥の❸［➡ p.113］でやったように，肥沃な土壌は生産力が高いけど，やせた土壌では生産力が低いから，多くの肥料を施すことが必要となってくるんだ。必ず土壌を復習しておこう！

表1　自然的条件のまとめ

気　温	最暖月平均気温10℃以上は必要。
降水量	牧畜は年降水量250mm 以上，畑作は500mm 以上，水田稲作は1,000mm 以上が必要。250mm 未満では農業は困難。
地　形	平地を好むが，傾斜地では階段耕作を実施。
土　壌	腐植に富むチェルノーゼム，プレーリー土などは農耕に適するが，生産力が低いラトソルやポドゾルは適さない。

農業にとって**自然的条件**はすごく重要なんだねぇ！
でも，経済の発展段階など社会的条件も関係あるんだよね？

　そのとおり！　社会的条件も重要だよ。工業や商業が発展し，大きな**市場**ができると，その市場に出荷するための農業が成立するようになるからね。また**交通網**が整備され，大量にそして迅速に輸送できるようになると，市場から離れていても農業の発達が可能になるしね。
　冷蔵・冷凍設備の発達も大きかったんだ。特に**19世紀後半の冷凍船の就航**が**新大陸での牧畜を飛躍的に発展**させたという話はかなり有名だよ。だってそれまでは，**オーストラリアやアルゼンチン**など南半球の国からヨーロッパへ，羊毛や牛皮，干し肉は輸送できても生肉はできなかったんだ（赤道付近を通過する際に腐ってしまうからだよ）。
　また，**資本**や**技術**があれば，**灌漑設備**の建設も可能になるし，**品種改良**，**肥料生産**，**農業機械**の開発もできるようになるよね。

表2　社会的条件のまとめ

市場・交通	市場や交通の発達
資本・技術	灌漑設備，土壌改良，品種改良，肥料・農薬・農業機械の開発，輸送技術（冷蔵・冷凍）
経営・土地制度	自作農と小作農，大土地所有制，土地改革

自然的条件と**社会的条件**の違いによって，さまざまな農業が発達しているんだね。農業で「**生産性**」という語句が使われてるんだけど，これはどういう意味なの？

　「土地生産性」とか「労働生産性」ってやつだろ？　農業の生産性とは，どれだけ効率よく農産物の生産ができるのかということなんだ［➡ p.131 表3］。

つまり，簡単に説明すると，**土地生産性は1 ha 当たりの収穫量**の大小を，**労働生産性は農業従事者1人当たりの収穫量**の大小を意味しているんだね。土地生産性が高いということは，狭い土地でたくさんの農作物が収穫できるということ，労働生産性が高いということは，少ない人数でたくさんの農作物が収穫できるって考えたらいいよ。

やっと**生産性**の意味がわかったよー！
じゃあ，どんなところが**生産性の高い地域**なのかな？

　一般に**生産性は先進地域で高く，発展途上地域で低い**傾向にあるね。土地生産性を高めるためには，多くの労働力を投下したり，灌漑設備を建設したり，化学肥料や農薬を使用したり，農業機械や品種改良による高収量品種の導入をする必要があるんだ。つまり**多くの労働力や資本を投下できる地域では，土地生産性が高い**ということになるよ。

　たとえば**日本，韓国，中国**など**東アジア諸国**は人口のわりに農地が狭いため，多くの労働力や資本を投下したから，**土地生産性が高い**んだ。

　だけど，新大陸の**アメリカ合衆国**や**オーストラリア**では農地が広大なため，**大型機械**を使用して**大規模な農業経営**を行っているんだ。ということは，資本の投下が大きく，労働力をあまり必要としないため，**労働生産性が高く**なるんだよ。

図2 生産額でみる農業の特徴

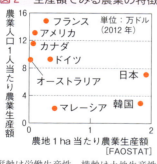

縦軸は労働生産性，横軸は土地生産性を示す。

図3 地域別の農業人口の割合

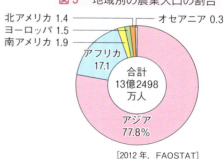

[2012年，FAOSTAT]

表3 土地生産性と労働生産性

生産性	解　説	要　因	生産性が高い地域
土地生産性	単位面積（1 ha）当たりの収穫（生産）量	農地に対する労働力・資本の投下量大	東アジア・ヨーロッパ
労働生産性	労働者1人または1時間当たりの収穫（生産）量	大規模機械化	アメリカ・カナダ・オーストラリア・ヨーロッパ

系統地理

大地形
小地形
地形図
気候要素と気候因子
気候区分と植生・土壌
陸水と海洋
農業
林業・水産業
エネルギー・鉱産資源
工業
地域開発と環境問題
人口
村落と都市
商業・観光業
交通・通信
貿易と資本の移動
国家・民族

👆 **灌漑**　作物栽培を行うために雨水の利用以外の方法によって**農地に水を供給**することること。**河川水，地下水，ため池**などの水を利用し，水路を用いて水源から離れた農地に灌漑用水を導くこともある。**水田稲作**がさかんな**アジアは灌漑率が高い。**また**乾燥地域では灌漑を行わないと作物栽培が困難**である。

👆 **栽培限界**　作物栽培が可能な範囲の限界で，**寒冷限界，乾燥限界，高距限界**などがあるが，品種改良や栽培技術の進歩により栽培限界も変化する。

ポイント ▶ 農耕文化と農業の成立条件

❶ 農業の成立には，**気温，降水量，地形，土壌**などの**自然的条件**と市場，交通，資本，技術などの**社会的条件**が重要になる。

❷ **東アジア諸国（モンスーンアジア）**では，農地に多くの労働力を投下するため，**土地生産性**が高い。

❸ **アメリカ合衆国やカナダ**など新大陸諸国では，農地に多くの資本（大型農業機械，高収量品種，化学肥料など）を投下するため，**労働生産性**が高い。

---

❷ 農業地域区分

　世界の諸地域ではさまざまな形態の農業が発達しているんだ。このことを理解するために，**自給的農業**，**商業的農業**，**企業的農業**，そして社会主義国で行われていた**集団制農業**に区分して考えていこう！

　では，まず**自給的農業**から始めようね。**農家が自家消費**をするために古くから行われてきたタイプの農業で，商工業が十分に発達していない**発展途上地域**で行われている場合が多いよ。

　最初は，遊牧（ゆうぼく）の説明から入ろう。

　遊牧は，最も伝統的なタイプの**牧畜**（ぼくちく）だね。砂漠（さばく）周辺の降水量が少ない**ステップ気候地域**や寒冷（かんれい）な**ツンドラ気候地域**では，**飼料など農作物の栽培（さいばい）が難しい**ため，**自然の牧草（ぼくそう）や水を求めて家畜（かちく）とともに移動**しながら**テント式**など移動式の住居生活を営（いとな）んでいるんだ。特にユーラシア大陸では現在でもかなりの遊牧民がいるよ。かれらは，**羊**（ひつじ），**山羊**（やぎ）を中心に，**ラクダ**（**中央・西アジア～北アフリカ**），**馬**（**モンゴル**），**ヤク**（**チベット～ヒマラヤ**）など地域の特性に合った家畜を飼育しているんだね。でも，最近は国境を越えた移動が難しくなったこともあって**定住化が進んでいる**よ。

　次は，**オアシス農業**にいこう！

　降水量が少ない砂漠では，草も生えず遊牧でさえ困難になるよね。このような**砂漠**地域でも，**外来河川（がいらいかせん）の沿岸（えんがん）や山麓（さんろく）の湧水地（ゆうすいち）**など局地的に水が得られる**オアシス**では，**灌漑（かんがい）**によりオアシス農業が営まれているんだ。**小麦**，大麦，**なつめやし**，**綿花**（めんか），ブドウなどが栽培されているよ。灌漑用水路は，蒸発（じょうはつ）を防ぐため，古くから**地下水路**も建設されてきたんだね［➡ p.129 図1］。

　乾燥地域で灌漑をやりすぎると塩害（えんがい）が生じるって聞いたことがあるんだけど，塩害ってなんなの？

　乾燥地域で**過剰（かじょう）な灌漑**を行うと，確かに**塩害（土壌の塩類化）**が生じやすい。乾燥地域の土壌（どじょう）には塩分（えんぶん）が多く含まれているんだ。灌漑用水の散布によって，土壌中の塩分が溶（と）け出し，蒸発する際に**塩分が表層に集められて**，水分だけが蒸発してしまうんだよ［➡ p.134 図4］。そうすると表層の土壌が**塩性土壌**（えんせい）になってしまい**農耕が不可能**になってしまう塩害が生じてしまうんだ。

　塩害を防ぐためには塩分を流し出すための排水路（はいすいろ）などを建設しなければなら

ず，資金や手間がかかるためなかなか進んでいないんだ。

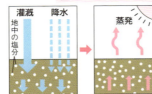

図4　土壌塩類化のしくみ

次は，熱帯地域で行われている焼畑農業について説明しよう。

熱帯の発展途上地域では，森林や草原を焼き払い，そこで得られる**草木灰を肥料**として耕作を行う<u>焼畑農業</u>が行われているんだ。Af では**キャッサバ**，**ヤムイモ**，**タロイモ**，**バナナ**などを，Aw では**モロコシ**などの**雑穀**を栽培するんだけど，すぐに地力が衰えてしまうため（もともと熱帯は<u>ラトソル</u>のようにやせた土壌が多いからね），**移動して新たな土地で焼畑を行う**んだね。交通路の発達などによって徐々に定住化も進んでいるよ。

そんなに森林や草原を焼いてしまって，**環境破壊**につながらないの？　心配だなぁ。

以前は，焼畑人口もそれほど多くなかったから，森林や草原が再生するまで待って焼畑が行われていたんだ。ところが，近年は<u>人口の急増によって焼畑面積が拡大</u>したり，周辺地域の開発によって森林が減少してしまったため，<u>焼畑の周期を短縮</u>したりと，<u>自然の回復力の限界を超えた耕作</u>が行われ始めたんだ。このことは環境破壊につながるため，各国は定着農業への転換を徐々に進めているんだけどね。伝統的な焼畑は環境に優しいんだけど，過度な開発は地球を痛めつけてしまうんだ。

続いて，<u>アジアの伝統的農業</u>の話をしようね。

アジアは気温，降水量，土壌などの自然条件に恵まれていたため，古くから農業が発達していたんだ。その結果，多くの人を養えるようになり人口も増えたため，多くの労働力を投下する<u>労働集約的農業</u>が発達していったんだね。

特に，<u>モンスーン</u>（季節風）の影響を受け，夏の降水に恵まれる<u>東アジア</u>，<u>東南アジア</u>，<u>南アジア</u>では大河川の**沖積平野**を中心に稲作農業が行われているよ（<u>集約的稲作農業</u>と呼ばれ，**年降水量1,000mm 以上**の地域を中心に分布）。中国の**長江**流域，ベトナムの**メコン川**流域，タイの**チャオプラヤ川**流域，インドやバングラデシュの**ガンジス川**流域なんかが代表的な稲作地域だね。

これに対し，中国の**東北・華北**やインドの内陸の**デカン高原**など，やや降水量が少なかったり，水はけのよい台地などでは，**小麦**，**トウモロコシ**，**綿花**な

どの畑作地帯が広がっているんだ（**集約的畑作農業**と呼ばれ，**年降水量1,000mm未満**の地域に分布）。ただ集約的畑作農業は，集約的稲作農業地域に比べると干ばつの被害も受けやすく，収穫も不安定で生産性が低かったんだ。だから現在は灌漑の整備を進めているよ。

> アジアの農業経営って規模があんまり大きくないんだよね？

農地面積のわりに農業人口が多いからね。表4を見てごらん！

アジアの国々ってびっくりするくらい**経営規模が小さい**だろ？　つまり狭い農地にたくさんの人が働いているということなんだ。だからアメリカ合衆国やヨーロッパ諸国に比べ，1人当たりの収穫量である**労働生産性が低い**んだね。

ただし，同じアジアでも**日本**，**韓国**，**中国**など**東アジア諸国**では，**灌漑設備**が整備されていたり，多くの**肥料**が使用されるなど農地への資本も投下されているから，**土地生産性が非常に高い**んだよ。

表4　世界の農業経営規模

国・地域	農業従事者1人当たりの農地面積（ha）
インド	0.8
韓　国	1.3
インドネシア	1.5
日　本	2.0
中　国	2.5
アジア平均	2.6
アフリカ平均	5.2
オランダ	9.4
イタリア	14.8
フランス	36.8
イギリス	48.0
ヨーロッパ平均	23.3
アメリカ合衆国	181.9
オーストラリア	1178.6

※統計年次は2016年

図5　自給的農業の分布

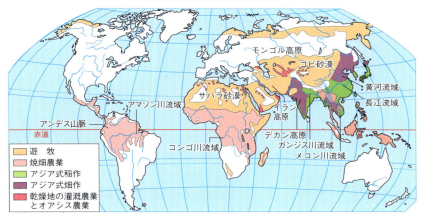

凡例：
- 遊　牧
- 焼畑農業
- アジア式稲作
- アジア式畑作
- 乾燥地の灌漑農業とオアシス農業

大地形
小地形
地形図
気候要素と気候因子
気候区分と植生・土壌
陸水と海洋
農業
林業・水産業
エネルギー・鉱産資源
工業
地域開発と環境問題
人口
村落と都市
商業・観光業
交通・通信
貿易と資本の移動
国家・民族

表5　自給的農業のまとめ

農業形態	特色	分布
遊　牧	自然の牧草や水を求めて，家畜とともに移動する。	アジア，アフリカの乾燥地域（BS〜BW），北極海沿岸地域（ET）
オアシス農業	砂漠中のオアシスで，灌漑によって小麦，なつめやしなどの農作物を栽培する。	アジア，アフリカの乾燥地域（BW）
焼畑農業	森林や草原を焼き，草木灰を肥料にイモ類や雑穀を栽培する。	アジア，アフリカ，南米，オセアニアの熱帯地域（Af〜Aw）
アジアの伝統的農業	年降水量1,000mm以上では集約的稲作，1,000mm 未満では集約的畑作を行う。労働集約的な農業。	モンスーン気候下のアジア（東アジア，東南アジア，南アジア）

ここからは，商業的農業の説明に入るよ！

ヨーロッパでは，商工業の発展とともに都市が発達するようになると，農家から都市へ農産物を販売することを目的とした商業的農業が発達していったんだ。農家はそれぞれの地域に適した農作物を栽培するようになり，農業地域が分化していくことになったんだ。

ヨーロッパの農業は混合農業から発展していったんだよね？　言葉は知ってるんだけど，いまひとつよくわかんない……。混合農業っていったいどんな農業なのかなあ？

混合農業は中世ヨーロッパの三圃式農業［➡ p.142 🏔］から発展したもので，小麦やライ麦などの食用穀物とえん麦，大麦，かぶ，てんさい，牧草（クローバー）などの飼料作物を輪作し，牛や豚などの家畜を飼育する農業だ。

重要なポイントは，ヨーロッパでは古くから輪作と休閑が必要だったということだ。フランスやドイツなど北西ヨーロッパは，温暖湿潤（Cfa）に比べて気温がやや低いが，偏西風のために過ごしやすい気温で，降水量も少ないので，小麦などの穀物栽培には適した西岸海洋性気候（Cfb）なんだけど，小麦栽培などの畑作は地力を低下させるので，輪作をすることによって地力の低下を防ぎ，休閑によって地力を回復させる必要があったんだ（温暖湿潤気候で，夏は暑く，降水量の多い，主に東南アジアなどの水田稲作では連作も可能だったのに比べると，条件が厳しいよね）。

そしてもっとたくさんの収穫を得るために，家畜を飼育し，その排泄物を肥料として利用したんだ。さらに家畜からは肉や乳製品が得られるので一石二鳥だよ。当初は，穀物栽培を主とする自給的混合農業だったけど，現在は家畜飼育に重点が移り，市場への商品供給主体の商業的混合農業が一般的にな

っていることに注意が必要だね。それから最近の傾向として，牛や豚などの**家畜飼育に専門化**する農家やトウモロコシ・大豆などの**飼料栽培に専門化**する農家が増加しているよ。

　混合農業から分化した農業の一つに酪農（らくのう）があるよ。酪農は**飼料作物**を栽培しながら，**乳牛**（にゅうぎゅう）を飼育（しいく）し，生乳やバター・チーズなどの**乳製品**（にゅうせいひん）を出荷する農業だよ。やや**冷涼な気候**（れいりょう）で，**やせた土壌**（どじょう）が広がる地域（たとえば，**かつて大陸氷河**（ひょうが）（おお）**に覆われていた北海～バルト海沿岸**（ほっかい）**や五大湖沿岸**（ごだいこ），アルプスの山岳地帯など）に多いよ。ヨーロッパでもやや高緯度（えんがん）に位置する**デンマーク**や**オランダ**で酪農が発達しているのもこういう背景があるからだとわかるよね？　また，生乳はどうしても腐りやすいから，消費量が多い**大都市周辺**にも立地しているんだ。

　園芸農業（えんげい）も酪農と同じように混合農業から発展していったんだ。**野菜，果樹，花卉**（かき）を都市へ出荷するために成立したんだよ。**新鮮**（しんせん）な作物を供給するために，都市近郊（きんこう）で発達することが多いんだけど，都市近郊は地価が高いだろ？　だから狭い耕地（せま）に多くの資本を投下し，高い技術を駆使して，多くの利益を得ようとする**集約的農業**なんだ。

　現在は，**輸送機関**も発達しているので，都市から離れていても，気候や土壌（じょう）（ど）の特性を活かした栽培（**促成栽培，抑制栽培**），大規模な経営も可能になっているよ。都市近郊に立地する**近郊農業**に対して，これを**輸送園芸**（トラックファーミング）と呼んでいるんだ。**園芸農業は比較的新しい農業なので，家畜との結びつきがない**のも特徴だよね。

図6　商業的農業の分布

アメリカ北部太平洋岸
セントラルヴァレー
カリフォルニア南部
ミシシッピ川下流部
アルプス山麓
五大湖周辺
アメリカ合衆国中部
アメリカ合衆国東部
フロリダ半島
ヨーロッパ北部
地中海沿岸
赤道
チリ中部
パンパ
南アフリカ共和国
ニュージーランド

地中海式農業
混合農業
酪農
園芸農業

大地形

小地形

地形図

気候要素と
気候因子

気候区分と
植生・土壌

陸水と海洋

農業

林業・
水産業

エネルギー・
鉱産資源

工業

地域開発と
環境問題

人口

村落と都市

商業・
観光業

交通・通信

貿易と
資本の移動

国家・民族

図7　ヨーロッパの農業の発達

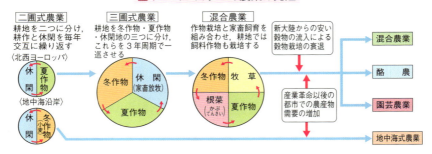

表6　商業的農業のまとめ

農業形態	特　色	分　布
混合農業	小麦などの食用穀物と飼料作物を輪作しながら，牛，豚を飼育。	フランス，ドイツなど北西ヨーロッパ，アメリカ合衆国のコーンベルト，アルゼンチンのパンパ
酪　農	乳牛を飼育し，乳製品を出荷。	やや冷涼なやせ地（氷食）。北海・バルト海沿岸，五大湖沿岸，アルプス地方
園芸農業	野菜，果実，花卉を出荷。近郊農業と輸送園芸	大都市近郊（アメリカンメガロポリス），オランダ
地中海式農業	耐乾性樹木作物栽培（オリーブなど），冬季には小麦栽培。羊・山羊を飼育。	地中海沿岸，アメリカ合衆国カリフォルニアなどCs地域

ヨーロッパにもいろんな農業形態があるんだねえ。でも地中海沿岸での農業ってまだやってないよね？

　地中海沿岸は，今まで説明してきたヨーロッパの農業地域（大部分がCfb）と違って，**夏に高温乾燥となる地中海性気候（Cs）**の分布地域だ。つまり夏に農業がやりにくい地域だよね。そこで，**冬の温暖湿潤な気候**を利用して，小麦を栽培し，家畜は乾燥に強い羊や山羊の飼育が行われてきたんだよ。夏には，穀物栽培が難しい（北西ヨーロッパ地域に比べるとかなり不利だよね）ので，**夏の高温と乾燥に耐えうるオリーブやコルクがし，オレンジ類などの樹木作物を栽培**し，市場に出荷するようになったんだ。これが地中海式農業だね。地中海式農業は，**灌漑**が整備されていないと厳しいということを忘れないように！　最近は，**野菜**の栽培や牛，豚などの飼育も増えてるし，収益性が高い農業も行われてるよ。

地中海沿岸やアルプス地方では，移牧っていう家畜飼育の形態が あるみたいなんだけど，どんなものなの？

　これは，受験生からの質問がとっても多い用語だね。特に移牧と遊牧を混同する人が多いみたいだから，きっちりと理解しよう！

　遊牧は，ゲル（モンゴル），パオ（中国）などと呼ばれるテント式の住居を使用し，自然の牧草を求めて移動するんだったよね？　移牧は定住しているんだけど，季節によって牧草の得やすい地域へ垂直的な移動をする場合が多いよ。スイスのアルプス地方の場合には，夏季には谷底の平野などで作物栽培を行い，家畜はアルプと呼ばれる高原の牧場で放牧をしているんだ（自然の草地もあるけど，大部分は古くから農家が家畜に適する牧草を植えてきた）。冬季には低地で舎飼いを行っているんだ。スペイン中央部のメセタの場合には，夏季には乾燥によって牧草が枯れてしまうので，やや海抜が高い高原上で放牧をし（気温が下がれば蒸発量が低下するので，土壌中に水分が残っている），冬季は低地に下ろすという移牧形態の牧畜が行われているんだ。人間が上手に自然環境を利用している例だね。わかってくれたかな？

　ヨーロッパ起源の商業的農業はかなりボリュームもあってハードだったねぇ？　でも，ただ丸暗記するときついことでも，きちんと背景を理解して，いつも地理的な理論や考え方に立てば簡単になるよ！

図8　スイスの移牧

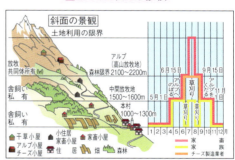

大地形

小地形

地形図

気候要素と
気候因子

気候区分と
植生・土壌

陸水と海洋

農業

林業・
水産業

エネルギー・
鉱産資源

工業

地域開発と
環境問題

人口

村落と都市

商業・
観光業

交通・通信

貿易と
資本の移動

国家・民族

　じゃあ，次は，企業的農業の話をしようね。

　企業的農業は，商業的農業がいっそう発展し大規模になったもので，大きな資本と最新の技術が利用されているよ。もともとはヨーロッパ市場を背景に新大陸で成立したから，輸出指向が強いよね。現在は，世界の農産物の需給に大きな影響力をもっているよ。

　企業的農業のうち，企業的穀物農業は，年降水量500mm前後の黒色土地帯で発達し，小麦などの穀物栽培をコンバインハーベスター（大型収穫機）などの大型機械を用いて，大規模に行っているんだ。映画やテレビに出てくる一

図9　企業的農業の分布

表7　企業的農業のまとめ

農業形態	特　色	分　布
企業的穀物農業	大型の農業機械を用いて小麦の大規模栽培。	年降水量500mm前後の黒色土地帯。アメリカ合衆国〜カナダのプレーリー，アルゼンチンの湿潤パンパ東部，ウクライナ〜ロシアのチェルノーゼム地帯，オーストラリア南東部
企業的牧畜	大規模に肉牛や羊を放牧。	Aw, BS 地域。アメリカ合衆国のグレートプレーンズ，アルゼンチンの乾燥パンパ西部，オーストラリア，ニュージーランド
プランテーション農業	主として欧米など先進国向けに熱帯性作物を栽培。	熱帯・亜熱帯地域の沿岸部が多い。

面の小麦畑の風景，あれだよ。**アメリカ合衆国からカナダにかけてのプレーリー，アルゼンチンのパンパ東部，オーストラリアのマリーダーリング盆地**などで成立したよ。このタイプの農業は**労働生産性がとても高い**から，農作物の**国際競争力が強い**んだ（つまり売られる農作物の価格が安いということだね）。

ただし，**大規模機械化農業**では，収穫後に広い農地が裸地となるため，雨水や風による**土壌侵食**や**土壌流出**が深刻で，**等高線耕作** [➡ p.142 🏞] の利用や防風林の設置などによる防止策も実施されているよ。

アメリカ合衆国の小麦地帯やグレートプレーンズでは，センターピボットと呼ばれる大規模な灌漑（かんがい）が行われてるって聞いたんだけど，ほんと？

そうだね。アメリカ合衆国中西部から西部のやや降水量が少ない地域では，地下水をポンプで汲（く）み上げ，360度回転するパイプから散水する**センターピボット灌漑方式**が行われているところがあるよ。

パイプの長さは半径数百メートルもあるんだからすごいよね。きれいな**円形**の農場ができあがるんだ。最近は灌漑のやり過ぎで**地下水の枯渇（こかつ）**[➡ p.142] や，**塩害**（土壌の塩性化）が問題になってるから注意しておいてね！

同じ新大陸で発達した農業でも**企業的牧畜**は，降水量が少ないなど**企業的穀物農業にはやや向かない**ステップ気候（主として羊）やサバナ気候（主として牛）で発達したんだ。豊富な牧草を利用して，**牛や羊などの家畜を大牧場で大量飼育（しいく）**しているんだよ。ただし，小麦と違って肉類の輸送には冷凍・冷蔵設備が必要だったから，**19世紀後半の冷凍船就航**以降，急速に発展したんだ。アメリカ合衆国の**グレートプレーンズ**，アルゼンチンの**パンパ**西部，オーストラリアの**グレートアーテジアン（大鑽井（だいさんせい））盆地**などで発達しているよ。

企業的農業の最後は，**プランテーション農業**だ。**東南アジア，アフリカ，ラテンアメリカ**などの**熱帯・亜熱帯地域**では，先進国の資本・技術によって**プランテーションと呼ばれる大農園**が開発されてきたんだ。

プランテーションでは，**ヨーロッパ人が資本を投下**し，**現地人や移民の安い労働力を利用**して，主に欧米先進国向けの**熱帯性作物（さいばい）**を栽培したんだよ。

その地域の気候や土壌に適したものだけを栽培する**モノカルチャー**（**単一耕作**）形式で行われてきたことにも注意しておこうね[➡ p.142]。

だから分布地域は，**熱帯でしかも沿岸部（えんがんぶ）や島が多い**だろう？

それは**輸出**に便利なところが選ばれたからなんだ。現在は**多角化**が進むとともに，プランテーションの農地を**国有化したり，現地の農家に分割したりと形態は変化**しているけど，先進国の市場の動向に左右されたり，流通分野に関してもまだまだ先進国の影響力が大きいんだ。

大　地　形

小　地　形

地　形　図

気候要素と
気候因子

気候区分と
植生・土壌

陸水と海洋

農　業

林業・
水産業

エネルギー・
鉱産資源

工　業

地域開発と
環境問題

人　口

村落と都市

商業・
観光業

交通・通信

貿易と
資本の移動

国家・民族

かつてのソ連や中国では農場やその経営が国などの管理下に置かれる集団制農業が行われていたんだよね。集団制農業っていうのは現在でも行われているのかなあ？

集団制農業は，一部の国を除いてはもうほとんど行われていないよ。
ソ連では集団農場のコルホーズや国営農場のソフホーズで，中国では人民公社 [➡ p.142] で行われていたけど，市場での自由な販売ができなかったため，生産意欲が低下し，衰退していったんだ。
中国では，1980年代前半に人民公社が解体し，現在は生産責任制 [➡ p.142 🔺] という戸別請負耕作制に移行しているよ。生産責任制導入後は，農家の生産意欲が増大し，農業生産の伸びも著しいよ（自由に生産し，販売できるから，みんなのやる気が満々になったということだね）。

👉 **三圃式農業**　中世ヨーロッパで行われていた農業で，地力低下を防ぐため，耕地を3分割して輪作をした。それぞれ冬作物栽培，夏作物栽培，休閑地とし，毎年これを交代させた。なお，地中海沿岸地方では，冬作物栽培と休閑地を組み合わせた二圃式農業が行われていた。

👉 **等高線耕作**　土壌侵食を防ぐため，等高線に沿って耕作をする。アメリカ合衆国で発達したが，大型機械の導入が難しいため，等高線耕作を放棄する地域も出ている。日本でも行われている棚田や段々畑などの階段耕作も等高線耕作の一種。

👉 **オガララ帯水層**　氷期に形成されたグレートプレーンズ付近の大規模な地下水層で，現在はほとんど涵養されないため化石水と呼ばれている。水資源量は豊富だが，近年の過剰取水により地下水の枯渇が懸念されている。

👉 **階段耕作**　山地で農業を行う場合，斜面を等高線に沿って階段状に耕作することがあり，これを階段耕作という。日本，インドネシア，フィリピン，中国の南部など山がちな地域では古くから行われており，特に水田の場合には棚田と呼んでいる。機械化が困難なため，日本では高齢化・過疎化が深刻な中山間地域で，耕作放棄地の増加などが問題となっている。

👉 **モノカルチャー（単一耕作）**　ある特定の作物を栽培する農業経営のことで，景気の動向により価格変動を受けやすいため，経営の多角化が図られている。

👉 **人民公社と生産責任制**　中国では1949年の中華人民共和国成立後，かつての地主制度は廃止され，農民は人民公社によって決められた農作業の一部を分担し報酬を得るという，農業の集団化が実施された。しかし，集団化に伴う弊害が生

じたため（個人の収益にならないため増産意欲が減退したり，労働時間内の労働の質を問われないため不公平感が生じたりした），**1980年代**に入ると**人民公社は解体**され，かわって**生産責任制**が**導入**された。生産責任制とは，それぞれの農家が国家から耕地経営を任され，税金や農産物の拠出分を政府へ納めれば，残りは自由に販売ができるという制度である。個人経営を認められた農家の生産意欲は増大し，**中国の農業生産は著しく増加**した。

系統地理

大地形

小地形

地形図

気候要素と
気候因子

気候区分と
植生・土壌

陸水と海洋

農　業

林業・
水産業

エネルギー・
鉱産資源

工　業

地域開発と
環境問題

人　口

村落と都市

商業・
観光業

交通・通信

貿易と
資本の移動

国家・民族

ポイント　農業地域区分

❶　発展途上地域では**自給的農業**が，先進地域では**商業的農業**が行われている。

❷　**アジアの伝統的農業**は**労働集約的**で，特に，東アジアは**土地生産性**が高い。

❸　**北西ヨーロッパ**（**Cfb**）では**三圃式農業**から**混合農業**，**酪農**，**園芸農業**が，**地中海**沿岸（**Cs**）では**二圃式農業**から**地中海式農業**が発展した。

❹　**企業的穀物農業**，**企業的牧畜**，**プランテーション農業**などの**企業的農業**は，ヨーロッパ市場を目的として発達したため，輸出指向が強い。

「農業」って，地形と気候がわかってくると面白いだろう？
面白くなったら，君たちに敵はないよ！

❸ 農 作 物

　世界の諸地域では，自然環境に適した**農作物**が栽培されているんだ。今まで一緒に勉強してきた**地形**や**気候・土壌**などの自然環境を思い出しながら，**農作物の特徴**をとらえていこうね。

　共通テストで特に注意してもらいたいのは，細かい順位や生産量を丸暗記することではなく，**農作物の原産地**（もともと自生していたところ），**栽培条件**（どのような地形，気候，土壌を好むか？），**主産地**（現在，どのような地域で主に栽培されているか？）をしっかり理解し，人々の生活の多様性を認識することだ！　最初に主食として最も重要な**米，小麦，トウモロコシの三大穀物**について説明してみよう。

　まず，**表8**を見てごらん！

　米は，**中国南部からインドにかけてが原産地**で，**夏の高温多雨（年降水量1,000mm以上）を好む作物**なんだ。

　表8の生産上位国を見ると，**中国，インド，インドネシア**などアジアの人口大国が並んでいることに気づくよね。しかもアジア以外の国はブラジル（日系移民の影響）とナイジェリアしか表には載っていないだろう？

　このことから，**米はアジアでの生産量が多く**（世界の**90%以上**！），しかも**自給的**な性格が強いこともわかるよ（つまりたくさん食べる地域でたくさん作るということ）。**表8**（米），**表9**［→ p.145］（小麦），**表10**［→ p.146］（トウモロコシ）を比較してみると，トウモロコシはちょっと多いけど米と小麦は面白いことに**生産量がほぼ一緒**だよね（**約7億トン**）。でも**輸出量が全然違う**だろ？　特に**米は小麦，トウモロコシと比べると輸出量がかなり少ない**よね。

　ほかには何がわかるかなぁ？　**インドは人口が多くても輸出余力がある**ということ，**インドネシアやバングラデシュは輸出余力がない**ことも読み取ることができるよ。さらに**タイ**や**ベトナム**では**輸出用の稲作**も行われていて，**ナイジェリアはエジプトと並びアフリカ最大の生産国**で，近年政府が米の生産に力を

表8　米の上位生産国（モミ量）

国　名	生産量 （万トン）	輸出量 （万トン）
中　国	21,268	46
インド	16,850	987
インドネシア	8,138	…
バングラデシュ	4,898	…
ベトナム	4,276	521
タ　イ	3,338	987
ミャンマー	2,563	170
フィリピン	1,928	…
ブラジル	1,247	63
パキスタン	1,118	395
カンボジア	1,035	53
ナイジェリア	986	124
⋮	⋮	⋮
世界計	76,966	4,027

※統計年次の生産量は2017年，輸出量は2016年。
単位未満（千トン以下）は四捨五入。

入れてきた結果その輸出量が増加しているんだけど，国内でもけっこう消費されているみたいだなあということがわかってしまう。本当に統計資料の読み取りは面白いよね（このことを本当に実感してほしいな）。

表9　小麦の上位生産国

国　名	生産量 （万トン）	輸出量 （万トン）
中　国	13,433	…
インド	9,851	…
ロシア	8,586	2,538
アメリカ合衆国	4,737	2,404
フランス	3,693	1,834
オーストラリア	3,182	1,970
カナダ	2,998	1,017
パキスタン	2,667	…
ウクライナ	2,621	1,615
ドイツ	2,448	1,170
⋮	⋮	⋮
世界計	77,172	18,365

※統計年次の生産量は2017年，輸出量は2016年。
　単位未満（千トン以下）は四捨五入。

図10　小麦カレンダー

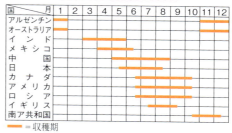

= 収穫期

系統地理

大 地 形

小 地 形

地 形 図

気候要素と
気候因子

気候区分と
植生・土壌

陸水と海洋

農　業

林業・
水産業

エネルギー・
鉱産資源

工　業

地域開発と
環境問題

人　　口

村落と都市

商業・
観光業

交通・通信

貿易と
資本の移動

国家・民族

続いて表9を見てくれる？

小麦は，西アジアが原産地で年降水量500mm前後の黒色土地域を好む穀物だよ。パンやパスタなどの麺類に加工され主食となってるよ。米に比べると生産地域に広がりがあるのが特徴的だね。統計資料を見ると，中国，インドが上位にくるのは，やはり米と同様に人口が多いためで，人口も多いけど（中国約14.34億人，インド約13.66億人，2019年），自給的な生産をしていると考えられるよ。これに対して，アメリカ合衆国は，生産量の2分の1以上を輸出に回していることがわかるよね。これなんかは明らかに輸出目的の生産で，前項で説明した企業的穀物農業地域で大規模に栽培されていると考えられるよ。ロシアも人口が多いからね（約1.46億人，2019年）。

フランス（約6,700万人），カナダ（約3,700万人），オーストラリア（約2,500万人）も人口のわりに生産量が多いのは，輸出用として小麦を栽培しているからなんだね。表9から，小麦は米より広い範囲で栽培され，多くの地域で主食として利用されているため，国際商品としての価値が高く，輸出量が多いということも理解できるんだ。

小麦には冬小麦と春小麦があるよね？
どんなふうに違うのかなぁ？

秋に種を播き、冬に発芽し、翌年の夏に収穫する［図10］のが冬小麦で、冬に寒冷になる気候では成長できないから、<u>温暖な地域</u>で栽培されるんだ。世界で栽培されている小麦の大部分は冬小麦だよ。

春小麦は、春に種を播くとすぐに発芽し、秋に収穫する［➡ p.145 図10］から、冬に低温になる<u>寒冷な地域</u>でも栽培が可能なのがわかるよね（冬になる前に収穫してしまえる）。たとえば、**表9**［➡ p.145］中の**インドやフランスは温暖なため冬小麦、カナダは寒冷なため春小麦、中国やアメリカ合衆国は高緯度の寒冷な地域では春小麦、低緯度の温暖な地域では冬小麦**を栽培してるんだよ。同様に寒冷な地域では**ライ麦**（**ポーランド、ドイツ、ロシア**）や**大麦**（**ドイツ、フランス、ウクライナ、ロシア**）も栽培されているよ。特に**大麦は、寒さに強いから最も高緯度でも栽培が可能な穀物**なんだ！

トウモロコシは、中南米が原産地（**メキシコ高原**付近）の穀物で、温暖湿潤な気候を好むよ。**表10**からも温暖な気候の国が多いことがわかるね。古くから**先住民**（**インディオ**）の**主食**として利用されてきたんだ。

米、小麦と違う点は、生産されたトウモロコシは、<u>飼料用</u>、**工業用**としての用途が多いことと、<u>ブラジル、アメリカ合衆国</u>、**アルゼンチン**など南北アメリカの世界総輸出量に占める割合がとても<u>大きい</u>ことだ。

かつては、<u>アメリカ合衆国</u>の生産量と輸出量が圧倒的に多かったんだ。**アメリカ合衆国の世界の畜産業に対する影響力が大きい**かがわかるよね。近年は、<u>アルゼンチン</u>の輸出量が増加していて、アメリカ合衆国と首位を競うほどになっていることにも注意してね。

<u>最近、トウモロコシの生産が増加</u>しているというのは、知っているよね？

理由の一つは、発展途上国の経済発展に伴って**肉類消費量が増加**し、**飼料用トウモロコシの需要が急速に伸びている**

表10 とうもろこしの上位生産国

国 名	生産量 （万トン）	輸出量 （万トン）
アメリカ合衆国	37,096	5,599
中 国	25,907	…
ブラジル	9,772	2,187
アルゼンチン	4,948	2,451
インド	2,872	1,102
インドネシア	2,795	…
メキシコ	2,776	163
ウクライナ	2,476	…
南アフリカ共和国	1,682	544
ルーマニア	1,433	103
⋮	⋮	⋮
世界計	113,475	14,736

※統計年次の生産量は2017年、輸出量は2016年。
　単位未満（千トン以下）は四捨五入。

からなんだ。

　もう一つは，**温暖化対策**になるバイオエタノールなどの**バイオ燃料**としての**利用が拡大**しているからなんだね。これも重要なポイントだよ。

表11　主な穀物

農作物名	原産地	特　徴
米	中国南部〜インド北東部	夏の高温多雨（年降水量1,000mm 以上）を好む。アジアが世界総生産量の90%以上を占める。
小　麦	西アジア	年降水量500mm 前後の黒色土を好む。熱帯を除き広範囲で栽培。温暖な地域では冬小麦，寒冷な地域では春小麦。
トウモロコシ	メキシコ高原	年降水量1,000mm 前後の温暖気候を好む。先進地域では飼料としての重要性が高いが，発展途上地域では重要な食料となる。近年はバイオエタノールの原料としても。
ライ麦	西アジア	耐寒性が強く，やせ地でも栽培が可。黒パンやウイスキーの原料。
エン麦	西アジア	冷涼湿潤な気候を好む。飼料，オートミール。
大　麦	西アジア	小麦栽培が不可能な寒冷地域でも栽培が可能。乾燥にも強く最も広範囲で栽培が可能な穀物。飼料，ビールの原料。

米や小麦，トウモロコシが主食として利用されていることはわかったけど，アフリカやラテンアメリカの熱帯地域ではイモ類が主食になってるんだよね？

　よく知ってるね。
　確かに**熱帯雨林気候地域**などでは焼畑による**イモ類**の栽培が盛んで，**キャッサバ，ヤムイモ，タロイモ**などが**主食**となっているんだ。
　イモ類は**やせた土壌でも栽培が可能**で，栽培方法も簡単なところがいいね。でも穀物に比べると重くて保存がしにくいことが欠点かな。

図11　コーヒー豆，カカオ豆，茶の地域別生産量

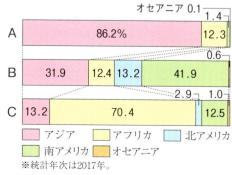

※統計年次は2017年。

じゃあ，次は**嗜好作物**として世界中の人々から愛されているコーヒー，カカオ，茶について説明しよう！

図11のA〜Cは**コーヒー豆，カカオ豆，茶の地域別生産量**を示したグラフだ。それぞれどの嗜好作物を示しているかわかるかな？

コーヒー

コーヒーは東アフリカが原産地で，Aw〜Cwのような高温多雨で**雨季・乾季が明瞭な気候**を好むんだ。しかも原産地の**エチオピア高原**のように水はけがよい**高原**が栽培適地になっているよ。

でも主産地はヨーロッパ人が移植したラテンアメリカで，**ブラジル**（29.1%），**コロンビア**（8.2%），メキシコ（1.7%）などが主要生産国になっていたんだけど，最近は，**ベトナム**（16.7%）や**インドネシア**（7.3%）などのアジア諸国もがんばってるなぁ（以後データは2017年）。

カカオ

一方，チョコレートの原料となる**カカオは，熱帯アメリカ原産**で，Af〜Amのように**高温多雨で乾季がない低地**を好むんだね。

カカオは，コーヒーと逆でアメリカ大陸が原産地なのに，主産地はアフリカの**ギニア湾岸**低地の**コートジボワール**（39.1%），**ガーナ**（17.0%），**ナイジェリア**（6.3%），カメルーン（5.7%）などなんだ。

ねぇ，ここで**原産地と主産地の気候が似ている**ことに気づかない？　つまり主産地は原産地の気候特性をもっていて，しかもほかにも有利な条件（労働力が豊富であったり，輸送の便がよかったり，土壌が肥沃であったり）に恵まれたところと考えていいよ。

茶は中国南部からインドの北部が原産地で，温暖多雨で排水良好な山麓，丘陵，台地を好むんだよ（日本だったら静岡県の牧ノ原台地とか）。コーヒーやカカオと異なるのは，**原産地のアジアが主産地でもある**ということだね。**中国**（40.3%），**インド**（21.7%），ケニア（7.2%），スリランカ（5.7%），ベトナムでの生産が多いよ。イギリス人は茶が大好きだから，**旧イギリス領植民地**だった**インド，ケニア，スリランカ**に多くのプランテーションを開いたってことも重要だね。

茶

つまり，図11 [➡ p.147] のアジアでの生産量が多いAが茶，南アメリカの生産量が多いBがコーヒー豆，アフリカの生産量が多いCがカカオ豆の生産量だ。

共通テストでは**統計資料やグラフの読み取りは頻出**なので，できるだけ背景を考えながら学習すると，より効果的だよ！

表12　主な嗜好作物

農作物名	原産地	特　徴	主要生産国
コーヒー	エチオピア高原（カッファ地方）	成長期に高温多雨，収穫期に乾燥を必要とする。Aw〜Cwの高原・高地を好む。ラテンアメリカでの生産量が多い。	ブラジル，ベトナム，コロンビア，インドネシア，インド，エチオピア
カカオ	熱帯アメリカ	年中高温多雨なAf〜Amの低地を好む。ギニア湾岸などアフリカでの生産量が多い。	コートジボワール，ガーナ，インドネシア，ブラジル，カメルーン，ナイジェリア
茶	中国南部〜インド・アッサム地方	温暖多雨で排水良好な高原，丘陵，台地を好む。アジアでの生産量が多い。ロシアとイギリスの輸入量が大きい。	中国，インド，ケニア，スリランカ，ベトナム，トルコ

大 地 形

小 地 形

地 形 図

気候要素と
気候因子

気候区分と
植生・土壌

陸水と海洋

農　業

林業・
水産業

エネルギー・
鉱産資源

工　　業

地域開発と
環境問題

人　　口

村落と都市

商業・
観光業

交通・通信

貿易と
資本の移動

国家・民族

農作物の統計資料も面白いんだねぇ。数値からいろいろなことがわかるのが不思議だけど(^^;)。ところで，「やし」の仲間に油やし，ココやし，なつめやしってあるよね？　出てくるたびに混乱してしまうんだよね！

これも受験生が多く質問にくる事柄だね。見た目での判断はなかなか難しいけど，栽培適地や用途には違いがあるよ。

油 や し

ココやし

なつめやし

油やしとココやしは熱帯の多雨地域を好むんだ。油やしから採取される**パーム油**は**インドネシア**（**51.1%**）や**マレーシア**（**34.3%**），**ココやし**から採取されるコプラは**フィリピン**や**インドネシア**での生産が多いよ。両方とも**洗剤**や**食用**

油などの油脂原料として重要だよね。油ヤシからとれる油は**パーム油**，ココヤシからとれる油は**コプラ油（やし油）**と呼ばれているんだ。

　なつめやしは乾燥に強く，<u>**砂漠のオアシスなどで栽培されている**</u>んだ。だから**西アジア（イラン**，サウジアラビア）や**北アフリカ（エジプト**，アルジェリア）の国々で生産が多いよ。用途はさまざまだけど，実は栄養価が高くて重要な食料となるんだ。

　もうこれで不安はなくなっただろ？　この他にもたくさんの重要な**農作物**や**家畜**を**表13**にまとめておいたから，それぞれの特徴をマスターしておいてね！

表13　その他の農作物と家畜

農作物名	原産地	特　徴	主要生産国
大　豆	東アジア	夏の高温を好む。油脂原料，飼料として重要。アメリカ合衆国の生産・輸出が極めて多かったが，近年はブラジルとアルゼンチンの輸出が急増。	アメリカ合衆国（33.9％），ブラジル（32.5％），アルゼンチン（15.6％），中国（東北地方），インド
さとうきび	熱帯アジア	Aw〜Cwを好む。砂糖原料の大部分を占める。寒冷な地域ではてんさいが砂糖原料。	ブラジル（41.2％），インド（16.6％）の2か国で世界の50％以上を生産。
綿　花	種類によって原産地が異なる	乾燥には強いが，寒さに弱い。綿工業の原料。	インド（24.9％），中国（23.1％），アメリカ（16.1％），パキスタン（7.7％），ブラジル（5.2％）
じゃがいも	アンデス地方	冷涼な気候を好む。食料，飼料として利用。	中国（25.5％），インド（12.5％），ロシア（7.6％），ウクライナ（5.7％），アメリカ（5.2％）
天然ゴム	アマゾン地方	高温多雨のAfを好む。自動車産業の発展により需要が増大。	タイ（32.3％），インドネシア（25.5％），ベトナム（7.7％），マレーシア（5.2％）など東南アジアに集中。

家畜名	特　徴	飼育頭数上位国
羊	乾燥地域でも飼育が可能なため，旧大陸では遊牧，新大陸では企業的牧畜。かつては，オーストラリアの頭数が最大であったが，近年は中国とインドが増加。	中国（13.4％），オーストラリア（6.0％），インド（5.2％），イラン（3.3％），ナイジェリア（3.5％）
牛	肉牛は混合農業地域や企業的牧畜地域で，乳牛は酪農地域で飼育。牛肉の生産量は，アメリカ合衆国が最大。	ブラジル（14.4％），インド（12.4％），アメリカ（6.2％），中国（5.6％），エチオピア（4.1％）
豚	混合農業との結びつきが強い。北アフリカや西アジアなどイスラム圏では宗教上の理由から飼育されていない。	中国（45.0％），アメリカ合衆国，ブラジル，ドイツ，ベトナム

※統計年次は2017年。天然ゴムのみ2018年。

家畜と宗教 ヒンドゥー教では，牛は神聖な家畜であると考えられているため，インドの牛の飼育頭数は多いが食用とせず，乳製品を多く摂取している。一方，イスラム教では豚を不浄と考えるため，飼育せず豚肉も食べない。またインドのヒンドゥー教徒の中には，輪廻思想にもとづく不殺生主義を唱える人々もいて，菜食主義者が多い。キリスト教では，イスラム教ほど厳格な食物禁忌はないが，キリストが十字架にかけられたとされる金曜日には，肉でなく魚を食べる人々もいる。

遺伝子組み換え作物（GMO：Genetically Modified Organism） バイオテクノロジーの発達で，除草剤への耐性を持つ作物，害虫に強い作物，高収量が可能な作物などが遺伝子組み換え作物が開発された。日本では，食の安全性や生態系への悪影響が心配され，遺伝子組み換え作物か否かの表示が義務づけられている。

ポイント 農作物

❶ **三大穀物**（米，小麦，トウモロコシ）のうち，米はアジアで大部分が生産・消費され，自給的な性格が強いが，小麦，トウモロコシはアメリカ合衆国の輸出に占める割合が高い。

❷ コーヒーはアフリカ原産，カカオは中南アメリカ原産，茶はアジア原産の嗜好作物である。

❸ アフリカ，南米の熱帯地域ではイモ類も重要な主食となっている。

チェック問題　　　易　2分

1 小麦，米，トウモロコシ，大豆の世界全体の生産量と輸出量を調べた結果を，表にまとめて話し合った。そのとき用いられた次ページの図は，大豆の輸入上位5か国の輸入量とその世界全体に占める割合を示している。次ページの会話文中の空欄アとイに当てはまる語句の正しい組合せを，次ページの①〜④のうちから一つ選べ。

作物名	生産量	輸出量
小　麦	711,142	162,798
米	738,064	37,127
トウモロコシ	1,017,537	124,222
大　豆	278,093	106,169

統計年次は2013年。『世界国勢図会』により作成。（単位：千t）

系統地理

大地形
小地形
地形図
気候要素と気候因子
気候区分と植生・土壌
陸水と海洋
農業
林業・水産業
エネルギー・鉱産資源
工業
地域開発と環境問題
人口
村落と都市
商業・観光業
交通・通信
貿易と資本の移動
国家・民族

太　郎　「生産量で一番多いのは，トウモロコシだね」

桜　子　「逆に，大豆の生産量が一番少ないね」

次　郎　「輸出量を見ると，小麦が一番多いことがわかるね」

桃　子　「米は輸出量が少ないだけでなく，生産量に占める輸出量の割合も小さいから，（　ア　）に生産している国や地域が多そう」

三　郎　「逆に，大豆は生産量が少ないにもかかわらず，生産量に占める輸出量の割合が大きくなっているよ。図にみられるように，それは世界の大豆輸入における中国の輸入量が拡大したことが，生産量に占める輸出量の割合を押し上げたみたいだね」

太　郎　「なぜ，中国の輸入量が急激に増加したのだろう？」

桜　子　「それは，中国では経済発展にともなって食生活が変化して，（　イ　）の大豆の需要が急激に高まったからでしょうね」

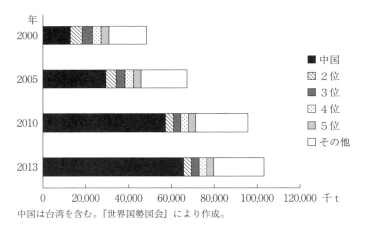

中国は台湾を含む。『世界国勢図会』により作成。

	ア	イ
①	自 給 的	食 料 用
②	自 給 的	飼 料 用
③	商 業 的	食 料 用
④	商 業 的	飼 料 用

2 次の図は，いくつかの国における農地1ha当たりの農業生産額と農業人口1人当たりの農業生産額を示したものであり，①～④は，アメリカ合衆国，イギリス，オランダ，マレーシアのいずれかである。オランダに該当するものを，図中の①～④のうちから一つ選べ。

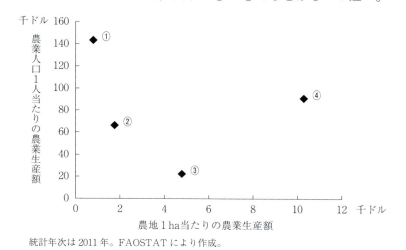

統計年次は2011年。FAOSTATにより作成。

大 地 形

小 地 形

地 形 図

気候要素と
気候因子

気候区分と
植生・土壌

陸水と海洋

農　業

林業・
水産業

エネルギー・
鉱産資源

工　業

地域開発と
環境問題

人　口

村落と都市

商業・
観光業

交通・通信

貿易と
資本の移動

国家・民族

解答・解説　　**1**　②　小麦，米，トウモロコシ，大豆の生産量と輸出量のデータをもとにした会話文である。表中で最も生産量が多いのは，トウモロコシである。米と小麦の用途は，おもに主食である。したがって，人口増加率に対応して生産量は漸増している。これに対して，トウモロコシは飼料としての需要が高く，続いて工業用（バイオエタノール，コーンスターチなどのデンプン生産），食料の順となる。近年の新興国をはじめとする世界的な経済発展の影響を受け，食肉需要が増加し，これをうけて飼料の需要が増加している。さらに温暖化対策としてのカーボンニュートラル（現存する植物を燃焼させて排出された二酸化炭素は，植物の生長段階で二酸化炭素を吸収しているため，排出されなかったものとみなす）の考え方から，トウモロコシなどを原料とするバイオエタノールの需要も増加している。

このような背景から，トウモロコシの生産量が米，小麦より増加していることに注意したい。三大穀物とよばれる米，小麦，トウモロコシのうち，輸出量が最も少ないのが米，最も多いのが小麦である。米は，モンスーンアジアで90％以上生産され，大半がモンスーンアジアで消費される。したがって，（ア　自

給的）な性格が強い。一方，小麦は米に比べて気候条件の制約が小さいことも
あって（でも，熱帯はキライだということは忘れないように！），世界中で栽培
され主食となっていることから，米に比べると広範囲に流通しており，輸出量
も多い。大豆は，三大穀物に比べると生産量が少ない。近年は油脂原料や飼料
としての需要が増加しており，特に経済発展が著しい中国では大豆の需要が急
増し，不足分を大量にブラジルなどから輸入している。したがって，（イ　飼料
用）が正解。

❷　④　　国ごとの労働生産性と土地生産性をデータから読み取る問題である。
データの分析問題は実力差がつきやすいので，注意しよう。図中の縦軸で示さ
れている農業人口１人当たりの農業生産額は，各国の労働生産性と考え，横軸
の農地１ha当たりの農業生産額は土地生産性と考えればよい。労働生産性は，
資本や技術力に富む先進地域で高いことから，①②④が先進国のアメリカ合衆
国，イギリス，オランダのいずれか，③は発展途上国のマレーシアである。ア
メリカ合衆国は，新大陸型の大規模機械化農業が行われているため，労働生産
性が極めて高いことから①と判定する。②と④の判定はやや難しいが，イギリス
やフランスはヨーロッパでも経営規模が大きいが，オランダは国土面積が狭い
ため，より土地生産性を上げる必要に迫られ，さらに高付加価値な花卉（かき）や野菜
などを栽培する園芸農業のような集約的農業が発達していることから，土地生
産性が極めて高い④がオランダである。残る②がイギリスである。近年の試験
では，農産物の生産量だけでなく，農業生産額を判定の指標として出題される
ことが増えている。大きな違いはないが，農業生産額だと小麦，米などの穀物
より，高付加価値な畜産物，花卉，野菜，果実などを生産している国の農業人
口１人当たりにしても，農地１ha当たりにしても，その値が大きくなることに
注意しよう！

農作物の原産地，栽培条件，
主産地をノートにまとめてお
こう！　できれば部屋にでも
貼っておこうね！

林業・水産業

この項目のテーマ

1 **森林資源と林業**
森林の役割と林産資源としての重要性を理解しよう！

2 **水産資源と水産業**
水産業の成立条件と世界や日本の水産業の現況（げんきょう）を把握しておこう！

1 森林資源と林業

図1　国土に占める森林面積の割合（2015年）

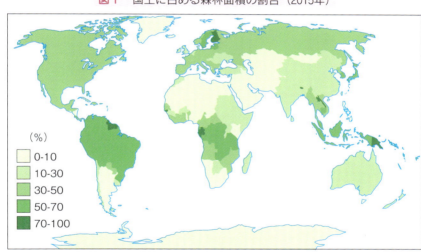

(%)
- 0-10
- 10-30
- 30-50
- 50-70
- 70-100

　森林はね，**熱帯**（A），**温帯**（C），**冷帯**（D）で形成されるということを気候の分野で学習したのを覚えてる？［➡ p.99］森林は世界のある限られた地域にだけ分布しているんだよ。

　森林は，**陸地の約30%**を占めているけど，その**95%**は**天然林**で，植林による**人工林**の割合は少ないんだ。**林産資源**としてはもちろん，**洪水の防止**，**水源涵養**（すいげんかんよう）［➡ p.160 🔼］，**土壌侵食**（どじょうしんしょく）**の防止**，**防風林**としての**飛砂の防止**，**海への栄養分の供給**，**温暖化防止**などに加えて**レクリエーションや休養の場**としても重

要なんだよ。

 森林と洪水って結びつかないよ！　どんな関係があるの？

　ピンとこないかもしれないね。森林が少なくなると，**雨水が地中に長くとどまらず，いっぺんに川に流れ込むため洪水が起きやすくなる**んだ。**ガンジス川**やチベットからバングラディッシュに流れる**ブラマプトラ川**下流域の**バングラデシュやインドなどで洪水が頻発**しているのは，上流の森林伐採が進んだためだよ。

 そうなんだぁ。人間の経済活動が思わぬ自然災害を引き起こすことにもなるんだね。**林産資源としてはどんなものに利用されているの？**

　古くから人間は**薪を燃料として利用**してきたことは知ってるよね？　つまり**薪炭材**としての利用だよ。ただし，現在は**発展途上地域**での利用が多いね。逆に工業が発達している**先進地域**では製紙・パルプ，合板，建築，家具など工業原料としての**用材**（産業用材）利用が多いんだ。

　表1を分析してみよう！

　まず，先進国と発展途上国で林産資源の用途に大きな違いがみられるだろう？　つまり**先進国のアメリカ合衆国，カナダ，スウェーデン，日本では用材としての伐採が多い**よね。

表1　主な国の木材生産量

国　名	木材伐採高 （千m³）	用　材 （千m³）	薪炭材 （千m³）	うち針葉樹の 割合（％）
アメリカ合衆国	419,578	355,208	64,370	67.4
インド	353,953	49,517	304,436	4.3
中　国	327,725	161,711	166,014	28.2
ブラジル	256,809	145,102	111,707	18.0
ロシア	212,399	197,611	14,788	79.2
カナダ	155,121	153,071	2,050	81.9
インドネシア	118,252	74,041	44,211	0.2
エチオピア	113,557	2,935	110,622	6.8
コンゴ民主共和国	89,182	4,611	84,571	—
ナイジェリア	75,913	10,022	65,891	—
スウェーデン	74,670	68,470	2,200	90.0
日　本*	28,682	22,645	6,037	70.3
世界計	3,797,146	1,906,769	1,890,378	34.4

※＊は生産上位国ではない。統計年次は2017年。『世界国勢図会 2019/20』による。

ところが**発展途上国のインド，中国，ブラジル，エチオピアなどではかなりたくさんの薪炭材が伐採されている**よ。それから**広葉樹**と**針葉樹**の割合にも注目しよう！　**高緯度に位置する冷温帯地域の国では，針葉樹の割合が大きくなっている**よ。

　発展途上国は**熱帯地域**に位置する国が多いから，**広葉樹の割合が高いのも当たり前**だね。ただし，熱帯でも**マレーシアはラワン材**［➡ p.160 📖］の伐採が

盛んで，薪炭の利用が少ないので要注意だ！

　あとは，**国土面積**（**国土が広いと森林面積も広いため，木材伐採量が多くなる**），**位置**（**緯度が高いと針葉樹の割合が高くなる**）などを考えながら統計資料を読むと，国名を隠されていても判断できるよ！

系統地理

　では，もう一つ森林に関する**表2**を分析しておこう！

　まず世界における**森林面積と森林率**は**南アメリカ**と**ヨーロッパ**で大きいことがわかるね。南アメリカは**アマゾン川流域**の**セルバ**が，ヨーロッパには**ロシア**が含まれていて，針葉樹林の**タイガ**が広がっているため，この数値に表れているんだ。**アフリカとアジアの森林率**を見てごらん！　思ったより低くないかな？

　アフリカというと，すぐに赤道直下の熱帯雨林を想像するから，もっと森林率が高いように感じる人が多いと思うけど，地図でアフリカを確認してごらん！　今の君たちなら一発で理解できるよ。

　アフリカは赤道付近の東西幅が狭いので，熱帯の割合があまり高くないんだ（むしろ**緯度20〜30度の乾燥帯の幅が広い**）。

　アジアは内陸の**乾燥地域**や**山岳地帯**（高い山は海抜高度が上がると，かなり低温になるから樹木がどんどん減っていって草地に変わる）も広く，さらに**平野部は伐採され，耕地化**されているところが多いよ。

　最後に**図2**の森林面積の推移を見てみよう。

　今回の最重要ポイントだよ。**アフリカ，南アメリカの減少が大きく**，逆にヨ

表2　地域別森林面積

地　域	森林面積 （100万 ha）	森林率 （%）
ヨーロッパ	1,015.9	43.6
南アメリカ	840.0	47.2
北中アメリカ	750.7	32.7
アフリカ	621.7	20.5
アジア	594.2	18.6
オセアニア	173.8	20.3
世界計	3,996.3	29.6

※FAOSTAT などによる。統計年次は，森林面積，森林率が2016年。

図2　森林面積の推移

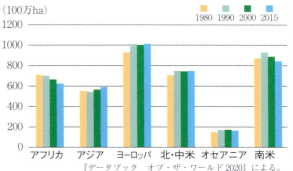

『データブック　オブ・ザ・ワールド 2020』による。

大地形

小地形

地形図

気候要素と
気候因子

気候区分と
植生・土壌

陸水と海洋

農　業

林業・
水産業

エネルギー・
鉱産資源

工　業

地域開発と
環境問題

人　口

村落と都市

商業・
観光業

交通・通信

貿易と
資本の移動

国家・民族

表3　世界の森林のまとめ

森林の種類	特　徴	主な木材・樹種
熱帯林	蓄積量が大きい。常緑広葉樹林の硬木が多い。多様な樹種。	ラワン材（合板） チーク材（家具・船舶材）
温帯林	低緯度では，常緑広葉樹林，高緯度では混合林や落葉広葉樹林。	常緑広葉樹（かし，しい） 落葉広葉樹（ぶな，なら） 針葉樹（すぎ，ひのき）
冷帯林	針葉樹林（タイガ）。加工しやすい軟木が多い。単一樹種からなる純林を形成。	針葉樹（とうひ，もみ，えぞまつ，からまつ）

ーロッパ，アジアは増加の傾向があるよね。

　これは，どんなふうに考えればいいのかな？　そうだね，発展途上地域では減少しているけど，ヨーロッパのような先進地域ではあまり減少していないということだよ！

　熱帯の発展途上地域では人口の急増によって，薪炭材を中心に過剰な伐採が行われているけれど，ヨーロッパなどの先進地域では植林をしながら計画的に伐採しているため森林が増加しているんだ。

　植林には資本や技術の投下が必要で，特に熱帯地域は森林の再生能力が低いため（もともとあまり土壌が肥沃でないうえに，激しいスコールによって土壌が流出したり，ラテライト化といって強い日射で土壌がレンガのように固化してしまうんだ），植林への努力は行われているけど，なかなか進んでいないよ。じゃあ，発展途上国が多いアジアはどうして増加しているのかな？　アジアはかつて，かなり森林の減少が著しかったんだけど，中国の植林や東南アジア諸国の原木輸出規制などの効果が表れているみたいだね。

　日本は国土面積の約70％が森林で，世界の国々の中でも森林率が高いらしいけど，ほかにはどんな国で森林率が高いの？　それからさぁ，日本はどうして森林率がそんなに高いのかなぁ？

　よーし，じゃあまず森林率の大小について，またまた君たちの大好きなデータを分析してみよう（・∀・）！　表4［➡ p.159］は，森林率が50％以上の主な国々だよ。

　コンゴ民主共和国，マレーシア，ブラジルはほぼ赤道直下にあって，熱帯雨林が広がる国々だね。フィンランド，スウェーデンはヨーロッパでも高緯度に位置するから，針葉樹林のタイガが広がっているよ（寒冷で，森林を伐採して

も農地に転用するのが難しいから，むしろ林産資源として活用しようとしたんだ）。

　日本は熱帯雨林でもタイガでもないよね。ヨーロッパなど温帯（おんたい）の先進地域では，人口増加による**農地や宅地の拡大**で，森林伐採が進んでいる国が多いんだ。だけど**日本は国土の約60%が山地**（丘陵を除く）で，伐採しても**農地や宅地に転用しにくかった**ので，多くの森林が残っているんだよ。

表4　国土面積に占める森林の割合が50%以上の主な国々

国　名	森林率（%）
マレーシア	67.2
日　本	66.0
フィンランド	65.6
コンゴ民主共和国	64.9
スウェーデン	62.7
ブラジル	57.8

※統計年次は 2016 年。
『世界国勢図会 2019/20』による。

系統地理

大地形
小地形
地形図
気候要素と気候因子
気候区分と植生・土壌
陸水と海洋
農業
林業・水産業
エネルギー・鉱産資源
工業
地域開発と環境問題
人口
村落と都市
商業・観光業
交通・通信
貿易と資本の移動
国家・民族

ということは，日本は森林資源が豊富だから，自給（じきゅう）率も高いんだよね？

　ところが，違うんだ。日本は，**世界的な木材の消費国**で，国産材だけではまかなえないんだよ。さらに**輸入木材が安価**（あんか）であること，そしてその安い木材と対抗するためには国産材の価格も下げなければ競争にならないから，なかなか利益が出せないため林業じたいが低迷しているんだね（もちろん，ほかにも大部分が**山地林で伐採や搬出のコストが高い**こと，**高齢化による後継者不足**が深刻なこと，**零細**（れいさい）**な私有林が多い**こと，など多くの原因はあるんだけどね）。

　日本の木材自給率は，1960年には約90%だったのに，現在はなんと**36.6%**（2019年）に低下しているよ。でも，実は2010年から，8年連続で上昇しているんだ。この理由は，バイオマス発電所で使われる燃料材の国内生産量の増加や住宅用の建築に国産材の使用が増えているからだよ。

　それから，戦後の**輸入相手先**はかなり移り変わりが激しいから注意してね。

　図3を見てくれるかな？
以前は，**アメリカ合衆国**と**東南アジア**（東南アジア・南アジアなどからの木材を総称して南洋材と呼ぶ）からの輸入割合が高かったよね。

　ところが，現在は，東南アジアからの輸入割合がぐっと低下して，**先進国の**カナダ，アメリカ合衆国（以上，北米

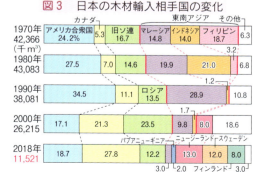

図3　日本の木材輸入相手国の変化

材）や**ロシア**（北洋材）**からの輸入割合が増加する傾向にあるよ。**どうしてだろう？

　当初日本が木材を大量に輸入していた**フィリピン**で熱帯林（ねったいりん）が著（いちじる）しく減少したため，**原木の輸出規制**（げんぼく）（丸太（まるた）のままでは輸出をせず，合板（ごうばん）や家具などの加工品のみ輸出を認めること）を始めたからなんだ。**森林の保護と国内産業の育成を行い**（こよう），雇用を増やすことを目的としたんだ。

　さらに**インドネシア**も同様に規制を実施し，現在は**マレーシア**も実施し始めたため，**東南アジアの割合が急速に低下**していったんだね。これは，かなり重要なポイントだからちゃんと理解してね！

　図3［➡ p.159］の2018年の輸入総量（左端の数値）を見ればわかるように**近年輸入量が減少しているのは，長びく不況によって木材需要が低下**しているからだよ。早く景気が回復したらいいね。

👆 **水源涵養**（すいげんかんよう）　降水を森林土壌がいったん貯留することによって，**地下水を形成**したり，河川へ流れ込む水の量を平準化させることによって**洪水を防止**する機能。

👆 **ラワン材**　ラワンはフタバガキ科の樹木の総称で，**東南アジア**などに分布する。一般に，熱帯の樹木は**硬木**（こうぼく）が多く加工しにくいが，ラワン材は加工しやすく**合板**に適している。

> **ポイント　森林資源と林業**
>
> ❶　**森林**は，**林産資源**としてだけでなく，**洪水**防止など国土の保全に役立っている。
> ❷　木材の用途には，**薪炭材**（しんたんざい）**と用材**（ようざい）があり，前者は**発展途上国**で，後者は**先進国**での消費が多い。
> ❸　日本の木材輸入相手国は，**カナダ，アメリカ合衆国，ロシア**の割合が**増加**し，**東南アジア諸国**が**低下**している。

❷ 水産資源と水産業

　水産業が成立するためには，好漁場がないといけないことはわかるよね。では，好漁場の条件って何だろう？

　まず，栄養分（栄養塩類）➡植物性プランクトン➡動物性プランクトン➡魚類という食物連鎖を考えるといいよ。つまり植物性プランクトンが必要とする栄養分と，光合成をするための日光が両方ともあるところが好漁場になるんだ。栄養分は河川などが運搬してくることが多く，重いので海底に沈んでいくよね。その栄養分が上昇して，日光が届くところがいいんだ。そのためには湧昇流（中深層の海水が表層に上がってくる流れ）が生じたほうがいいから，大陸棚上のバンク（浅堆と呼ばれる浅い海底部分）や，寒流と暖流が出合う潮目（渦流が生じて下層の栄養分が上昇してくる）などが好漁場になるんだね。

図4　世界の水域別漁獲量

世界の水域別漁獲量
2016年（数字の単位は万t）
主な漁獲国・地域　　主な漁場　　200海里経済水域

[FAO Fishstat]

表5　世界の主要漁場

漁　場	中心海域	立地条件	特　色
北西太平洋	オホーツク海，日本海，東シナ海	日本海流と千島海流	魚種も豊富で，世界最大の漁場
南東太平洋	ペルー〜チリ沖	ペルー海流（湧昇流を発生）	アンチョビー漁
北東大西洋	北海周辺	北大西洋海流と東グリーンランド海流　ドッガーバンク	タラ・ニシン・サケ漁
北東太平洋	アラスカ〜カナダの太平洋岸	カリフォルニア海流とアラスカ海流	サケ・マス・カニ漁
北西大西洋	ニューファンドランド島近海	メキシコ湾流とラブラドル海流　グランドバンク	タラ・ニシン漁

系統地理

大地形
小地形
地形図
気候要素と気候因子
領域区分と植生・土壌
陸水と海洋
農業
林業・水産業
エネルギー・鉱産資源
工業
地域開発と環境問題
人口
村落と都市
商業・観光業
交通・通信
貿易と物資の移動
国家・民族

9　林業・水産業　**161**

どんな国で水産業が発達しているの？

水産業の発達には**資本**と**技術**が必要だから，最初は先進国が漁獲量の上位を占めていたんだけど，現在は，発展途上国の経済発展や200海里(かいり)の経済水域（EEZ）の設定などにより，<u>先進国では全般的に不振で，発展途上国の漁獲量が増えている</u>ね。中国，インドネシア，インドなんかががんばってるなあ。

図5は<u>世界の漁獲量上位国の推移</u>を示したグラフだよ。1990年代から中国の伸びがすご

表6　主な国の漁獲量

国　名	漁獲量(万トン)	％
中　国	1,558	16.6
インドネシア	674	7.2
インド	545	5.8
アメリカ合衆国	504	5.4
ロシア	488	5.2
ペルー	419	4.5
ベトナム	328	3.5
日　本	327	3.5
フィリピン	189	2.0
バングラデシュ	180	1.9
⋮	⋮	⋮
世界計	9,363	100.0

※統計年次は2017年。

いだろ？　今や，<u>世界最大の漁獲高</u>だもんね。日本などへの**輸出が増加**したことと，中国の経済発展によって食生活の水準が向上したので，**国内需要が増加**(じゅよう)したからなんだ。

ペルーは浮き沈(しず)みが激しいね。かつてペルーではほとんどといっていいほど商業用の漁獲は行われていなかったんだ。でも1960年代に世界的な飼料(しりょう)不足が起こり，**アンチョビー**（カタクチイワ

図5　主な国の漁獲量の推移

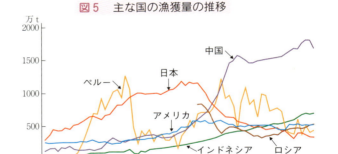

シ科）を**フィッシュミール**（魚粉）に加工して**飼料**や肥料として輸出を始めたから，<u>1960年代は漁獲量が世界最大</u>になったんだね。その後の落ち込みは，**乱獲**(らんかく)と**エルニーニョ現象**［➡ p.124 📖］による不漁が原因だよ。

 日本の水産業が低迷しているのは，やっぱり昔(むかし)の人より，僕たちが魚を食べなくなったからなのかなぁ？

それは，違うね！
確かに，昔は魚，今は肉というイメージがあるかもしれないけど，水産物と

いったって**マグロ**やタイのような魚だけではなく，**エビ**，カニ，イカなどもぜーんぶ含まれるんだよ。逆に**水産物の消費量は1960年代より増加**し，以前より多様化，高級化しているんだ。

では，なぜ日本の漁獲量は減少しているの？

図6を見てごらん！

日本の水産業は養殖を除いてすべて漁獲量が減少しているのがわかるよね？

特に**遠洋漁業**は，**1973年**をピークに激減しているのが見てとれるだろ？

これは，**石油危機**による**燃料費の高騰**と，このころに世界

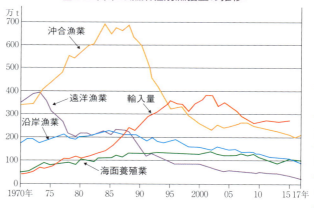

図6 日本の漁業種別漁獲量の推移

万t
沖合漁業
遠洋漁業　　輸入量
沿岸漁業
海面養殖業
700
600
500
400
300
200
100
0
1970年　75　80　85　90　95　2000　05　10　15 17年

各国が**200海里経済水域（EEZ）**を設定し始めたから，操業可能な漁場が縮小してしまったんだ。**1980年代後半**からは，**沖合漁業**も各種の国際的な規制，マイワシの不漁や国民の嗜好が高級魚に転換したこともあって低迷しているんだよ。

消費量が増加しているのに，漁獲量が減少しているということは？　そう，**輸入量が増加**しているんだ。**アメリカ合衆国と並ぶ世界的な輸入国**になっているよ。輸入相手国はアメリカ合衆国，中国，チリ，ロシア，ノルウェーなどで，品目別では**東南アジア（ベトナム，インド，インドネシア）**などからの**エビ**，チリ，ノルウェーなどからの**サケ・マス**，台湾，中国，韓国などからの**マグロ**の輸入が多いよ。1984年には水産物の自給率が100%だったのに，その後は急速に低下し，現在は**水産物の約50%を輸入**にたよっているんだ。おどろきだね！

ポイント 水産資源と水産業

❶ **好漁場**の条件には大陸棚上の**バンク**や**潮目**などが重要。
❷ 日本の水産業は衰退傾向にあり，**水産物の輸入は世界最大級**。
❸ 水産資源保護のため，**水産養殖**や**栽培漁業**が注目。

系統地理

大地形
小地形
地形図
気候要素と気候因子
境界区分と植生・土壌
陸水と海洋
農業
林業・水産業
エネルギー・鉱産資源
工業
地域開発と環境問題
人口
村落と都市
商業・観光業
交通・通信
貿易と資本の移動
国家・民族

☞ **寒海魚と暖海魚**　比較的海水温が低い海域を好む寒海魚には，**サケ，マス，タラ，ニシン，サンマ**，海水温が高い海域を好む暖海魚には**イワシ，サバ，カツオ**などがある。

☞ **捕鯨**　国際捕鯨委員会（IWC）の協定により，1988年から**商業捕鯨は禁止**されているが，先住民による伝統的な捕鯨（生存捕鯨）や**調査捕鯨は認められている**。

☞ **内水面漁業と水産養殖業**　漁業には，**海で操業する海面漁業**と**湖や河川で操業する内水面漁業**があり，**中国**では内水面漁業が発達している。また**水産養殖業**とは，稚魚などを人工的に育て成魚として出荷することで，**栽培漁業**とは，**人工孵化させた稚魚を放流して再び成魚を漁獲すること**である。

☞ **サケ・マスの養殖**　国連海洋法会議で，サケ・マスなどの遡河性魚類（河川に戻り，産卵する魚）に対して「**母川国主義**」がとられるようになったため，公海上でも操業が困難になった。これをうけて，**チリ，ノルウェー**などでは穏やかな内湾である**フィヨルド**を利用した**サケ養殖業**が発展した。

チェック問題　標準 ②分

　次の図中の A 〜 C は，木材の伐採量*，輸出量**，輸入量**のいずれかの指標について，世界全体に占める割合の上位10か国を示したものである。図中の A 〜 C と指標との正しい組合せを，次の①〜⑥のうちから一つ選べ。

*用材のほかに燃料用を含む。**丸太と製材を含み，合板，木質パルプを含まない。

	①	②	③	④	⑤	⑥
A	伐採量	伐採量	輸出量	輸出量	輸入量	輸入量
B	輸出量	輸入量	伐採量	輸入量	伐採量	輸出量
C	輸入量	輸出量	輸入量	伐採量	輸出量	伐採量

A

25%
5%

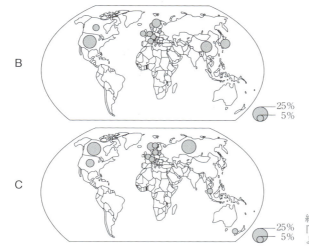

B

C

25%
5%

25%
5%

統計年次は2005年。
『世界国勢図会』に
より作成。

系統地理

大地形

小地形

地形図

気候要素と
気候因子

気候区分と
植生・土壌

陸水と海洋

農業

林業・
水産業

エネルギー・
鉱産資源

工業

地域開発と
環境問題

人口

村落と都市

余暇・
観光業

交通・通信

貿易と
資本の移動

国家・民族

解答・解説 ② 　　　　**木材伐採量**は，国土面積が広く森林の蓄積量が多い**アメリカ合衆国**，**インド**，**中国**，**ブラジル**，**ロシア**，**カナダ**，**エチオピア**，**インドネシア**などが上位国になる（2017年）。したがって，**A**が木材伐採量である。**木材輸出量**は，**ロシア**，**カナダ**，**アメリカ合衆国**，**ニュージーランド**，**スウェーデン**など，主に**先進国**が上位国となる（2017年）。したがって，**C**が木材輸出量である。かつてはフィリピン，インドネシア，マレーシアなど東南アジア諸国の木材輸出量が多い時期もあったが，近年は**原木**（丸太）**の輸出規制**（熱帯林を保護し，同時に国内生産を育成するため，できる限り加工品を輸出する）が進み，上位国にはマレーシアがかろうじて入る程度である。**木材輸入量**は**中国**，**アメリカ合衆国**，**ドイツ**，**オーストリア**，**イギリス**，**日本**などが上位国で（2017年），**B**が該当する。建築材など木材の需要が大きい日本が上位にくることから，**B**を木材輸入国と判定してもよい。

最近は，輸入木材で建てられた家も増えている。世の中の動きにも目を向けると，地理の学習に役立つぞ！

10 エネルギー・鉱産資源

この項目のテーマ

1 エネルギーの変遷と消費
エネルギー利用の変遷と消費の変化について理解を深めよう！

2 エネルギー資源と分布
石炭，石油，天然ガスの特徴をとらえよう！

3 鉱産資源と分布
鉱産資源の分布と用途を確認しよう！

1 エネルギーの変遷と消費

　人類によるエネルギー利用の歴史は，人力，畜力，薪炭の利用，水車や風車の使用から始まったんだね。長い年月をかけてこれらのエネルギーを利用して，少しずつ生活を豊かにしていったんだろうなぁ。

　ところが，**18世紀後半にイギリスで産業革命**［➡ p.187］が起こり，**石炭**を使用する**蒸気機関**が発明されると，飛躍的にエネルギー消費が増え，**19世紀末**には石油を使用した**内燃機関**や**電力**をつくり出す発電機が登場することになるんだ。**石油**が石炭に代わって主役に躍り出るのは**1960年代**で，この時期に石油の消費量が急激に伸びるんだよ。この大変革のことを「**エネルギー革命**」と呼んでいるんだ。特に資源に乏しい日本などでは急速に石油へ移行することになるんだけど，1970年代に世界を驚嘆させた大事件があるよね？　そう，**石油危機（オイルショック**［➡ p.170］）だよ。

　1973年（第１次），**1979年**（第２次）の産油国による**原油価格の大幅な値上げ**は，**石油危機**と呼ばれる経済危機を招き，消費国はものすごく大きなダメージを受けたんだ。そこで，先進国を中心とする消費国側は，**原子力発電や天然ガス利用の拡大，石炭の見直し**など石油に代わるエネルギー（**石油代替エネルギー**）の開発や研究，エネルギー効率の改善による**省エネルギー政策**をとることになったんだね。そして現在は，できるだけ環境負荷が小さい**再生可能エネルギー**への転換が急がれていて，**カーボンニュートラル**［➡ p.170］とされる**バイオマスエネルギー**（木くず，作物のしぼりかす，トウモロコシやさとう

きびから抽出したエタノールなど）にも力を入れているんだ。また，**自然エネルギー**（**太陽光，太陽熱，地熱，風力，潮力**など）の実用化と低コスト化にも取り組んでいるよ。

> 1960年代の**エネルギー革命**で，石油が主役となったんだね。でもなぜ，1960年代にエネルギー革命が起こったのかなぁ？

　先進国で，良質な**石炭**が枯渇し始めたことも背景の一つだよ（ただし，すべての地域で石炭が枯渇したわけじゃなく，現在でも，世界全体における<u>石炭埋蔵量は石油をはるかに上回っている</u>んだからね！）。

　でももっと重要な理由は，**第二次世界大戦後**に西アジアやアフリカなどの発展途上地域で**大規模油田の開発が続いたから供給量が増加**し，さらに**大型タンカーやパイプライン**の利用によって**輸送コストが低下し，原油を非常に安い価格で流通できるようになった**からなんだ。それに石油のほうが石炭より**発熱量も大きいし，化学工業原料としても利用しやすい**なども一因だけどね。

　まとめると，1960年代にエネルギー革命が起こった背景理由は，①多くの油田開発により，安価で安定した供給が可能になった。②輸送コストが低下した。③石油のほうが石炭より熱効率が高かった。④自動車など内燃機関が普及した。⑤化学工業原料として有用だった。

　エネルギー革命がわかったところで，**表1**の世界のエネルギー生産の推移を見てみよう！

表1　世界のエネルギー生産の推移

エネルギーの種類	1960	1971	1980	1990	2000	2010	2016	
固 体 燃 料	1,362	1,436	1,890	2,225	2,279	3,546	3,657	26.6%
液 体 燃 料	901	2,552	3,173	3,241	3,703	4,077	4,437	32.5
ガ ス 体 燃 料	408	903	1,240	1,688	2,060	2,715	3,032	22.0
バ イ オ*	−	617	741	905	1,024	1,286	1,345	9.8
電　　　　　力**	59	137	347	747	961	1,127	1,255	9.1
計	2,730	5,644	7,302	8,809	10,029	12,808	13,764	100

単位は百万トン（石油換算）。*バイオ燃料・廃棄物など。**水力，原子力，地熱，太陽光，潮力，波力，風力など。

　この統計資料（データ）からどんなことがわかるかなぁ？　データを読むときは，まず指標や項目をしっかり見ることが大切だよ！

　固体燃料は石炭，液体燃料は石油，ガス体燃料は天然ガスと考えていいよ。そしてこの場合の**電力**は火力発電（石炭，石油，天然ガスを燃焼させて発電する）を除く電力，つまり**水力発電や原子力発電**などと考えよう！　それから，**推移を見る場合は，いつごろからいつごろまでの統計資料なのか**を確認するこ

大 地 形
小 地 形
地 形 図
気候要素と
気候因子
気候区分と
植生・土壌
陸水と海洋
農　　業
林業・
水産業
エネルギー・
鉱産資源
工　　業
地域開発と
環境問題
人　　口
村落と都市
商業・
観光業
交通・通信
貿易と
資本の移動
国家・民族

とが大切だよ。**表1**の**1960年はエネルギー革命が進行しつつあるころ**だね。じゃあ，分析に入ろう！

世界のエネルギー生産（生産と消費はほぼ同じ量なので**消費**と考えていいよ）は，**1960年から2010年までの約50年間で，約4倍**になっていることが読みとれるよ。すごいね！ それだけ経済活動が活発になっているんだ。今度は**1960年**と**1970年**のデータを比較しよう。

エネルギー革命の進行が目に見えてわかるよね。**石炭と石油の生産量が逆転**してるし，石油の伸びがとにかくすごい！

次は**石炭の推移**を追ってみよう！ **石炭もほぼ一貫（いっかん）して生産が伸びている**よ。これはとっても重要なポイントだ。**石油**の生産や消費が増加しているということはだれでもわかってるんだけど，エネルギー革命後，石炭は減少していると思ってる人が意外にいるね。

でも違うんだ！ **石炭は今でも重要なエネルギー源**（特に**火力発電**）だし，石油危機後は石炭の**効率的な活用が見直されている**よ（⑪**工業**の **2** [➡ p.188～] でやるけど，**鉄鋼業**にとっても，重要な原料なんだ）。

次は，**1980年**と**1990年**の**電力**を比較してみよう！

家電製品の普及や，**原子力発電**などの積極的な利用が図られるようになったため，急増していることがわかるね。環境負荷が小さい**天然ガスの伸びが大きい**のもポイントだ。このへんでやめとくけど（＾o＾），とにかく統計資料から得られるものは大きいよ。

> 最近，地理が面白くって（＾o＾）。統計資料を読むのも世界が広がって楽しいよ。
> 話を戻すけど，**エネルギー消費**はやっぱり経済活動が活発な**先進地域**で多いんだよね？

そうだね。**先進地域**では，商工業などの産業や人々の生活に大量のエネルギーを消費しているからね。**表2** [➡ p.169] の統計を見てみよう！

エネルギー消費量が多い国には，**先進国**（＊）が並んでいるね。ただし，生活水準が高い北欧（ほくおう）の国などが入っていないのは，人口が少ないので，産業や生活で使用するエネルギーの総量が少ないからなんだよ。だから上位にくるのは**経済活動が活発な先進国で，しかも人口規模が大きな国**だね！

でも，**中国**，**インド**が気にかかるよなぁ。中国とインドは**発展途上地域**なんだけど，人口がそれぞれ**約14億人**（中国），**約13億人**（インド）ととても多いので，エネルギー消費量は大きくなってしまうんだよ。

次に，**表2**で，**1人当たりエネルギー消費量**をチェックしてみよう！

今度は，**カナダ**と**アメリカ合衆国**が群を抜いて大きな数値だなぁ。逆に**中国**や**インド**は一気に小さくなるよね。つまり**発展途上国は1人当たりのエネルギー消費量が少なく，先進国では多くなる**ということがわかったね。

カナダと**アメリカ合衆国**がドイツや日本よりはるかに数値が大きいのは，**国土面積が広くて，人やモノの輸送距離が長いし，エネルギー資源も豊富**にあるためついつい使ってしまうからだ（時間がいっぱいあればむだ遣いしてしまうし，財布にお金が入っていると使ってしまうのと同じだねぇ）。これで，エネルギー消費の各国別特徴がわかったね？

もう一つ，国別の**エネルギー消費割合**を考えてみよう！［**図1**］

これは**エネルギー資源を生産できるかどうか**が大きなポイントになるけど，**先進国は石油への依存度が高い**傾向にあるよ。

一般に，**石油**がたくさん採れる国は石油を使うし，**石炭**が採れる国（**中国**，**インド**，

表2　主要国のエネルギー消費量と1人当たりの
エネルギー消費量（石油換算）

国　名	1次エネルギー消費量(百万トン)	1人当たりエネルギー消費量（トン）	1人当たりGNI（ドル）
中　国	3,273	2.35	8,658
アメリカ合衆国	2,300	7.02	61,247
インド	809	0.60	1,902
ロシア	721	4.91	10,681
日　本	454	3.59	39,561
カナダ	344	9.31	44,487
ドイツ	324	3.90	45,923
韓　国	301	5.91	30,026
ブラジル	298	1.42	9,640
イラン	286	3.50	5,690

※統計年次は2018年。BP統計「Statistical Review of the World 2019」による。千万トンで四捨五入。1人当たりGNIは2017年。

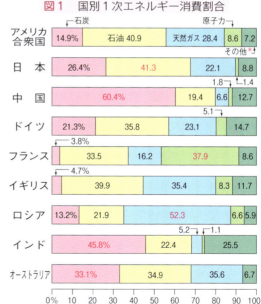

図1　国別1次エネルギー消費割合

＊水力，地熱，薪炭，廃棄物，バイオ燃料などを含む。
※統計年次は2018年。BP統計による。

系統地理

大地形
小地形
地形図
気候要素と気候因子
気候区分と植生・土壌
陸水と海洋
農　業
林業・水産業
エネルギー・鉱産資源
工　業
地域開発と環境問題
人　口
村落と都市
商業・観光業
交通・通信
貿易と資本の移動
国家・民族

オーストラリア，ポーランド，南アフリカ共和国）は石炭を，**天然ガス**が採れる国（**ロシア**，**オランダ**，**ウクライナ**，**イギリス**）は天然ガスを使うんだ。

だけど石油は偏在性が大きく（あるいは**中東に埋蔵量の約50%**），どこにでもあるわけではないから，産油国から輸入しなければならないよね。輸入するには外貨が必要になるので，資金力が豊富な**先進国**（特に資源が乏しい**日本**）や**韓国**などで石油の消費割合が高くなるんだ。

ちょっと面白いのは，**フランス**だね。石油，石炭，天然ガスのどれよりも**原子力発電による電力消費の割合が高い**んだ。フランスは化石燃料に乏しいことや旧フランス領でウランが産出されたことなどから**原子力発電**を積極的に進めたんだね。このように，エネルギー消費一つとっても国ごとにいろいろな事情があるんだよ。

👆 **石油危機**（**オイルショック**）　産油国が行った**原油価格の大幅値上げ**による経済危機のことで，**1973年**の**第1次石油危機**（**第4次中東戦争**が契機），**1979年**の第**2次石油危機**（**イラン革命の影響**）は，石油消費国には大きな経済的ダメージを与え，石油輸出国には多額の**石油収入**（**オイルマネー**）をもたらした。

👆 **カーボンニュートラル**　農作物などの植物は生長過程で大気中のCO_2を吸収するため，その植物を燃焼させたり，**植物から抽出した燃料を燃焼させた際にCO_2を排出しても大気中のCO_2総量に影響を与えない**とされる考え方のことである。

ポイント　エネルギーの変遷と消費

❶ **産業革命**後，**石炭**がエネルギー消費の中心になるが，**1960年代**に**エネルギー革命**が進行し，**石油**がエネルギー消費の中心となる。

❷ **1970年代**の**石油危機**後，**代替エネルギーの開発**と**省エネルギー化**が進展した。

❸ **1人当たりのエネルギー消費**は，**先進国**で多く，**発展途上国**で少ない。

細かい知識をがむしゃらに詰め込むのではなくて，地理的な観察力と思考力を駆使して，データを分析しよう！必ず読めるようになるからね！

❷　エネルギー資源と分布

エネルギーの話はいままであんまり好きじゃなかったけど，かなり面白い！　まだまだ知りたいことがたくさんあるので聞いていいかな？　石炭，石油，天然ガスはどんな国で産出するの？

石炭，石油，天然ガスは化石燃料と呼ばれ，古い地質時代に動植物が化石化して形成されたんだ。石炭は，大昔の陸生植物が炭化してできたもので古期造山帯（こきぞう）に多く分布しているけど，偏在性が低いから（新期造山帯にだって分布），一般に面積が大きい国では産出量が多くなるね。

表3の石炭生産の統計資料を見てみよう！　生産順位の丸暗記をする必要がないことは前にも言ったね。ただ，中国だけで世界の半分以上を生産するので注意しておこう！

表3　主要な石炭生産国

国　名	生産量 （百万トン）	割合 （％）
中　国	3,410	54.5
インド	662	10.6
インドネシア	456	7.3
オーストラリア	413	6.6
ロシア	295	4.7
アメリカ合衆国	294	4.7
南アフリカ共和国	255	4.1
⋮	⋮	⋮
世界計	6,261	100.0

表4　主要な石炭輸出国

国　名	輸出量 （百万トン）	割合 （％）
オーストラリア	389	29.9
インドネシア	367	28.4
ロシア	166	12.7
コロンビア	83	6.4
南アフリカ共和国	70	5.4
⋮	⋮	⋮
世界計	1,303	100.0

※統計年次は2016年。

石炭生産上位国について説明をしておこう。

中国は世界最大の石炭生産国で，なんと世界の石炭生産量の50％以上を生産していて，エネルギー消費の60％以上を石炭に依存（いぞん）しているよ。だから石炭の輸入も世界最大なんだ。

アメリカ合衆国は，東部に古期造山帯のアパラチア炭田（たんでん）があって，良質の石炭が生産されるんだ。アメリカ合衆国は資源が豊富なんだけど，国内消費が多いから輸出余力はあまりないよ。その中で石炭は例外的に輸出ができることに注意しよう（参考までに可採埋蔵量は世界最大）！

オーストラリアは東部に古期造山帯のグレートディヴァイディング山脈が連

大地形

小地形

地形図

気候要素と
気候因子

気候区分と
植生・土壌

陸水と海洋

農業

林業・
水産業

エネルギー・
鉱産資源

工業

地域開発と
環境問題

人口

村落と都市

産業・
観光業

交通・通信

貿易と
資本の移動

国家・民族

なり，山麓には大きな炭田が多数あるよ。国内消費が少ないので（人口が少ないからね），表4［➡ p.171］のようにインドネシアと並ぶ**世界最大級の石炭輸出国**だ。

　石炭の輸出といえば，これまでず〜っと「オーストラリア」がダントツだったけど，近年は**インドネシア**で産出する**火力発電用の安価な石炭**が人気で，2014年，ついに**オーストラリア**を抜いて，**世界最大の輸出国**になったけれど，2015年以降は，インドネシア（28.4％）で，またオーストラリア（29.9％）が1位に復活したよ（2016年）。

表5　世界の主要炭田

主要生産国	主な炭田
中　　国	フーシュン炭田（東北），カイロワン炭田，タートン炭田（以上華北），ピンシャン炭田（華中）
アメリカ合衆国	アパラチア炭田，イリノイ炭田，ミズーリ炭田，ロッキー炭田
イ ン ド	ダモダル炭田（北東部）
オーストラリア	モウラ炭田，シドニー炭田（以上グレートディヴァイディング山麓）
南アフリカ共和国	トランスヴァール炭田（ドラケンスバーグ山麓）
ロ シ ア	クズネック炭田（西シベリア），ウラル炭田
ポーランド	シロンスク炭田（スデーティ山脈北麓）
カザフスタン	カラガンダ炭田
ウクライナ	ドネツ炭田
ド イ ツ	ルール炭田（ルール地方），ザール炭田，ザクセン炭田
イ ギ リ ス	ランカシャー炭田，ヨークシャー炭田，ミッドランド炭田

　さあ，次は**石油**の話をしようかな。石油は，石炭に比べて**偏在性が著しく高い**ということは前にも話したよね？　**中東**（西アジアから北アフリカにかけて）**に埋蔵量の約50％が集中**しているんだ。

　ここで簡単に**石油の開発・生産・消費の歴史**を振り返ってみよう。

　石油の埋蔵を調査し，採掘・精製・流通・販売するには**巨額な資本**と**高度な技術**が必要なんだ。だからいくら石油を埋蔵していても発展途上国の力では生産できなかったんだよ。そこで登場するのが**国際石油資本（メジャー）**と呼ばれるアメリカ合衆国やイギリスなど先進国の**多国籍企業**で，かれらが**石油産業を独占**してしまったんだね。

これに対して，発展途上の産油国側では「自分の国の資源なのに，先進国ばかり利益を得て，自分たちは豊かにならないじゃないか！」という不満が起こり，「**資源ナショナリズム**」（**自国の資源を自国の発展のために利用しようという考え方**）が台頭してくることになるんだ。単独ではメジャーと交渉する力が弱いので，1960年に**OPEC**（石油輸出国機構），1968年に**OAPEC**（アラブ石油輸出国機構）を設立するんだね。そして1973年には価格の大幅な値上げを実施するんだ。これが**第1次石油危機**（オイルショック）だよ。

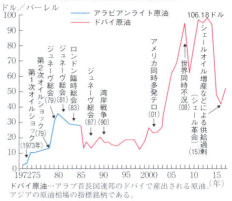

図2　原油価格の推移

ドバイ原油…アラブ首長国連邦のドバイで産出される原油。アジアの原油相場の指標銘柄である。

続いて1979年には**第2次石油危機**が起こり，これ以降産油国側では**石油産業の国有化**が進むんだよ。支配力を強めたOPECに対抗して，**先進国を中心とする消費国側は石油代替エネルギーの開発や省エネルギー政策を推し進めていっ**たんだ。さらに原油価格の高騰で，それまで生産コストが高くて開発が進まなかった国でも「よ～し，俺も原油生産に力を入れるぞ！」ってなったため，**非OPEC産油国**（ソ連，イギリス，ノルウェー，メキシコ）の**増産**が盛んに

表6　主要な原油生産国

国　名	生産量 （百万トン）	割合 （％）
アメリカ合衆国	669	15.0
サウジアラビア*	578	12.9
ロシア	563	12.6
カナダ	255	5.7
イラク*	226	5.0
イラン*	220	4.9
中　国	189	4.2
アラブ首長国連邦*	178	4.0
クウェート*	147	3.3
ブラジル	140	3.1
⋮	⋮	⋮
世界計	4,474	100.0

※統計年次は2018年。BP統計による。
　千万トンで四捨五入。

表7　主要な原油輸出国

国　名	輸出量 （百万トン）	割合 （％）
サウジアラビア*	373	16.9
ロシア	253	11.4
イラク*	187	8.4
カナダ	161	7.3
アラブ首長国連邦*	120	5.4
クウェート*	108	4.9
イラン*	105	4.7
ベネズエラ*	90	4.1
ナイジェリア*	86	3.9
アンゴラ*	82	3.7
⋮	⋮	⋮
世界計	2,214	100.0

※統計年次は2016年。
＊はOPEC加盟国。

系統地理

大地形
小地形
地形図
気候要素と気候因子
気候区分と植生・土壌
陸水と海洋
農業
林業・水産業
エネルギー・鉱産資源
工業
地域開発と環境問題
人口
村落と都市
商業・観光業
交通・通信
貿易と資本の移動
国家・民族

なり，**1980年代後半から**は，**逆オイルショックといわれる石油価格の下落**が起こったんだ。1990年代の後半以降，中国，インドなど発展途上国の経済発展によって，**石油の需要が増加している**から，**石油価格が高騰**しているよ。

> 石油に関しては，なんだか頭の中でぐちゃぐちゃしてたんだけど，かなりすっきりしたなぁ。じゃあ，産油国についても説明してよ。

ではさっそく，**表6**〔➡ p.173〕を見ていこう！

ロシアは，ソ連の解体（**1991年**）による経済的な混乱から徐々に復興を遂げ，石油生産が回復し，現在は，**サウジアラビアと並ぶ世界的な生産・輸出国**になっているよ。

ペルシャ湾岸に面する**サウジアラビア**は世界最大級の埋蔵量を誇り，**OPEC**（石油輸出国機構）のリーダー的な存在だよ。**生産・輸出ともに世界最大級**だね。

ところが2018年以降，この2か国を追い抜いた**アメリカ合衆国**はちょっと状況が違っているんだよ。**メキシコ湾岸やアラスカ**などに多くの油田があるんだけど，以前説明したように，**消費量が世界最大**なので，国内生産だけでは間に合わず，**世界最大の輸入国**となっているんだ（**表8**〔➡ p.174〕）。ほとんど石油を産出しない**日本**（アメリカ合衆国，中国，インドに次ぐ世界第4位の輸入国）より輸入量が多いんだから，その消費量は並はずれてる！

中国は，**東北地方や西部に油田**があって産油量が増えてはいるんだけど，

表8　主要な原油輸入国

国　名	輸入量（百万トン）	割合（%）
アメリカ合衆国	388	17.2
中国	381	16.9
インド	219	9.7
日本	156	6.9
韓国	146	6.4
ドイツ	91	4.0
スペイン	64	2.8
イタリア	61	2.7
オランダ	54	2.4
フランス	54	2.4
⋮	⋮	⋮
世界計	2,258	100.0

※統計年次は2016年。

図3　OPECとOAPECの加盟国

2020年。　＊2016年に再加盟。　＊＊カタールは2019年にOPECを脱退。　＊＊＊インドネシアは2015年12月にOPECに復帰したが，2016年に再び脱退。エクアドルは2020年1月にOPECを脱退。

経済発展によって国内での消費量が産油量以上に増えているから，近年は**輸入国**になっていて，自給率は**37.3%**しかないんだ（2017年）。

メキシコは，**OPEC に加盟していない**ことに注意しよう。OPEC 設立前に石油産業の国有化(1938年)に成功していたので，加盟する必要がなかったんだね。

ノルウェーは**イギリス**と同様に**北海油田**での生産だよ。石油危機後に生産量が増加したんだ。

表9　世界の主要油田

主要生産国	主な油田（または油田分布地域）
ロ シ ア	チュメニ油田（西シベリア），ヴォルガ＝ウラル油田
サウジアラビア	ガワール油田
アメリカ合衆国	内陸油田（テキサス），メキシコ湾岸油田，ノーススロープ油田（アラスカ），カリフォルニア油田
中 国	ターチン油田（東北），ションリー油田，ターカン油田（以上華北），ユイメン油田
メ キ シ コ	タンピコ油田，ポサリカ油田，レフォルマ油田（以上メキシコ湾岸）
イ ラ ン	アガジャリー油田，ガチサラーン油田
ノルウェー	北海油田（エコフィスク）
ベネズエラ	マラカイボ油田
イ ラ ク	キルクーク油田
イ ギ リ ス	北海油田（フォーティーズ）
ナイジェリア	ニジェールデルタ
インドネシア	ミナス油田（スマトラ島）

図3〔➡ p.174〕には，OPEC と **OAPEC**（アラブ石油輸出国機構・アラブ諸国の産油国だけが加盟）の加盟国をまとめておいたよ。特に，OPEC 加盟国の位置については，地図帳で必ずチェックしよう！

天然ガスは，最近，かなり需要が伸びているんだよね？

そうだね。**天然ガス**は石炭，石油に比べ**汚染物質**や**CO₂**の排出量が少ないことから，先進国では，かなり需要が伸びているよ。特に LNG（**液化天然ガス**）は**クリーンエネルギー**なので，これからは重要なエネルギー源だね。天然ガスの分布も 偏りが大きく，**アメリカ合衆国**と**ロシア**で世界の半分近くを生

産しているんだ。輸送には**パイプライン**（陸上や大陸棚上）や**LNG専用タンカー**（海上）が使用されているよ。輸送コストがちょっと高いのが難点だなあ。最近は非在来性の天然ガスといわれるシェールガスの開発も**アメリカ合衆国**や**カナダ**で進められているから，天然ガスの生産が増加しているよ。**シェールガス**というのは，地中の深いところにある頁岩と呼ばれる堅い岩盤に閉じ込められた天然ガスのことで，従来は採取が困難だったんだよ。アメリカ合衆国はシェールガスの増産を進めるとともに，非在来型化石燃料の**シェールオイル**という原油の開発や生産にも力を入れているから，世界の原油と天然ガスの生産量が増加する傾向にあるんだ。このような動きは世界の原油や天然ガスの需給に大きな影響を与えているので**シェール革命**と呼ばれているよ。

 日本は，石炭，石油，天然ガスともに需要のほとんどを**輸入**に依存しているよね。どこから輸入をしているのかな？

石炭はオーストラリア（61.3%），インドネシア（15.2%）から，石油はサウジアラビア（38.6%），アラブ首長国連邦（25.4%），カタールなど西アジアから［**図4**］。天然ガスはオーストラリア，マレーシアやカタール，ロシア，インドネシアなどからの輸入が多いよ（2018年）。

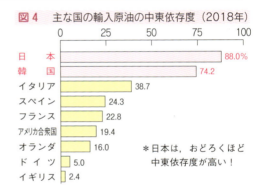

図4　主な国の輸入原油の中東依存度（2018年）

日本	88.0%
韓国	74.2
イタリア	38.7
スペイン	24.3
フランス	22.8
アメリカ合衆国	19.4
オランダ	16.0
ドイツ	5.0
イギリス	2.4

＊日本は，おどろくほど中東依存度が高い！

これで，**化石燃料**については，かなりくわしくなったよね。では，君たちが毎日使っている**電力**について説明していこう。

電力は君たちにとってもすごく扱いやすいエネルギーだよね。だって，部屋で毎日，石炭を使ってテレビを見たり，天然ガスを利用して携帯電話を使いたくはないだろう（＾_＾;）。

 でも電力は石炭・石油・天然ガスのように自然の状態（1次エネルギー）で地中に埋まっているわけではなく，人間が加工（2次エネルギー）してつくっているんだよね？　どうやって発電するの？

電力をつくり出すためには，別のエネルギーを利用して発電機を動かすんだ。

代表的な発電方法が**水力発電**，**火力発電**，**原子力発電**だね。最近は，地球環境に優しい**自然エネルギー**を利用した**地熱**（**火山**が多い**新期造山帯地域**），太陽光・太陽熱，**風力**（ヨーロッパなど**偏西風**の卓越地域）などの新エネルギーを利用した発電にも力が注がれているよ〔➡ p.179 📊〕。

 電力が産業や僕たちの生活を支えている重要なエネルギーであることはわかったけど，弱点はないの？

う〜ん，痛いところをつかれたなぁ。電力は取り扱いがやさしいけど，**貯蔵しにくい**んだ。たとえば，夏の電力需要がピークになったときに，春の余剰電力を使うということができないんだね。**送電ロスが莫大**なので長距離輸送にも適していないなぁ。

表10　主な発電形式

	水　力	火　力	原子力
電　源	流水	石炭・石油・天然ガス	ウラン
立　地	有効落差が得られる山間部	大消費地付近	地方の臨海部
経　費	ダム建設費・送電費が高いが，料費は無料。	設備費・送電費が安いが，燃料費は高い。	設備費・補償費が高いが，燃料費は安い。
問題点	森林等の水没など自然環境破壊 ダムの堆砂	大気汚染・酸性雨・地球温暖化	事故の際の放射能汚染・放射性廃棄物の処理問題
依存度が高い国	ノルウェー・ブラジル（ともに降水量が多い）	アメリカ合衆国・日本など先進工業国の大部分	フランス（総発電量の約80%）

 日本はノルウェーと同じように山がちで降水量が多いよね。ということはやっぱり**水力発電**が中心なのかなぁ？

今は違うよ。

第二次世界大戦後，多くの**ダム**（**水力発電所**）が建設されたため，**1950年代は水力中心**だったんだけど，**1960年代**（もちろん**エネルギー革命**だよね）**以降**，安い石油が手に入るようになると，火力発電所が多数建設され，**火力発電が主**で，水力発電が従になったんだ。

1970年代の**石油危機**以後，脱石油化を目指し，火力発電の燃料を石炭やLNGに移行させながら，原子力発電所の建設を進めたため，**日本の電力構成比は，火力（66.7%），原子力（24.9%），水力（7.8%）の順**になっていたんだ

系統地理

大地形
小地形
地形図
気候要素と気候因子
気候区分と植生・土壌
陸水と海洋
農業
林業・水産業
エネルギー・鉱産資源
工業
地域開発と環境問題
人口
村落と都市
商業・観光業
交通・通信
貿易と日本の移動
国家・民族

よ（2010年）。

　2011年3月に東北・関東を襲った大地震（東北地方太平洋沖地震）による，福島第一原子力発電所の事故は、今後の日本や世界のエネルギー政策に大きな影響を与えているんだ［➡ p.179 図7］。2017年では，火力（85.6%），水力（8.9%），原子力（3.1%），新エネルギー（2.4%）になっているよ。今まで以上に，俺たちもエネルギー問題について真剣に考えていかなくちゃね！

> 最近はさぁ，再生可能エネルギーっていう用語をよく耳にするんだけど，これって何のこと？

　おっ！　さすがだね。よく知ってるなぁ。今まで，発電は化石燃料や原子力発電に大きく依存してきたよね。でも火力発電の燃料として使用される化石燃料の燃焼は二酸化炭素や大気汚染物質を排出するし，原子力発電の燃料のウランだっていずれは枯渇する可能性があるよね。事故による放射能汚染だってこわいしなぁ。そこで再生可能エネルギーが注目されるようになったんだ。再生可能エネルギーというのは枯渇の心配がないエネルギーのことで，なかでも地球環境に優しい風力発電，太陽光発電，地熱発電などの自然エネルギーやカーボンニュートラルとしてのバイオマスエネルギーの利用が進んでいるよ。トウモロコシ，さとうきび，ヒマワリ，油ヤシなどからとれるバイオエタノールが有名だね。風力発電は，エネルギー変換効率が高いので新エネルギーの中では最も発電量が多いよ。太陽光発電は日射量が多い地域が有利で，小規模な設備で可能なところがいいね。家庭用のソーラーパネルなんかがいい例だ。地熱発電 ［➡ p.179 ⛰］ は，火山国が有利だよ。

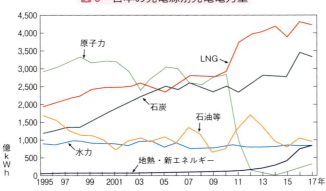

図5　日本の発電源別発電電力量

表11 日本の火力発電の燃料消費量

	1980	1990	2000	2010	2016	2017
石炭 （千t） ……	9,776	27,238	57,785	72,153	110,859	114,997
重油 （千kL）……	35,689	23,806	11,750	6,318	8,236	6,339
原油 （千kL）……	13,432	21,859	7,510	4,759	2,789	1,587
LNG （千t） ……	12,987	27,624	38,663	41,743	55,688	52,922

図6 日本の家庭用エネルギー消費の内訳

図7 日本の総発電量の推移（会計年度）

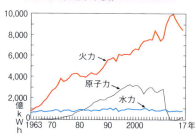

👉 **OPECとOAPEC**　OPEC（Organization of the Petroleum Exporting Countries）は，**国際石油資本（メジャー）に対抗して設立**されたが，OAPEC（Organization of the Arab Petroleum Exporting Countries）は，**アラブ諸国**の利益を守るため，**イスラエルに対する石油戦略**の性格を持って設立された。共に加盟国の利益を守り，石油産業の発展を目指す**資源カルテル**（価格協定）である。

👉 **新エネルギーによる発電**　従来から行われてきた火力発電，水力発電，原子力発電に対し，主に**地熱，太陽光，太陽熱，風力，バイオマス**などの**自然エネルギー**を利用した発電が，近年は注目されている。**風力発電**（設備容量ベース，2018年）は，**中国，アメリカ合衆国，ドイツ，インド，イギリス，太陽光発電**（設備容量ベース，2018年）は，**中国，アメリカ合衆国，日本，ドイツ，インド，イタリア，地熱発電**（2016年）は，**アメリカ合衆国，フィリピン，インドネシア，ニュージーランド，メキシコ，イタリア**などで盛んに行われている。

ポイント▶ エネルギー資源と分布

❶ **化石燃料**中，**石炭**は**埋蔵量**が最大，**石油**は**消費量**が最大，**天然ガス**は**熱量**が最大で，天然ガスは**クリーンエネルギー**である。

❷ **石油**は**偏在性が大きく**，埋蔵量の約**50%**が中東に分布している。

❸ 世界各国の**電力構成比**は，石炭，石油，天然ガスなどの**動力資源**と**水力資源**の有無によって決定される。

系統地理

大地形
小地形
地形図
気候要素と気候因子
気候区分と植生・土壌
陸水と海洋
農業
林業・水産業
エネルギー・鉱産資源
工業
地域開発と環境問題
人口
村落と都市
商業・観光業
交通・通信
貿易と日本の移動
国家・民族

❸ 鉱産資源と分布

　産業革命以降，工業化が進むと鉱産資源の需要が高まり，特に鉄鉱石は当時の基幹産業であった鉄鋼業を支える最も重要な金属資源になったんだ。生産量や消費量も他の金属資源よりはるかに多いのが特徴だね。上位生産国はオーストラリア（34.7%），ブラジル，中国，インド，ロシアなんだけど，どの国も安定陸塊が広く分布している国だって気づくよね！［➡②の❸ p.40～］

図8　鉄鉱石の生産統計

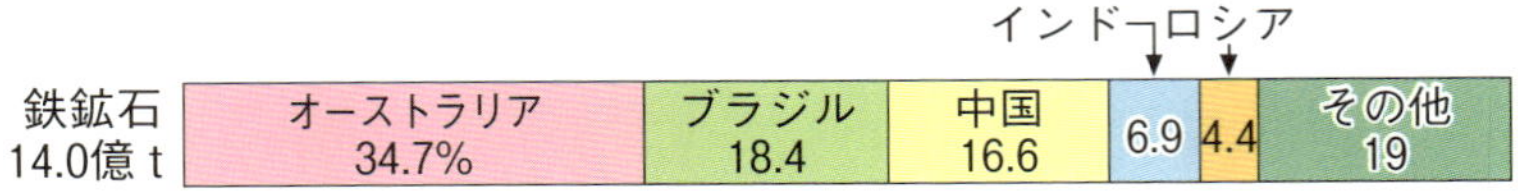

	インド	ロシア

| 鉄鉱石 14.0億t | オーストラリア 34.7% | ブラジル 18.4 | 中国 16.6 | 6.9 | 4.4 | その他 19 |

※統計年次は2015年。

　銅鉱も金属資源として重要だよ。電気伝導性が高いため，機械工業の発達や電線の普及とともに急速に需要が増えたんだ。火山が多い新期造山帯地域［➡②の❸ p.42］に多いんだよね。上位生産国はチリ（30.2%），中国，ペルー，アメリカ合衆国（もちろん新期造山帯が分布する西部に多いよ）だけど，安定陸塊のアフリカでもカッパーベルト（プレートの広がる境界に当たるリフトヴァレー付近のコンゴ民主共和国～ザンビアにかけて）では銅鉱が産出するんだよ。

図9　銅鉱の生産統計

ペルー		アメリカ合衆国	コンゴ民主共和国

| 銅鉱 1,910万t | チリ 30.2% | 中国 9.0 | 8.9 | 7.2 | 5.3 | その他 39.4 |

※統計年次は2015年。

　ボーキサイトはアルミニウムの原鉱で，熱帯地域に多く分布するんだったよね［➡⑥の❸ p.113～］。熱帯地域では多量の雨（激しいスコール）により土中の成分が流出するんだけど，土中の酸化アルミニウムは溶かされず，残留・集積するため，これがボーキサイトとなって採掘されるんだ。だから生産上位国は，オーストラリア（30.4%，もちろん熱帯が分布する北部），中国，ブラジル，ギニア，インド，ジャマイカなど主に熱帯から亜熱帯に位置する国になるんだね。

図10　ボーキサイトの生産統計

ボーキサイト 2.70億t	オーストラリア 30.4%	中国 22.5	ブラジル 12.7	ギニア 11.7	インド 8.8	その他 13.9

※統計年次は2016年。

ほかにも多くの資源があるけど，近年，先端技術産業の発展とともに脚 光（きゃっこう）を浴びているのが，**マンガン，クロム，コバルト，チタン，タングステン**などのレアメタルと呼ばれる希 少（きしょう）金属だ。理系に進む人は必ず将来どこかで出合う金属だろうね。これらの資源は<u>アフリカやオーストラリア，中国などに偏在（へんざい）している</u>ことにも注意しよう！

図11　その他の鉱産資源の生産統計

すず鉱 28.8万t	中国 31.9%	ミャンマー 18.8	インドネシア 18.1	ブラジル 8.7	その他 22.5

オーストラリア→　アメリカ合衆国→　　カナダ

金鉱 3,120t	中国 14.5%	9.3	8.1	7.1	5.3	その他 55.7

ロシア→　　　オーストラリア→　　　ロシア

銀鉱 2.76万t	メキシコ 21.4%	ペルー 15.3	中国 12.3	5.7	5.7	その他 39.6

オーストラリア→　南アフリカ共和国→

ダイヤモンド 1.27億カラット*	ロシア 32.9%	ボツワナ 16.3	コンゴ民主共和国 12.6	10.7	カナダ 9.2	アンゴラ 7.1	5.7	5.5

＊1カラットは0.2g。

オーストラリア→　　ナミビア→　　ニジェール　その他

ウラン鉱 53,498t	カザフスタン 40.6%	カナダ 13.1	12.2	10.3	5.4	その他 18.4

オーストラリア→　　　（ニューカレドニア）→

ニッケル鉱 228万t	フィリピン 24.3%	ロシア 11.8	カナダ 10.3	9.7	8.2	その他 35.7

ベトナム→

タングステン鉱 8.81万t	中国 81.7%	7.4	その他 10.9

※統計年次は2016年（ウラン鉱とニッケル鉱は2018年）。

ポイント ▶ 鉱産資源と分布

❶ 鉄鉱石は安定陸塊に，銅鉱は新期造山帯に，ボーキサイトは熱帯に多く分布している。

❷ 先端技術産業で利用されるレアメタルは，アフリカ南部やオーストラリア，中国などに偏在している。

系統地理

大地形
小地形
地形図
気候要素と気候因子
気候区分と植生・土壌
陸水と海洋
農業
林業・水産業
エネルギー・鉱産資源
工業
地域開発と環境問題
人口
村落と都市
商業・観光業
交通・通信
貿易と資本の移動
国家・民族

1　次の図は，日本およびイギリス，中国，フランス，エジプトの1次エネルギーの種類別消費割合を示したものである。中国に該当するものを，図中の①〜④のうちから一つ選べ。

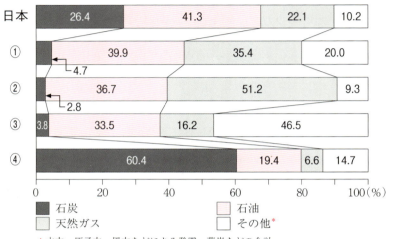

＊水力，原子力，風力などによる発電，薪炭などの合計。
※統計年次は2018年。BP統計「Statistical Review of World Energy 2019」による。

2　次の表中のア〜ウは，水力，地熱，バイオマスのいずれかの発電量上位5か国を示したものである。ア〜ウと再生可能エネルギー名との正しい組合せを，次ページの①〜⑥のうちから一つ選べ。

	1位	2位	3位	4位	5位
ア	アメリカ合衆国	フィリピン	インドネシア	ニュージーランド	メキシコ
イ	アメリカ合衆国	中　国	ドイツ	ブラジル	日　本
ウ	中　国	ブラジル	カナダ	アメリカ合衆国	ロシア

中国には，台湾，ホンコン，マカオを含まない。統計年次は，水力とバイオマスが2016年，地熱が2014年。『自然エネルギー世界白書2017』などにより作成。

	①	②	③	④	⑤	⑥
ア	水　力	水　力	地　熱	地　熱	バイオマス	バイオマス
イ	地　熱	バイオマス	水　力	バイオマス	水　力	地　熱
ウ	バイオマス	地　熱	バイオマス	水　力	地　熱	水　力

1 ④　日本は，エネルギー資源に乏（とぼ）しいため，その大部分を海外からの輸入に依存（いぞん）しているが，特に**石油への依存度が高い**。一方，中国は国内資源が豊富で，特に石炭の産出が多い（**世界最大**）ため，**石炭依存度がきわめて高い**。よって④が中国となる。

①　消費割合のバランスがよいが，これは**石炭，石油，天然ガスをすべて産出するイギリス**で，天然ガスの割合が高いことに注意したい。国土の大部分が古期造山帯（こきぞうざんたい）に属するため，石炭も産出し，石油と天然ガスは北海（ほっかい）で産出する。

②　石炭をほとんど消費せず，**石油と天然ガス**が大部分を占めるため，OAPEC（オアペック）**加盟国のエジプト**であることがわかる。

③　その他の割合が最も大きいが，これは**原子力発電**（げんしりょく）への依存度が高いフランスである。

2 ④　表中の**水力，地熱，バイオマスによる発電量上位国から，再生可能エネルギー名を判定**する問題である。近年は，地球温暖化対策もあって，地球環境に優しい**再生可能エネルギー**の利用が進められている。再生可能エネルギーを利用した発電のうち最も発電量が大きいのは，古くから開発が進められてきた**水力発電**で，**風力発電，太陽光発電，地熱発電**と続く。表中の**ウ**は，包蔵水力（開発可能な水力）に恵まれる**中国，ブラジル，カナダ，アメリカ合衆国，ロシア**が上位にあることから**水力**である。これらの国々は**国土面積も広く**，中国は**長江，黄河**，ブラジルは**パラナ川，アマゾン川**，カナダは**セントローレンス川**や多数の**氷河湖**，アメリカ合衆国は**テネシー川，コロンビア川，コロラド川**，ロシアは**ヴォルガ川，エニセイ川**などの**水資源に恵まれている**。**ア**は，**新期造山帯**に位置し**火山活動**が活発な**アメリカ合衆国（西部），フィリピン，インドネシア，ニュージーランド，メキシコ**が上位を占めるため，**地熱**である。残る**イ**が**バイオマス**である。バイオマスには固体バイオ燃料である**薪炭**や**廃材**，液体バイオ燃料である**バイオエタノール**やバイオディーゼルなどがある。**アメリカ合衆国ではトウモロコシ，ブラジルではさとうきび**を原料とするバイオエタノールの生産が盛んで，発電にも利用されていることに注意したい。

11 工　業

この項目のテーマ

1 工業の発達と工業立地
工業の発達における歴史的変遷と工業立地を理解しよう！

2 各種の工業
さまざまな工業の立地条件と特徴をしっかりつかもう！

1 工業の発達と工業立地

　さぁ，いよいよ工業だよ。今，われわれは必要に応じて，さまざまな製品を手に入れることができるよね。ところが，かつては熟練した職人が少量の製品しか製造できなかったし，交通機関も発達していなかったから，一部の人しか買えなかったんだ。

　世界の工業は家内制手工業から始まり，**工場制手工業**（manufacture）を経て，18世紀後半，**イギリス**で紡績機械（綿花を綿糸にする機械）や**蒸気機関**の発明などの技術革新による**産業革命**［➡ p.187 ］が起こると，**工場制機械工業**に移行し，**大量生産，大量輸送が可能になった**んだ。当初は**綿工業**などの**軽工業**が中心で，徐々に製鉄業や機械工業などの**重工業**が発達したんだ。

　第二次世界大戦後は，**アメリカ合衆国**，**ドイツ**，**日本**などの先進国を中心に鉄鋼・造船・石油化学など**資源多消費型工業**（資源やエネルギーを大量に消費するタイプ）が発展したけど，1970年代の**石油危機**以降は，先進工業国での重工業生産が停滞し，**エレクトロニクス産業**など**知識集約型工業**（高度な技術や知識を必要とするタイプ）に転換していったんだ。現在は，**ICT**（**情報通信技術**）の進歩により工業も大きく変わろうとしているよ。

> 先進国では産業革命後，工業がめざましい発展を遂げたんだよね。じゃあ，発展途上国では工業は発達していないの？

　第二次世界大戦後，発展途上国の一部では工業化が進み，**韓国**，**シンガポール**，**台湾**，**ブラジル**，**メキシコ**などは**NIEs**（**新興工業経済地域**：Newly Industrializing Economies）と呼ばれ，先進国に追いつこうとしているよ。

最近は**BRICs**（**B**razil，**R**ussia，**I**ndia，**C**hina）[➡ p.187 📊]と呼ばれる国々も注目されているね。

ここで，一般的な**発展途上国の工業化**について学習してみよう！

発展途上国が工業を発展させる最初の段階は，それまで**輸入に頼っていた製品を国産化して，国内で販売**することなんだ。比較的簡単に作れる衣類や食料品など日用品がその例だよ。これを**輸入代替型工業**と呼んでいるんだ。ただし，発展途上国は**国内市場が狭い**（国内で，たくさんの製品は売れない）ので，工業生産や販売にも限界があるよね。そこで，次の段階は広い市場をもつ（購買力がある）先進国をターゲットにしようとするんだ。でも発展途上国の工業製品を先進国で売るためには，製品が優秀でなおかつ安くなければいけないということはわかるだろ？　そこで，**発展途上国は先進国の企業を国内に誘致**（**外資導入**）するんだ（**輸出加工区**[➡ p.187 📊]の設置が好例）。

つまり，**先進工業国の資本（企業）**を積極的に受け入れて，**技術を学び，自国の安い労働力**で，安くて優秀な**輸出用製品を製造**できるようにするんだね。これを**輸出指向型工業**と呼んでいて，**韓国やシンガポール**などがその成功例だ。

現在は，**マレーシア，タイ**など**ASEAN**（**東南アジア諸国連合**）諸国や**中国**でも工業化が進んでいて，繊維，家電などの**労働集約的な工業**（多くの労働力を必要とする工業）では世界的に大きなシェアを占めているよ。特に，**近年の中国は急速に工業製品のシェアを伸ばし，「世界の工場」と呼ばれるまでに成長**しているんだ。

> 工業が成立するためにはいろんな**条件**が必要となってくるんだよね。

そうだね。工業を立地させる場合（**工業立地**）には，なるべくコスト（生産費）を安くしようとするんだ。特に，**輸送費**と**労働費**を節約しようとするんだよ。このような立地に関する法則性を最初に考えたのが，ドイツの**ウェーバー**という経済学者だったんだ。

たとえば，**鉄鋼業**など金属工業のように原料となる**資源**をたくさん使う場合，**原料より製品のほうが軽くなる**よね。こういう場合は資源の産地（**原料産地**）に工場を建設すれば，重い資源をなるべく輸送しないで，軽くなった製品を市場に輸送するだけで済むんだ（**原料指向型**）。これだと輸送費が安くて済むので，それだけ製品の価格を安くしたり，たくさんの利益を得ることができるから有利なんだよ。

ところが，**ビール工業**や**清涼飲料水工業**の場合には，原料の中で最も重いのが**水**（どこでも得られると考えた場合）で，しかも瓶や缶に詰めると重量が大きくなるので，**より多く販売できる大都市に立地させたほうが有利**になるんだ（**市場指向型**）。こんなふうに工業の種類によって求められる立地条件の傾向（立地指向）が異なるから，いろいろな**工業立地のタイプ**があるんだね。

　そうかぁ，じゃあこれから**工業の立地**を考えるときは，**原料から製品への過程をよく考えて，どこに立地したらなるべく安く製品ができるか**を考えればいいよね？　でも，工業立地って変化しないの？

　工業立地は，その時代とともに変化していくから，工場はよりいっそう**有利な場所に移動**していくんだ。
　産業革命後は，**蒸気機関**（石炭を燃料）が利用されていたので，**石炭産地**が工業立地には有利だったんだけど，第二次世界大戦後，**原燃料の輸入や製品の輸送に便利な臨海地域**に多くの工場が立地したんだ。
　それから，国内だけでなく**国際的な立地の移動**（**企業の海外進出**）も増えていることに注意しよう。
　たとえば，テレビなどの家電製品を生産する工場もかつてはほとんど**欧米**に立地していたのに，やがて**日本**が中心となり，今は，**より労働力の安いアジアNIEsやASEAN，そして中国へ立地が移動**していったんだ。
　表1に工業立地のタイプをまとめてるので，**どんな業種が，どんな立地を好むか**よく読んでおいてね！　また，近年は多くの部品を生産し組み立てる**加工**

表1　工業立地のタイプ

タイプ	特　徴	例
原料指向型	多くの資源を使用することから，原料の重量が大きくなり，輸送費を節約するため原料産地に立地する。	鉄鋼，セメント，ガラス，製紙・パルプ
労働力指向型	安価な労働力，または高度な技術を持つ労働力への依存度が大きいため，それらの労働力が豊富にあるところに立地する。	繊維，電気機器・自動車などの組立工業
市場指向型	製品の重量が大きくなったり，豊富な情報に依存するため，大市場付近に立地する。	ビール，清涼飲料，印刷・出版，高級服飾品
臨海指向型	輸入原料に依存するため，海上輸送に有利な臨海部に立地する。	石油化学，鉄鋼，造船
臨空港指向型	軽量・小型で高付加価値な製品は，生産費に占める輸送費の割合が小さいため，労働力や土地が得やすい地方空港周辺に立地する。	ICなどのエレクトロニクス製品

組立工業の発展によって、一つの企業内で各地の工場が部品の生産、完成品の組み立てなど役割を分担する**企業内地域間分業**も進んでいるよ。

👆 **産業革命**　18世紀後半に**イギリス**で始まった、道具から機械の使用への技術革新をいう。動力源が従来の人力から水力や**蒸気機関**に変わり、**工場制機械工業**のもとで**大量生産**が可能になった。さらには、**蒸気船**、**蒸気機関車**の普及（19世紀半ば）により、**大量かつ広範囲に物資を運搬することができるようになったため**、飛躍的な経済発展をもたらした。

👆 **フォードシステム**　**アメリカ合衆国**の自動車王と呼ばれたヘンリー・フォードが生み出した**大量生産方式**で、世界の工業立地や加工組立工業の発展に大きな影響を与えた。製造作業を分業化し、組み立てラインでの**流れ作業**で組み立てることにより、**少品種大量生産を可能**にした。

👆 **輸出加工区**　先進国を中心とする**外国企業を誘致**（**外資導入**）するため、各種の**税金を免除する**など**優遇措置**をとる地域で、たとえば、輸出を前提として製品をつくる場合、原燃料や部品を輸入する際の関税を免除する。中国の**経済特区**（**シェンチェン、チューハイ、アモイ、スワトウ、ハイナン島**）もほぼこれに該当する。

👆 **工業の集積と分散**　工場は有利な立地条件を備えた特定地域に集積し、工業地域を形成する。ここでは港湾、道路、上下水道などの**インフラストラクチャー**（産業基盤）**を共同使用**することが可能で、**関連産業**や**下請企業**との連携も容易になる（**集積の利益**）。しかし、過集積により、地価の高騰など立地条件が悪化すると分散しようとする。

👆 **BRICs**　近年、経済成長がめざましい**ブラジル**（Brazil）、**ロシア**（Russia）、**インド**（India）、**中国**（China）の頭文字を用いた新語。いずれも**人口・資源大国**で、将来の経済規模は先進国に匹敵すると予想されている。最近では**南アフリカ共和国**（South Africa）を加え、BRICS と表記する場合もある。

ポイント　工業の発達と工業立地

❶ 18世紀後半の**イギリス**における**産業革命**後、**大量生産**が可能になり、**先進国**では飛躍的に工業が発展した。

❷ 第二次世界大戦後、**NIEs**、**ASEAN**、**中国**など発展途上国の一部では**工業化**が進んでいる。

❸ **工業**は、より有利なところに立地（**工業立地**）しようとするが、時代とともに変化する。

系統地理

大地形

小地形

地形図

気候要素と気候因子

気候区分と植生・土壌

降水と海洋

農業

林業・水産業

エネルギー・鉱産資源

工業

地域開発と環境問題

人口

村落と都市

商業・観光業

交通・通信

貿易と資本の移動

国家・民族

2 各種の工業

　工業立地をマスターしたところで，次は**各種工業**の特徴をつかんでいこう！

　まずは，われわれの日常に欠かせない衣類などを生産する<u>繊維工業</u>から説明していこうね。繊維工業の中でも<u>綿工業</u>の占める割合は，**化学繊維工業**に次いで大きいよ。特に**産業革命期には中心的な工業**となり，今でも**発展途上国の工業化の初期段階では重要な工業**なんだ。比較的簡単にできるし，綿製品は世界中どこでも季節を問わずたくさん売れるからね。

　綿工業は，**安価で豊富な労働力**を必要とするのが特徴だよ。戦前は欧米先進国が，戦後は日本が中心的な役割を果たしていたけど，**表2**のように現在は<u>中国</u>，<u>インド</u>，<u>パキスタン</u>の生産が圧倒的に多いんだ。

表2　綿織物の生産　　　表3　化学繊維の生産

世界計　1,723万トン　　世界計　6,358万トン

国　名	生産量に占める割合（％）
中　国	32.5
イ ン ド	29.3
パキスタン	18.9
インドネシア	4.5
ブラジル	3.7

国　名	生産量に占める割合（％）
中　国	81.7
イ ン ド	8.6
（台　湾）	2.6
韓　国	2.2
日　本	0.9

※統計年次は綿織物が2014年，化学繊維が2018年。

> 繊維生産に占める**中国**の割合って**綿織物**，**化学繊維**などとほとんど全部**世界最大**なんだねぇ。確かに日本で販売されている衣類も中国製が多いもんなぁ。ちょっと気になることがあるんだけど，**オーストラリアは羊毛の生産が世界最大級**だよね。毛織物の生産上位国には入らないの？

　確かに，そうだよね。ただ繊維の場合は軽いから，輸送費がそんなにかからないんだ。**オーストラリアは羊毛の生産が多い**んだけど（**中国に次いで2位**，2013年），繊維工業にとって重要な<u>「**安価で豊富な労働力**」が不足</u>しているから，国内で毛織物製品に加工するより，羊毛のまま輸出をするほうが有利なんだね（人口は約**2,500万人**と少ないことに注意！）。**羊毛の輸出は，世界最大**だよ（2013年）。それから，大丈夫だとは思うけど1つ確認しておくね。羊毛生産は，羊の毛を刈りいれた羊毛の量，毛織物生産は君が秋冬に着るニット（セーター），ジャケット，マフラーなどの毛織物製品の生産量のことだから，混同しないでくれよ！　わかった？

次は，**金属工業**の代表である**鉄鋼業**の話をしよう！　鉄は，機械，船舶，自動車，建築物などの素材として，現在の社会にとって必要不可欠のものだ。**近代工業の基幹産業**であった鉄鋼業には，**鉄鉱石**と**石炭**が必要なことは知ってるよね？　鉄鉱石の中から金属の鉄を取り出す（鉄鉱石中の酸化鉄を還元する）ためには炭素が必要なので，溶鉱炉に鉄鉱石と石炭から作られた**コークス**（石炭を乾留した炭素物質）を入れなければならないんだ。難しく考えないで，<u>**溶鉱炉に鉄鉱石と石炭を入れて高温で処理すると，鉄が取り出せる**</u>と考えたらいいよ。

　取り出した鉄は銑鉄（iron）といい，炭素などの不純物が多いためもろく，不純物を除去すると**鋼鉄**（steel）というしなやかで強い金属になるんだ。鋼鉄は圧延（加工）されて鋼板や鋼管などの鋼材になるけど，現在は，鉄鉱石・石炭➡銑鉄➡鋼鉄➡圧延までを連続して行える**銑鋼一貫工場**が主流になっているよ［**図1**］。

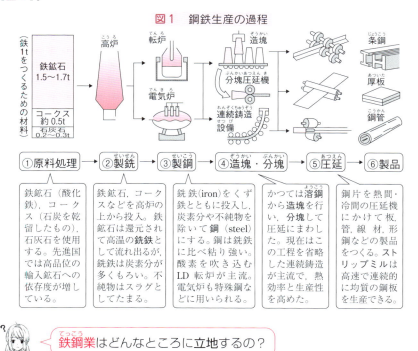

図1　鋼鉄生産の過程

系統地理

大地形

小地形

地形図

気候要素と気候因子

気候区分と植生・土壌

降水と海洋

農業

林業・水産業

エネルギー・鉱産資源

工　業

地域開発と環境問題

人口

村落と都市

商業・観光業

交通・通信

貿易と財の移動

国家・民族

鉄鋼業はどんなところに**立地**するの？

　20世紀の初めは1トンの鉄を作るのに約4トンの石炭と約2トンの鉄鉱石が必要だったんだ。ということは，原料の中で最も重量が大きい石炭の産出地に

立地すると，輸送費が節約できていいよね。だから**ピッツバーグ（アパラチア炭田）やエッセン（ルール炭田）**など**古くからの鉄鋼業地は炭田立地が多い**んだね。現在は技術革新が進み，約0.5トンのコークス（石炭だと約0.8〜1.0トン）と約1.5〜1.7トンの鉄鉱石で，1トンの鉄ができるので，**鉄鉱石産地（鉄山立地）**か，**鉄鉱石の輸入や製品の輸送に便利な臨海地域に立地（臨海立地）**することになるんだ。ただ，**先進国では国内の鉄鉱石が枯渇**している国が多いので，比較的**新しくできた製鉄所は臨海立地が多い**よ。

表4　鉄鋼業の立地型

立地型	例
炭田立地	ピッツバーグ（アパラチア炭田），エッセン（ルール炭田）
鉄山立地	アンシャン（アンシャン鉄山），メス，ナンシー（ロレーヌ鉄山）
炭田・鉄山共存立地	バーミンガム（イギリス），バーミンガム（アメリカ合衆国）
臨海立地	ダンケルク，フォス（以上フランス），タラント（イタリア），ブレーメン（ドイツ），フィラデルフィア，スパローズポイント（以上アメリカ合衆国），パオシャン（中国），ポハン（韓国），日本の製鉄所

 鉄鋼業の立地はバッチリだよ！　じゃあ，鉄鋼（steel）の生産はどんな国で行われているの？

　鉄鋼業には，広い敷地や大規模な装置のための巨額な資本と技術が必要なんだ（**資本集約型**）。だから，古くから鉄鋼業が発達していた国は，やっぱり**アメリカ合衆国**や**ドイツ，フランス，イギリス，日本**などの**先進国**だったんだねでも石油危機以後は，**韓国**，ブラジルなどの**NIEs**や，資源が豊富で労働力や土地が安い**中国**の伸びが著しいんだよ［**図2**］。

　最後にひと言！　受験生の中には，**原料の鉄鉱石と製品の鉄鋼**を，入試当日まで混同したまま臨む人がいるけれど，「原料」は「原材料」で，そこから「製

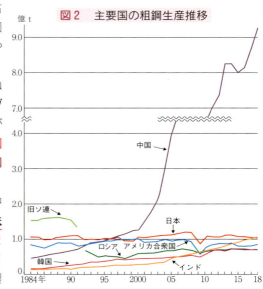

図2　主要国の粗鋼生産推移

品」である「鉄鋼」が作られるので，「別物」なんだよ。君たちは絶対に間違えないでね！

じゃあ，次は**アルミニウム工業**の説明をしよう。**アルミニウム**は軽くてさびにくいので，航空機，自動車などいろんな用途に利用されているよ。アルミニウム１トンを生産するのに，原材料の**ボーキサイト**が約４トン必要だから，原料産地に立地しそうだけど，精錬の過程で**大量に**<u>電力</u>**を使用**するので，電力費が安いところに立地（**電力指向型**）するんだ。**電力費が安い地域とは，化石燃料などのエネルギー資源が豊富な国や水力発電が盛んな国**だね。

表5のアルミニウム生産の上位国を見るとそれがはっきりわかるよ！　**中国，ロシア，アメリカ合衆国，オーストラリア**（ボーキサイトも採れるけどね）などは化石燃料の豊富な国々，**カナダ，ノルウェー，アイスランド，ブラジル**は<u>水力発電</u>が盛んな国々だよ。

表5　アルミニウムの生産上位国

国 名	生産量（万トン）	割合（%）
中　　　　　国	3,272	54.7
ロ　シ　ア	358	6.0
イ　ン　ド	327	5.5
カ　ナ　ダ	321	5.4
Ｕ　Ａ　Ｅ	260	4.3
オーストラリア	145	2.4
ノ ル ウ ェ ー	123	2.0
バ ー レ ー ン	98	1.6
アイスランド	87	1.5
ブ ラ ジ ル	80	1.3
サウジアラビア	76	1.3
⋮	⋮	⋮
世 界 計	5,980	100.0

※統計年次は2017年。

鉄鋼業では日本も上位生産国に入ってたけど，**アルミニウム**生産では出てこなかったね。日本ではやってないの？

そうだね，今は大部分をアルミニウム地金や合金として，**ロシア，中国，オーストラリア，UAE，アメリカ合衆国などから輸入している**よ。高度成長期には，鉄鋼とともに日本の代表的な工業だったけれど，<u>2度の</u>**石油危機後**，<u>電力費が高騰</u>して国内では採算がとれなくなってしまったんだ [**図4** ➡ p.192]。

図3　アルミニウムの生産工程

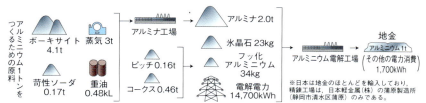

次は，**機械工業**の話に移ろう！　**加工組立型工業**の代表だね。機械工業にも

いろんな種類があって，**工作機械**（機械を製造するための機械で，**最先端の技術が必要**だよ）に代表される**一般機械**，テレビなど家電を中心とする**電気機械**，自動車を中心とする**輸送用機械**，**精密機械**，コンピュータなどの**エレクトロニクス産業**などがあるんだ。ここでは，電気機械と輸送用機械，そしてエレクトロニクス産業を例に説明していこう！

　家電などの**電気機械工業**では，**研究・開発部門は先進国**がリードしているけれど，**量産部門は安価で豊富な労働力をもつ発展途上国**の伸びがすごいよ。**韓国**などの NIEs，**マレーシア**などの ASEAN，そしてテレビなどの**家電製品の最大の生産国である中国**がこれに当たるね［**表6**，**表7**］。

図4　主要国のアルミニウム生産推移

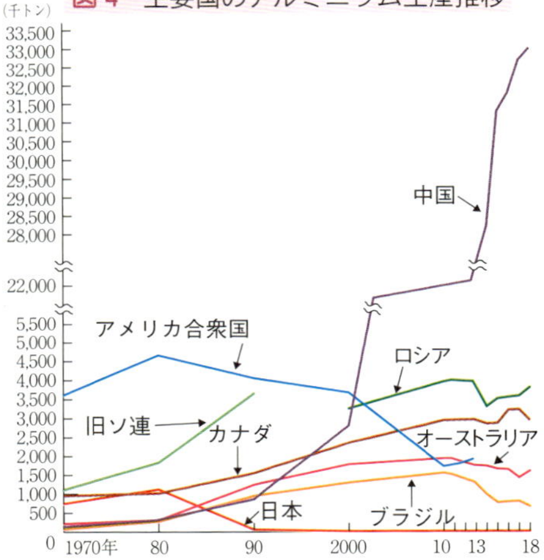

（千トン）

（縦軸目盛）33,500 / 33,000 / 32,500 / 32,000 / 31,500 / 31,000 / 30,500 / 30,000 / 29,500 / 29,000 / 28,500 / 28,000 / 22,000 / 5,500 / 5,000 / 4,500 / 4,000 / 3,500 / 3,000 / 2,500 / 2,000 / 1,500 / 1,000 / 500 / 0

中国
アメリカ合衆国
旧ソ連
カナダ
ロシア
オーストラリア
日本
ブラジル

1970年　80　90　2000　10 13　18

表7　主な電子機器の生産上位国（2015年）

パーソナルコンピュータ（PC）

国　名	生産台数(万台)	割合(%)
中　　　国	27,039	98.2
日　　　本	371	1.3
韓　　　国	130	0.5
世界計	27,544	100.0

ハードディスクドライブ（2014年）

国　名	生産台数(万台)	割合(%)
タ　　　イ	22,034	39.5
中　　　国	19,863	35.6
マ レ ー シ ア	7,474	13.4
世界計	55,756	100.0

携帯電話※

国　名	生産台数(万台)	割合(%)
中　　　国	139,569	78.6
ベ ト ナ ム	19,075	10.7
韓　　　国	6,415	3.6
世界計	177,487	100.0

表6　工作機械の生産と輸出入

国　名	生産	輸出	輸入
中　　　国	22,900	3,200	8,600
ド イ ツ	12,450	8,792	2,731
日　　　本	12,175	8,817	906
韓　　　国	4,317	2,342	1,407

※単位百万ドル。統計年次は生産が2014年，輸出入が2015年。日本の輸出入のみ2018年。

※スマートフォンを含む。

家電製品の生産が発展途上国ですごく伸びているというのは知ってたよ。でも**自動車**は，まだまだ先進国での生産が多いと思うんだけど？

系統地理

大 地 形

小 地 形

地 形 図

気候要素と
気候因子

気候区分と
植生・土壌

陸水と海洋

農 業

林業・
水産業

エネルギー・
鉱産資源

工 業

地域開発と
環境問題

人 口

村落と都市

商業・
観光業

交通・通信

貿易と
資本の移動

国家・民族

図5　主要国の自動車の生産推移

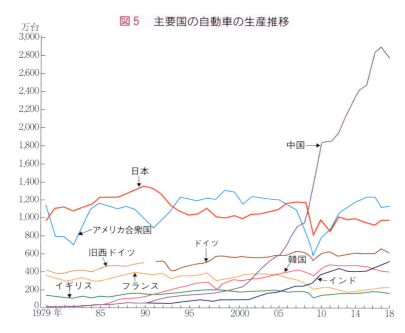

万台

表8　自動車の生産　（千台）

年次	1990		2018			
国名	乗用車	トラック・バス	乗用車	トラック・バス	合計	％
中　　　　国	93	380	23,529	4,280	27,809	29.0
ア メ リ カ	6,077	3,703	2,796	8,519	11,315	11.8
日　　　　本	9,948	3,539	8,358	1,370	9,729	10.2
ド　イ　ツ	4,813	350	5,120	−	5,120	5.3
イ　ン　ド	177	188	4,065	1,110	5,175	5.4
メ キ シ コ	598	222	1,576	2,525	4,101	4.3
韓　　　　国	987	335	3,662	367	4,029	4.2
ブ ラ ジ ル	663	251	2,387	493	2,880	3.0
タ　　　　イ	177	188	877	1,291	2,168	2.3
カ　ナ　ダ	1,098	849	656	1,365	2,021	2.1
⋮	⋮	⋮	⋮	⋮	⋮	⋮
世　界　計	36,261	12,522	70,568	25,575	95,706	100.0

世界自動車統計年報 2019 および OICA（国際自動車工業連合会）ウェブサイト

　そのとおりだね。**自動車工業**はものすごくたくさんの部品（なんと２万点以上！）からなる**総合組立工業**の一つで，**巨額な資本と高度な技術が必要**なんだ。鉄鋼，ガラス，ゴム，電子機器なども発達していなければ部品が調達できないし，それを組み立てる**熟練労働力**も必要になるから，かなりハイレベルな工

11　工　業 **193**

業なんだよ。また，**組立工場**の周辺には，**下請工場**や**関連企業**も必要になるし（**集積指向型**），先進国から発展途上国へ簡単に技術移転はしにくいからね。だから**図5**［➡ p.193］のように，先進国が上位を占めていたんだ。

自動車はヨーロッパで発明されたんだけど，実際に**モータリゼーション**（自動車が人々の生活必需品として大衆化すること）が最初に進んだのは<u>アメリカ合衆国</u>だったんだよ。だから

表9　自動車の輸出推移

国　名	1990年 (万台)	2018年 (万台)
日　　　本	583	482
ド　イ　ツ	210	399
フ ラ ン ス	277	637
韓　　　国	35	245
メ キ シ コ	…	345
アメリカ合衆国	95	284
ス ペ イ ン	132	230

※1990年のドイツは西ドイツの統計。
※フランスおよびアメリカは2017年の統計。

アメリカ合衆国の自動車産業は常に世界のトップクラスにいるんだ。<u>日本も石油危機以降</u>，品質の高い（故障しにくいということ）**低燃費の小型車**に注目が集まり，**1980年代から急成長し日本の**<u>基幹産業</u>**になった**んだ。

最近，成長が著しいのは<u>中国</u>，韓国，インド，メキシコ，ブラジル，タイ，カナダだね［**表8** ➡ p.193］。特に，カナダ，メキシコ，スペインは外国企業の進出によるものが大きいよ。**カナダとメキシコはアメリカ合衆国の資本**，タイは ASEAN 諸国や日本の資本が多いんだ。ただ2008年末からの世界的な不況の影響を受けて，アメリカ合衆国や日本の自動車産業もかなり深刻なダメージを受けたよなぁ。だけど，例外的に躍進したのは中国だ！　**2009年からは，ついに**<u>中国</u>**が日本，アメリカ合衆国を抜き世界最大の生産国**になっているよ。**国内市場が中心**だけど，経済発展によって購買力がある消費者が急増しているんだね［➡ p.193 **図5**，**表8**］。

次は<u>エレクトロニクス産業</u>の話をしようね！

近年は，新しい分野の技術革新が進み，**集積回路**（IC）や**コンピュータ**など電子部品や機器の需要が増えてるよね。これらの<u>先端技術産業</u>は新製品の開発による企業間の競争が激しく，**研究開発部門が重要**になるんだ（今，本書を読んでいる君たちの中からも多くの研究者が出るんだろうなぁ。楽しみです！）。

研究開発に必要な<u>資本</u>と<u>高度な技術</u>（**ハイテク**）をもっている**アメリカ合衆国や日本などの先進国**がリードをしているんだけど，**量産**部門では，**安価で良質な労働力**がある **NIEs や ASEAN，中国，インドなど発展途上国にも工場が多く進出**していることに注意しようね！　パーソナルコンピュータの生産台数は<u>中国</u>が世界最大（世界総生産のなんと**約98％**！）だもんなぁ。

また，最近は情報化の進展に伴う ICT（<u>情報通信技術</u>：Information and

Communication Technology）の進歩によって，携帯電話やスマートフォンなどの通信機器やインターネット用コンピュータなど，**ICT関連の製品開発**が進んでいることも忘れないでね。

僕も大学に入ったら，パソコンを買って，自由自在に使いこなせるようになるんだ o(^_^)o。ところで，アメリカ合衆国にはサンフランシスコ周辺に**シリコンヴァレー**と呼ばれる**エレクトロニクス産業の集積地**があったよね？　日本ではどこで発達しているの？

研究開発部門は，施設が整い，高学歴労働力も得やすい首都圏**に集中している**ね。

ここで重要なポイントは，エレクトロニクス製品は**軽量**で**高付加価値**だから，**生産費に占める輸送費の割合が小さい**ということだよ。つまり輸送費がたいしてかからないので，多少遠距離であっても，**空港**や**高速道路**を利用することができるから，**IC生産**などの**量産部門**は，土地や労働力が安く，空港が整備されている**九州**（**シリコンアイランド**）や高速道路が整備されている**東北**（**シリコンロード**）に工場が多く進出しているんだよ。

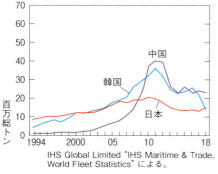

図6　世界の造船竣工量
（100総トン以上の鋼船）

IHS Global Limited "IHS Maritime & Trade, World Fleet Statistics" による。

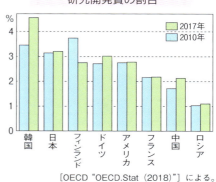

図7　主な国のGDPに占める
研究開発費の割合

[OECD "OECD.Stat（2018）"] による。

じつは，ここにも出てきているけど，共通テストでは日本の地理が頻出なんだ。あと回しにしがちなところだけど，本書の「地誌分野」では手厚く書いているので，しっかりおさえておこうね！

系統地理

大地形
小地形
地形図
気候要素と
気候因子
気候区分と
植生・土壌
陸水と海洋
農業
林業・
水産業
エネルギー・
鉱産資源
工業
地域開発と
環境問題
人口
村落と都市
商業・
観光業
交通・通信
貿易と
資本の移動
国家・民族

表10　その他の工業のまとめ

業　種	特　徴
石油化学工業	石油産出地や輸入港付近に立地。広大な敷地と大規模な装置が必要（資本集約型の装置工業）。アメリカ合衆国，日本，中国，韓国などで発達。
造　船　工　業	韓国と日本の生産が多かったが，近年は中国が急増し，現在は，この3か国で世界生産の90％以上。石油危機後，先進国では不況業種となる。日本は高性能・高付加価値製品，中国と韓国は安価な製品が中心。
航　空　機　工　業	軍需産業と結びついて発展したため，アメリカ合衆国の生産が多いが，EU諸国は共同開発で対抗。
製　紙・パ ル プ 工 業	木材からパルプ（繊維）を抽出し，紙に加工。原料立地（森林資源）と，大量に処理用水を必要とする用水立地もある。パルプ生産はアメリカ合衆国，ブラジル，中国，カナダ，輸出はブラジル，カナダ。ブラジルが急増し首位。古紙の利用も進み，東京など大消費地にも立地。古紙回収率は，日本などの先進国で高い。
セメント工業	石灰岩を主原料とする。中国（58.2％，2016年）での生産が多いが，日本でも石灰岩が産出するため，石灰岩産地に立地。

ポイント 各種の工業

❶ 綿工業などの繊維工業は，豊富で安価な労働力に依存するため，中国，インドなどの発展途上国での生産が多い。

❷ 鉄鋼業は，かつて先進国での基幹産業であったが，近年は国内資源の枯渇や生産費の高騰で，中国の成長が著しい。

❸ エレクトロニクスなどの先端技術産業は，巨額な資本とハイテクを持つ先進国がリードしているが，近年は発展途上国でも量産部門の生産が増加している。

チェック問題　標準

　次ページの表は，いくつかの国について，製造業の雇用者1人当たりの工業付加価値額＊とGDP（国内総生産）に占める鉱工業の割合を示したものであり，表中の①〜④は，韓国，スイス，中国＊＊，メキシコのいずれかである。韓国に該当するものを，①〜④のうちから一つ選べ。

＊生産額から，資金を除く原材料費などの諸費用を差し引いた，新たに作り出された価値の金額で，各国の経済発展と関係している。

＊＊台湾，ホンコン，マカオを含まない。

	製造業の雇用者１人当たりの工業付加価値額（ドル）	GDPに占める鉱工業の割合（％）
①	10,110	21.5
日　本	7,374	20.5
②	6,046	33.5
③	1,482	31.3
④	1,063	39.8

統計年次は2011年。
International Yearbook of Industrial Statistics などにより作成。

解答・解説　　②　　問いは，**製造業の雇用者１人当たり工業付加価値額**と**GDPに占める鉱工業の割合**のデータから韓国を選ばせるものである。**工業付加価値額**という指標は，共通テストで出題される可能性がある指標で，**工業生産額から，資金を除く原材料費などの諸費用を差し引いた金額**で，製品化することによって新たに生み出された付加価値の金額である。本問では「製造業の雇用者１人当たりの工業付加価値額」とあるので，**経済発展している国ほど**（言い換えると先進国ほど）**高付加価値な工業製品を製造している**と考えられるので，この値が最も高い①が先進国の**スイス**，最も低い④が発展途上国の**中国**で，判定は容易である。残る②と③が韓国かメキシコである。アジア NIEs の**韓国**と**ラテンアメリカ NIEs** の**メキシコ**の判定は，やや迷ったかもしれない。②と③を比べると，工業付加価値額がかなり②で高いため，②に該当する国は，高付加価値製品を製造していると考えると，②が**韓国**，③が**メキシコ**である。アジア NIEs とラテンアメリカ NIEs では，経済発展のレベルを測る基礎的な指標である**１人当たり GNI（国民総所得）で比較しても，アジア NIEs が圧倒的に大き**いことを忘れないようにしたい（韓国は約28,000ドル，メキシコは8,600ドル程度，2017年）。GDP（国内総生産）に占める鉱工業（つまり第２次産業）の割合が，スイスや日本で低いのは，**脱工業化（サービス経済化）**が進み，**第３次産業の生産額が大きくなっている**からである。同じ指標を使っても，**スイスや中国を選ばせると高得点者が多くなるが，韓国やメキシコを選ばせると誤答が多くなる。これが共通テストだ！**

系統地理

大地形

小地形

地形図

気候要素と気候因子

気候区分と植生・土壌

降水と海洋

農業

林業・水産業

エネルギー・鉱産資源

工業

地域開発と環境問題

人口

村落と都市

商業・観光業

交通・通信

貿易と資本の移動

国家・民族

12 地域開発と環境問題

この項目のテーマ

1 地域開発
地域開発は，人間の生活や自然環境にどんな影響を与えたのだろう？

2 環境問題
環境問題の原因・影響を理解し，環境問題に対する取り組みについて考えてみよう！

1　地域開発

　人間は，古くから**自然環境の制約**を受けながら生活を営んできたんだ。人間の都合のよいように，地形や気候ができているわけではないので，そのときどきで工夫をしたり，自然の小規模な改変をしたりしながら，うまくつきあってきたわけだね。

　ところが，**産業革命後**，**工業化が進展**し，資本の蓄積や技術革新が進むと，国家による**大規模な地域開発**が行われるようになったんだ。地域開発は**地域の産業の振興に貢献**し，人々の暮らしを豊かにしてきたんだけど，**環境破壊**というマイナスの側面もあることに注意しながら，学習を進めていこうね。

　人間は古代よりずっと河川の恩恵を受けながら生活してきたんだよね。もっともっと河川の持つ力を引き出そうとして，河川の総合開発が行われるようになったと思うんだけど，最初の本格的な**河川総合開発**はどこで行われたの？

　第二次世界大戦前，**アメリカ合衆国**では世界恐慌による景気・失業対策として，大規模な公共事業を実施したんだ。このとき，開発の対象になったのが**テネシー川**だったんだ。最初の本格的な**河川総合開発**で，その後の河川総合開発のモデルになったんだよ。

　開発の対象となる河川はそのほとんどが**洪水**を多発する荒れ川で，テネシー川もその一つだったんだ。そこで多くの**多目的ダム**を建設し，**洪水防止**，**発電**，**灌漑**，**工業用水の確保**，**水運の安定**などを目指したんだよ。これによって農村

の近代化が進み，農地も拡大し，さらにはアルミニウム工業や原子力工業などﾞ<ruby>原子力<rt>げんしりょく</rt></ruby>工業なども立地するなど，**地域の活性化**に大きく<ruby>貢献<rt>こうけん</rt></ruby>したんだ。

表1に世界の河川総合開発をまとめておくので，**図1**［➡ p.200］で**河川の位置**と，何のために行われた地域開発なのかを確認しておこう！

表1　世界の河川総合開発の例

地域開発	国　名	特　色
テネシー川	アメリカ合衆国	世界恐慌に伴う景気・失業対策（ニューディール政策）と地域経済活性化のため，TVA（テネシー河谷開発公社）を設立し，多数の**多目的ダム**を建設。**農地拡大と工業化**（オークリッジの原子力工業，アルコアのアルミニウム工業など）が進展。
コロラド川	アメリカ合衆国	多目的ダムを建設し，ロサンゼルスへの電力・用水の供給。インピリアルヴァレーの灌漑による耕地化。
コロンビア川	アメリカ合衆国	多目的ダムを建設し，コロンビア盆地の灌漑による**小麦**地域の拡大。シアトル，ポートランドに**電力供給**。
ダモダル川	インド	多目的ダムを建設し，その電力を利用して，石炭，鉄鉱石を開発。インド有数の重工業地帯（ジャムシェドプル，アサンソル）を形成。
黄　河	中　国	サンメンシヤダムなど多数の多目的ダムを建設。洪水の防止や耕地拡大。
長　江	中　国	サンシヤダムの建設により周辺地域への電力，用水供給。
ナイル川	エジプト	アスワンハイダムの建設により洪水の防止，発電，灌漑による耕地の拡大。
ヴォルタ川	ガーナ	アコソンボダムを建設し，耕地の灌漑とアルミニウム工場へ電力供給。
ザンベジ川	ザンビア〜ジンバブエ	カリバダムを建設し，カッパーベルトの銅鉱を精錬するため工場へ電力供給。

河川総合開発には，マイナスの側面もあるって，さっき言ってたけど，いったいどんなことが起こるの？　想像ができないなぁ？

わかったよ。では，**ナイル川**を例にとって説明していこう！

ナイル川は古代エジプトの時代から，洪水による<ruby>飢饉<rt>ききん</rt></ruby>と豊作をもたらしてきたことは知ってるだろう？　国土の大半が**BW**（**砂漠気候**）で，とんでもなく年降水量が少ない**エジプト**だけど，**赤道付近から流れて来る外来河川のナイル川**のおかげで**穀物栽培**など食料生産が可能だったんだね。反面，毎年**洪水**に見舞われることから被害もスゴイ！　そこで，1971年に**エジプトはアスワンハイダム**を完成させたんだ。**洪水の防止**だけでなく，年間を通じての**灌漑**を可能にし，耕地面積は拡大したよ。さらに**水力発電**による電力<ruby>供給<rt>きょうきゅう</rt></ruby>によりアルミニウム工業などを成立させたんだ。

これだけ聞くといいことばっかりなんだけど，そうもいかなかったんだ。洪

大地形

小地形

地形図

気候要素と気候因子

気候区分と植生・土壌

陸水と海洋

農　業

林業・水産業

エネルギー・鉱産資源

工　業

地域開発と環境問題

人　口

村落と都市

商業・観光業

交通・通信

貿易と資本の移動

国家・民族

水の際に今まで上流から供給されていた**肥沃な土が減少**し，**耕地の肥沃度が低下**してしまったんだよ。洪水が起きなくなったから，灌漑耕地での**塩害**も深刻化してるしねえ（洪水時に塩を洗い流していた）。さらに，ナイル川の河口付近は好漁場だったんだけど，上流からの土などに含まれている栄養分が供給されなくなったために**沿岸漁業が衰退**したんだ。

そしてついには，地形まで改変してしまったんだ！　ナイル川は，河口に大規模な**三角州**を形成しているんだけど，**ダムの建設で土砂の供給が減ったため，海岸線が侵食され，三角州も縮小**しているんだ。

このように地域開発は思いもよらない環境問題をも招いてしまう可能性があるので，実施には十分な注意が必要なんだよ。

図1　世界の主な地域開発

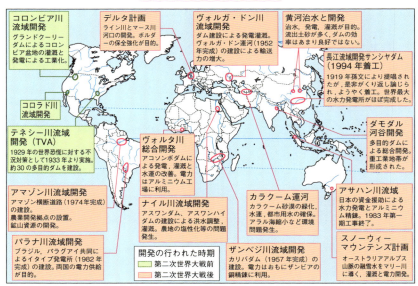

コロンビア川流域開発
グランドクーリーダムによるコロンビア盆地の灌漑と発電による工業化。

コロラド川流域開発

テネシー川流域開発（TVA）
1929年の世界恐慌に対する不況対策として1933年より実施。約30の多目的ダムを建設。

アマゾン川流域開発
アマゾン横断道路（1974年完成）の建設。農業開発拠点の設置。鉱山資源の開発。

パラナ川流域開発
ブラジル，パラグアイ共同によるイタイプ発電所（1982年完成）の建設。両国の電力供給が目的。

デルタ計画
ライン川とマース川河口の開発。ポルダーの保全強化が目的。

ヴォルタ川総合開発
アコソンボダムによる発電，灌漑と水運の改善。電力はアルミニウム工場に利用。

ナイル川流域開発
アスワンダム，アスワンハイダムの建設による洪水調整，灌漑。農地の塩性化等の問題発生。

ヴォルガ・ドン川流域開発
ダム建設による発電灌漑。ヴォルガ・ドン運河（1952年完成）の建設による輸送力の増大。

カラクーム運河
カラクーム砂漠の緑化，水運，都市用水の確保。アラル海縮小など環境問題発生。

ザンベジ川流域開発
カリバダム（1957年完成）の建設。電力はおもにザンビアの銅精錬に利用。

黄河治水と開発
治水，発電，灌漑が目的。流出土砂が多く，ダムの効率はあまり良好ではない。

長江流域開発サンシヤダム（1994年着工）
1919年孫文により提唱されたが，是非がくり返し論じられ，ようやく着工。世界最大の水力発電所がほぼ完成した。

ダモダル河谷開発
多目的ダムによる総合開発。重工業地帯が形成された。

アサハン川流域
日本の資金援助による水力発電とアルミニウム精錬。1983年第一期工事終了。

スノーウィーマウンテンズ計画
オーストラリアアルプス山脈の融雪水をマリー川に導き，灌漑と電力開発。

開発の行われた時期
第二次世界大戦前
第二次世界大戦後

ポイント　地域開発

❶ **河川総合開発**は，**多目的ダム**の建設により，**電力**や**用水**の供給を可能にしたため，地域の農業や工業の発展に貢献した。

❷ 大規模な開発は，**環境**の破壊や**災害**の一因となっている。

❷ 環境問題

　人間はより生活を豊かにするためにさまざまな経済活動を行ってきたよね。その代償として地球環境に大きな負担をかけてきたんだ。これこそ，今われわれが直面している**環境問題**だよ。

　世界の環境問題には，比較的狭い地域で発生する**公害**もあるけど，**砂漠化**や**酸性雨**のように数か国の国境をまたぐような広い地域にみられるものもあるね。さらには**地球温暖化**のように地球全体に影響を与えるグローバルなものまで多様な環境問題が存在するんだ。では，現実に起こっている世界の環境問題を真正面からとらえていこう。

> **環境問題**は自分たちのこととして真剣に考えていかなければいけない問題だね。**環境問題**って**先進国**と**発展途上国**の状況は同じなの？

　うーん，なかなかいい質問だね。

　確かに，**先進国の高度な経済活動による環境問題**と**発展途上国の人口急増と貧困から生じる環境問題**は分けて考えてみる必要があるね。

　じゃあ，まず**先進国の環境問題**について話をしよう。

　先進国では，原料やエネルギー資源を大量に消費することにより，経済的な豊かさを実現してきたよね。でも産業活動に伴ってさまざまな環境問題が生じてきたんだ。その典型が**公害**と呼ばれる局地的な汚染だ。

　日本でも，**高度成長期**に**四大公害**［表2］が大きな社会問題となり，公害対策（1967年に**公害対策基本法**を制定，現在は**環境基本法**）が本格的に実施されるようになったんだ。その後，日本をはじめとする先進国では，企業の責任が追及され，**公害防止設備の義務化**や**環境基準の引き上げ**による各種規制強化によって**公害を減少**させてきたんだよ。

表2　日本の四大公害のまとめ

公害病	原　因	主な汚染地域
水俣病	化学工場が排出した**有機水銀**	熊本県水俣湾沿岸
新潟水俣病	化学工場が排出した**有機水銀**	新潟県阿賀野川流域
イタイイタイ病	亜鉛精錬時に排出された**カドミウム**	富山県神通川流域
四日市ぜんそく	石油化学コンビナートから排出された**亜硫酸ガス**	三重県四日市市周辺

　このようにして，産業公害は沈静化していったんだけど，生活の物質的な豊

系統地理

大地形

小地形

地形図

気候要素と
気候因子

気候区分と
植生・土壌

陸水と海洋

農業

林業・
水産業

エネルギー・
鉱産資源

工業

地域開発と
環境問題

人口

村落と都市

商業・
観光業

交通・通信

貿易と
資本の移動

国家・民族

かさによる環境破壊が生じているんだ。たとえば，生活排水による湖沼や内湾の富栄養化（窒素やリンが養分となり，水中の藻やプランクトンを増殖させ，赤潮などの原因となるよ）やゴミ処理問題などのことだ。

　また，道路・ダム建設や干潟の埋め立ては，一時的な地域の活性化には有効だけど，環境への負担を考えると十分な配慮が必要になるよ。

 そうかぁ，先進国では，公害は沈静化しているんだね。酸性雨やオゾン層の破壊も先進国の経済活動によるところが大きいんじゃないの？

　確かにそうだね。じゃあ，まず酸性雨からやってみよう！　雨はもともと大気中の二酸化炭素を含んでいるから，やや酸性なんだ。その雨が，工場や自動車の排ガスに含まれる硫黄酸化物（SOx）や窒素酸化物（NOx）と反応して，硫酸や硝酸となって降り注ぐんだ。このようにして生じたpH（水素イオン濃度）5.6以下の雨を酸性雨と定義しているんだよ。ヨーロッパでは早くから問題となり，湖沼の生物の死滅，森林の枯死，石造建造物の溶解などの被害が報告されてきたんだ。

　図2を見てごらん！　酸性度が高いのはどのあたりだろう？　スカンディナヴィア半島南部，ドイツ，チェコ，ポーランドなどが高いよね。

　これは，偏西風により西から東へ汚染物質が運搬されるということと関係があるよ。特に北欧は人口規模も小さいため，原因物質をさほど多く排出してないんだけど，イギリスやフランス，ドイツなどの工業地域から汚染物質をもらってしまってるんだ（越境汚染っていうんだ）。また，旧社会主義国のチェコやポー

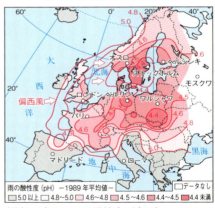

図2　酸性雨の等値線図

雨の酸性度（pH）－1989年平均値－
（数値が小さいほど酸性度が高い）

ランドは旧式の工場が多いことや環境対策や防止設備が不十分であること，そしてエネルギー消費の石炭への依存度が高いため，硫黄酸化物をたくさん排出していることが原因になっているよ。ヨーロッパでは石灰の散布や汚染物質の排出規制の強化，そして国際的な取り決め（長距離越境大気汚染に関するジュネーブ条約）などによって酸性雨の防止に取り組んでいるんだ。

もう一つ聞いてくれるかな？

先進国ではないけれども，**中国**も酸性雨に苦しんでいるんだ。**石炭**を大量消費するため**硫黄酸化物の排出が多い**だけでなく，環境対策が不十分なため森林の枯死などの被害が深刻で，さらには**冬の季節風や偏西風**などで**日本にまで汚染物質が飛来**しているんだよ。そこで東アジアでも日本の気象庁を中心に，酸性雨の観測などを行う組織が設立されているんだ。

硫黄酸化物と**窒素酸化物**が雨に溶けて**酸性雨**になるんだよね。汚染物質を排出しないようにはできないのかなあ？

日本をはじめ先進国の企業や大学は一生懸命に研究を続けているよ。

硫黄酸化物は脱硫排煙装置の開発・導入によってかなり**減少**させることができるようになったんだけど，自動車の排ガスに含まれる**窒素酸化物は低コストでの除去が難しいため，硫黄酸化物ほど削減できていない**のが現状だね［**表3**］。

表3　主な国の硫黄酸化物と窒素酸化物の排出量

国　名	硫黄酸化物（千トン）		窒素酸化物（千トン）	
	1990年	2017年	1990年	2017年
アメリカ合衆国	20,935	2,489	23,161	9,668
ロシア	4,671	968	3,600	2,334
カナダ	3,202	948	2,369	1,709
フランス	1,302	144	1,969	807
イタリア	1,784	115	2,063	709
ドイツ	5,486	315	2,889	1,188

※SOxに比べNOxの減少率が低いことに注意！

図3　酸性雨が発生するしくみ

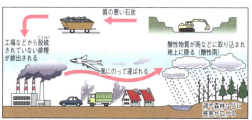

質の悪い石炭
工場などから脱硫されていない排煙が排出される
風にのって運ばれる
酸性物質が雨などに取り込まれ地上に降る（酸性雨）
湖や森林などに被害が広がる

続いて**オゾン層の破壊**について説明しよう。

原因物質の**フロン**は直接人体に害がないといわれてきたため**クーラーの冷媒**，**スプレーの噴射剤，半導体の洗浄剤**として広く利用されてきたんだけど，**成層圏でオゾン層を破壊**することがわかったんだ。

オゾン層っていうのは，日射中の**紫外線**を吸収してくれるから，有害な紫外線を減少させ，人間をはじめ地球上の生物を守ってくれているんだ。ところが！　分解されにくいフロンは，成層圏をただよいながら連鎖的にオゾン層を

大地形

小地形

地形図

気候要素と気候因子

気候区分と植生・土壌

陸水と海洋

農業

林業・水産業

エネルギー・鉱産資源

工業

地域開発と環境問題

人口

村落と都市

商業・観光業

交通・通信

貿易と資本の移動

国家・民族

破壊し始めたんだね。ついには，フロンにより破壊されたオゾン層には，**オゾンホール**（1982年に南極で観測，2011年には北半球でも）ができるようになって，地表に達した紫外線の影響で，**人体への健康被害**だけでなく，**農作物の成長不良**や**プランクトンを死滅させ魚類を減少させる**などの問題が生じてしまったんだよ！　現在は，国際的な取り決め（**モントリオール議定書**）で原則として**製造と輸出の禁止**（先進国では廃止，発展途上国では段階的な廃止）が決められているんだ。その効果もあって，21世紀に入ってからは，オゾンホールの縮小も確認されているよ。やっぱり努力すると結果に表われるんだね。

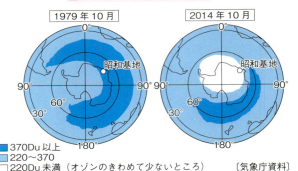

図4　オゾンホールの変化

| 1979年10月 | | 2014年10月 |

昭和基地

■ 370Du以上
■ 220〜370
□ 220Du未満（オゾンのきわめて少ないところ）　〔気象庁資料〕

人間にとってすごく益をもたらすと思って開発されたものが，じつは強烈な害を与えるってことがあるんだなぁ。自然環境を破壊してしまってからでは遅いから，十分に検討してから導入しなくてはいけないということだね。発展途上国では，環境問題はどういう状況なの？

発展途上国では，**人口増加**に伴う急激な開発や急速な工業化・都市化に伴う環境破壊が進んでいるんだ。たとえば，先進国では沈静化している**大気汚染**などの**公害も深刻**で，特に**バンコク**や**メキシコシティ**など首都の大気汚染はかなり進んでいるよ。

次は**熱帯林の破壊**の話だよ。これは，複数の原因が絡み合っているんだけど，**人口増加**に伴う**焼畑の拡大**や**薪炭の過伐採**だけでなく，東南アジアなどでは輸出用の**用材伐採**が深刻な問題となっているんだね［➡ p.155 図1］。

熱帯林は多種類の樹木が混在していて，必要とする有用材の伐採のために，周囲の木も排除してしまうから，破壊される面積が大きいんだ。

農地の開発も熱帯林の破壊を進行させているよ。**東南アジア**では，**インドネシア**や**マレーシア**などの熱帯雨林で農民が**油やしなどのプランテーション**を

図5　各国の森林面積の純変化（2005－2010年）

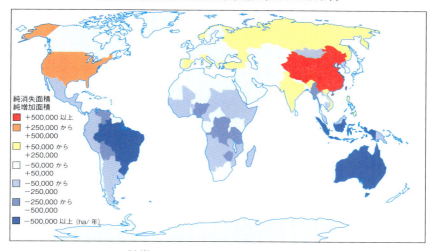

純消失面積
純増加面積
- ■ ＋500,000 以上
- ■ ＋250,000 から ＋500,000
- ■ ＋50,000 から ＋250,000
- □ －50,000 から ＋50,000
- ■ －50,000 から －250,000
- ■ －250,000 から －500,000
- ■ －500,000 以上 （ha／年）

大 地 形

小 地 形

地 形 図

系統要素と
気候因子

気候区分と
植生・土壌

降水と海洋

災　　害

林業・
水産業

エネルギー・
鉱産資源

工　　業

**地域開発と
環境問題**

人　　口

村落と都市

商業・
観光業

交通・通信

貿易と
資本の移動

国家・民族

次々と開いているし，沿岸部では日本などに向けての**エビ養殖池**を造成するため，**マングローブ林**の伐採も進んでいるんだね。また，ブラジルのアマゾン地方では，大規模な鉱山・道路開発や外国企業などの牧場経営が森林破壊を招いているんだ［図5］。

> 熱帯林の破壊は，地球温暖化や砂漠化にも影響を与えるんだよね。でも，砂漠化っていったいどういうことなの？

砂漠化というのは，単に気候がBW（砂漠気候）になってしまうという意味ではなく，砂漠のような不毛の地になってしまうということだよ。

もちろん，地域的な降水量の減少など気候変動による自然的な要因もあるんだけど，われわれが考えたいのは人為的要因だね。

特に発展途上地域では，人口増加によって半乾燥地域（BSなど）で過放牧が行われると，えさが不足して家畜は牧草を根こそぎ食べてしまうんだ。植生がまったくなくなると，土地は乾燥し，まるでレンガのように固くなってしまって

図6　国別にみた森林面積の減少

国	万ha／年
ブラジル	－98
インドネシア	－68
ミャンマー	－55
ナイジェリア	－41
タンザニア	－37
パラグアイ	－33
ジンバブエ	－31
コンゴ民主	－31
アルゼンチン	－30
ベネズエラ	－29

（2010〜15 年）［FAO 世界森林資源評価 2015］

二度と植物が生えなくなってしまうんだね。**サハラ砂漠南縁地域**のサヘル地方はこれが原因の一つとなって，**砂漠化がかなり深刻な状況**にあるんだ［**図7** ➡ p.206］。飲み水や食料を求めて環境難民も発生しているよ。もちろん原因は，過放牧だけではなくて，**過剰な灌漑**による**土壌**の**塩性化（塩害）**［➡ p.134 **図 4**］によって耕地が放棄されることも一因だ。

 砂漠化は発展途上国のみで，先進国では起きていないんだよね？

うーん，それは違うんだなぁ。

先進国でも**アメリカ合衆国**や**オーストラリア**など乾燥地域が広がる国では大規模な**灌漑農業**が行われているため，塩害が発生し，砂漠化につながっている。

特にアメリカ合衆国では，**収穫**後の広大な裸地が激しい**土壌侵食**に見舞われ，これが砂漠化の一因となっているんだ。君たちに注意してもらいたいのは，**砂漠化は半乾燥地域（BS）で人間が自然に負担をかけすぎると起こる**んだということだね！

図7　世界の砂漠化

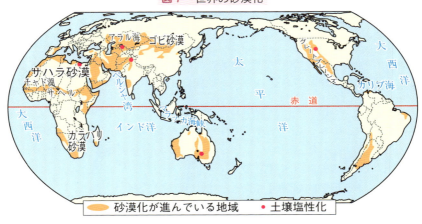

砂漠化が進んでいる地域　　●土壌塩性化

 そうかぁ。地球の人口は増えているのに，砂漠化が進んで生活できない地域が拡大しているって深刻な問題だねぇ。最後に地球温暖化について説明してほしいなぁ？

よし，わかった！　環境問題は**先進国**と**発展途上国**の両方に大きな責任と影響がある地球温暖化の話で締めくくるとしよう！

地球温暖化の要因となるのは温室効果ガスの増加だね。温室効果ガスには二酸化炭素，メタン［➡ p.210 📊］，フロン，一酸化窒素，水蒸気などがあるけど，これらは地表からの熱放射を吸収し，大気を温める効果があるんだ（温室効果ガスがなかったら地表の温度は－20℃くらいになり，みんな生きていけないんだよ）。

現在，最もその増加が心配されているのは二酸化炭素だよ（メタンやフロンよりはるかに大気中での量が多いからね）。産業革命以降，石炭，石油，天然ガスなどの化石燃料を大量に消費するようになったため，急速に二酸化炭素の濃度が高まっているんだ。このままのペースで大気中の二酸化炭素が増加していくと，気温が上昇し，氷河や氷雪が融けて，海に流れ込むようになり，さらには海水温の上昇による熱膨張も加わって，海面が上昇してしまうよね。すると海面とほぼ同じ高さのサンゴ礁島（キリバスやモルディブなど）や三角州（ガンジスデルタなど）などの低地は水没の危険性が出てくるし，将来的には海岸侵食も強まり，砂浜海岸などは消滅してしまう恐れもあるんだ。また，本来熱帯地域にしか分布していなかった感染症が高緯度側に拡大したり，動物の活動範囲や植生が変化してしまったり，異常気象が生じたりと，思いもよらなかった劇的な変化が生じつつあるんだよ。だから日本には関係ないことだなんて言ってられないことがわかるだろう？

それから最近よく耳にするのが，北極海の海氷が減少して，白くまの生息域

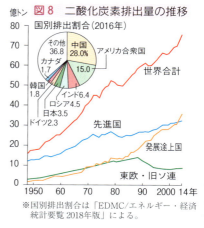

図8　二酸化炭素排出量の推移

億トン

国別排出割合（2016年）

その他 36.8／中国 28.0%／アメリカ合衆国 15.0／カナダ 1.7／韓国 1.8／日本 3.5／ドイツ 2.3／ロシア 4.5／インド 6.4

世界合計

先進国

発展途上国

東欧・旧ソ連

※国別排出割合は「EDMC/エネルギー・経済統計要覧2018年版」による。

系統地理

大地形

小地形

地形図

気候要素と気候因子

気候区分と植生・土壌

陸水と海洋

農業

林業・水産業

エネルギー・鉱産資源

工業

地域開発と環境問題

人口

村落と都市

商業・観光業

交通・通信

貿易と資本の移動

国家・民族

表4　地域別二酸化炭素排出量

地域	二酸化炭素排出量（千万 t）				1人当たりCO₂排出量(t)
	固体燃料	液体燃料	気体燃料	合計	
アジア	1,066	426	242	1,743	3.93
アフリカ	38	55	23	116	0.95
ヨーロッパ	144	175	176	505	6.78
北アメリカ	143	226	167	537	14.94
南アメリカ	175	101	44	163	2.61
オセアニア	185	164	89	438	10.92
世界計	1,427	1,123	661	3,231	4.35

※統計年次は2016年。

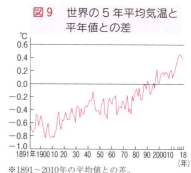

図9　世界の5年平均気温と平年値との差

℃

※1891～2010年の平均値との差。

12　地域開発と環境問題　207

が危ないって話だね。**北極海**でも温暖化の影響をうけて**海氷の減少**が深刻化しているんだ。海氷が減少すると，<u>海面が日射で温められるから温暖化がますます進んでしまう</u>んだよ。白くまだけじゃなくて人類も危ない！

> **環境問題**を勉強していると，本当に人間と地球の将来は，僕たちにかかっているんだなあって実感したよ。現在，**地球温暖化**などに対する取り組みはどんなことが行われているの？

大学入試で高得点をとってほしいのはもちろんだけど，地理を勉強しながら人間と地球のあり方を君たちが考えてくれてると思うとうれしいな。

環境問題に対する取り組みの中で一番問題になるのは，先進国と発展途上国の立場の違いからくる意見の対立だよ。<u>先進国は，発展途上国を含めた全地球的な地球環境の保全をしよう</u>と主張しているんだ。

一方，発展途上国には，これまでに温室効果ガスや汚染物質などを多く排出し，経済的に豊かになったのは先進国なんだから，<u>先進国は積極的に削減・抑制すべきだ，発展途上国にはまだまだ経済発展をする権利があるんだ</u>という主張があるんだ。どちらの言い分も理解できるけど，このままにしておけないよ。

そこで，国別に**温室効果ガス削減目標値**を定めた**京都議定書**〔➡ p.210 📖〕が1997年に採択（**2005年に発効**）されたんだ。ここでは，**先進国**のみの削減目標値が示されたんだね。

だけど，**アメリカ合衆国が京都議定書から離脱**したことでもわかるように，先進国も足並みがそろっているわけではないし，発展途上国といってもさまざまな国や意見があるので，よりいっそうしっかりとした**国際的な取り組み**が必要となってくるんだ〔➡ p.209 **表6**〕。

📖 **光化学スモッグ** 自動車の排ガスに含まれる**窒素酸化物**，炭化水素が紫外線で光化学反応を起こし，**オキシダント**となって人体に被害を与える。**ロサンゼルス**や東京周辺で発生してきたが，近年は，**中国からの汚染物質流入**により西日本でも発生。

📖 **アグロフォレストリー**
（agroforestry） 農業と林業の複合経営で，森林の減少を防ぐことが目的である。**森林を伐採したのち，植林を行い，木が生長するまでは農作物を間作する。東南アジア**などの**熱帯地域**で行われている。

図10 アグロフォレストリー

[文部科学省資源調査所資料]

表5　主な環境問題のまとめ

	主要因	環境破壊例または懸念される事項	被害が深刻であるか，深刻な被害が予想される地域	対　策
地球温暖化	化石燃料の大量消費による温室効果ガス（CO_2，メタン，フロン）の増加。	海水の膨張，氷河・氷雪の融解による海水面の上昇。	三角州，干拓地，サンゴ礁島など低平な地域。	京都議定書による二酸化炭素の排出規制。パリ協定による新しい取り組み。
酸性雨	工場や自動車から排出される硫黄酸化物・窒素酸化物の増加。	土壌汚染による森林の枯死，湖沼の生物の死滅，歴史的建造物の崩壊。	北ヨーロッパ，東ヨーロッパ，カナダ北東部，中国。	各種排ガス規制，長距離越境大気汚染に関するジュネーブ条約。
森林破壊	人口爆発による薪炭材の過剰な伐採，原木輸出，焼畑面積の拡大，道路・ダム建設，放牧地の開発なども原因。	植生の破壊による土壌流出・洪水多発，砂漠化にも関連。	アフリカ，ラテンアメリカ，東南アジア。	東南アジアでは原木の輸出規制（フィリピン・インドネシア・マレーシアなど）。アグロフォレストリー[➡ p.208㊙]の実施。
オゾン層破壊	クーラー，冷蔵庫，スプレーなどに使用されていたフロンガスが成層圏に達すると，紫外線を吸収するオゾンを破壊。	人体への健康被害（皮膚ガンの増加など），農作物の成長障害，浅海のプランクトン死滅による漁獲量減少。	地球的規模でオゾン層の破壊が報告されているが，特に南極上空では顕著（オゾンホール）。	モントリオール議定書にもとづき，特定フロンの全廃，代替フロンの漸次撤廃に合意。冷蔵庫などからのフロン回収。
砂漠化	自然的要因（気候変動による降水量減少）と人為的要因。後者は人口増加に伴う家畜の過放牧，薪炭の過伐採，過耕作，過剰な灌漑に伴う土壌の塩性化。	耕地は乾燥してレンガ状になり，植生の再生が不可能。かつての耕地や居住地域が不毛地化。	砂漠周辺のBS（ステップ）気候地域。特に，サハラ砂漠南縁のサヘル地方，中央アジア，中国内陸部では深刻。アメリカ合衆国西部やオーストラリア内陸部でも進行。	UNEP（国連環境計画）やFAO（国連食糧農業機関）による砂漠化防止プロジェクト。NGOによる植林活動。砂漠化防止条約。

表6　国際的な取り組みのまとめ

環境会議	開催年・開催地	内　容
国連人間環境会議	1972年ストックホルム	「かけがえのない地球」（Only One Earth），UNEP（国連環境計画）設立
地球サミット	1992年リオデジャネイロ	「持続可能な開発」（Sustainable Development）にもとづく。気候変動枠組み条約，生物多様性条約，森林原則宣言
環境・開発サミット	2002年ヨハネスブルク	ヨハネスブルク宣言
国連持続可能な開発会議（リオ＋20）	2012年リオデジャネイロ	持続可能な開発と貧困の撲滅のために「グリーン経済」への移行を提唱。

系統地理

大地形
小地形
地形図
気候要素と気候因子
気候区分と植生・土壌
陸水と海洋
農業
林業・水産業
エネルギー・鉱産資源
工業
地域開発と環境問題
人口
村落と都市
商業・観光業
交通・通信
貿易と資本の移動
国家・民族

図11　温暖化による各地域への影響

アラスカの永久凍土が融け始めている

グリーンランド氷床の融ける量が増大

シベリアの永久凍土が融け始めている

北極海
2012、2016年をはじめ、海氷の浮かぶ海域が減少し、その厚さも大幅に薄くなった

ロッキー山脈
グレーシャー国立公園1910年当時に150あった氷河が30に減少

アルプス山脈氷河の後退

ハリケーンの猛発達と大型化

海面上昇により水没の恐れに直面

台風の猛発達と大型化
マーシャル諸島
ツバル

ヒマラヤ山脈氷河の後退

アンデス山脈
ペルー南西部のコリカリス氷河は1983〜2001年に800m後退

キリマンジャロ山
1912年以降、山頂付近の雪の80%以上が消滅

パタゴニア地方氷河の後退

南極半島
ラルセン棚氷が1995年と2002年に大規模な崩壊

グレートバリアリーフ
海水温の上昇によってサンゴの白化現象発生

［環境省資料ほか］

👆 **メタン**　湿地、水田、家畜の糞などから排出される。近年、シベリアやカナダでは温暖化や開発に伴い、**永久凍土層の融解**によるメタンガスの発生が問題視されている。

👆 **京都議定書**　1992年に**リオデジャネイロ**での「**地球サミット**」で採択された気候変動枠組み条約を受けて、**1997年**に**京都**で**温暖化防止会議**（COP3）が開かれた。ここでは先進国の温室効果ガス削減目標値（2008〜2012年までの間に**先進国**全体で1990年の5％以上を削減）が設定されるなど、温暖化防止への具体的取り組みが検討され、京都議定書が採択された。京都議定書では、温室効果ガス削減の円滑化を図るため京都メカニズムを採用し、排出量取引などを認めた。**アメリカ合衆国**は、自国経済への悪影響や発展途上国に削減義務がないことを理由に反対し、**京都議定書から離脱**したが、ロシアの批准などもあり、議定書は**2005年に発効**した。しかし、アメリカ合衆国の離脱や中国、インドなど途上国の排出量増加により京都議定書の実効性が失われていった。これをうけ、**2015年の国連気候変動枠組み条約第21回締約国会議**（COP21）では2020年以降の温室効果ガス排出削減の新しい枠組みを定めた「**パリ協定**」が採決され、**2大排出国の中国とアメリカ合衆国を含むすべての国**に、自主的削減目標の策定と国内対策の実施を義務づけた。

ポイント ▶ 環境問題

❶ **環境破壊**は、局地的な**公害**、砂漠化のような**大陸規模の環境問題**、温暖化のような**地球的規模の環境問題**を引き起こしている。

❷ **酸性雨**の原因物質は、排ガス中の**硫黄酸化物**と**窒素酸化物**である。

❸ **砂漠化**の人為的要因は、**家畜の過放牧**や**薪炭の過伐採**などである。

❹ **温室効果ガス**の増加による**地球温暖化**は、**海面の上昇**による低地の水没が懸念されている。

チェック問題

標準 4分

1 下のア～ウの文は，次の図中のＡ～Ｃのいずれかの地域で起こってきた人為的原因による環境問題について述べたものである。ア～ウとＡ～Ｃとの正しい組合せを，あとの①～⑥のうちから一つ選べ。

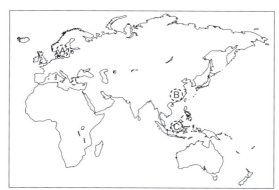

ア　国境を越えてきた大気汚染物質がもたらす酸性雨により，この地域の河川や湖沼では水質が酸性化し，水棲生物が死滅する被害があった。

イ　この地域では，商業伐採や農園造成がすすんだことにより，多くの樹種を特徴とする森林が減少し，そこに生息する希少生物が絶滅の危機にある。

ウ　この地域を流れる河川には，世界最大規模の水力発電ダムが建設されており，流域の生態系への影響が懸念されている。

	①	②	③	④	⑤	⑥
ア	A	A	B	B	C	C
イ	B	C	A	C	A	B
ウ	C	B	C	A	B	A

2 近年，日本の都市では人間と自然との共生をめざした取組みが行われている。その取組みについて述べた文として**適当でないもの**を，次の①～④のうちから一つ選べ。

系統地理

大地形

小地形

地形図

気候要素と気候因子

気候区分と植生・土壌

陸水と海洋

農業

林業・水産業

エネルギー・鉱産資源

工業

地域開発と環境問題

人口

村落と都市

商業・観光業

交通・通信

貿易と資本の移動

国家・民族

① 生態系の保全・再生やその教育のために，学校や公園・緑地内にビオトープを整備する。
② 都市の気温の上昇を緩和するために，エアコンの普及をすすめる。
③ 交通渋滞を緩和し，大気汚染を抑制・防止するために，パークアンドライドの利用をすすめる。
④ 水資源を有効利用するために，雨水を貯留して生活用水の一部に用いる。

解答・解説　 **1**　② 　図中のAは**スウェーデン**，Bは**中国の華中から華南**にかけての地域，Cは**カリマンタン島**（南部はインドネシア，北部はマレーシア，ブルネイ）を示している。

アは，ドイツやイギリスなどの工業地域から**酸性雨**（さんせいう）の原因物質である**硫黄酸**（いおう）**化物**（かぶつ）や**窒素酸化物**（ちっそ）が運搬されてくる越境汚染の説明で，スウェーデンやフィンランドなど北欧諸国では深刻な被害が生じた（A）。

イは，**熱帯雨林の破壊**に関する説明で，カリマンタン島では**輸出用の木材伐採**，焼畑や油やしの**プランテーションの拡大**などが要因となっている（C）。

ウは，**長江**に建設されている**サンシヤダム**とその影響に関する説明で，**周辺地域の水没や流域の生態系への影響**が危惧（きぐ）されている（B）。

2　②

① **ビオトープ**とは，**人工的に動植物の生息地域を設けること**で，学校や公園に緑地を設けたり，河川流域を自然に近い状態に復元したりする。したがって，正文である。

② エアコンで屋内を冷却すると，屋外に大量の熱が排出されるため，都市部での気温上昇（**ヒートアイランド**）の一因となる。明らかにこれが誤り。

③ **パークアンドライド**とは，居住地域から**自動車で都心周辺の駐車場まで移動**し，そこから都心までは**鉄道やバスなどの公共交通機関を利用**することで，**交通渋滞の緩和**や**大気汚染の抑制**に効果があるため，利用が進められている。したがって，正文。

④ 雨水を貯留し生活用水に利用している地域もあるため，正文。

13 人　口

この項目のテーマ

❶ 人口分布
人口の分布が均一でないのはどうしてだろう？

❷ 人口増減と人口転換
経済発展に伴う人口増減のタイプと人口転換を理解しよう！

❸ 人口構成と人口問題
発展途上国と先進国の人口問題について考えてみよう！

❶ 人口分布

　現在，世界にはどれくらいの人々が居住しているかは知ってるよね？　約77億人（2019年）もいるんだ。**日本は約1億2,600万人（2018年）**だから，いかに世界の人口が多いかわかるよね。しかも世界の人口はまだまだ増えると予測されているんだけど，地球っていったいどれくらいの人口までなら養っていけるのかなあ。

　図1を見てごらん！　これは**世界の人口分布**を人口密度で表したものだよ。

図1　世界の人口分布状況

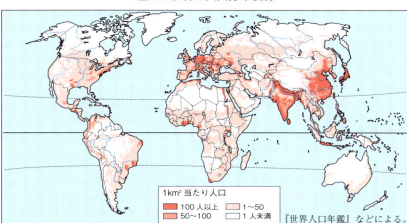

1km²当たり人口

■ 100人以上　□ 1〜50
■ 50〜100　□ 1人未満

『世界人口年鑑』などによる。

この図を見ると人口の分布が不均等で，人口密度が高い地域と低い地域がどこにあるかはっきりとわかるだろう？

　じゃあ，ここで**図1**［➡ p.213］を見ながら君たちに考えてもらおう！　どんなところで人口密度が高いかなぁ？　……そうだね，**西ヨーロッパ，モンスーンアジア，アメリカ合衆国北東部の3か所で特に人口密度が高い**ね。

　人口密度が高いということは，多くの人々を養っていくだけの「何か」がある地域と考えていいよ。つまり，**西ヨーロッパ**は早くから産業が発展し，**農業，工業，商業などが高度に発達**している地域だよね。

　モンスーンアジアは**恵まれた地形，気候，土壌を利用**して稲作（いなさく）（連作が可能で生産性が高く，米は熱量も大きいから**人口支持力**が高い）が発達した地域だったよね。

　そして**アメリカ合衆国北東部**は世界的な商工業地域（**アメリカンメガロポリス**）なんだ。それぞれ特色は異なっていても，共通しているのは多くの人間を支えていける**産業が発達している**ということが背景にあることがわかるね。

> 世界にはたくさんの国々があるけど，**人口密度**には大きな違いがみられるよね？　高い国と低い国は，ただ覚えるしかないのかなぁ？

　共通テストでは細かな数値や地名を丸暗記する必要はないよ（ただ，**国名や位置**はある程度わからないとまずいからね！）。

　じゃあ，どういうところに注意をして勉強していったらいいのかを**表1**を見ながら確認してみよう‼

表1　国別人口密度

人口密度が高い主な国		人口密度が低い主な国	
バングラデシュ	1,105	モンゴル	2
韓　国	511	オーストラリア	3
インド	416	アイスランド	3
オランダ	412	カナダ	4
日　本	340	リビア	4

※単位は人/km²。統計年次は2019年。

　モナコ（19,484人/km²）やシンガポール（8,072人/km²）などの都市国家を除くと，**モンスーンアジアの国々がかなり高い数値を示している**のがわかるよ。

　じゃあ，人口密度が低い国はどんな国かな？

　モンゴル，オーストラリア，リビアなどの**乾燥地域を含む国**や**アイスランド，カナダ**など高緯度（いど）の**寒冷（かんれい）な国**で人口密度が低いことがわかっただろ？　**農業生産に不利な気候環境**だからだよ。これは共通テストで，かなり重要なポイント

になるから注意しようね！

じゃあ，ついでに**国別の人口規模**も確認していこう！

表2を見て，何か気づくことはないかなぁ？ そうだ！ **アジアの国が7か国もある**よ。世界には190以上の国があるのに，世界の総人口の半分近くがこの7か国に住んでいるんだから，いかにアジアの人口が多いかがわかるよね！

このように人口規模をある程度知っていると，**いろいろな統計を読む際に役に立つ**んだよ！ 今日中に，人口1億人以上の国はマスターしておこう!!

系統地理

大地形

小地形

地形図

気候要素と気候因子

気候区分と植生・土壌

陸水と海洋

農業

林業・水産業

エネルギー・鉱産資源

工業

地域開発と環境問題

人口

村落と都市

商業・観光業

交通・通信

貿易と資本の移動

国家・民族

表2　人口1億人以上の国々

国　名	人口（億人）
中　国	14.3
インド	13.7
アメリカ合衆国	3.3
インドネシア	2.7
パキスタン	2.2
ブラジル	2.1
ナイジェリア	2.0
バングラデシュ	1.6
ロシア	1.5
メキシコ	1.3
日　本	1.3
エチオピア	1.1
フィリピン	1.1
エジプト	1.0

※統計年次は2019年。百万人で四捨五入。

👆 **エクメーネ**と**アネクメーネ**　人間が日常的に居住・活動している地域をエクメーネ，居住していない地域をアネクメーネという。現在は，**陸地の約90％がエクメーネ**になっている。

ポイント▶人口分布

❶　世界の総人口は**約77億人**だが，その分布は不均等である（2019年，国連「世界人口推計」）。

❷　**西ヨーロッパ，モンスーンアジア，アメリカ合衆国北東部**は，人口支持力が大きいため，**人口密度が高い**。

❸　**乾燥地域**や**寒冷地域**は**人口密度が低い**。

人口分布を理解するには，今まで勉強してきた自然環境と産業の発達を考えればいいんだね！

❷ 人口増減と人口転換

　世界の総人口は1650年ごろには約5億人で，現在の日本の総人口の約4倍しかなかったんだ。ところが，300年後の1987年には50億人を超え，現在は約**77.1億人**（2019年）だよ。特に<u>第二次世界大戦後の発展途上地域</u>における「人口爆発」の影響は大きいね。

図2　世界人口の推移

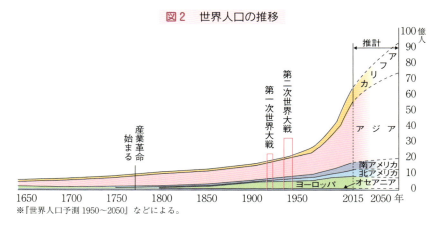

※『世界人口予測1950〜2050』などによる。

　表3を使って，世界の人口推移を確認してみよう！

表3　地域別人口推移

地　域	1750	1800	1900	1950	1970	1980	1990	2000	2010	2019
ア ジ ア	479	602	937	1,405	2,142	2,650	3,226	3,741	4,210	4,601
ヨーロッパ	140	187	401	549	657	694	721	726	736	747
ア フ リ カ	95	90	120	228	363	476	630	811	1,039	1,308
北アメリカ	6	16	106	173	231	361	280	312	343	367
南アメリカ	6	9	38	169	287	254	443	522	591	648
オセアニア	2	2	6	13	20	23	27	31	37	42
世 界 計	728	906	1,608	2,536	3,700	4,458	5,327	6,143	6,957	7,713

※単位は百万人。

　まず，**2015年の地域別人口分布**を見てみよう！　アジア，アフリカ，ヨーロッパの人口が多いことに気づくんじゃないかな？　特に<u>アジアには世界の約60%の人々が居住</u>していることになるよね。

　次に**地域別人口の推移**はどうかな？　**1950年**と**2019年**を比較してみると面白いね。1950年は第二次世界大戦の直後で，このあたりから発展途上地域では

「人口爆発」が顕著になるんだ。特に**アフリカ**の人口増加率が一番高いのがわかるね。69年間で約5.7倍になってるからすごい！

　今度は**ヨーロッパ**を見てみよう！　２倍にもなっていないね。つまり**人口増加率は，経済発展が遅れている地域では大きく，経済発展が進んでいる地域では小さい**傾向にあることが読み取れたね！

 　人口増加率というのが，ちょっとわかりにくいよ。説明してよ。

　わかったよ（＾o＾）！

　人口増加には**自然増加**と**社会増加**があるんだ。**自然増加率**は**出生率**から**死亡率**を引いたもので，**（出生数－死亡数）÷人口**となり，**社会増加率**は**移入率**から**移出率**を引いたもので，**（移入数－移出数）÷人口**　になるんだよ。

　人口増加は，自然増加と社会増加を足し合わせたものなんだ。世界の年平均**人口増加率**（2010〜2015年）は**11.8‰**なんだけど，これを上回っているのは，**発展途上国**が多い**アフリカ**で，逆に大きく下回っているのが**先進国**が多い**ヨーロッパ，アングロアメリカ**だね。

　今度は，**表4**を見てみよう！

表4　世界の地域別出生率・死亡率・自然増加率（将来予測を含む）

地　域	出生率（‰）			死亡率（‰）			自然増加率（‰）		
	1950〜1955	2010〜2015	2045〜2050	1950〜1955	2010〜2015	2045〜2050	1950〜1955	2010〜2015	2045〜2050
世界平均	36.9	19.5	14.6	19.1	7.7	9.4	17.8	11.8	5.3
ア ジ ア	42.0	17.6	11.8	22.6	6.9	10.1	19.4	10.7	1.7
アフリカ	47.9	35.9	24.1	26.7	9.3	6.5	21.3	26.5	17.6
ヨーロッパ	21.5	10.9	9.6	11.2	10.9	13.3	10.3	-0.1	-3.7
アングロアメリカ	24.4	12.4	10.8	9.5	8.1	10.6	14.9	4.3	0.2
ラテンアメリカ	42.5	17.7	11.2	15.5	6.0	8.8	27.0	11.7	2.4
オセアニア	27.8	17.4	13.7	13.3	6.9	8.4	14.6	10.6	5.3

※数値は年平均値を示す。

　では，2010〜2015年のデータを分析していこう！

　まず，**出生率**を見てごらん！　発展途上地域が多い**アフリカ，ラテンアメリカ，アジア**で高いのがわかるよね。最も経済発展が遅れている**アフリカ**が最も**出生率が高い**んだ。

　出生率に関して，アジアがアフリカより低いのは，先進国の**日本**や経済発展が進みつつある国（**NIES**や**ASEAN**など）や，**一人っ子政策**（1979〜2015年）を実施してきた**中国**があるからだね。

先進地域でも**オセアニアとアングロアメリカ**は出生率が高めになっているけど，これは<u>移民の流入</u>（近年の難民を含む）が関係しているんだ。アングロアメリカやオセアニアなどの**新大陸**諸国は<u>移民によって建国された</u>から，今でも移民の受け入れに積極的なんだよ。**移民は比較的<u>若い世代</u>が多いので，結婚する機会が増えるからそのぶん<u>出生率</u>が高まる**んだよ。これはかなり重要なポイントなのでしっかり理解しておこう！

　次は，死亡率の項目を見てみよう！
　死亡率は<u>アフリカとヨーロッパ</u>で高いことが読み取れるよね。これはどうしてだろう？　ちょっと考えてみて！　……経済発展が遅れているアフリカで<u>乳児死亡率</u>が高いのはわかるだろう？　医療の普及が遅れていたり，衛生状態や栄養状態が悪かったりすると，乳児死亡率が高くなってしまうんだ。
　ヨーロッパは<u>高齢化</u>が進行しているので，<u>高齢者死亡率</u>が高いんだ。逆に**ラテンアメリカが低いのは，乳児死亡率が低下しているけど，高齢化はあまり進んでいないので，死亡率が低くなっている**からだね。これも要注意だよ。
　最後に<u>自然増加率</u>をまとめておこう！　やはり**ヨーロッパ，アングロアメリカの先進地域で自然増加率が低く，アフリカ，ラテンアメリカ，アジアの発展途上地域で高い**ということがわかるね（オセアニアは，オーストラリア，ニュージーランド以外は発展途上国で，総人口がきわめて少ないため，死亡率の低下や移民の流入により大幅に増加率が上昇しやすいので，ここでは分析からはずした）。

　そうなんだぁ。**経済の発展レベル**によって，人口増加の傾向が変わってくるんだね。**人口増加のタイプ**をまとめてくれないかな？

　じゃあ，君たちがわかりやすいように，**人口増加を3つのタイプ**にまとめてみよう！
　近代以前（産業革命前）は，どの国も死亡率（特に**乳児死亡率**）が高く，それを上回るだけの出生率でないと国家存亡の危機に陥るよね。だから，出生率も高く，<u>多産多死</u>（人口漸増）型と呼ばれる人口増減のタイプだったんだ。
　ところが，**衛生状態や栄養状態が改善され，医療も進歩**するようになると，**出生率は高いまま，死亡率だけが低下**するので，「<u>人口爆発</u>」と呼ばれる人口急増現象が起きるよ。このタイプが<u>多産少死</u>（人口急増）型で，現在の**発展途上国の大部分**がこれになるよ。日本も第二次世界大戦前までは，このタイプだったんだ。

さらに工業化が進展し，人々の**生活水準が向上**してくると，出生率が低下し始めたんだね。都市化が進むと**子どもに高等教育**を受けさせる必要性が出てきたり，**女性の高学歴化や社会進出による晩婚化**や非婚化が生じたり，**家族計画**も普及するなどして，**出生率が低下**していくんだ。これが**少産少死**（人口微増）型で，**先進国の大部分**がこのタイプになるんだね。このように，経済の発展とともに人口増減の傾向が**多産多死➡多産少死➡少産少死**に移行していくことを「**人口転換**」（人口革命）というんだよ。

 自然増加率がマイナスになって，人口が減少するってことはないの？

確かに出生率がいっそう低下して，高齢者の割合が大きくなると死亡率が上昇するから，**人口が減少**する国も出てくるよね。

たとえば，**ドイツ，イタリア，日本，ウクライナやバルト三国など旧ソ連諸国，ブルガリアやハンガリーなど東欧諸国の一部では自然増加率がマイナス**になってるもんね。

ドイツや**イタリア**は，急激な**女性の社会進出**に社会制度が追いついていないためだ（**日本**も2008年をピークに，人口減少に突入してしまった……）。

バルト三国や**ウクライナ**，**ベラルーシ**などの**旧ソ連諸国**や**ブルガリア**，**ルーマニア**，**セルビア**，**クロアチア**などの**東欧諸国**の一部で人口が減少しているのは，**1990年前後の東欧（民主化）革命やソ連の解体**による社会の大幅な変革（**計画経済**から**市場経済**への急激な転換）と，それによる**社会不安**や**経済停滞**が一因となっているんだ。ただし**ロシア**は市場経済の定着や原油価格の高騰などによって経済が回復してきたため，**2013年から再び増加に転じている**よ。

ポイント 人口増減と人口転換

❶ 世界の総人口は，第二次世界大戦後の**発展途上国**の「**人口爆発**」によって急増している。

❷ **自然増加率**は，発展途上地域で**高く**，先進地域で**低い**。

系統地理

大 地 形
小 地 形
地 形 図
気候要素と気候因子
気候区分と植生・土壌
陸水と海洋
農　業
林業・水産業
エネルギー・鉱産資源
工　業
地域開発と環境問題
人　口
村落と都市
商業・観光業
交通・通信
貿易と資本の移動
国家・民族

❸ 人口構成と人口問題

次は世界の国々の人口構成について説明をしていこう！

経済の発展レベルによって，年齢別・性別人口構成や産業別人口構成も異なってくるんだよね？

そうなんだ。じゃあ，最初に年齢別・性別人口構成の説明をしていこう。

図3を見てごらん！

この図は人口ピラミッドと呼ばれるグラフで，左右が男女比，上下が年齢比を表しているよ。これを見れば，その国（地域）の**経済発展や人口転換の段階，過去に起こった社会現象を知ることができるだけでなく，将来の人口構成の予測をすることもできる**便利なものなんだ。単純にエチオピアを見て「富士山型だ！」とかアメリカ合衆国を見て「釣鐘型だ！」とかを覚えることより，「すそ野が広いのは出生率が高いからで，発展途上国だろうなぁ！」とか，日本とアメリカ合衆国を比べて「アメリカ合衆国の20〜40歳代に膨らみがみられるのは，きっと移民の流入じゃないかなぁ！」など，しっかり地理的な考え方を反映させることのほうが大切なんだからね！

図3 人口ピラミッドの形状変化

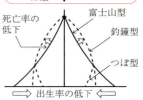

図4 各国の人口ピラミッド

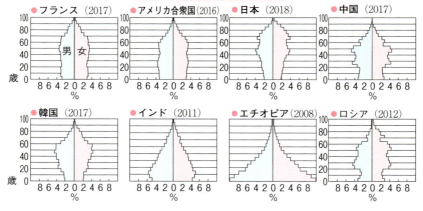

次は**産業別人口構成**の説明に移ろうね。産業革命前は，どの地域でもほとんどの人が**農業を中心とする第1次産業**に従事していたんだ。

ところが**工業化**や**都市化**が進展すると，より高所得を求めて**第2次・第3次産業**に人口が移動していったんだよ。つまり，産業別の人口は，**経済の発展とともに，第1次産業**（農林水産業）➡**第2次産業**（鉱工業・建設業）➡**第3次産業**（商業・サービス業・運輸・通信業・観光・金融・教育・医療・公務など）**の順に移行**していくんだ。**表5**を見てみよう！

先進国のイギリス，アメリカ合衆国，ドイツ，日本では**第1次産業の割合が小さくて就業人口の大部分が第2次・第3次産業**に属しているのがわかるね。特に**アメリカ合衆国**と**イギリス**は第2次産業から第3次産業への移行（**脱工業化・サービス経済化**）が進んでいるから，**第3次産業の割合がすごく高い**ことに気づくよね？

アメリカ合衆国は**世界最大級の工業国**だけど，実際の労働力は製品をつくる（第2次産業）より，売るための運輸，通信，商業，サービス業など（第3次産業）にかかわっているんだね。

韓国や**ブラジル**は**NIEs**と呼ばれる中進国で，工業化が進んでいるから，かなり先進国に近い数値になってきてるよ。

発展途上国の中国，インドでは**第1次産業の割合が高い**ことがわかるね。アジア諸国より経済発展が遅れている東アフリカのタンザニアやサヘルのマリな

表5 主要国の産業別人口構成比

国　名	調査年	第1次産業(%)	第2次産業(%)	第3次産業(%)
イギリス	2016	1.1	18.4	80.0
アメリカ合衆国	2016	1.6	18.4	77.8
ドイツ	2016	1.3	27.4	71.3
日　本	2016	3.4	24.3	70.7
韓　国	2016	4.9	24.9	70.2
ブラジル	2016	10.2	20.9	68.9
中　国	2015	28.3	29.3	42.4
インド	2012	47.1	24.8	28.1
タンザニア	2014	66.9	6.4	26.6

※第3次産業には分類不能を含む。『ILO 労働統計年鑑』による。

図5 主要国の産業別人口構成の変化

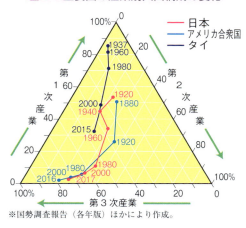

※国勢調査報告（各年版）ほかにより作成。

系統地理

大地形

小地形

地形図

気候要素と
気候因子

気候区分と
植生・土壌

陸水と海洋

農　業

林業・
水産業

エネルギー・
鉱産資源

工　業

地域開発と
環境問題

人　口

村落と都市

商業・
観光業

交通・通信

貿易と
資本の移動

国家・民族

んかは60％を超えているよ。発展途上国では工業化が十分に進んでいないのに，職を求めて都市に移動し生活する人がかなりいるから，第2次産業を飛び越えて，第3次産業（路上での物売りや靴磨きなどの**インフォーマルセクター**と呼ばれる不正規 職 も含むよ）に従事する人もいるんだ。

> 人口は**自然増加**だけじゃなく，**社会増加**によっても増えたり，減ったりするよね。**国際的な**人口移動って 昔 から行われていたの？

そうだね。かなり以前から行われてきたよ。

国際的な人口移動は，その時代や地域のさまざまな状況を反映していて興味深いところなので，がんばって勉強しようね！

人口移動の主な背景には，より豊かな暮らしを求めるという**経済的な要因**が働くんだ。特に15世紀末の**大航海時代**以降，人口移動が盛んになり，**ヨーロッパ人が新大陸へ移住**したのがその典型かな。

ヨーロッパから新大陸への移動例として，**ラテン系のスペイン人，ポルトガル人の中南米（ラテンアメリカ）への移動，アングロサクソン系（ゲルマン系の一派）のイギリス人の北米（アングロアメリカ）への移動**があることは知ってるよね。

アジアでは**中国人**や**インド人**が世界各地に移住しているよ。

図6　主な国際労働力の移動

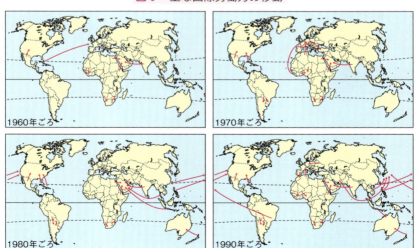

中国では華南の貧しい農民が**東南アジア**を中心に出稼ぎに行ったのが始まりなんだけど（**華僑**），中国の社会主義革命後は，現地の国籍を取得する人も多くなり，**華人**と呼ばれているんだ。かれらは商業活動などで成功し，現地で経済的な実権を握っている人々もいるよ。

インド人はインドがイギリス領だった時代に，他の**イギリス植民地**（マレーシア，フィジー，ケニアなどの東アフリカ，ガイアナ）に契約労働者として海を渡った人々が多いんだ。植民地がイギリスから独立した後も現地に残って成功を収めた人々もいるよ（「**印僑**」と呼ぶこともあるんだ）。

これに対して，アフリカ系黒人のように自発的ではなく強制的に奴隷として**アメリカ大陸へ移住**させられた人々もいれば，戦争や飢餓による**難民**として国外にのがれる人々もいることを忘れないでね。

さらに，最近は高所得や雇用機会を求めて国際的な移動をする**出稼ぎ**（外国人労働者）も増加しているんだよ。1960年代には，アメリカ合衆国やヨーロッパ諸国の経済成長を背景に，多くの労働力が流入したんだ。1970年代の石油危機後は，石油収入により豊かになった中東の産油国へ，そして1980年代後半からは給与水準が高い日本へ労働力が移動するようになったんだね。特に，1990年代には，日本で出入国管理法が改正され，日系人（かつて他国へ移民した人の子孫）の就労が認められるようになったため，ブラジルやペルーからの流入が急増し，**研修生・技能実習生**（期限付きで日本企業が受け入れる）も積極的に受け入れるようになったため，中国，フィリピン，ベトナムからもたくさんの人々が日本に来ているよ。

> よく世界の人口問題についての話を耳にするんだけど，いったいどんな問題が起こっているのかなぁ？

世界の人口問題といっても，発展途上国と先進国ではかなり状況が違っているので，分けて説明しようね。

最初に発展途上国の人口問題だね。発展途上国では「人口爆発」による**雇用機会の不足と食料不足**が大きな課題なんだ。

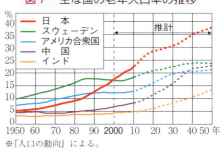

図7　主な国の老年人口率の推移

（グラフ凡例）
日本
スウェーデン
アメリカ合衆国
中国
インド

推計

1950 60 70 80 90 2000 10 20 30 40 50 年
※『人口の動向』による。

系統地理

大地形
小地形
地形図
気候要素と気候因子
気候区分と植生・土壌
陸水と海洋
農業
林業・水産業
エネルギー・鉱産資源
工業
地域開発と環境問題
人口
村落と都市
商業・観光業
交通・通信
貿易と資本の移動
国家・民族

発展途上国は農業が主な産業である場合が多く，農村では子どもが重要な労働力になってきたんだね。だから多くの子どもを生むことは，一家の収入を増やすと考えられてきたんだよ。ところが出生率は高いまま，死亡率は低下していったので，**経済の発展や食料生産が，人口増加に追いつかない**状態になって，逆に貧困を招いてしまっているんだなぁ。

これを解決するためには，**教育水準を向上させ，貧困をなくすこと**が大切で，そのためには人口抑制策も必要となってくるし，**女性の地位や権利の向上**が叫ばれているんだよ。

一方，日本［図8］をはじめとする**先進国**は，高齢化と少子化という問題に直面しているんだ。

出生率の低下に加えて**平均寿命**が延びたため，高齢者の割合は急増するけど，若年層は急減するという状況になっているんだね。すると**労働力が不足**し，国民の年金・税金への負担が大きくなるんだ。

これを解消するためには，**出産奨励や十分な育児休暇や育児施設の完備，高齢化に対応する施設や制度，退職後の再雇用などを積極的に進めていかなければならない**んだ。

前ページの図7のように，高齢化が早くから進み，**社会保障制度の充実したスウェーデンやデンマークなどの北欧諸国**に比べて，第二次世界大戦後，**急速に高齢化が進んだ日本**では，年金制度の改革や介護保険の導入などが始められたばかりなんだよ。早く安心して子どもを産んだり育てたりできる社会にしなくっちゃね。

図8 日本の人口ピラミッドの変化と将来予測

図9　年齢３階級別人口構成割合

0～14歳

	0～14歳	15～64歳	65歳以上
日本 (2018)	12.2%	59.7	28.1
インド (2011)	30.9%	63.6	5.5
中国 (2017)	16.8%	71.8	11.4
イギリス (2017)	17.8%	64.1	18.1
アメリカ合衆国 (2016)	18.9%	65.9	15.2
メキシコ (2017)	27.0%	65.9	7.2
オーストラリア (2017)	18.8%	65.7	15.4

大地形
小地形
地形図
気候要素と
気候因子
気候区分と
植生・土壌
陸水と海洋
農業
林業・
水産業
エネルギー・
鉱産資源
工業
地域開発と
環境問題

人　口

村落と都市
商業・
観光業
交通・通信
貿易と
資本の移動
国家・民族

図10　女性の年齢別労働力率

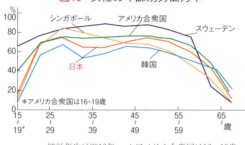

シンガポール　アメリカ合衆国　スウェーデン　日本　韓国

＊アメリカ合衆国は16～19歳

統計年次は2016年。　＊アメリカ合衆国は16～19歳。

図11　合計特殊出生率の推移

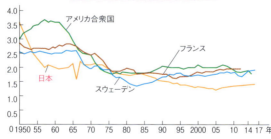

アメリカ合衆国　フランス　日本　スウェーデン

※韓国，日本のグラフは，M字曲線と呼ばれ，20代後半から30代後半の落ち込みがみられる。これは女性が出産・育児によって一端離職し，子育てが落ち着くと再び社会復帰している様子が読みとれる。日本ではM字の谷が徐々に浅くなっている。
※先進国は概して低めに推移するが，移民受入国のアメリカ合衆国，子育て支援を積極的に進めるフランスや北欧諸国は高めに推移することが読みとれる。

合計特殊出生率（ごうけいとくしゅしゅっしょうりつ）　１人の女性が平均して何人の子どもを生むかを示す数値で，人口を維持するためには合計特殊出生率が2.1以上必要だが，日本など先進国の大部分ではこれを下回っている。2019年の**日本の合計特殊出生率は1.36**で，**韓国（1.05）と並び世界でも最低レベル**である。

高齢化社会と高齢社会　高齢化を示す指標として，**総人口に占める65歳以上の割合**（老年人口率，高齢化率）が **7％** を超えると高齢化社会（Aging Society），**14％** を超えると高齢社会（Aged Society）とし，高齢化に対応できる社会基盤の整備を促している。近年は，**21％** を超えると超高齢社会（Super aged society）と呼ばれるようになった。

ポイント　人口構成と人口問題

❶　**人口ピラミッド**は，その国の経済発展のレベルや人口増減の状況を表すことができる。

❷　**産業別人口構成**は，先進国では第1次産業人口割合が小さいが，発展途上国では大きく，**経済の発展とともに第2次，第3次産業に移行**していく。

❸　**発展途上国**では，「**人口爆発**」による人口増加に経済発展が追いつかないため，生活水準が低下するなどの問題が生じている。

❹　**先進国**では，**高齢化，少子化**が進展し，労働力不足や福祉負担が増大するなどの問題が生じている。

日本を，女性が安心して出産，育児，就労できる社会にしていきたいね！

チェック問題

1 次の表は，世界のいくつかの地域における合計特殊出生率*および65歳以上人口の割合を示したものであり，①～④は，アフリカ，北アメリカ，中央・南アメリカ，東アジアのいずれかである。東アジアに該当するものを，**表**中の①～④のうちから一つ選べ。
*女性1人が生涯に産む子どもの数に相当する。

	合計特殊 出生率	65歳以上 人口の割合（%）
①	4.64	3.5
西アジア	3.02	4.7
②	2.30	6.9
③	2.03	13.2
④	1.61	9.5
ヨーロッパ	1.53	16.2

統計年次は，合計特殊出生率が2005年～2010年，65歳以上人口の割合が2010年。
World Population Prospects により作成。

2 次の図の**カ～ク**は，栄養不足人口率，穀物自給率，人口増加率のいずれかの指標について，国地域別にその高低を示したものである。指標名と**カ～ク**との正しい組合せを，①～⑥のうちから一つ選べ。

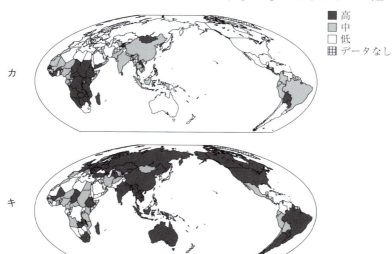

■ 高
▨ 中
□ 低
⊞ データなし

カ

キ

系統地理

大地形

小地形

地形図

気候要素と
気候因子

気候区分と
植生・土壌

陸水と海洋

農業

林業・
水産業

エネルギー・
鉱産資源

工業

地域開発と
環境問題

人口

村落と都市

商業・
観光業

交通・通信

貿易と
資本の移動

国家・民族

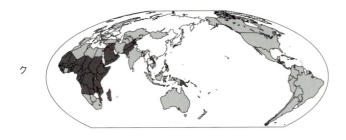

統計年次は，栄養不足人口率が2011年，穀物自給率が2009年，人口増加率が2005～2010年。
World Population Prospects などにより作成。

	①	②	③	④	⑤	⑥
栄養不足人口率	カ	カ	キ	キ	ク	ク
穀物自給率	キ	ク	カ	キ	カ	キ
人口増加率	ク	キ	ク	カ	キ	カ

解答・解説　　**1**　④　　アフリカ，北アメリカ，中央・南アメリカ，東アジアにおける**合計特殊出生率，65歳以上人口の割合**を判定させる問題である。東アジアがどの国々を指すのかという地域区分が理解できていないと判定を誤ってしまうので，**本書の地誌分野で説明している世界の地域区分をしっかりとマスターしておこう！**

　データの指標にある合計特殊出生率は，**1人の女性が一生のうちに生む子どもの平均値**のことで，**少子化**を示す最も典型的な指標である。合計特殊出生率は，経済発展が進む**先進地域では，人口再生産が可能となる2.1を下回る**が，発展途上地域では2.1を上回り，将来的には先進国で人口減少，発展途上国で人口増加をもたらす。したがって，表中の①と②が経済発展が遅れているアフリカか中央・南アメリカ，③と④が先進国のアメリカ合衆国，カナダなどからなる北アメリカか，先進国の日本，アジアNIEsの韓国，急速に経済が発展しつつある中国などからなる東アジアである。

　①は**最も合計特殊出生率が高く，65歳以上の人口割合も低い**ことから**アフリカ**である。65歳以上人口割合は，**老年人口率**または**高齢化率**ともいわれ，**平均寿命が長い先進国ほど割合が高い**傾向にある。

　②は**中央・南アメリカ**で，ほとんどの国が発展途上国であるが，アフリカよりは経済が発展しており，1人当たりGNIも中位程度の国々が多い。

③と④の判定は，65歳以上人口の割合から判定する。

　③はヨーロッパに次いで，老年人口率が高いため，先進国のアメリカ合衆国などからなる**北アメリカ**である。アメリカ合衆国やカナダは**移民の受け入れ国**であるため，**若い年齢層が流入**することから，先進国の中では合計出生率が高いが，発展途上国よりは低い。

　④は**東アジア**で，**日本**のことだけを考えると，世界有数の老年人口率（**27.3%**）であるが，**中国や韓国では先進国ほど高齢化が進行していない**ため，東アジア全体では北アメリカより65歳以上人口の割合が低くなる。近年の試験は，データの分析が多いため，**本書を熟読した後に，本書の演習問題や**『**瀬川聡の地理B　超重要問題の解き方**』**などで，十分に練習をしてもらいたい。**

2　①　　　**階級区分図**を使用したデータの読み取り問題である。**栄養不足人口率**は，経済発展が遅れている途上国で高くなり，先進国で低くなるため，**中南アフリカ**で高い階級を示し，**欧米先進国**で低い階級を示す**カ**が該当する。主に主食とされる**穀物自給率**（米，小麦，トウモロコシ，雑穀などを自国内で調達できるか否か）は，農業生産性が高い先進国（ヨーロッパ，アメリカ合衆国，カナダ，オーストラリアなど）や**モンスーンによる降水や肥沃な土壌に恵まれるアジア諸国**で高い階級を示すことから，**キ**が該当する。アジアでも**日本**や**韓国**は人口のわりに農地に恵まれないため，**穀物自給率が極めて低いことに注意！**　人口増加率は，**自然増加率**（出生率－死亡率）と**社会増加率**（移入率－移出率）からなる。まず，経済発展が遅れ，出生率が高い**アフリカ諸国**では，自然増加率が高いことに着目する。次いで，南北アメリカ大陸やオセアニアでは，移民による社会増加率が高いが，若年層を中心とする移民が流入するため出生率も高めになることから自然増加率も高めになる。したがって，**人口増加率はアフリカ諸国で高位を示し，新大陸諸国で中位を示すク**が該当する。

地域ごとの人口の特徴を
しっかりおさえておこう！

系統地理

大地形

小地形

地形図

気候要素と
気候因子

気候区分と
植生・土壌

陸水と海洋

農業

林業・
水産業

エネルギー・
鉱産資源

工業

地域開発と
環境問題

人　口

村落と都市

商業・
観光業

交通・通信

貿易と
資本の移動

国家・民族

14 村落と都市

この項目のテーマ

1 村落の立地と住居の地域性
村落の立地と形態を考えてみよう！

2 都市の成立と発達
都市の発達や成長による機能や地域の変化を理解しよう！

3 都市化と都市問題
都市化の要因と都市問題について考えてみよう！

1 村落の立地と住居の地域性

　人間が共同の社会生活を営んでいる場所のことを**集落**というんだ。集落は，**農林水産業などの第1次産業**が経済を支えている**村落**（農村・漁村・山村）と，**商工業など第2次・第3次産業**が経済を支えている**都市**に分けられるんだよ。まずこの項では村落の話をしよう！

　村落は（農村だと考えよう），人々の生活条件に適した場所に立地するはずだよね。農業を行うためには，<u>水</u>が得やすく農耕に適した土地（地形，日当たりなど）が必要になるよ。**日本やヨーロッパ**のように古くから農業が行われていた村落では，**防御**の面や**共同作業**の便などから住民相互の結びつきが強い**集村**（**家屋が密集**した村落形態）が一般的だったんだ。集村は共同作業には適しているけど，住居と耕地が離れているのが弱点かな。一方，**北アメリカ**や

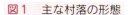

図1　主な村落の形態

▲ 塊 村
不規則に家屋が密集

▲ 路 村
家屋が道路に沿って分布，耕地は短冊状

▲ 散 村
家屋が分散

オーストラリアなどの開拓が新しい集落は，国内の治安がよく，外敵への備えも必要がないから，個人で開拓がしやすく**大規模な耕地や牧場経営に有利な散村**が多いよ。特にアメリカ合衆国の**タウンシップ制**にもとづく散村が代表的だね。日本の**屯田兵村**でもみられるよ。[➡ p.232 ⛰]。

表1 村落形態のまとめ

村落形態		特徴
集村	塊村	自然発生的な集落で，家屋が不規則に集まる。日本の一般的な村落形態。
	路村	道路に沿って家屋が並んだ集落で，短冊形の地割をしていることが多い。開拓集落などでみられる。日本の**新田集落**，ドイツの**林地村**。
	列村	道路以外の要因で列状に並んだ集落で，**自然堤防**上，扇端，干拓地の堤防に沿う場合が多い。
	街村	主要街道沿いに発達した集落で，家屋が密集し，商業的な機能をもつ場合が多い。地形図では，建物の密集地の地図記号（▨）に注意！
	円村	集会や市場に利用される広場を中心に家屋が環状に並んだ集落で，ドイツ～ポーランドにかけて分布。日本にはない。
散村		一戸または数戸の農家が散在している集落で，家屋の周囲に農地があるため大規模な耕作や収穫に有利。新大陸には多く見られたが，日本では少なく砺波平野（フェーンによる類焼防止），出雲平野などに分布している。

日本の村落で**条里制**に基づく集落とか**新田集落**とか聞いたことがあるんだけど，これってなんのことなの？

　よく地形図の問題で問われるよね。**条里制に基づく集落**は，古代の条里制の名残をとどめている集落形態で**土地を平行線で区切り，道路や灌漑水路などが碁盤目状**をしていたんだ。覚えなくてもいいけど，一区画を里と呼び，里の東西の列を条，南北の列を里と呼んだんだ。だから今でも，「条」とか「里」とかいう地名が残っているんだよ。集落は**塊村**状をなしているのが特徴だね。

　新田集落は近世（江戸時代）の集落で，比較的集落の立地条件が悪いところ（洪積台地上，火山の山麓，低湿地，干拓地など）にあると考えていいよ。理由はね，日本の耕地（特に水田）は大部分が江戸時代より前に開拓されているけど，**新田集落は江戸時代の農業技術や土木技術の発展によってはじめて開拓できるようになったところ**だからだ。「～新田」という名前がその名残となっているので注意しようね！

村落の形態や日本の古い集落についての説明はよくわかったよ。ついでに家屋についても知りたいなぁ。
世界の伝統的な家屋は気候などの**自然条件**に適応するようにつくられてきたはずだよね？

いいとこに目をつけたよ。しばしば入試でも出題されてるしね。**熱帯雨林など高温湿潤な地域**では，通気性をよくするために開放的な造りになってるし，**害獣**から身を守ったり，水害から逃れるために**高床式**になっていたりするよ。植生が豊富なため，建築材料は**木や葉，草**を利用している場合が多いんだ。**シベリアなど寒冷な地域**では外気を遮断・保温する必要があるよね。だから入り口のドアや窓は小さいんだ。豊富な**針葉樹**を建材に利用して**木造住宅**が作られてきたんだね。

西アジアや北アフリカの乾燥地域では，日中の気温が高くなるため，強い日射や外気を遮断する必要があるので，入り口も小さく，窓は小さいかまったくない場合もあるんだ。窓がないなんて，日本じゃ考えられないよね。木材が得にくいため，**石，日干しレンガ，泥**などを建築材料として利用してきたんだ。

それから屋根の形にも注意しよう！　伝統的家屋で**屋根に傾斜がある場合には降水量や降雪量が多い地域**だと考えていいし，逆に**平屋根**の場合には降水量が少ない**乾燥地域**だと考えたらいいよ。

タウンシップ制と屯田兵村　18世紀後半から19世紀にかけて，**アメリカ合衆国**やカナダで行われた**公有地分割制度**で，経緯線に沿った**碁盤目状の地割**をしていた。1区画約64 haの土地に一家族が入植し，農業開拓を行った。ホームステッド法の成立に伴い，土地の無償供与を実施したため，西部開拓が急速に進展した。**屯田兵村はタウンシップを模範とし，明治時代に北海道**の開拓，防備，士族授産を目的として建設された。塊村，路村，散村と村落形態は多様だが，**共通テストでは散村に注意！**

ポイント　村落の立地と住居の地域性

❶　**村落**は**水**が得やすく人々の生活に適したところに立地した。

❷　古くから農業が行われていた**日本**などでは**集村**が多いが，開拓が新しい**新大陸**（アメリカ合衆国やオーストラリア）では**散村**が多い。

❸　降水量の多い地域では**傾斜のある屋根**，乾燥地域では**平屋根**が用いられてきた。

❷ 都市の成立と発達

　古代の都市は主に**政治，宗教，軍事的**な役割を担っていたんだ。

　中世になると**商業都市**が発達し，<u>**産業革命後に本格的な都市化**</u>が進んでいったんだ。その代表的な例が**工業都市**の発達だ。

　日本でも**古代**（奈良〜平安）には平城京や平安京が政治の中心として発達したけど，**中世**（鎌倉〜室町）の**門前町**［➡ p.236 📖］，港町，市場町，**近世**（安土桃山〜江戸）の**城下町**［➡ p.236 📖］，宿場町が現在の都市の起源となっている場合が多いよ（<u>**県庁所在地の大部分が城下町起源**</u>だということに注意！）。

　現代の都市は，さまざまな**都市機能**を備えていて，行政，文化，生産，消費，交通などの機能を大なり小なりもっているんだ。都市は，その発達とともに巨大化し，**メトロポリス**（Metropolis）と呼ばれる**巨大都市**になるものも現れたんだ。メトロポリスでは生産，流通，消費に関する施設や情報が集積し，経済や文化の中心地（**中心地機能が発達**［➡ p.237 📖］）となっているから，周囲に対する影響力も大きく，**衛星都市**など周辺地域を影響下におく**都市圏**［➡ p.237 📖］を形成しているよ。**通勤圏，通学圏，商品の流通圏**などが，都市圏を決定する重要な指標となっているんだ。

　もちろん大都市になればなるほど，都市圏の範囲は広くなり，**大都市圏（メトロポリタンエリア）**を形成するようになるよ。日本では**東京大都市圏**が最も広く，続いて**大阪大都市圏，名古屋大都市圏**になるということだね。

　都市は，いろいろな機能を持っているって話をしたけど，すべての都市が持っている機能は，**一般的機能**（**中心地機能**）と呼ばれ，その都市特有の機能の

表2　特別な機能が発達している都市

都市機能からみた分類	都　　市
政治都市	キャンベラ（オーストラリア），ブラジリア（ブラジル），アブジャ（ナイジェリア），オタワ（カナダ），デリー（インド）
宗教都市	メッカ（サウジアラビア），エルサレム（イスラエル），ヴァラナシ（インド）
学術都市	オックスフォード（イギリス），ハイデルベルク（ドイツ），つくば（茨城）
観光・保養都市	ニース，カンヌ（フランス），マイアミ，ラスヴェガス（アメリカ合衆国）

大地形

小地形

地形図

気候要素と気候因子

気候区分と植生・土壌

陸水と海洋

農業

林業・水産業

エネルギー・鉱産資源

工業

地域開発と環境問題

人口

村落と都市

商業・観光業

交通・通信

貿易と資本の移動

国家・民族

ことは，**特殊機能**と呼ばれているんだ。都市の中には特殊機能（特別な機能）が発達したものもあるから，**表2**［➡ p.233］にまとめておくね。**共通テストでは，正誤問題に気をつけよう！**

> **メトロポリス**のような**大都市**は，いろいろすぐれた機能をもっているので，周囲から労働力などを吸引し，商品やサービスを広い範囲に提供しているんだよね。都市は，大きくなれば周囲への影響力が大きくなるってことはわかるんだけど，じゃあ，**都市の内部**はどうなっていくの？

都市は大きくなればなるほど，**内部分化**が進み，異なった機能をもったいくつかの地域に分かれていくんだ。

まず，**都心**には**政治・行政機関や大企業・国際企業の本社・支社が集中**する**中心業務地区（CBD）**が形成されているよ。東京の**丸の内・大手町・霞が関**，ニューヨークの**マンハッタン**，ロンドンの**シティ**なんかがその代表例だね。その CBD に隣接して**デパート（百貨店）**，**高級商店街**，**ホテル**などが立地しているんだ。

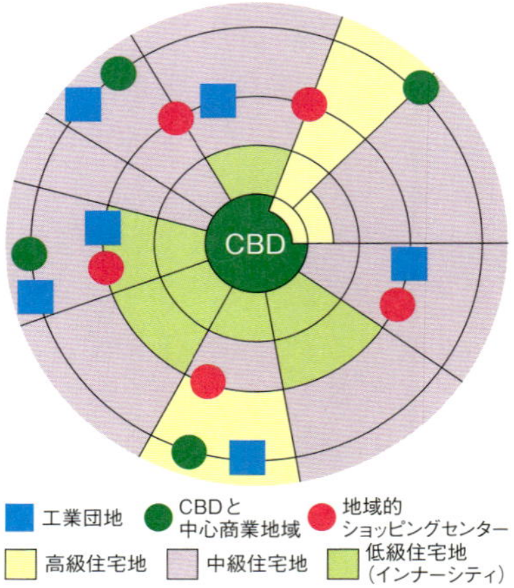

都心地域は行政，経済，流通の中心地で経済活動に有利だから，**地価が高**

図2 アメリカ合衆国の大都市圏のモデル

凡例：
- 🟦 工業団地
- 🟢 CBDと中心商業地域
- 🔴 地域的ショッピングセンター
- 🟨 高級住宅地
- 🟪 中級住宅地
- 🟩 低級住宅地（インナーシティ）

い**ことはわかるよね？　だから昼間は通勤や買い物に多くの人が訪れるんだけど，住むにはあまり適していないため（地価や家賃が高い），**昼間人口**に比べ**夜間人口は少なくなる**んだ（働きには行くし，遊びにも行くけど，住んでいる人が少なくなるってことだよ）。つまり**ドーナツ化現象**が進んでいるんだね。

また，地価が高いぶん，土地を有効に利用しなくちゃいけないから，**高層化**や**地下化**が進み，都市空間が垂直的に立体化する傾向が強いよ。

都心の周辺地域は，住宅や商工業地が混在するインナーシティ**と呼ばれる地**域なんだ。このあたりは早くから市街化が進んだけど，今では**老朽化し，発展から取り残された地区もある**んだよ。

特に**アメリカ合衆国**やヨーロッパの大都市では，以前，中高所得層が住む住宅地区だったところが過密化などで居住環境が悪化し，それをきらった人々

は郊外に流出し，かわりに**低所得層や新規の移民などが居住**するようになって，**スラム化**しているところがあるんだね。さらにその外側には工場地区，住宅地区が同心円状に配置するんだ。大都市の郊外には**衛星都市**が形成されるけど，住宅機能が主の**住宅衛星都市**（ベッドタウン）である場合が多いね。

東京では，新宿，渋谷，池袋，大阪では天王寺のことを副都心（新都心）っていうよね？　副都心ってなんのことなの？

確かによく使う言葉だよね。**副都心**（新都心）とは，都心がもつ行政，経済などの**中心地機能**［➡ p.237 👆］を一部分担している地域で，**交通のターミナル**付近（東京では JR と郊外線の結節点）などに成立するんだ。商業・サービス機能もすぐれているよ。

郊外では，**スプロール現象**というのが起こるんだよね。これはいったいどんな現象なの？

スプロール（sprawl）**現象**はね，**都市が無計画に拡大**していって，いままで農地だったところに住宅や工場が虫食い状にできることをいうんだよ。

住宅地区，商業地区，工業地区，農地はそれぞれ人々の生活サイクルが違うよね。混在すると住みにくくなるし，道路や上下水道など社会基盤が不十分なまま発展していくと**交通渋滞などさまざまなトラブルが発生しやすくなる**ね。

そこで，日本では**市街化調整区域**，ロンドンでは**グリーンベルト**（緑地帯）など，開発を抑制する地域を設定し，**スプロール現象を防止**する努力をしているんだ。

地理用語としてメトロポリス（巨大都市）というのはさっきやったよね。
メガロポリスと**コナベーション**というのがよくわかんないなぁ？やさしく説明してほしいんだけど。

よーし，やさしく説明しよう（^_^）。

メガロポリス（Megalopolis）は**アメリカ合衆国大西洋岸のボストン〜ニューヨーク〜ワシントン**（アメリカンメガロポリス）が最も代表的な地域だね。ここは複数の**メトロポリス**を中心に，周辺の中小都市が**帯状**に連なってできたもので，**高速交通網や通信網で密接に結ばれ，さまざまな機能を分担し合っている地域**だよ。日本でも**東海道メガロポリス**と呼ぶことがあるね［➡ p.237 👆］。

大地形

小地形

地形図

気象要素と気候因子

気候区分と植生・土壌

陸水と海洋

農業

林業・水産業

エネルギー・鉱産資源

工業

地域開発と環境問題

人口

村落と都市

商業・観光業

交通・通信

貿易と資本の移動

国家・民族

これに対して，**コナベーション**（Conurbation：連接都市〔れんせつ〕）というのは，**都市の人口規模に関係なく，都市と都市の間が，市街化**（従来の農地や林地だったところに，住宅や工場などができる）して，複数の都市がまるで一つの都市のようになってしまうことをいうんだ。**東京湾岸，ルール地方，五大湖沿岸地方**〔ごだいこえんがん〕が代表的なコナベーションだね。

メトロポリス，メトロポリタンエリア，メガロポリス，コナベーションといろいろな用語が出てきたけど，しっかり理解しておいてね！

最後に，都市の道路網の形態についてもまとめておくから，マスターしておいてよ［**図3・表3**］。

図3・表3　道路網からみた都市の形態

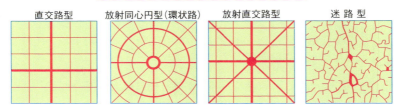

直交路型　　放射同心円型（環状路）　　放射直交路型　　迷路型

道路網の形態	都　　市
直交路型	ペキン（北京），ニューヨーク，アジアの古代都市や新大陸。
放射同心円型 （環状路）	パリ，モスクワ，道路の中心に王宮や教会。ヨーロッパの首都。
放射直交路型	ワシントンD.C.
迷路型	テヘラン（イラン），ダマスカス（シリア）など西アジアや北アフリカ。敵の侵入を防ぎ，強い陽射しをさえぎる。日本の城下町も迷路型。

👆**門前町**〔もんぜんまち〕　有力な寺院を中心に発展した町で，寺の門前に参拝者〔さんぱい〕を対象とした店や施設が発達した。**長野**〔ながの〕（善光寺〔ぜんこうじ〕），成田（新勝寺〔しんしょうじ〕）などが代表的。

👆**城下町**〔じょうかまち〕　封建時代の領主の居城〔きょじょう〕〔ほうけん〕を中心に発達した集落で，**身分，職種による住み分け**が行われ，道路形態は防御〔ぼうぎょ〕を目的として，**かぎ形，丁字路，袋小路**（行き止まり）となっている場合が多い。

👆**城郭都市**　ドイツのネルトリンゲンなど**中世ヨーロッパの交易都市**でみられた都市形態で，外敵の侵入を防ぐため，**周囲を高い城壁で取り囲んでいた**。城壁跡は**環状道路**などに利用されている。

👆 **中心地機能**と**都市圏**　**中心地機能**とは，都市が有する一般的機能で商品，サービス，雇用を提供する力のことである。**都市圏**とは都市の**中心地機能**が周囲に及ぶ範囲のことを指す。

👆 **都市の階層性**　中心地機能が大きくなると，都市圏も拡大し，**東京**，**大阪**，**名古屋**のような**国家的中心都市**，**札幌**（北海道の中心），**仙台**（東北の中心），**広島**（中四国の中心），**福岡**（九州の中心）など**広域中心都市**，**新潟**，**金沢**，**高松**，**那覇**など**準広域中心都市**，**県庁所在地**などの**県域中心都市**が成立する。

👆 **東海道メガロポリス**　東京大都市圏から大阪大都市圏にいたる都市化地域を指し，東海道新幹線や高速道路などの交通網も整備されている。東海道メガロポリスは，**東京**，**川崎**，**横浜**，**静岡**，**浜松**，**名古屋**，**京都**，**大阪**，**神戸**などの大都市だけでなく，周辺の中小都市も含むため，総人口は5,000万人を超え，日本経済の中核をなしている。

👆 **市街化区域と市街化調整区域**　都市計画法による都市計画地域のうち，現在すでに市街化されている地域，または今後優先的に市街化を図ることを認められている地域を市街化区域という。これに対し，**郊外への無秩序な開発**（**スプロール現象**）を防ぐために，**開発が抑制されている地域**を市街化調整区域といい，ロンドンの**グリーンベルト**がこれに当たる。

ポイント　都市の成立と発達

❶ **都市の発達**とともに，**メトロポリス**と呼ばれる巨大都市が現れ，**大都市圏（メトロポリタンエリア）**を形成している。

❷ **都心**には，行政機関や企業の本社などが立地する**中心業務地区（CBD）**が形成される。

❸ **メガロポリス**は，複数のメトロポリスと周辺都市が帯状に連なり，交通・通信網で結ばれた都市化地域である。

「メトロポリス」と「メガロポリス」，ちょっとまぎらわしいから，注意してね！

❸ 都市化と都市問題

　先進国では，産業革命以降，都市化（Urbanization）が進展し，多くの大都市が形成されるようになっていったんだ。第二次世界大戦後は，発展途上国でも都市化が進展し始め，都市人口も増加しつつあるよ。ここでは先進国と発展途上国の都市化の特色や都市問題について話をしよう！

　先進国では，18世紀後半にイギリスで産業革命が起き，都市では工業や商業などの産業が急速に発達するようになったね。そのため，高所得が得られ，雇用機会が豊富な都市は，周辺の農村から労働力を吸引し始めるんだ（pull型の都市化要因）。つまり都市が労働力を必要とするから，その必要性に合わせて徐々に人々を都市に引っ張り込んでいったんだね。ヨーロッパやアメリカ合衆国などの大都市では過密化が進行し，地価も高騰するなど生活環境の悪化が問題となったんだ。

　特にインナーシティでスラムが形成されるようになると，富裕層はよりよい生活環境を求めて，郊外に移動するようになったんだね。郊外化（Suburbanization）はアメリカ合衆国ではっきりと現れているよ。

　先進国では大都市の過密化やインナーシティ問題にはどのような対応をしているのかなぁ？

　過密化対策としては，イギリスが世界に先駆けて実施した「大ロンドン計画」が代表的な例だね〔➡ p.239 図4〕。イギリスは20世紀の初めから，すでに過密化と環境悪化に苦しんでいたんだ。そこで第二次世界大戦後，職場と住居がある（職住近接）だけでなく，商業・文化・娯楽施設までも兼ね備えたニュータウン〔➡ p.242 📊〕の建設が始められたんだ。

　ニュータウンはロンドンを囲むグリーンベルトの外側に立地し，そこには快適な居住空間をもつ住居が多数建設されたんだよ。その結果，ロンドンの過密化は解消の方向に向かったんだけど，逆にロンドンの人口流出が進み，インナーシティの空洞化が目立ってきたので，今度は，都市内部の再開発が必要になってきたんだ。特に，ロンドンの近郊にあるドックランズはかつて世界的な港湾施設として栄えてきたけど，石油危機後，産業構造が転換し（それまでは鉄鋼や造船が基幹産業だったけど，自動車やエレクトロニクスに転換していったんだよね），港湾の重要性が低下して老朽化したため，ドック（造船所）は閉鎖され，倉庫などは遊休化していたんだ。

　そこで政府は民間企業の協力を得ながら，ウォーターフロントの再開発を実

施することになったん
だよ。**造船所や倉庫の
跡地に，オフィスビル，
マンション，ホテル，
レジャー施設などを建
設し，活性化**を図って
いるんだ。イギリスの
ニュータウンやウォー
ターフロントの再開発
は，日本など他の先進
国の再開発のモデルと
なり，大きな影響を与
えたんだね。

図4　大ロンドン計画

先進国では都市化の進展が早かったから，老朽化したり，時代の
変化に対応できない地域が出てきたんだね。都市再開発にはドッ
クランズのように古い施設を壊して，新しい施設をつくるやり方
以外に，古い建物や街並みを修繕していくやり方もあるってテレ
ビで見たんだけど？

そうだね。じゃあ，今度はパリを例にとって説明していこう！
　パリの旧市街地は歴史的な建造物も含む老朽化した住宅が多く残り，過密
化が進んでいたんだ。再開発では二つの手法がとられたよ。
　第二次世界大戦後は，スラムなど不良住宅地区をすべて撤去して，その跡地
に高層ビルを建設する**クリアランス（一掃）型**というやり方をとったんだ。比
較的簡単に再開発できるけど，都市景観のバランスが悪かったり，以前からそ
の場所で暮らしていた低所得の住民が入居できなくなるなど評判がいま一歩だ
ったんだね。
　そこで1960年代から**修復保全型**が実施されるようになり，できる限り古い住
宅や建物を修復し，保全していこうとしているんだ。**ヨーロッパは，歴史的な
建造物や街並みが多く残されている**（歴史的景観を重視するため，都心部など
における高層ビルの建設を制限）ので，修復保全型とクリアランス型の両方の
特色を活かしながら再開発をしているところがたくさんあるんだよ。だから**ア
メリカ合衆国や日本の大都市に比べて，高層ビルが少ない**んだね。

系統地理

大地形

小地形

地形図

気候要素と
気候因子

気候区分と
植生・土壌

陸水と海洋

農業

林業・
水産業

エネルギー・
鉱産資源

工業

地域開発と
環境問題

人口

村落と都市

商業・
観光業

交通・通信

貿易と
資本の移動

国家・民族

パリ郊外の**ラ゠デファンス**はビジネスセンターを中心に近代的な**副都心**が建設されているよね？

　パリ大都市圏には，フランスの総人口の約20％が居住していて，さらに銀行本店の約90％，企業本社の約50％が集中しているんだ。つまり，**都市機能のパリへの集中**がめちゃめちゃすごいんだ。

　でも，パリの市内は都市計画によって建築物の高さや美観上の規制があって，都心部以外には高層ビルは建築されず，副都心が発達しにくかったので，**過密化**や**都心部の交通渋滞**が深刻化したんだね。これを解消するため，パリ西郊の**ラ゠デファンス地区**〔➡ p.242 📈〕で超高層の**オフィスビル**，**大規模なショッピングセンター**，**近代的高層住宅**などを備える**副都心**建設のプロジェクトが行われたんだよ。

そうかぁ，ロンドンやパリでは，いろんなやり方で都市の再開発が行われているんだね。
じゃあ，日本でも**都市の再開発**は行われているの？

　うん，同じように歴史が古いヨーロッパなどの都市再開発を参考にしつつ，日本独自の再開発も行われているよ。**東京**，**大阪**，**名古屋**の大都市圏を中心に，郊外では**ニュータウン**の建設が行われてきたんだ。ただロンドンのニュータウンとは違っていて，**職住分離型**の**住宅都市**だから，職場までの通勤がなかなか大変だね。このあたりでちょっとだけ日本のニュータウンについて説明をしておこう。東京都の**多摩ニュータウン**や大阪府の**千里ニュータウン**くらいは聞いたことがあるよね？　日本では，第二次世界大戦後の人口増加と都市への急激な集中に対応するため，**1950年代の後半から多くのニュータウンが大都市の郊外を中心に建設**されていったんだよ。**高度成長期**の住宅需要に応える必要があったんだな。このことは日本の住宅供給に多大な成果をあげたんだけど，いっせいに建設され，同じような世代の人々がいっせいに入居してすでに50年以上!!　ということは人々も建物も街もみんなそろって歳をとる「**オールドタウン**」化の傾向がみられるんだ。今は**バリアフリー化**などを含めて魅力ある住宅や住宅地を目指す努力が行われているよ。

　次はウォーターフロントの再開発例だけど，**横浜**の**みなとみらい21**（MM21）かな。古くなった港湾施設などを一掃し，新たに埋め立て地も加えて新都心を建設しているんだよ。**クリアランス型**の再開発の代表的な例だね。

　これに対して，同じ再開発でも，魅力ある伝統的な街並みを残しつつ地域

を発展させていこうという**修復保全型**の代表例が，北海道の小樽や函館だ。港湾地域の歴史的な建造物や景観を残しながら，観光開発を図るという比較的小規模な再開発が行われているよ。

それから，近年は環境にも配慮した都市整備や都市再開発も注目されているんだ。1993年に提唱された**エコシティ（環境共生都市）**って聞いたことある？　これは環境に優しく，かつ暮らしやすい都市を目指すもので，船橋市，横浜市，大阪市，北九州市などでさまざまな取り組みが行われているよ。

> 今度は**発展途上国の都市問題**について知りたいなぁ？
> どんなところが先進国と違うのかな？

人口のところでも説明したけど，発展途上国では農村で人口爆発が起こってるよね。つまり農村の余剰労働力は，その村にいても生活していけないので，**農村から押し出される**ことになるんだ。

じゃあ，それからどうするかというと隣の村に行っても当然同じ状況で，労働力を受け入れることはできないわけだから，あてはなくても農村から都市に移動するしかなくなるよね（**push型**の都市化要因）。ところが，先進国のように多数の都市で商工業が発達しているわけではないから，みんなが首都に代表される**プライメートシティ（首位都市）**に集中して流れ込むことになるんだ。**バンコク（タイ），ジャカルタ（インドネシア），リマ（ペルー），サンティアゴ（チリ），ブエノスアイレス（アルゼンチン）**なんかがプライメートシティの典型だよ。

そのプライメートシティでさえ雇用能力はあまり大きくないから，収入を得られない人々は都市郊外の未利用地（山麓や河川の後背湿地など）にバラック

表4　都市人口率の推移

地　域	1950(%)	1970(%)	2015(%)	2030(%)
世　　界	29.6	36.6	53.9	60.4
先 進 地 域	54.8	66.8	78.1	81.4
発展途上地域	17.7	25.3	49.0	56.7
ア ジ ア	17.5	23.7	48.0	56.7
ア フ リ カ	14.3	22.6	41.2	48.4
ヨーロッパ	51.7	63.1	73.9	77.5
アングロアメリカ	63.9	73.8	81.6	84.7
ラテンアメリカ	41.3	57.3	79.9	83.6
オセアニア	62.5	70.2	68.1	72.1

※2030年は将来予測。
※UN, World Urbanization Prospects : The 2018 Revision による。

図5　都市人口の推移

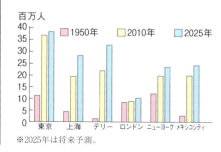

※2025年は将来予測。

系統地理

大地形
小地形
地形図
気候要素と気候因子
気候区分と植生・土壌
陸水と海洋
農業
林業・水産業
エネルギー・鉱産資源
工業
地域開発と環境問題
人口
村落と都市
商業・観光業
交通・通信
貿易と資本の移動
国家・民族

やテントなどで**不法占拠のスラム**（スクォッター：squatter）を形成していくことになるんだね。**先進国のスラムはインナーシティスラムが多い**けど，**発展途上国の場合は都市郊外にスラムが拡大**していく傾向が強いよ。

👆 **ニュータウン**　ニュータウンとは，大都市の人口・産業を分散させるために建設された都市だが，**日本のニュータウンは職住分離型の住宅衛星都市が多い。**

👆 **都市人口率**　都市人口率とは，**総人口に占める都市居住者の割合**で，都市化が早くから進んだ**先進地域では都市人口率が高く，発展途上国では低い**［➡ p.241 **表4**］。発展途上国で**プライメートシティ**への集中度が高いからといって，「**タイは，バンコクへの集中度が激しいため，都市人口率も高い」という思い違いをしない**でもらいたい（日本の都市人口率は**91.4%**，タイの都市人口率は**47.7%**）。**都市人口率は，首都への集中度を示す指標ではない。**

👆 **ラ＝デファンス地区とマレ地区**　ラ＝デファンスは**パリ**の中心から西へ 4 km の位置にあるが，ここではパリ大都市圏の拡大によってスプロール化が進展し，さらには既存の中小工場や老朽化した工場が混在するなど，生活環境が悪化しつつあった。これを解消し，さらには過密化が進むパリの**都心機能を分担することができる新都心（副都心）の建設**を目指したのが，ラ＝デファンスの再開発である。再開発では，この地区をオフィスビルなど業務施設中心の A 地区と住宅施設中心の B 地区に分け，人々が生活しやすい都市造りを進めている。

　一方，パリの旧市街地に位置する**マレ地区**では，**老朽化した建造物や街並みの修復・保全事業**が行われ，古い建物や中庭などを美しく復旧し，一大観光名勝となるなど活性化に成功している。

👆 **ジェントリフィケーション**（gentrification）　インナーシティの老朽化した街区やスラム化した街区を再開発により**高級化**した場合，**低所得層が流出し，富裕層が流入する現象**で，アメリカ合衆国の**ハーレム**（ニューヨーク）などのスラム再開発が代表的である。

ポイント　都市化と都市問題

❶ **先進国**では，雇用能力の大きい都市が周辺の農村から人口を吸引する **pull** 型の都市化が進行する。

❷ **発展途上国**では，農村で人口が急増し，押し出された人々が都市へ流入する **push** 型の都市化が進行する。

❸ **先進国ではインナーシティにスラム**が形成されるが，**発展途上国では郊外**の未利用地を不法占拠した**スラム**が拡大する。

チェック問題

標準 **4**分

1 次の図は，人口約40万人の日本のある都市を対象に，小地域*を単位として人口特性を示すいくつかの指標を地図で表現したものであり，**ア～ウ**は，人口密度，農業・林業就業者割合，老年人口割合**のいずれかである。指標名と**ア～ウ**との正しい組合せを，下の①～⑥のうちから一つ選べ。

  *おおむね市区町村内の「△△町」「○○２丁目」「字□□」などに対応する区域。
  **総人口に占める65歳以上人口の割合。

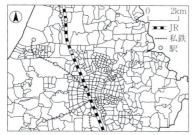

小地域の境界と鉄道路線

ア

イ

ウ

統計年次は2010年。国勢調査により作成。

	①	②	③	④	⑤	⑥
人口密度	ア	ア	イ	イ	ウ	ウ
農業・林業就業者割合	イ	ウ	ア	ウ	ア	イ
老年人口割合	ウ	イ	ウ	ア	イ	ア

2 次ページの①～④の文は，カイロ，ハンブルク，ベネチア（ヴェネツィア），ベルゲンのいずれかの都市の立地とその特徴について

系統地理

大地形
小地形
地形図
気候要素と気候因子
気候区分と植生・土壌
陸水と海洋
農業
林業・水産業
エネルギー・鉱産資源
工業
地域開発と環境問題
人口
村落と都市
商業・観光業
交通・通信
貿易と資本の移動
国家・民族

説明したものである。ハンブルクに該当するものを，次の①～④のうちから一つ選べ。

① 三角江（エスチュアリー）をなす河口から約100kmほど内陸に発達した都市で，国内最大の港湾都市となっている。
② 潟湖（ラグーン）の中に形成された都市で，近年では高潮による水没の被害に悩まされている。
③ 大河川の三角州（デルタ）の頂点に立地する都市で，現在の市街地は河川の分岐点に発達している。
④ 両側を急斜面に挟まれた入り江に位置する都市で，国内有数の海運業の拠点となっている。

解答・解説 **1** **②** 人口約40万人の日本のある都市の小地域における**人口密度**，**農業・林業就業者割合**，**老年人口割合**を判定させる問題である。まずは，小地域の境界と鉄道路線の地図を見て，**路線が集まっているところを都心付近と考える**。三大都市圏の中心地である東京，大阪，名古屋などとは異なり，地方の中小都市ではドーナツ化は顕著ではなく，むしろ都心から離れると人口密度は低くなることから，**アが人口密度**である。農業・林業就業者割合は，都心から離れた近郊農村地域で高くなることから，**ウが農業・林業就業者割合**である。残る**イが，老年人口割合**であるが，高齢化が進む近郊農村地域に加え，都心部にも古くからの土地所有者など高齢者が居住していることから，老年人口率がやや高くなる。設問の都市は，愛知県一宮市であるが，本問は日本の中小都市にみられる一般的傾向を問うているので，具体的な都市の特徴を覚えている必要はない。

2 **①** 正答には，正確な都市の知識が必要である。①はエスチュアリーをなす河口に位置し，**国内最大の港湾都市**とあることから大貿易港ハンブルク（ドイツ）である。②は街中を運河が縦横に走る「水の都」ヴェネツィア（イタリア），③はナイル川の三角州に位置するアフリカ最大の都市カイロ（エジプト），④は両岸を急斜面に挟まれた入り江（フィヨルド）に位置することからベルゲン（ノルウェー）である。ハンブルクがエルベ川のエスチュアリーに位置していることを学習していれば，さほど難しくはない。

商業・観光業

この項目のテーマ

1 商業の特徴
　第3次産業の中でも重要な地位を占める商業について理解を深めよう！

2 消費行動の変化
　経済的な豊かさによる生活スタイルの変化と多様化を認識しよう！

3 余暇活動と海外旅行
　労働時間の短縮は余暇活動にどのような影響を与えただろうか？

大 地 形

小 地 形

地 形 図

気候要素と
気候因子

気候区分と
植生・土壌

陸水と海洋

農　業

林業・
水産業

エネルギー・
鉱産資源

工　業

地域開発と
環境問題

人　口

村落と都市

商業・
観光業

交通・通信

貿易と
資本の移動

国家・民族

1　商業の特徴

　商業は，商品を作った**生産者から消費者に売る経済活動**で，産業別人口構成では**第3次産業**に含まれるよ。ところで，卸売業と小売業って覚えてる？

　　もちろん聞いたことはあるけど，説明しろって言われると……

　小学校のときにやったはずだけどなぁ（笑），「生産者→卸売業者→小売業者→消費者」というように商品が販売されていくことを思い出せば大丈夫！　**卸売業**は，**生産者から工場で生産された商品を仕入れて，小売業者に販売**するんだ。企業間取引（会社同士の取引）だから，**商圏が広く**（商品を販売する範囲が広い），**企業が集積している中心地で発達**することになるよ。三大都市圏の中心地の**国家的中心都市**（**東京，大阪，名古屋**），地方の中心地の**広域中心都市**（**札幌，仙台，広島，福岡**）や**準広域中心都市**（**新潟，金沢，高松，那覇**），府県の中心地の**県域中心都市**（主に**県庁所在地**）で卸売業が発達していることを忘れないでね。

　小売業はデパート（百貨店），スーパー，コンビニ，商店などの**小売業者が，一般消費者に商品を販売する**んだ。もし消費者の所得が全員同じだとすると，

商業販売額は人口に比例することになるね。ということは，人口規模が大きい都市ほど小売販売額が大きくなるんだね。わかってくれたかな。じゃあ，次は消費行動の変化や先進国と発展途上国の消費行動について勉強してみよう。

❷ 消費行動の変化

　先進国では人々の収入が多く，生活水準も高いので，食費などの生活必需品以外にも，趣味やレジャーなどに対する支出が多くなるのはわかるよね？　経済の発展は，**モータリゼーション**の進展や**生活スタイルの変化**を引き起こし，新しいタイプの商業・娯楽施設，観光業などを発達させることになるんだ。ところが，**発展途上国では，収入の大部分が日常生活に最低限度必要なものの消費にあてられている**んだ。

図1　消費支出に占める食費の割合と趣味・娯楽費の割合

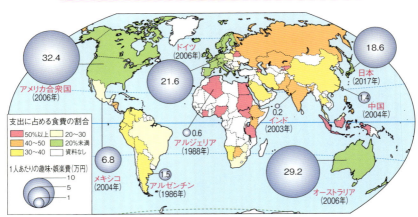

※『日本の統計 2019』などによる。ドルはその年の平均値で円に換算。

　先進国における工業の発展は，大量生産を可能にし，所得の増大は大量消費を可能にしたんだ。また，**自動車の普及と道路の整備は，製品を輸送する流通業を発展させた**だけではなく，人々の行動空間を飛躍的に拡大させたよね。自分が行きたいときに，行きたいところへ買い物をしに行けるもんね。**モータリゼーション**の進展による**行動空間の拡大**は大規模な**ショッピングセンター**を，**都市化による生活スタイルの多様化**は**コンビニエンスストア**，ファミリーレストランを立地させ，消費行動をますます便利にし，多様化させているよ。

日本でも郊外の幹線道路沿いなどには，大きな**ショッピングセンター**ができてるよね？
どうして**都心**ではなく**郊外**にできるのかなぁ？

アメリカ合衆国に代表される**郊外型**の**ショッピングセンター**だね。**郊外は地価が安いため，広い売場に大量の商品**を並べることができるし，**広い駐車場の設置**が可能で，自分の自動車で行けば，一度に多くの量の商品を買って（**ワンストップショッピング**），家まで持って帰ることができるんだから，便利だよね！

特にアメリカ合衆国では，**郊外に購買力の高い富裕層の住宅地が多い**から，売り上げも見込めるしね。かつては消費行動が集中していた都心部にもショッピングセンターは立地していたんだけど，現在は過密化による**交通渋滞や地価の高さ，駐車場が少ない**ことなどから，都心部には大規模なショッピングセンターは建設しにくいんだ。

図2 業態別小売業の単位当たり年間商品販売額（2014年）

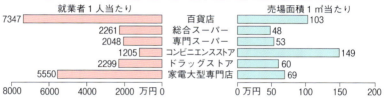

図3 百貨店，大型スーパー，コンビニエンスストアの販売額推移

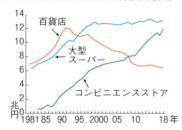

図4 主な国の産業別国内総生産（GDP）の変化（億ドル）

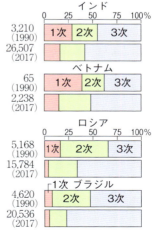

World Development Indicators,
National Accounts Estimates of
Main Aggregates (2019) により作成。

系統地理

大地形
小地形
地形図
気候要素と
気候因子
気候区分と
植生・土壌
陸水と海洋
農業
林業・
水産業
エネルギー・
鉱産資源
工業
地域開発と
環境問題
人口
村落と都市
**商業・
観光業**
交通・通信
貿易と
資本の移動
国家・民族

ポイント 消費行動の変化

❶ **モータリゼーション**の進展による**行動空間**の拡大は，大規模**ショッピングセンター**を成立させた。

❷ **都市**における多様な生活スタイルは，**コンビニエンスストア**やファミリーレストランという形態を生み出した。

❸ 余暇活動と海外旅行

経済が発展すると，**労働時間が短縮**され，その時間は**余暇活動**や睡眠（すいみん）などの休息にあてられるよね。（みんな，勉強のしすぎで睡眠不足だよね？　でも共通テストで高得点がとれるように，いっぱい応援しているからがんばろうね！（＾　＾）v。でも，**睡眠時間を削るより，起きてるときに全力で取り組む方が効率的だよ♥**）

表1を見てごらん！　どんなことが読み取れるかなあ？

経済発展が早く進行した**欧米（おうべい）先進諸国**では労働時間が**日本**や**韓国（かんこく）**より短縮されているよね。

また，**日本も週休2日制**の導入などにより徐々に**労働時間が短くなり**，ヨーロッパ諸国に近づきつつあるよ。

さらに**図5**も見てごらん。週休日や祭日による休日は日本とヨーロッパ諸国ではそんなに変わらないけど，**日本とアメリカ合衆国は，有給休暇**（自分の都合で取る休暇）の**取得日数が少ない**よね。

表1　雇用者1人当たり年間労働時間

国　名	1970年	1980年	1990年	2000年	2010年	2016年
韓　国	…	2,864	2,677	2,512	2,163	2,069
アメリカ合衆国	1,902	1,813	1,831	1,834	1,774	1,783
日　本	2,243	2,121	2,031	1,821	1,733	1,713
イギリス	1,937	1,767	1,765	1,700	1,650	1,676
フランス	1,970	1,795	1,665	1,535	1,494	1,472
ドイツ	1,966 1)	1,751 1)	1,578	1,452	1,390	1,363

※単位は時間。OECD Database "Average annual hours actually Worked per worker"（2018年1月現在）による。1)旧西ドイツ。

図5　各国の年間休日数

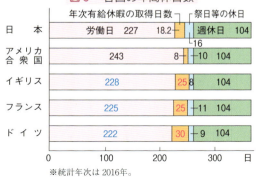

※統計年次は2016年。

日本は2019年に有給取得が義務化されたばかりだし，アメリカ合衆国は**有給取得が法制化されておらず**，企業と個々人の間で話し合って決める場合が多いみたいだよ。国によってずいぶん状況が違うんだね。

古くから**ヨーロッパ**では余暇を重視し，休日を楽しんで過ごす習慣があり，日本に比べると労働時間も短い先進国ほどこの傾向が強くて，有給休暇を取って長期の**バカンス**を過ごすことが生活の一部となっている人が多いんだ。

ヨーロッパでは，<u>夏季に長期休暇を取ることが多い</u>ため，陽光に恵まれた<u>地中海沿岸</u>（夏に雨が少ない Cs だったね）の**海岸リゾート地**に人々は移動する。比較的安価で，長期に宿泊できる宿泊施設が多く，家族で休暇を楽しむ傾向があるよ。

表2　世界の観光旅行者受入国

国　名	観光客数（百万人）	％	収入（百億ドル）
フ ラ ン ス	86.9	6.5	7.0
ス ペ イ ン	81.8	6.1	6.8
アメリカ合衆国	77.0	5.7	25.1
中　　　　国	60.7	4.5	3.3
イ タ リ ア	58.3	4.3	4.5
ト ル コ	37.6	2.8	3.2
世　界　計	1,341.5	100.0	152.6

※統計年次は2017年。中国にはホンコン・マカオを含まない。

じゃあ今度は，**表2**を見てみよう！

観光旅行は，経済的にゆとりがある先進国からの客数が多いはずだね。そして先進国が多く集まっている地域では移動が活発だろうから，表にあるようにヨーロッパの**フランス，スペイン，イタリア**が観光旅行者受入国上位にくるのは当たり前だ。これは簡単だね！

ここで，君たちに気づいてほしいことが二つあるんだけどわかるかな？　この３か国は **EU 加盟国**で，EU 域内では**人の移動が自由化**されているよね。

そしてもう一つは，３か国とも**地中海沿岸の海岸リゾート地**を持ってるから，宿泊施設など休暇を楽しめる環境があるんだね。だからドイツ，イギリス，北欧などのヨーロッパの高緯度地域から多くの観光客をひきつけるんだよ。

> 最近は，日本でも海外旅行者が増加して，一般的な休暇の過ごし方の一つになってきたけど，いったいみんなは，どこに行ってるんだろう？

確かに，<u>海外旅行</u>は**1980年代後半以降，所得上昇や円高などの影響**もあって**急激に伸び続け**，2018年の統計では1,895万人の人が海外旅行に行ってるんだ［➡ p.250 **図6**］。君たちも大学生や社会人になったらこの統計数値を上げることに貢献するんだろうな（・∀・）。海外旅行者の大半は**観光**目的の旅行なの

大地形
小地形
地形図
気候要素と気候因子
気候区分と植生・土壌
陸水と海洋
農業
林業・水産業
エネルギー・鉱産資源
工業
地域開発と環境問題
人口
村落と都市
商業・観光業
交通・通信
貿易と資本の移動
国家・民族

で，一般に近くて（旅費が安くて，日程も取りやすいよね），観光資源があり，治安がよいところに行こうとするね。

そこで，表3を見てみよう。日本人の渡航先に関する統計資料だよ！

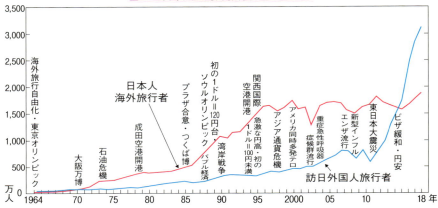

図6　日本人の海外旅行者数の推移

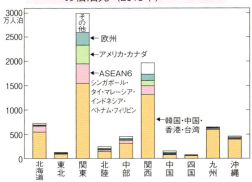

図7　地域別にみた訪日外国人旅行者の宿泊先（2018年）

（注）調査対象：従業者数10人以上の宿泊施設。
［観光庁　宿泊旅行統計調査（2018）］

表3　日本人の海外渡航先

渡航先	1990年	2017年
アメリカ合衆国	368	360
中　　国	37	268
韓　　国	137	231
（台　　湾）	88	190
タ　　イ	42	154
シンガポール	100	85
（ホンコン）		81
ド　イ　ツ	31	58

※単位は万人。アメリカにはハワイ，グアムを含む。中国には台湾，ホンコンを含まない。
「出入国管理統計年報」および国連世界観光機関による。

アメリカ合衆国（360万人）を除いて上位にくる国や地域は，韓国，中国，タイなど近隣のアジア諸国が多いことが読み取れるね。

アメリカ合衆国は遠いのに，なぜこんなに多くの人が行くんだろうねぇ。それは，日本から比較的近いハワイ（159万人）やグアム（62万人）などもアメリカ合衆国への旅行者の数値に含まれるからだよ！

さっきも話したけど，1980年代後半以降海外旅行者は増え続けて，2000年以降はほぼ毎年1,700万人以上もいたんだ。2018年には1,895万人と過去最多を記録したんだけど，ここ数年は景気の低迷と，新型インフルエンザなどの世界的な流行，円安などもあって伸び悩んでいるよ。

逆に増加しているのが**訪日外国人**だよ［➡ p.250 図6］。<u>観光誘致を積極的に行ってきた成果もあって，急速に増えているよね</u>。2015年にはついに**日本人海外旅行者数を逆転**して，訪日外国人数は3,000万人（2018年）を越えているよ。

> ## ポイント ー 余暇活動と海外旅行
>
> ❶ **日本**は，**有給休暇**の取得日数が欧米諸国より少ない。
> ❷ **海外旅行**の大部分は**観光目的**であるため，経済的にゆとりのある**先進地域**からの送出数が多い。
> ❸ **日本人の海外渡航先**は，**中国**（台湾），**韓国**などの**アジア諸国**と，**アメリカ合衆国**（特に**ハワイ**）が多い。

チェック問題 　易 3分

1 次の図は，1998年のヨーロッパにおいて，ある目的のために国境を越えた人々の主な移動量（人数）を，矢印の太さで相対的に描いたものである。図の移動の目的として正しいものを，次の①～④のうちから一つ選べ。

① 観 光
② 就 業
③ 大学生の留学
④ 紛争による避難

※これらの矢印は2か国間の移動量を示し，一定未満の値については省略した。

大地形

小地形

地形図

気候要素と気候因子

気候区分と植生・土壌

陸水と海洋

鉱業

林業・水産業

エネルギー・鉱産資源

工業

地域開発と環境問題

人口

村落と都市

商業・観光業

交通・通信

貿易と資本の移動

国家・民族

2 次の**ア～ウ**の文は，アメリカ合衆国から発信され，世界に広がった生活スタイルについて述べたものである。**ア～ウ**の文についてその正誤の組合せとして正しいものを，あとの①～⑧のうちから一つ選べ。

ア スーパーマーケットは，商品を安価に販売することを追求した大型小売店であり，今日の先進国では，消費生活に重要な役割を果たしている。

イ 通信販売は，テレビや新聞などで商品を宣伝し，消費者の注文を受けて商品を発送するものであり，小売店が少ない発展途上国で広まっている。

ウ コンビニエンスストアは，多様な品揃えで深夜営業などの長時間営業を行う小売店であり，多様な消費者のニーズに対応している。

①	ア	正	イ	正	ウ	正	②	ア	正	イ	正	ウ	誤
③	ア	正	イ	誤	ウ	正	④	ア	正	イ	誤	ウ	誤
⑤	ア	誤	イ	正	ウ	正	⑥	ア	誤	イ	正	ウ	誤
⑦	ア	誤	イ	誤	ウ	正	⑧	ア	誤	イ	誤	ウ	誤

解答・解説 **1** ① 図中の矢印は主に，**ドイツ，イギリス**から**スペイン，フランス，イタリア**などへの移動を示している。つまり**温暖で夏の陽光に恵まれる地中海沿岸への移動**である。ヨーロッパでは**夏季の長期休暇**が一般的で，その際には晴天が多く，宿泊施設も整っている地中海沿岸のリゾート地に多くの人が移動する。よって，①の「**観光**」が正しい。

2 ③ **ア スーパーマーケット**は食料品などの日用品を大規模に販売する小売店で，**セルフサービス**の導入による人件費削減や大量仕入れなどにより，商品を安価に販売することに特徴がある。スーパーマーケットが世界で最初に誕生したのはアメリカ合衆国で，第二次世界大戦前ニューヨーク州で開店されたのが初めといわれている。日本では第二次世界大戦後に開店し，**1960年代の高度経済成長期**に普及した。したがって，正文である。

イ 通信販売も19世紀からアメリカ合衆国で発展したが，**1990年代以降インターネットショッピング**が先進国を中心に急速に普及した。インターネット

の普及には**情報インフラ**（インターネットを利用できる環境）の整備と**情報リテラシー**（インターネットを使いこなせる技術やそのための教育）の普及が必要であるため，**先進国では普及率が高い**が，発展途上国では普及率が低い。また通信販売を拡充するためには，商品を輸送するための**交通機関も整備**されていなければ，消費者に商品を発送することができないため，発展途上国より先進国で広まっている。したがって，誤文である。

　ウ　**コンビニエンスストア**は，消費者の利便性（convenience）を提供することを目的とした小売業態で，**住宅地域**や**オフィス街**などに立地し，24 時間営業などの**長時間営業**を行う。**売場面積が狭いため在庫スペースが少ない**が，**多頻度配送**により豊富な品揃えが可能である。アメリカ合衆国で生まれたが，1970年代から日本を中心に急速に発達し，近年は韓国，東南アジアなど発展途上地域でも広く普及している。さらに，日本では市場を拡大するため従来の商品販売だけにとどまらず，**公共料金の支払い**，**チケット等の予約販売**，銀行の ATMなどサービス商品にも力を入れている。したがって，正文である。

系統地理

大地形
小地形
地形図
気候要素と
気候因子
気候区分と
植生・土壌
陸水と海洋
農業
林業・
水産業
エネルギー・
鉱産資源
工業
地域開発と
環境問題
人口
村落と都市
**商業・
観光業**
交通・通信
貿易と
資本の移動
国家・民族

ここまでよくがんばってきたね！
不安や焦りもあるだろうけど，
逆にそれをパワーにしてごらん！
めちゃめちゃ応援してるからね！

16 交通・通信

この項目のテーマ

1 **陸上交通**
　鉄道交通と自動車交通の長所，短所を理解しよう！

2 **水上交通と航空交通**
　水上交通は大量輸送，航空交通は高速輸送が得意！

3 **情報通信システムの発達と普及**
　情報化社会の到来による時間距離の大幅な短縮と，情報の地域差について考えよう！

1 陸上交通

　今日の政治や経済の発展は，交通・通信の発達なしには考えられないよね。われわれの通勤・通学・買い物だって，交通の発達によって時間距離が短縮されたから，遠くまで短い時間で可能になったんだ。

　最初，人間は徒歩や家畜，馬車などを使って移動してきたよね。それから簡単な船がつくられるようになり，産業革命後，蒸気機関車や蒸気船が発明され，時間距離の短縮だけでなく，人や物を大量に輸送できるようになったんだ。さらには20世紀に入ってモータリゼーション［➡ p.258 📈］が急速に進展し，1970年代からの高速ジェット機時代と加速度的に交通機関が発達したから，世界はどんどん狭くなっていったんだね。

　僕たちが日常的に利用しているのは，鉄道と自動車だよね。それぞれの特色を知りたいなぁ？

　鉄道交通の特色は，やっぱり高速・大量輸送に向いていることかな。それとみんなも通学のとき感じてるだろうけど，ほぼ時間通りに着くだろう？　つまり定時性にすぐれるということだ。また，レール（軌道）上を走るので自動車より安全性が高いよ。19世紀にイギリスで実用化が始まった鉄道は，その後，ヨーロッパ，アメリカ合衆国，日本などで著しく発展していったんだ。次ページの図1［➡ p.255］を見てごらん！

図1　世界の鉄道網の様子

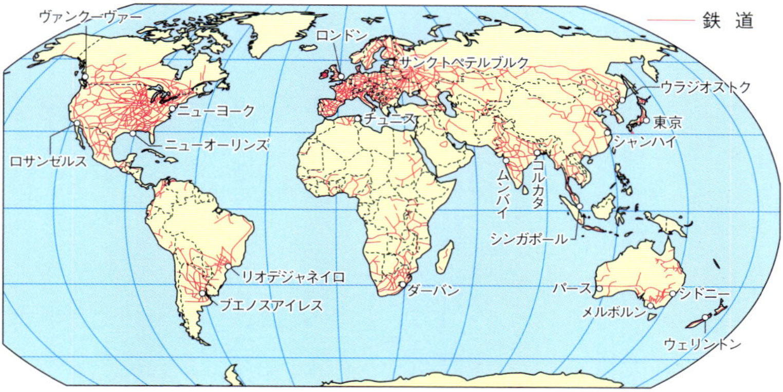

先進国，特にヨーロッパ，アメリカ合衆国東部で鉄道網が密集しているね。鉄道の敷設には大きな資本が必要なので，先進国で発達し，さらに平坦地が有利なのでヨーロッパやアメリカ合衆国東部でよく発達しているんだ。山がちな日本ではトンネルをたくさんつくらなければならないので，多くの資本と高度な技術が必要だったから大変だったんだよ。アフリカやラテンアメリカなどの発展途上国では，資源や農作物を港まで運ぶために鉄道が建設されている場合が多いね。

　先進国を中心に早くから発達してきた鉄道なんだけど，自動車交通の発達によって，相対的な地位は低下しているんだ［➡ p.257 図4］。自動車は道さえあれば行きたいときにどこでも行けるから便利だもんね。そして相手の玄関先まで行くことができるのもすぐれた点だよね（戸口輸送）。鉄道ではそんなことは無理だろ？（^_^;）自動車の普及があまり進んでいない発展途上国では旅客，貨物ともに鉄道の役割が大きいよ。図2［➡ p.256］を見てごらん。人口が多く面積が広い発展途上国の中国，インドでは，旅客も貨物も鉄道輸送量が多いだろう？　日本は旅客が中心で貨物は少ないし，アメリカ合衆国は逆にほとんど旅客では利用されていないのに，貨物では鉄道輸送量がすごいよね。国によってこんなに大きな違いがあるんだなぁ。

　次はより具体的に自動車そのものについての話をしよう。
　自動車は19世紀にドイツで発明されたけど，アメリカ合衆国で最も早くモータリゼーションが進展したんだ。だから今でもアメリカ合衆国の自動車生産は世界のトップクラスだし，100人当たりの自動車保有台数も群を抜いているよ

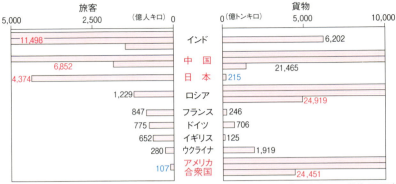

図2　各国の鉄道輸送量（2017年）

旅客（億人キロ）	国	貨物（億トンキロ）
	インド	6,202
11,498	中国	21,465
6,852	日本	215
4,374	ロシア	24,919
1,229	フランス	246
847	ドイツ	706
775	イギリス	125
652	ウクライナ	1,919
280	アメリカ合衆国	24,451
107		

※フランスの旅客は2015年，イギリスの旅客は2014年，フランスの貨物は2014年，イギリスの貨物は2008年。

図3　各国の1人当たりGNIと自動車保有率

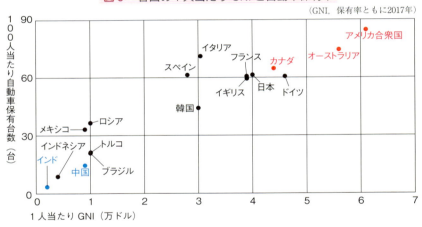

（GNI，保有率ともに2017年）

［図3］。かつては，近距離では自動車，中長距離では鉄道という分業が行われていたんだけど，**第二次世界大戦後に自動車の大型化・高速化が進み，高速道路**［➡ p.259 ⛰］が多数建設されるようになると，**世界の陸上交通の中心**になったんだね。

　でも自動車にもマイナス面はあって，エネルギー効率も悪く［➡ p.257 図5］**窒素酸化物などの汚染物質や二酸化炭素を多く排出**し，都市部では**渋滞**（渋滞するとますます**大気汚染**が進む）による交通麻痺も生じているよ。だからヨーロッパやアメリカ合衆国の都市では，公共交通機関（たとえば**LRT**と呼ばれる新しい路面電車など）の復活や，**ロードプライシング**（Road pricing：

入域課金制）など自動車の乗り入れ規制を行っているところもあるんだ。

まとめてみると，**自動車が陸上交通の中心**にはなっているけど，大都市間を結ぶ**新幹線**やTGV（フランス），ICE（ドイツ）などの高速鉄道［➡ p.259］

系統地理

大地形

小地形

地形図

気候要素と気候因子

気候区分と植生・土壌

陸水と海洋

農業

林業・水産業

エネルギー・鉱産資源

工業

地域開発と環境問題

人口

村落と都市

商業・観光業

交通・通信

貿易と資本の移動

国家・民族

図4　日本における国内輸送割合の変化

貨物輸送

（1965年度＝1,863億トンキロ
　2017年度＝4,162億トンキロ）

航空0.3　鉄道 5.2%

内航海運 43.5

鉄道 30.7%

自動車 54.1

内航海運 43.3

自動車 26.0

1965年度　2017年度

旅客輸送

（1965年度＝　　3,825億人キロ
　2017年度＝1兆4,369億人キロ）

航空0.8　航空 6.6

旅客船0.9

鉄道 30.4%

自動車 31.6

自動車 63.0

鉄道66.8%

1965年度　2017年度

や，都市近郊から都心などへの移動手段としての**電車，地下鉄，LRT**［➡ p.259］の重要性も高まっているんだね！

それから，少しでも環境への負荷を軽減するために，旅客輸送では，郊外の駅付近で自動車を駐車（park）し，都市へは鉄道を利用（ride）する**パークアンドライド**方式，貨物輸送では**自動車から鉄道や船舶への輸送手段の転換（モーダルシフト）**も進められているよ。

図5　日本における輸送機関別輸送量とエネルギー消費の割合（2016年度）

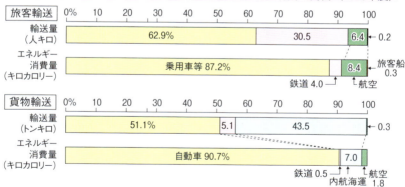

旅客輸送

輸送量（人キロ）：62.9%　30.5　6.4　← 0.2

エネルギー消費量（キロカロリー）：乗用車等 87.2%　8.4　旅客船 0.3　鉄道 4.0　航空

貨物輸送

輸送量（トンキロ）：51.1%　5.1　43.5　← 0.3

エネルギー消費量（キロカロリー）：自動車 90.7%　7.0　鉄道 0.5　内航海運　航空 1.8

省エネルギーセンター「EDMC エネルギー・経済統計要覧」（2019年版）による。
四捨五入のため，合計が100％にならない場合がある。

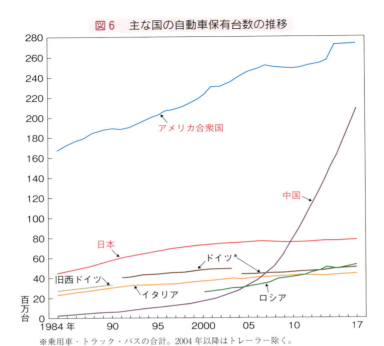

図6　主な国の自動車保有台数の推移

※乗用車・トラック・バスの合計。2004年以降はトレーラー除く。

表1　陸上交通のまとめ

	長　所	短　所	現　状
鉄　道	高速・大量輸送が可能。定時性，安全性にすぐれる。電化されていれば**大気汚染を起こさない。**	地形的な障害に弱い。線路の敷設に多額の資本が必要。	特に先進国では，自動車に押され気味だが，環境問題や交通渋滞を引き起こさない交通機関として，見直されている。
自動車	利便性にすぐれ，戸口輸送（最終目的地まで）が可能。	交通渋滞，大気汚染，二酸化炭素の排出量大。エネルギー効率が悪い。	旅客・貨物ともに陸上交通の中心で，高速道路など道路整備が進展。一方，環境に優しい電気自動車などの開発・実用化が進む。

👆 **モータリゼーション**（**motorization**）　自動車が大衆化し，**人々の生活が自動車に大きく依存するような社会になることで**，アメリカ合衆国では第二次世界大戦前，日本では1960年代から進行した。

👆 **開拓鉄道**　国土が広く，開発が比較的新しい**北アメリカ**（**カナダ**や**アメリカ合衆国**の**大陸横断鉄道**）や**ロシア**（**シベリア鉄道**）では，国土の統一と開発に鉄道が大きく貢献した。

☞ **高速道路**　先進国を中心に高速道路が整備され，ドイツの**アウトバーン**，イタリアのアウトストラーダなど，国内だけにとどまらず，国際自動車道路もヨーロッパやアメリカ大陸では建設されている。

☞ **高速鉄道**　**先進国**では，**大都市間の中長距離旅客輸送**として重要な役割を果たしている。日本の<u>新幹線</u>がその先駆けで，フランス（TGV），ドイツ（ICE），イギリス（HST），スペイン（AVE）など先進国で敷設^{ふせつ}が進んだが，近年は**韓国**（KTX），**台湾**，**中国**のように NIEs や途上国でも普及し始めている。

☞ **LRT**（Light Rail Transit）　**次世代型路面電車**のことで，**環境負荷が少なく低コストでの建設が可能なこと，低床型車両の導入により高齢化社会に対応が可能な**ことからヨーロッパを中心に導入されている。都心部では歩行者や自動車と共存するため，低速で運行するが，郊外では通常の鉄道並みの高速運行が可能な交通システムである。ドイツの**フライブルク**のものが有名。

系統
地理

大地形
小地形
地形図
気候要素と
気候因子
気候区分と
植生・土壌
陸水と海洋
農業
林業・
水産業
エネルギー・
鉱産資源
工業
地域開発と
環境問題
人口
村落と都市
商業・
観光業
交通・通信
貿易と
資本の移動
国家・民族

> ## ポイント　陸上交通
>
> ❶　交通機関の発達によって，**時間距離**^{きょりいちじる}は 著 しく短縮された。
> ❷　**鉄道交通**の地位は**相対的**に低下しているが，大都市間の長距離輸送や都市部での移動では再評価されている。
> ❸　**自動車交通**は，鉄道交通を抑えて陸上交通の中心となったが，**大気汚染**^{おせん}などが深刻化したため，**環境問題**に対応した取り組みが行われている。

自動車，鉄道など，それぞれの交通手段の長所と短所を理解することが肝心だ。
問題が出たら，あらゆる知識を動員させて，正解の可能性を探ろう！

② 水上交通と航空交通

船舶を利用した水上交通は，最も大量に安く輸送できる交通手段なんだ。だから世界貿易でも大部分は船舶を利用するよね。

ただ船舶は迅速性に欠けるから，どんなものを運ぶのに適しているかというと，重いわりには安いもの（資源や木材など）とか，時間を要しても価値が下がらないものを輸送するんだね。最近は，少しでもスピードアップを図るために，船舶の大型化や高速化が進み，荷役時間（積み降ろしに時間がかなりかかるんだ）をできるだけ短縮するためにコンテナ船［➡p.264］や専用船（オイルタンカー，LNG専用船，自動車専用船，鉱石ばら積み船）などが導入されているよ。

図7　世界の主要航路

凡例
- ― スエズ運河航路
- ― 喜望峰航路
- ― パナマ運河航路
- ― 大西洋横断航路
- ― 太平洋横断航路
- ○ 主な貿易港

図8　商船の国別・船種別の船腹量（2018年）

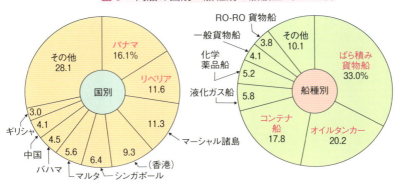

国別
- パナマ　16.1%
- リベリア　11.6
- マーシャル諸島　11.3
- （香港）　9.3
- シンガポール　6.4
- マルタ　5.6
- バハマ　4.5
- 中国　4.1
- ギリシャ　3.0
- その他　28.1

船種別
- ばら積み貨物船　33.0%
- オイルタンカー　20.2
- コンテナ船　17.8
- 液化ガス船　5.8
- 化学薬品船　5.2
- 一般貨物船　4.1
- RO-RO貨物船　3.8
- その他　10.1

水上交通には海上交通と内陸水路交通があるんだ。

海上交通では主に資源を運ぶばら積み貨物船，オイルタンカー，コンテナ船の占める割合が大きいよ（図8）。図7は世界の主要航路なんだけど，西アジ

アからヨーロッパや日本，中国に向かっている帯が太いだろう？　これは**石油**に関係した輸送じゃないかなぁ。原油と石油製品を合わせると，海上貨物輸送量の約3分の1を占めるんだから，すごい！

　内陸水路交通は，河川，湖沼，運河を利用した船舶交通だけど，日本ではあんまりなじみがないよね。君たちの中にも，たとえどんなに車が渋滞していて，遅刻しそうでも，河川を利用して通学した経験がある人はあんまりいないだろう？（＾o＾）　**日本の河川は季節による流量変化が大きく，急流が多いので水運に適していない**んだ。

　一方，**ヨーロッパやロシア，アメリカ合衆国のように平坦な地形で，流量が安定しているところ**では内陸水路交通が発達しているんだよ。

　ヨーロッパでは，**ライン川**や**ドナウ川**〔➡ p.264 凸〕など主要な河川がほとんど**運河**で結ばれているし，アメリカ合衆国では，**五大湖**がそれぞれ運河で結ばれ，大西洋とも運河で結ばれているから外洋船も航行できるんだ。

図9　ヨーロッパの河川交通網

　一つ面白いことに気づいたんだけど。**アフリカは安定陸塊**で平坦な地形だから，**内陸水路交通**はきっと発達してるよね。

　さすが！　いいこと言うね。

　確かに**コンゴ川**とか**ナイル川**などでは**内陸水路交通**は発達しているんだけど，

アフリカは高原状の大陸 [➡ p.14 **表1** p.15] で，河川には滝(たき)が多いんだ。特に下流部には多くの滝があるので，**内陸と外洋を結ぶ船舶交通はあまり発達してない**から注意してね！（船が滝まで行くと，その後にどうなるかは……わかるよね？　でも鉄道や道路の敷設が十分じゃない分，小船を使った内陸水運は現地の人にとって重要な輸送手段だよ。

じゃあ，次は**航空交通**の話をしよう！

航空交通は，1970年代に大型ジェット機が開発されてから，高速大量輸送時代に入るんだ。やっぱり長距離輸送では圧倒的に**速いね**！　航空機と新幹線(しんかんせん)がないと俺も全国で授業できないからね (^_^;)。ただし，**輸送費が高く**，船舶や鉄道ほどは**大量輸送しにくい**のが欠点だよ。

以前は**旅客輸送**(りょかく)が中心だったんだけど，最近は**軽量・小型で高付加価値**(ふか)（価格が高い）な**電子部品**や精密機械などの**貨物輸送**も増えているし，**生鮮食料品**(せいせん)なども輸送されるようになってきてるね。

さらに，**技術革新**などによって航空機の航続距離(きょり)も伸び，ノンストップの直行便が日本からも世界各地に就(しゅう)航しているだけではなく，運賃も自由化などにより安くなりつつあるため，**大衆化**も進んでいるというのが現状かな。

> **輸送機関の発達**は，どこの国でもだいたい同じような状況なの？

それは違うな！　経済発展のレベルだけでなく，地形，気候，資源の有無など各国の事情によってかなり違いがみられるよ。

じゃあ，**日本とアメリカ合衆国の国内輸送における輸送機関の割合**を見てみよう！　**図10**の**日本**の旅客輸送を見てごらん！

図10　主な国の国内輸送における輸送機関別割合

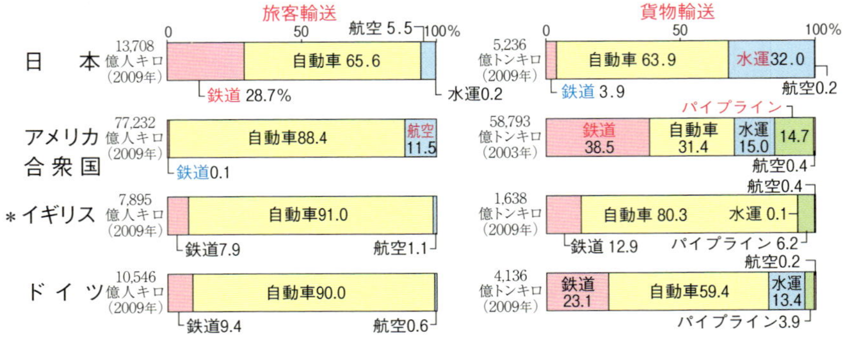

旅客輸送

日　本　13,708億人キロ（2009年）：自動車 65.6／鉄道 28.7%／航空 5.5／水運 0.2

アメリカ合衆国　77,232億人キロ（2009年）：自動車 88.4／鉄道 0.1／航空 11.5

＊イギリス　7,895億人キロ（2009年）：自動車 91.0／鉄道 7.9／航空 1.1

ドイツ　10,546億人キロ（2009年）：自動車 90.0／鉄道 9.4／航空 0.6

貨物輸送

日　本　5,236億トンキロ（2009年）：自動車 63.9／鉄道 3.9／水運 32.0／航空 0.2

アメリカ合衆国　58,793億トンキロ（2003年）：鉄道 38.5／自動車 31.4／水運 15.0／パイプライン 14.7／航空 0.4

＊イギリス　1,638億トンキロ（2009年）：自動車 80.3／鉄道 12.9／水運 0.1／パイプライン 6.2／航空 0.2

ドイツ　4,136億トンキロ（2009年）：鉄道 23.1／自動車 59.4／水運 13.4／パイプライン 3.9

＊イギリスの水運には，内陸水運が含まれていない。

かつては**鉄道**がメインだったけど，今は**自動車**が首位だよね。**貨物輸送も自動車**が首位だけど，**船舶**（水運）の割合が依然として大きいことに注意しよう！　日本は国土が狭く，海に囲まれているので，いったん輸入してきた資源なども，再び船舶で消費地近くの港まで輸送し，それから自動車に積み換えているんだ。石油製品やセメントなどは，国内輸送の90％以上が船舶による輸送だよ。

アメリカ合衆国は，旅客輸送のほとんどが自動車で，残りは航空機だよ（日本と違って旅客輸送における鉄道の割合がものすごく低い！）。やっぱり国土が広いから，隣の州に行くにしても航空機じゃないと時間がかかりすぎるもんね。

貨物輸送では，なんと**鉄道**が首位なんだ！　ちょっと驚きだろ？　アメリカは国土面積が広いから，資源や農産物を大量に運ぶ際に，船舶ではなく，鉄道を利用しているんだ。船舶だと時間がかかりすぎるんだね。一般に，アメリカ合衆国，カナダ，ロシア，中国など国土が広い国では，鉄道が貨物輸送の主役となってるよ。ちょっとおもしろいだろう？

図11　日本の主な国内路線の旅客輸送量（定期輸送）（2017年度）

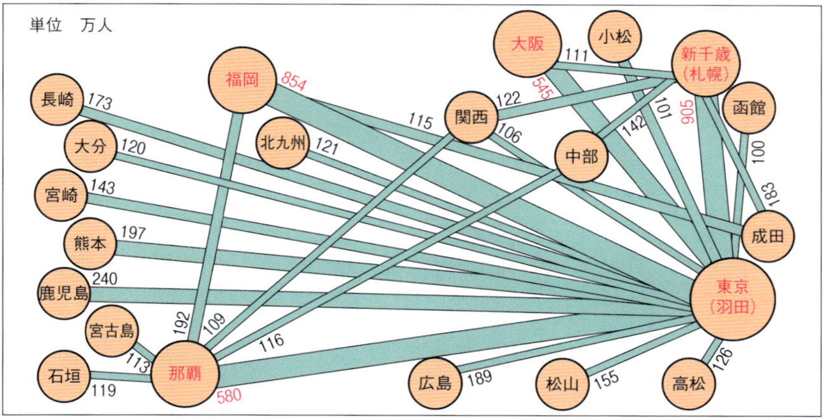

単位 万人

長崎 173／大分 120／宮崎 143／熊本 197／鹿児島 240／宮古島／石垣 119／那覇 580／福岡 854／北九州 121／関西／中部／広島 189／松山 155／高松／大阪 111／小松／新千歳（札幌）905／函館 100／成田 183／東京（羽田）126／115／122／106／545／142／101／192／109／116／173

表2　水上交通と航空交通のまとめ

	長　所	短　所	現　状
水上交通	安価に長距離大量輸送が可能。エネルギー効率が非常に高い。	速度が遅い。荷役作業には多くの時間・労力，港湾設備が必要。	高速コンテナ船，鉱石ばら積み船，LNG専用船など専門化・大型化が進展。
航空交通	高速でほぼ大圏コースを飛行。	重量当たりの輸送費が高い。空港施設には広大な敷地。騒音問題。	大型化による輸送量増加。空港への交通アクセスの整備により，利便性を高める。

系統地理

大地形
小地形
地形図
気候要素と気候因子
気候区分と植生・土壌
陸水と海洋
農業
林業・水産業
エネルギー・鉱産資源
工業
地域開発と環境問題
人口
村落と都市
商業・観光業
交通・通信
貿易と資本の移動
国家・民族

👆 **コンテナ船** 港湾での荷役作業の軽減や荷役時間の短縮などを目的とするコンテナ船の普及が進んでいる。コンテナとは ISO（国際標準化機構）の基準に基づいてつくられた鋼鉄製の箱で，専用のクレーンによって積み降ろしを行う。コンテナ取り扱い量が多い港湾は，**シャンハイ**，**シンガポール**，シェンチェン，ホンコン，**プサン**などアジアに集中しているが，**日本の港湾は上位に入っていない。**

👆 **国際海峡** 領海内であっても，条約により外国船の航行が認められている海峡。日本のタンカー主要航路である**マラッカ海峡**，ペルシャ湾の出入口の**ホルムズ海峡**，地中海の出入口の**ジブラルタル海峡**，黒海の出入口の**ボスポラス海峡**など。

👆 **国際運河** 条約により外国船の航行が認められている運河。ヨーロッパ〜アジア航路を短縮した**スエズ運河**やアメリカ大陸東岸と西岸を短縮した**パナマ運河**が好例。**必ず地図帳をチェックしよう！**

👆 **国際河川** 複数の国を流れ，**外国船の航行が条約で認められている河川。ライン川**（スイス➡ドイツ➡オランダ➡**北海**），**ドナウ川**（ドイツ➡オーストリア➡東欧諸国➡**黒海**）などが代表的で，ヨーロッパの大動脈となっている。

👆 **ハブ空港** ハブとは車輪の「軸」のことで，空港の効率的な活用を図るため建設された大規模**拠点空港**。地方空港から旅客を集め，目的地まで放射状に運行することからこう呼ばれている。近年は，発展途上国にも**インチョン**（**韓国**），**チャンギ**（**シンガポール**），**ドバイ**（**UAE**）などの**国際ハブ空港**が建設されている［**図12**］。

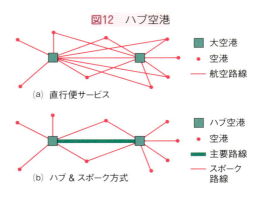

図12　ハブ空港

■ 大空港
• 空港
— 航空路線

(a) 直行便サービス

■ ハブ空港
• 空港
— 主要路線
— スポーク路線

(b) ハブ＆スポーク方式

👆 **パイプライン** **石油**や**天然ガス**を輸送するための鋼鉄製の管。地形上の障害や地殻変動の少ない**ヨーロッパ**や**北米**などで発達している。

ポイント ▶ 水上交通と航空交通

❶ **海上交通**は，**安価**に**大量輸送**が可能で，**世界貿易の主役**となる。

❷ **内陸水路交通**は，**ヨーロッパ**などの**大陸部**を緩やかに流れる大河川で発達している。

❸ **航空交通**は，迅速性にすぐれるが，エネルギー効率は悪い。

❸ 情報通信システムの発達と普及

　近年の通信技術の発達により，国際郵便や無線電信・電報から，有線の電話へ，さらに**通信衛星**や**海底通信ケーブル**の敷設，**光ファイバーケーブル**など通信設備の進歩などによって情報の大量・高速な伝達が可能になったんだね。

　そしてついに20世紀末の ICT（情報通信技術）革命によって，コンピュータが飛躍的な進歩を遂げ，インターネット ［➡ p.266 📖］ が世界的規模の情報ネットワークに発展したことは知っているよね。

< インターネットや携帯電話の普及率は国によって大きく違うの？

　表3を見てみよう！

　最初の項目の**固定電話**は，普及し始めた時期が早く，多くの設備投資が必要であるため，**先進国での普及率が高い**よ。最近は，携帯電話の普及によって**先進国では利用が減少**しつつあるなあ。

　携帯電話も固定電話と同じように，先進国で普

表3　固定電話，携帯電話，インターネットの普及

国　名	固定電話契約数（件／100人）	携帯電話契約数（件／100人）	インターネット利用者率（％）	1人当たりGNI（ドル）
日本	50.2	135.5	90.9	39,561
アメリカ合衆国	37.0	120.7	75.2	61,247
イギリス	50.1	119.5	94.6	39,120
スウェーデン	26.5	125.5	96.4	54,810
韓国	52.7	124.9	95.1	30,026
ロシア	22.2	157.9	76.0	10,681
中国	13.7	104.3	54.3	8,658
インド	1.7	87.3	34.5	1,902

※統計年次は2017年。

及率が高いけど，比較的**設備投資も少なくてすむ**（電話線を敷設し建物に引き込む必要がない）ことから，**発展途上国でも急速に携帯電話が普及し，固定電話の普及率を大きく上回っている**よ。携帯電話の普及が100人当たり100以上の国もあるけど仕事用（会社支給など）と個人用の2台持ちの人がいるなどの理由だよ。

　インターネットは，**情報インフラ**の整備や**情報リテラシー** ［➡ p.266 📖］ の普及が進む**先進国で利用が盛ん**だね。最近は，大容量のデータのやりとりが可能な**ブロードバンド化**が進んでいるよ。

　中国のインターネット普及率は低いけど，最近は情報インフラの整備が進み，徐々にインターネットを利用できる環境が整い始めていて，**利用者数では8億**

大地形
小地形
地形図
其候要素と気候因子
気候区分と植生・土壌
陸水と海洋
農業
林業・水産業
エネルギー・鉱産資源
工業
地域開発と環境問題
人口
村落と都市
商業・観光業
交通・通信
貿易と資本の移動
国家・民族

人を突破し，アメリカ合衆国の約３倍になってるんだよ。驚きの数値だ！
（2018年）。

表3〔➡ p.265〕を見れば，情報を獲得し，利用できる国とできない国との間で，情報格差（デジタルディバイド：digital divide）が生じていることがわかるはずだ。**情報を得られる地域はいっそう経済発展し，その経済発展は，よりいっそう多くの情報をもたらすことになる**んだよ。ここは重要なポイントだからね！

👆 **インターネット**　当初は，アメリカ合衆国で学術研究・軍事目的として開発されたが，1990年代の自由化以降急速に普及し，世界規模の情報ネットワークに発展した。

👆 **情報リテラシー**　リテラシー（literacy）とは「読み書き」のことで，簡単に言えば**パソコンの操作ができて，インターネットなどにより情報を獲得できる技能**があるかどうかということである。習得できた者とそうでない者との間には，デジタルディバイドが生じる。

> **ポイント ▶ 情報通信システムの発達と普及**
>
> ❶　20世紀末のICT（情報通信技術）革命によって，コンピュータが飛躍的に進歩するとともに，インターネットも社会に広く浸透しつつある。
> ❷　情報を利用できる者とできない者との間で，情報格差（デジタルディバイド）が生じている。

チェック問題

1 次の図中の①〜④は，アメリカ合衆国，スウェーデン*，日本，ブラジルのいずれかの国における情報・通信メディアの普及状況を表したものである。普及状況は，新聞発行部数**，携帯電話契約数，インターネット利用者数について，それぞれ人口1,000人当たりの値を示している。アメリカ合衆国に該当するものを，**図**中の①〜④のうちから一つ選べ。

  *携帯電話は2011年。
**成人人口1,000人当たり。

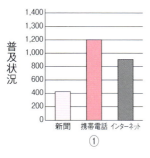

①

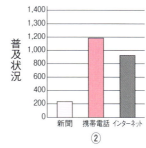

③

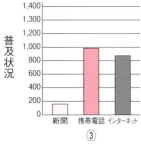

②

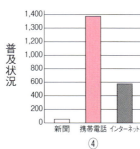

④

※統計年次は，新聞発行部数が2013年，携帯電話契約数，インターネット利用者数が2014年。アメリカの新聞発行部数は2016年以降統計なし。『世界国勢図会』により作成。

系統地理

大地形

小地形

地形図

気候要素と
気候因子

気候区分と
植生・土壌

陸水と海洋

農業

林業・
水産業

エネルギー・
鉱産資源

工業

地域開発と
環境問題

人口

村落と都市

商業・
観光業

交通・通信

貿易と
資本の移動

国家・民族

2 次の交通と通信に関する問（**問 1 ・ 2** ）に答えよ。

問 1 交通機関や輸送手段に関する近年の変化について述べた文として**適当でないもの**を，次の①〜④のうちから一つ選べ。

① 人々の国際的な移動・交流は，航空交通網が地球規模で拡大してきたことにより，船舶よりも航空機に大きく依存するようになった。

② 世界の貨物輸送量に占める航空輸送貨物量の割合は，貨物専用航空機の大型化と便数の増加により，水上輸送を上回るようになった。

③ ヨーロッパでは，交通渋滞や環境問題に対応して，自動車の利用を抑制したり，路面電車の利用を促進する都市が現れた。

④ 東アジアでは，日本以外の国・地域でも，高速交通網の基幹となる新幹線の建設が相次いだ。

問 2 情報通信技術の革新と，産業や生活とのかかわりについて述べた文として**適当でないもの**を，次の①〜④のうちから一つ選べ。

① 通信技術と時差を利用し，遠隔地間で連携しながら効率的に開発業務を行うソフトウェア産業が出現した。

② インターネットの普及に伴い，不正アクセスなどによる不法行為やコンピュータウィルスによる被害が国境を越えた問題となってきた。

③ 大陸間の海底ケーブル網の敷設密度は，経済活動が活発な国が多く存在する北半球のほうが，南半球より高い。

④ 人口密度の低い国では，携帯電話は固定電話に比べて施設整備のコストが高いため，普及していない。

解答・解説 **1** ③ 情報・通信メディアの普及率は，**経済発展のレベル**に関係する。**一般に先進国ほど普及率は高く，発展途上国ほど低くなる**傾向がある。したがって，新聞，インターネットの普及率が最も低い④が，設問中の4か国中では最も経済発展が遅れている**ブラジル**である。ただし，**携帯電話に関しては，近年の発展途上国の一般的傾向として，固定電話より先行して普及**しているため（電話線敷設の必要がなく，**比較的資本投下が少なくて済む**），先

進国の普及率を上回っていることもあるので要注意！　解答する際には，各種情報・通信メディアによってそれぞれの国で普及の特色がみられることに注目したい。また，設問では**1,000人当たりの値**が示してあるため，**人口規模の大小には関係がない**ことに注意しよう。

③は，新聞の普及率がブラジルを除いて，最も低いことから**アメリカ合衆国**と判断する（アメリカ合衆国には日本のような全国の読者を対象にする全国紙がほとんど発達してこなかったため，新聞の普及率が低い）。**インターネット**は**アメリカ合衆国で開発されたメディア**であるため，普及率は高い。

①と②の判定はできなくてよいが，**日本は新聞の普及率が極めて高い**ことに注目し①と判定する。（複数の全国紙の存在，古くからの全国的な販売店制度の確立など），一方，携帯電話とインターネットの数値では判定が困難であるので，残る②を**スウェーデン**と判定する。スウェーデンやフィンランドなどの北欧諸国は携帯電話など IT 関連製品の生産が盛んで，気候が**寒冷**（寒冷で道路凍結などで車内にとじ込められる危険性があるため自動車電話の開発や普及が進み，このことが携帯電話の普及につながった）であることもあって普及率が高いことに注意する。

2　問1　②

①　第二次世界大戦後，航空機はより高速化し，航続距離も伸びたため，地球的規模で航空交通網が拡大し，**国際旅客交通**においては船舶より**航空機の利用が圧倒的に多くなっている**。近年，各国の航空会社は効率的な輸送によりコストを削減し，国際競争力を高めるため，企業の合併，**共同運行（コードシェア）**の実施などが進んでいる。したがって，正文。

②　**航空輸送は高速**だが，単位重量当たりの**輸送費が高い**ため，世界の貨物輸送量に占める割合は依然として，**水上輸送（船舶）が多い**ことに注意したい。したがって，誤文。

③　環境先進地域と呼ばれるヨーロッパでは，早くから輸送手段がもたらす環境問題に関して対処してきた。**都心部への自動車乗り入れ規制**や **LRT** と呼ばれる新型路面電車を使用した交通システムなどが積極的に導入されている。したがって，正文。

④　日本でも近年は**東北新幹線，北陸新幹線，九州新幹線，北海道新幹線**などの開通が相次いでいるが，**韓国，中国，台湾**など東アジア地域でも積極的に**高速鉄道**の建設が進められている。したがって，正文。

系統地理

大　地　形
小　地　形
地　形　図
気候要素と気候因子
気候区分と植生・土壌
淡水と海洋
農　　業
林業・水産業
エネルギー・鉱産資源
工　　業
地域開発と環境問題
人　　口
村落と都市
商業・観光業
交通・通信
貿易と資本の移動
国家・民族

問2 ④

① コンピュータ機器などを**ハードウェア**と呼ぶのに対して，Windows や Mac OS などのような基本ソフトやワープロやゲームなどのアプリケーションソフトなどのプログラムを総称して**ソフトウェア**と呼んでいる。近年はソフトウェア産業の発展が著しいが，**アメリカ合衆国**と**インド**では 12 時間の時差があることを利用して，**アメリカ合衆国のソフトウェア産業が多数インドに進出している**（南部の**バンガロール**付近は，「**インドのシリコンヴァレー**」と呼ばれている）。これはソフトウェアのプログラミングなどを 24 時間体制で稼働できる有利性を活かしたものである。したがって，正しい。

② 正しい。**コンピュータウィルス**とは，侵入したコンピュータの動作をおかしくしたり，データなどを破壊したりするために開発されたプログラムである。君たちも大切なデータなどを壊されないように，コンピュータウィルスについては，十分に注意してほしい。

③ インターネットなどの**国際通信**に利用されている**海底通信ケーブル**は，やはり通信量が多い**先進国間での敷設密度が高い**（つまり**北半球**の方が高い）。したがって，正しい。

④ 携帯電話と固定電話では，**固定電話の方が敷設の際のコストが高い**ため，人口密度が低い地域ではむしろ**携帯電話の普及率の方が高い**。したがって，この文が誤り。

最近では，携帯電話の中でも特にスマートフォンが普及しているけど，そこに侵入するコンピュータウィルスも存在しているみたいだ。気をつけないと！

17 貿易と資本の移動

この項目のテーマ

❶ 世界と日本の貿易
世界の貿易事情と日本の貿易について考えてみよう！

❷ 資本の移動と援助
資本の移動と援助の流れをつかもう！

❶ 世界と日本の貿易

　経済や交通機関の発達により，国家間の貿易は増大してきたんだ。特に**先進国では盛んで，世界の貿易総額（輸出入の合計）の52.0%**（2017年）を占めているんだよ（**図1**は輸出額のみの割合なので若干誤差があるね）。ほんのひとにぎりの先進国が世界貿易の約**5割**を占めるんだから，すごいよね！

図1　世界の国別・地域別輸出額の割合

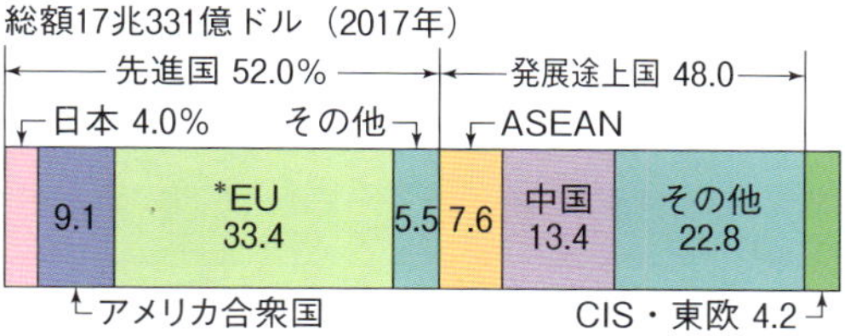

総額17兆331億ドル（2017年）

先進国 52.0%				発展途上国 48.0		
9.1	*EU 33.4		5.5	7.6	中国 13.4	その他 22.8

日本 4.0%　その他　　ASEAN
アメリカ合衆国　　CIS・東欧 4.2

＊キプロス，ブルガリア，ルーマニアを除く（25か国）
〔国連　Monthy Bulletin Statistics, Online〕

　先進国は，発展途上国から原燃料や農産物などの一次産品を輸入し，製品に加工して輸出していたんだ（加工貿易）。**発展途上国は逆に，農産物，鉱産資源などの一次産品を輸出し，製品を輸入してきた**んだね。

　ただ最近は，発展途上国でも工業化が進展した国（NIEs，ASEAN，中国など）では**主要輸出品が工業製品になり**，逆に先進国では自国**企業の海外進出**に伴って，**製品の輸入が増加**し，**産業の空洞化**が進んでいるのが特徴的だね。

国際的分業ってなんのことなの？

　それぞれの国はね，国産品と外国製品を比較して，国産品のほうが安ければ海外で売れるから，輸出しようとするし，もし輸入品のほうが安ければ，国内で作らず，輸入に依存しようとするんだ。これを**国際的分業**というんだよ。一

般に**先進国**は工業製品，**発展途上国**
は農林水産物やエネルギー・鉱産資
源の輸出が盛んだね。

　さらに**水平的分業**（水平貿易）っ
ていうのは聞いたことないかな？

　これは主に<u>先進国どうしの貿易で</u>
みられるもので，得意な工業製品や
部品を売り買いするんだ。たとえば日本がイタリアに自動車を輸出し，イタリ
アは日本へ高級服飾品を輸出するというようにね。

　ただし先進国どうしでは，得意なものが同じ業種である場合が多く，**貿易摩
擦**が生じやすくなるんだ。そして輸出入のバランスが著しく悪くなると，大
量に輸入する側の国の経済を圧迫することになるんだね。

　これに対し，**垂直的分業**（**南北貿易**［➡ p.279 △］または**垂直貿易**）とい

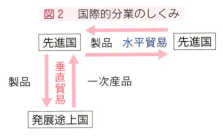

図2　国際的分業のしくみ

図3　主な発展途上国の輸出品目割合

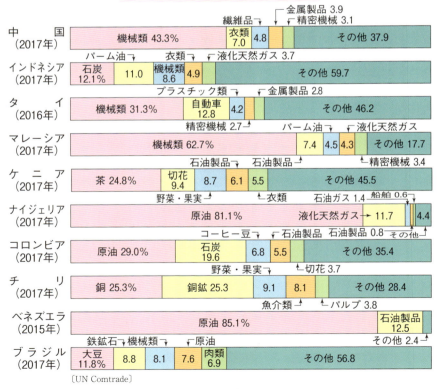

〔UN Comtrade〕

うのは，**一次産品と製品の輸出入**で，**発展途上国と先進国との間**で行われることが多かったんだ。

発展途上国では，エチオピア（**コーヒー**）やガーナ（**カカオ**）のように**特定の一次産品の輸出に依存する**モノカルチャー経済の国もかなりあるよ。ただ，**一次産品は価格が不安定**であったり，製品のほうが利益率が高かったりと先進国にとって有利である場合が多いので，経済格差が拡大してしまうという問題点（南北問題）もあるね。

でも現在は，発展途上国でもいわゆる新興国なんかは輸出上位品目が機械類などのような工業製品に変わってきてるので，一概に「先進国と発展途上国の貿易は，垂直貿易だ！」とは言えなくなってきたね。

表1［➡p.273］を見てみよう！　**世界の輸出上位国**だ。

表1　世界の輸出上位国と輸出相手国

輸出上位国	主要輸出相手国					輸出総額	輸入総額
中　　国	アメリカ	（ホンコン）	日　本	韓　国	ベトナム	2,280,358	1,842,334
アメリカ合衆国	カナダ	メキシコ	中　国	日　本	*イギリス	1,664,085	2,614,327
*ドイツ	アメリカ	*フランス	中　国	*オランダ	*イギリス	1,561,029	1,285,481
日　　本	中　国	アメリカ	韓　国	（ホンコン）	タ　イ	738,211	748,283
*フランス	*ドイツ	アメリカ	*スペイン	*イタリア	*ベルギー	581,059	672,165

※統計年次は2018年。中国はすべて2017年。フランスはモナコを含む。単位は百万ドル。*はEU加盟国。イギリスは2020年にEUを脱退。

貿易額（**輸出総額＋輸入総額**）は**アメリカ合衆国**が群を抜いていたんだけど，現在は中国に抜かれてしまったよ。アメリカ合衆国は，ものすごい**赤字（輸入超過）**であることがわかるだろう？［➡ p.275 **図5**］　アメリカ合衆国は世界最大級の工業国なんだけど，**国民に購買力がある**（輸入が増えるよね）ことと，**企業の海外進出**が進んだので，**国内産業が空洞化**してしまって，輸出より輸入がとても多くなっているんだ。**カナダ**，**メキシコ**への輸出額が多いのは，**NAFTA**（**北米自由貿易協定**）［➡ p.280］の影響だね。この3か国で共同市場を形成しているんだ。

ドイツは，日本よりGNI（国民総所得）も人口規模も小さいのに，輸出額が大きいのは，やっぱりEUの**市場統合**の影響だね。EU域内では商品が自由に移動できるので有利だよね。ドイツとフランスの輸出相手国を見てごらん！ほとんどすべてEU諸国だね。これは，重要なポイントだよ。

日本は，**アメリカ合衆国**を除いて**中国**など**アジア諸国**への輸出が多いことがわかるね。経済的に関係が深いだけでなく，近隣諸国は輸送費が安くすむこと

大地形
小地形
地形図
気候要素と
気候因子
気候区分と
植生・土壌
陸水と海洋
農　業
林業・
水産業
エネルギー・
鉱産資源
工　業
地域開発と
環境問題
人　口
村落と都市
商業・
観光業
交通・通信
**貿易と
資本の移動**
国家・民族

も一因だよ。**かつては輸出入相手国ともにアメリカ合衆国が首位だった**んだけど，**近年，輸出入相手国ともに**中国**が首位**になっているよ。**1980年代以降**大幅な輸出超過（黒字）が続いていて，特に**アメリカ合衆国とは**貿易摩擦が生じてきたんだ。でも最近は，中国とアメリカ合衆国の貿易摩擦の方が深刻で，**アメリカ合衆国の貿易赤字額は**中国**が最大**だよ！　2008年秋以降の世界同時不況の影響をもろに受け，日本は輸出入ともに激減し，黒字も縮小し，**2011年の東日本大震災以降の原発停止で化石燃料**（石炭，LNG）**の輸入が増加**したこともあって赤字に転落してしまったんだ ［➡ p.276 図 6 ］。2016年には，久々に黒字になったけど，2018年には原油価格の上昇もあってまたまた赤字に！　しばらくは一進一退が続きそうだね。

　そして，最後に中国だ。第二次世界大戦後，ずっとアメリカ合衆国とドイツが輸出額の首位を争ってきたんだけど，**2009年以降は，中国が世界最大の輸出国**になっているよ ［➡ p.275 図 4 ］。

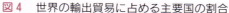

図4 世界の輸出貿易に占める主要国の割合

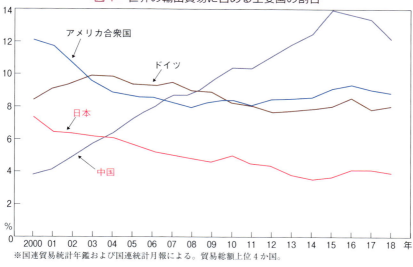

※国連貿易統計年鑑および国連統計月報による。貿易総額上位4か国。

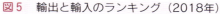

図5 輸出と輸入のランキング（2018年）

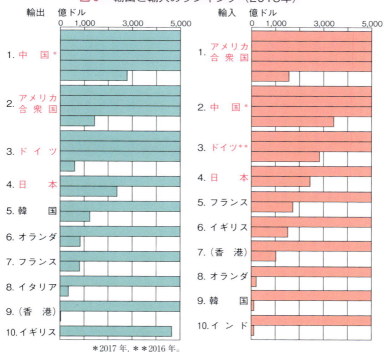

＊2017年，＊＊2016年。

系統地理

大地形

小地形

地形図

気候要素と
気候因子

気候区分と
植生・土壌

降水と海洋

農業

林業・
水産業

エネルギー・
鉱産資源

工業

地域開発と
環境問題

人口

村落と都市

商業・
観光業

交通・通信

貿易と
資本の移動

国家・民族

図6 主な国の輸出入超過額の推移

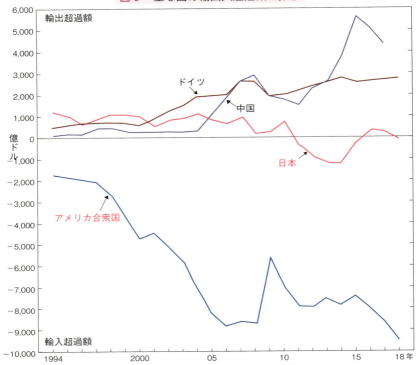

※UN "Monthly Bulletin of Statistics, Online"（2019年7月16日閲覧）による。

図7 各国1人当たり貿易額と貿易依存度（2018年）

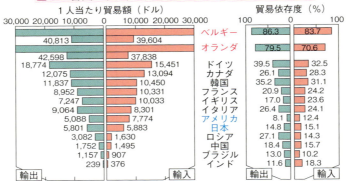

『世界国際情勢 2019/20』による。貿易依存度は GDP に対する輸出入額の割合。国名の配列は1人当たり貿易額の大きい順だが，上位14か国というわけではなく，主要国のみを取り上げた。
貿易依存度は，貿易額÷GDP×100 で求められるため，GDP（国内総生産）の規模が大きいアメリカ合衆国や日本は低めに推移することに注意！

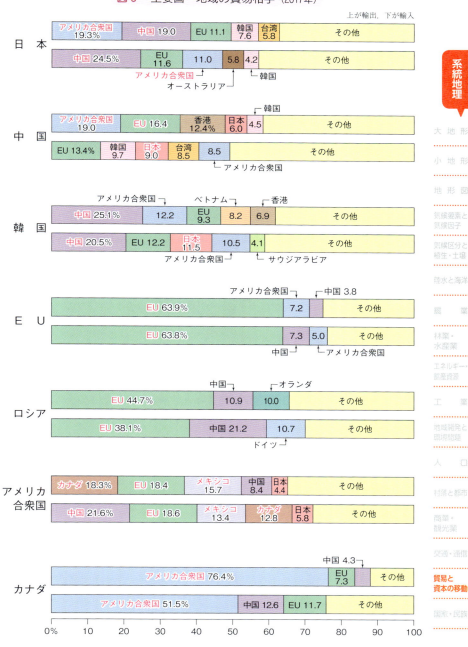

図8　主要国・地域の貿易相手 (2017年)

上が輸出，下が輸入

日　本
- アメリカ合衆国 19.3%／中国 19.0／EU 11.1／韓国 7.6／台湾 5.8／その他
- 中国 24.5%／EU 11.6／アメリカ合衆国 11.0／オーストラリア 5.8／韓国 4.2／その他

中　国
- アメリカ合衆国 19.0／EU 16.4／香港 12.4%／日本 6.0／韓国 4.5／その他
- EU 13.4%／韓国 9.7／日本 9.0／台湾 8.5／アメリカ合衆国 8.5／その他

韓　国
- 中国 25.1%／アメリカ合衆国 12.2／EU 9.3／ベトナム 8.2／香港 6.9／その他
- 中国 20.5%／EU 12.2／日本 11.5／アメリカ合衆国 10.5／サウジアラビア 4.1／その他

Ｅ　Ｕ
- EU 63.9%／アメリカ合衆国 7.2／中国 3.8／その他
- EU 63.8%／中国 7.3／アメリカ合衆国 5.0／その他

ロシア
- EU 44.7%／中国 10.9／オランダ 10.0／その他
- EU 38.1%／中国 21.2／ドイツ 10.7／その他

アメリカ合衆国
- カナダ 18.3%／EU 18.4／メキシコ 15.7／中国 8.4／日本 4.4／その他
- 中国 21.6%／EU 18.6／メキシコ 13.4／カナダ 12.8／日本 5.8／その他

カナダ
- アメリカ合衆国 76.4%／EU 7.3／中国 4.3／その他
- アメリカ合衆国 51.5%／中国 12.6／EU 11.7／その他

0%　10　20　30　40　50　60　70　80　90　100

大地形

小地形

地形図

気候要素と気候因子

気候区分と植生・土壌

陸水と海洋

農業

林業・水産業

エネルギー・鉱産資源

工業

地域開発と環境問題

人口

村落と都市

商業・観光業

交通・通信

貿易と資本の移動

国家・民族

アメリカ合衆国の赤字と，中国の黒字はすごいなぁ！　日本の貿易相手国の中で，日本が赤字（輸入超過）になっているのは，どんな国なの？

図9を使って考えてみよう！
これは日本の主な貿易相手国と輸出入の割合だよ。

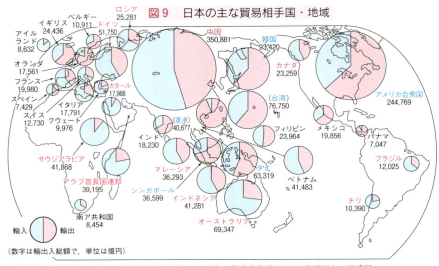

図9　日本の主な貿易相手国・地域

ロシア 25,281
ベルギー 10,911
イギリス 24,436
ドイツ 51,750
アイルランド 8,632
オランダ 17,561
フランス 19,980
スペイン 7,429
スイス 12,730
イタリア 17,791
クウェート 9,976
カタール 17,988
サウジアラビア 41,868
アラブ首長国連邦 39,195
南ア共和国 8,454
中国 350,881
韓国 93,420
カナダ 23,259
台湾 76,750
香港 40,677
インド 18,230
フィリピン 23,964
メキシコ 19,856
パナマ 7,047
アメリカ合衆国 244,769
マレーシア 36,293
シンガポール 36,599
インドネシア 41,281
タイ 63,319
ベトナム 41,483
オーストラリア 69,347
ブラジル 12,025
チリ 10,390

輸入　輸出
（数字は輸出入総額で，単位は億円）

※財務省，貿易統計による。統計年次は2018年。日本との輸出入合計が5,000億円以上の相手国。

日本が輸入超過の国をチェックしてごらん！（図9中の赤字の国に注意！）中国（日本の主要輸入品は機械類，衣類），オーストラリア（石炭，LNG，鉄鉱石），インドネシア（石炭，LNG），ロシア（原油，LNG，石炭），サウジアラビア（原油），アラブ首長国連邦（原油），カタール（原油，LNG），カナダ（石炭，肉類，木材，なたね），ブラジル（鉄鉱石，肉類，コーヒー），チリ（銅鉱，魚介類）などがそうだね。これらの国の大部分は**資源などの一次産品を日本へ大量に輸出**しているんだ（2018年）。

 日本はどんなものを輸出してるの？

次ページの図10を見てみよう！　第二次世界大戦前（1935年のグラフ）は，繊維原料を輸入して，繊維品などの**軽工業製品**を輸出するという**発展途上国型**の貿易だね。**第二次世界大戦後**は，**重化学工業化**が進んで，原油などの原燃料

を大量に輸入し，**鉄鋼**や**船舶**を輸出してきたんだよ。

　現在は，**自動車**，**電子部品**，精密機械など，より**付加価値が高い工業製品（機械類）**の輸出割合が高くなっているんだ。**輸入**は日本企業の海外進出の影響もあって，**機械類が増加している**のが特徴的だな。

図10　日本の輸出入品目の変化

＊輸出入額が著しく増加していることに注意！

図11　主要国・地域のFTAカバー率（2017年）

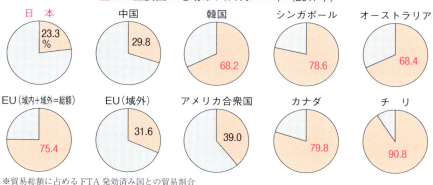

※貿易総額に占めるFTA発効済み国との貿易割合

🖐 **南北貿易**　北半球の高緯度に先進国が多く，低緯度に発展途上国が多いため，**先進国と発展途上国の間の貿易**を示す場合にこの語が用いられる。**垂直貿易**ともいう。

🖐 **自由貿易**と**保護貿易**　**自由貿易**とは国家が外国との商品取引に干渉せず，**自由に貿易活動を行う**こと，**保護貿易**とは国内産業を保護するために，**関税**や非関税障壁（輸入課徴金，数量制限，品目制限）などによって，制約を加えることである。貿易の拡大のためには自由貿易を進めていく必要がある。

🖐 **WTO**と**FTA**　第二次世界大戦前の保護貿易によって先進国間で摩擦が起きたことが，第二次世界大戦の一因になったことを反省し，**GATT**（関税と貿易に関す

大地形

小地形

地形図

気候要素と気候因子

気候区分と植生・土壌

陸水と海洋

農業

林業・水産業

エネルギー・鉱産資源

工業

地域開発と環境問題

人口

村落と都市

商業・観光業

交通・通信

貿易と資本の移動

国家・民族

る一般協定）による**関税の引き下げや非関税障壁の撤廃**に努めてきた。さらにGATT は，1995年にサービス貿易や知的所有権も取り扱い，紛争処理能力も有するWTO（世界貿易機関）に改組された。ただし，近年の加盟国増加に伴い，貿易自由化交渉による意思決定が難航しているため，２国間などのFTA（自由貿易協定）が増加する傾向にある。**日本は**シンガポール，メキシコ，マレーシア，チリ，タイ，インドネシア，ブルネイ，ASEAN，フィリピン，スイス，ベトナム，インド，ペルー，オーストラリア，モンゴル，EU などと FTA（EPA）を発効させ，コロンビア，トルコなどとの交渉も行われている。

☞ NAFTA（**北米自由貿易協定**）　アメリカ合衆国，カナダ，メキシコの３か国間で1994年に発効した自由貿易協定である。将来的に加盟国間の関税撤廃，**金融や投資の自由化**，**知的所有権の保護**を図ることを目標とし，４億人を超える巨大共同市場の完成を目指している。NAFTA の締結によって**アメリカ合衆国からカナダ，メキシコへの企業進出は活発化**し，カナダ，メキシコとアメリカ合衆国との**貿易額は大幅に拡大**している。ただし，EU と異なり**労働力の移動については自由化されていないことに注意！**　新協定の USMCA（アメリカ合衆国，メキシコ，カナダ協定）が2020年度中に発効される予定。

☞ FTA（**自由貿易協定**：Free Trade Agreement）と EPA（**経済連携協定**：Economic Partnership Agreement）　FTA は**関税やサービス貿易**（運輸，情報通信，金融，旅行，建設などサービス業の国際取引）の**制限撤廃**を目指すもので，EPA は FTA に加え**労働市場の開放**，**投資円滑化**，経済協力推進などを含む。日本は**EPA の締結を進めている**。

☞ TPP（Trans-Pacific Strategic Economic Partnership Agreement　環太平洋経済連携協定）　環太平洋諸国の経済自由化を目指す EPA である。**シンガポール，ブルネイ，チリ，ニュージーランドを原加盟国**とし，アメリカ合衆国，オーストラリア，ベトナム，ペルー，マレーシア，日本などが TPP の会合に参加。各種の取り決めや包括的なルールづくりを行っている。

ポイント　世界と日本の貿易

❶　世界貿易に占める先進国の割合は約52%である。

❷　先進国間の貿易を水平貿易，先進国・発展途上国間の貿易を南北（垂直）貿易と呼び，前者は世界貿易の約48%を占める。

❸　日米間の貿易において，アメリカ合衆国は大幅な輸入超過，米中間の貿易において，中国は大幅な輸出超過であるため，貿易摩擦が生じている。

❷ 資本の移動と援助

近年，先進国を中心として企業の海外進出が活発化していることは知ってるだろう？　海外に資本が移動すること，つまり海外に工場やオフィス，販売店を設立することを<u>海外直接投資</u>というんだ。<u>企業の海外進出</u>と考えていいよ。逆に外国企業が国内に進出してくることを**対内直接投資**というんだね。

> なぜ日本の企業は，国内より活動の制限がいろいろある外国へわざわざ進出するんだろう？　わかんないなぁ？

そうだねぇ。やっぱり無理してでも外国に企業が行くメリットがあるんだろうね。最もわかりやすいのは，発展途上国への工場進出だよ。

日本では，**1980年代半ばからの円高**（**輸入には有利**だけど，**輸出には不利**だ！）や**国内賃金水準の上昇**などに対し，<u>コストダウン</u>を図るため，NIEsやマレーシア，タイなどのASEAN諸国に生産拠点を移す企業が出始めたんだ。特に<u>労働集約的</u>な**家電などの組立工業**が代表的だね。現在は，より安価な労働力を求めて，<u>中国</u>やインドネシア，ベトナムへも進出しているんだよ。

一方，<u>アメリカ合衆国</u>やEU諸国などの先進国に進出する場合もあるよ。これは<u>貿易摩擦</u>を解消するために，輸出相手国に現地法人を設立して<u>現地生産</u>（自動車が代表的だね）を行ったり，市場を拡大するために進出しているんだ。

このように，<u>複数の国にまたがって活動する企業</u>を<u>多国籍企業</u>というから注意しておこう！　企業の多国籍化が進むとアメリカ合衆国や**日本**のように，<u>産業の空洞化</u>が進展してしまうおそれもあるんだ。

> 海外への資金の流れには，**投資**と**援助**があるよね。
> 援助のうち**ODA**ってなんのこと？

ずいぶん前にね，ある大きな本屋さんで本を探してたら，大学生らしき2人組が「ねぇ，オーダ（**ODA**）って人の名前？」と言っているのが聞こえてきてア然!!!　としたんだけど，君たちはわかっているよね（^_^;）。大丈夫じゃないと，日本の未来が怪しくなるからね！

<u>ODA</u>は，もちろん<u>政府開発援助</u>（Official Development Assistance）のことだよ！　対外援助には企業や個人が行う民間資金援助と，このODAがあるんだ。**ODAは政府が発展途上国に援助**をすることで，2国間援助と国際機関への資金の拠出などからなり，OECD（**経済協力開発機構**）の下部機関であるDAC（**開発援助委員会**）が担っているよ。

大地形

小地形

地形図

気候要素と気候因子

気候区分と植生・土壌

陸水と海洋

農業

林業・水産業

エネルギー・鉱産資源

工業

地域開発と環境問題

人口

村落と都市

商業・観光業

交通・通信

貿易と資本の移動

国家・民族

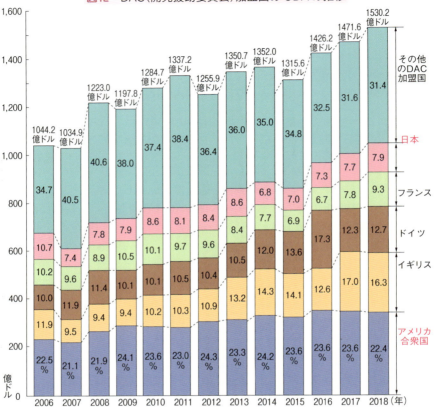

図12 DAC（開発援助委員会）加盟国の ODA の推移

※経済協力開発機構（OECD）資料による。支出額ベース。

ここで，**図12**を見てごらん！

日本は，1991年から世界最大の**ODA 拠出国**だったんだけど，バブル崩壊後の長引く不況の影響もあり，2001年には**アメリカ合衆国に首位の座を明け渡した**んだ。援助額（2016年）は，**アメリカ合衆国**，ドイツ，イギリスに次いで多いんだけど，**対 GNI（国民総所得）比が他の先進国より低い**ことや，無償援助ではなく借款（低金利で融資すること）が多いことなどへの批判もあるんだよ。

援助の相手国は地理的に近かったり，歴史的に関係の深い国に行われることが多く，日本は近隣のアジア諸国，ヨーロッパはアフリカ諸国への援助が多いことに注意しよう！

ポイント 資本の移動と援助

❶ **海外直接投資**とは，企業の**海外進出**をさし，生産費の**コストダウン**や貿易摩擦を解消するための**現地生産**が行われている。

❷ **ODA**（政府開発援助）は政府による**発展途上国への援助**のことで，**地理的，歴史的**に関係が深い国への拠出額が多い。

チェック問題

標準 **4**分

1 次の表中の**ア～ウ**は，ASEAN（東南アジア諸国連合），EU（ヨーロッパ連合），NAFTA（北米自由貿易協定）のいずれかにおける域内総生産*，輸出総額，入出超額**を示したものである。**ア～ウ**と国際組織名との組合せとして正しいものを，あとの①～⑥のうちから一つ選べ。

*域内における国内総生産（GDP）の合計値　**輸出総額－輸入総額

	域内総生産 （億ドル）	輸出総額 （億ドル）	入出超額 （億ドル）
ア	222,907	23,796	− 8,772
イ	173,065	56,927	787
ウ	27,650	12,998	326

※統計年次は2017年。『世界国勢図会』より作成。

	①	②	③	④	⑤	⑥
ア	ASEAN	ASEAN	EU	EU	NAFTA	NAFTA
イ	EU	NAFTA	ASEAN	NAFTA	ASEAN	EU
ウ	NAFTA	EU	NAFTA	ASEAN	EU	ASEAN

大 地 形

小 地 形

地 形 図

気候要素と
気候因子

気候区分と
植生・土壌

陸水と海洋

農　業

林業・
水産業

エネルギー・
鉱産資源

工　業

地域開発と
環境問題

人　口

村落と都市

商業・
観光業

交通・通信

貿易と
資本の移動

国家・民族

2 次の図は，アメリカ合衆国，ドイツ，日本，フランスのいずれかを最大の貿易相手国*にする国を示したものであり，①～④は，アメリカ合衆国，ドイツ，日本，フランスのいずれかである。ドイツに該当するものを，図中の①～④のうちから一つ選べ。

*輸出額と輸入額の合計が最大の国。

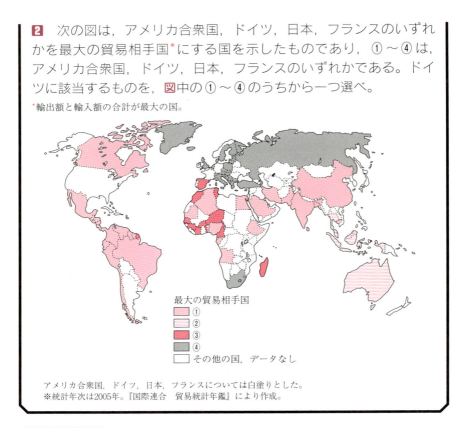

最大の貿易相手国
- ①
- ②
- ③
- ④
- □ その他の国，データなし

アメリカ合衆国，ドイツ，日本，フランスについては白塗りとした。
※統計年次は2005年。『国際連合　貿易統計年鑑』により作成。

解答・解説　**1**　⑥　域内総生産は，経済力と人口に対応するため，主として先進諸国からなる EU と NAFTA の域内生産が大きくなる。したがって，最も域内総生産が少ないウが ASEAN である。ASEAN は東ティモールを除く東南アジア10か国からなり，人口規模では EU，NAFTA を上回るが，先進地域ほどは経済規模が大きくない（1人当たりの生産額が小さい）ため，輸出総額も小さいことに注意しよう！

アとイについては，輸出総額が大きいイが EU である。EU は28か国（2017年）からなり加盟国も多いため，アメリカ合衆国，カナダ，メキシコからなる NAFTA より輸出総額が大きい。

また，アの NAFTA は入出超額がマイナスを示しているが，これはアメリカ合衆国の貿易赤字が極めて大きいことが影響している。

	GDP （億ドル）	輸出総額 （億ドル）	入出超額 （億ドル）
中国	122,378	22,804	4,381
日本	48,724	6,982	269
MERCOSUR	30,742	3,195	704

※統計年度は2017年。

共通テストではこれらの経済地域に加え，日本（2016年，2017年はほんのちょっとだけ黒字に転換），中国，MERCOSUR（南米南部共同市場・アルゼンチン，ブラジル，パラグアイ，ウルグアイの4か国で結成。現在，ベネズエラ，ボリビアを加わり，全6か国）も出題される。データを示しておくので注意してもらいたい。

2 ④ 貿易相手国は，輸送コストの関係から**距離的に近い国**や**歴史的に関係が深い国**であることが多い。

①はアメリカ大陸の国々が多いので，やはり**アメリカ合衆国**である。特に**カナダ，メキシコ**，アメリカ合衆国は **NAFTA**（北米自由貿易協定）を締結しているため，貿易 障壁がほとんどなく相互の貿易額が多いことに注意しよう！

②は**東南アジア，オーストラリア**などに注目して**日本**と判定する。日本の最大の貿易相手国は，かつてはアメリカ合衆国であったが，現在**輸出はアメリカ合衆国**だが，**輸入は中国**が最大の相手国となっていることに注意。

③は隣国の**スペイン**，旧植民地であった北アフリカの**チュニジア，モロッコ**，同じく旧植民地であった西アフリカ諸国の相手国ということで**フランス**である。フランスやイギリスは旧植民地との関係が良好であることが多く，経済的な結びつきが強い。

④は**地理的に近い東欧諸国，ロシア，北欧諸国**から**ドイツ**と判定する。ドイツは**ヨーロッパでは最大の貿易額**を誇るため，**近隣諸国はドイツを最大の貿易相手国**としている場合が多い。

このような「国際経済」の分野は日々移り変わっているので，新聞やニュースの情報にも関心を持つといいね！

大地形
小地形
地形図
気候要素と気候因子
気候区分と植生・土壌
陸水と海洋
農業
林業・水産業
エネルギー・鉱産資源
工業
地域開発と環境問題
人口
村落と都市
商業・観光業
交通・通信
貿易と資本の移動
国家・民族

18 国家・民族

この項目のテーマ

1 国家と国家群
　世界にはさまざまな国家があることを理解しよう！

2 人種・民族・宗教
　人種と民族の違いを理解し，言語・宗教の分布や特徴を理解しよう！

3 民族・領土問題
　民族や国家間の領土問題について考えてみよう！

1 国家と国家群

　世界にはたくさんの<u>国家</u>があるよね（できるだけ日ごろから地図帳を開いて，国名と位置を確認しておこう！）。

　第二次世界大戦後の1945～50年代には**アジア諸国**，1960年代には**アフリカ諸国**（特に1960年は17か国も独立を達成し，「**アフリカの年**」と呼ばれたんだ），東西冷戦の終結時の1990年代には旧ソ連諸国，旧ユーゴスラビア諸国などが分離独立し，2002年には東ティモール，2006年にはモンテネグロ，2008年にはコソボ，2011年には南スーダンが独立するなど，現在の**197か国**になったんだよ。**国家**は一定の領域に**国民**が居住し，他国に干渉されず国民や**領域**を支配・統治する<u>主権</u>をもつ政治社会なんだよ（<u>領域，国民，主権を国家の三要素という</u>んだ）。

> すごい数の国があるんだねえ。少しずつ地図帳でチェックしておかなくっちゃね！
> ところで「領域」ってなんなの？

　領域には領土，領海，領空があるんだ。次ページの**図1**を見るとわかりやすいよ。

　それぞれ国家の主権が及ぶ空間のことなんだけど，**領海**は，沿岸（最低潮位線）から**12海里**までを主張している国が多いよ。

　領空は領土・領海の上空で，高さの制限は特別には決められていないんだけ

ど，一般的に大気圏内で，人工衛星の最低軌道以下だね。

領海とは別に排他的経済水域っていうのがあるよね。これはどんな水域なの？

排他的経済水域（**EEZ**：Exclusive Economic Zone）とは，**沿岸から200海里内の水産資源，エネルギー・鉱産資源などに関して沿岸国に排他的管理権**（開発など経済活動への優先権）**を認めた水域**のことだよ。1970年代から世界各国が海洋資源を保護するため，設定を進めていったんだ。

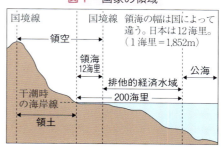

図1　国家の領域

国境線　国境線　領海の幅は国によって違う。日本は12海里。
（1海里＝1,852m）
領空
領海 12海里
公海
排他的経済水域
200海里
干潮時の海岸線
領土

でも**通行権や通信権は規制しない**ので，**船舶航行や海底通信ケーブルの敷設**なんかは認められているよ。先進国から資源を守ることができるため，発展途上国では積極的に導入されていったんだよ。

現在は，領海が12海里，排他的経済水域が200海里というのが一般的だね。

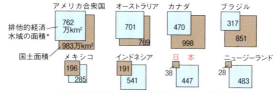

図2　主な国の排他的経済水域の面積

アメリカ合衆国　オーストラリア　カナダ　ブラジル
排他的経済水域の面積＊　762万km²　701　470　317
国土面積　983万km²　769　998　851

メキシコ　インドネシア　日本　ニュージーランド
196　191　38　28
285　541　447　483

＊排他的経済水域の面積には領海を含む。※「海洋白書」による。

国家間には国境が必要だよね。どんな国境があるのかなぁ？

国境には，**隔離性**（簡単に侵略を受けない）と**交流性**（貿易など交流ができる）が必要になるんだけど，日本のように海洋を国境にしている国もあれば，アメリカ合衆国のアラスカとカナダのように経緯線を国境にしている場合もあるよね。

海洋，河川，湖沼，山脈など**自然物を国境に利用**している場合，自然的国境と呼んでいるんだ。比較的古くからの民族の境界線であった場合が多いよね（ヨーロッパの国境に多いよ）。

これに対して**経緯線**などを利用し，国家間の話し合いで決めたような国境を

大地形
小地形
地形図
気候要素と気候因子
気候区分と植生・土壌
陸水と海洋
農業
林業・水産業
エネルギー・鉱産資源
工業
地域開発と環境問題
人口
村落と都市
商業・観光業
交通・通信
貿易と資本の移動
国家・民族

人為的国境（**数理的国境**）というんだ。国境の画定が比較的新しい**北アメリカ**やアフリカ諸国は，これを利用している場合が多いね。

特に**アフリカ**では**ヨーロッパ諸国の植民地支配**によって，民族の居住地域を無視した勝手な線引きが行われたんだけど，その国境を継承して独立国ができたんだ。つまり，それまで居住していた民族が，植民地支配による線引きでいくつもに分断されてしまったから，国内に**民族問題**を抱え，政治的に不安定な国が多いんだよ。**表1**で主な国境を確認しておこう。

表1　国境のまとめ

	種類	例
自然的国境	海洋	日本，ニュージーランド，スリランカなど島国
	河川	オーデル川（ドイツ，ポーランド），リオグランデ川（アメリカ，メキシコ），メコン川（タイ，ラオス），ライン川（フランス，ドイツ）
	湖沼	五大湖（カナダ，アメリカ），チチカカ湖（ボリビア，ペルー）
	山脈	ピレネー山脈（スペイン，フランス），スカンディナヴィア山脈（ノルウェー，スウェーデン），アンデス山脈（チリ，アルゼンチン）
数理的国境	経度	141°W（アメリカのアラスカ州，カナダ），141°E（インドネシア，パプアニューギニア），25°E（エジプト，リビア）
	緯度	49°N（カナダ，アメリカ），22°N（エジプト，スーダン）

世界の国々はさまざまな目的で**国際組織**を設立しているよね。いっぱいあるんだけど，どうしたらいい？

そうだね，確かに頭がパンクしそうになるよなぁ（＾_＾）。じゃあ，共通テストで必要な部分だけをまとめておこう！

現代の世界は，**国家**を単位として構成され，それぞれが共存していくために**国際連合**（UN）が組織されているね。国際連合は，**1945年**のサンフランシスコ会議で第二次世界大戦の連合国を中心に結成された組織で，**国際平和と安全の維持**を目的としているよ。原加盟国は51か国（日本は1956年加盟）だったけど，1950年代までにアジア諸国，**1960年代にアフリカ諸国**，1970年代〜1980年代にカリブ諸国とオセアニアの島国，**1990年代に旧ソ連諸国**，旧ユーゴスラビア諸国，韓国，北朝鮮などが加盟し，現在は，**バチカン市国，コソボ，クック諸島，ニウエを除く193か国が加盟**しているよ。すべての加盟国の代表で構成される**国連総会**や加盟国を拘束することができる決定権を持つ**安全保障理事会**をはじめ，UNESCO や FAO などの専門機関，WTO［➡ p.290 **表2**］などの関連機関が設置されているんだ。

図3　国連の組織

国連の主要機関

総　会
　加盟国193か国
安全保障理事会
　常任理事国5か国
　　アメリカ，イギリス，中国，
　　フランス，ロシア
　そのほか非常任理事国10か国
国際司法裁判所
　本部：ハーグ（オランダ）
事　務　局
経済社会理事会
信託統治理事会 (活動停止中)

主な内部機関

国連児童基金（UNICEF）
国連難民高等弁務官事務所（UNHCR）

主な国連専門機関
(国連と連携協定を結んでいる)

国際通貨基金（IMF）
　本部：ワシントン
国連教育科学文化機関（UNESCO）
　本部：パリ
世界保健機関（WHO）
　本部：ジュネーブ

その他主な関連機関

国際原子力機関（IAEA）
　本部：ウィーン
世界貿易機関（WTO）
　本部：ジュネーブ

系統地理

大 地 形

小 地 形

・地 形 図

気候要素と
気候因子

気候区分と
植生・土壌

降水と海洋

農　　業

林業・
水産業

エネルギー・
鉱産資源

工　　業

地域開発と
環境問題

人　　口

村落と都市

商業・
観光業

交通・通信

貿易と
資本の移動

国家・民族

　さらに，それぞれの国家は政治的な独立，経済的な自立を保持しながら，他の国との協力関係を深め国家群を形成しているよ。

　表2［➡ p.290］に特に重要な国連機関と国家群をまとめているので，名称やその目的を理解しておこうね！　特にASEAN，NAFTA，EUの加盟国は覚えておいたほうがいいよ。

図4　世界の経済的な結びつき

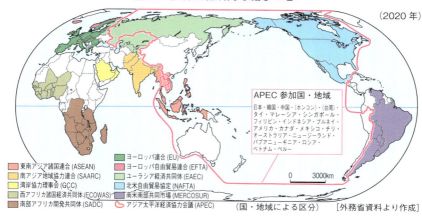

(2020年)

APEC 参加国・地域
日本・韓国・中国・(ホンコン)・(台湾)・
タイ・マレーシア・シンガポール・
フィリピン・インドネシア・ブルネイ・
アメリカ・カナダ・メキシコ・チリ・
オーストラリア・ニュージーランド・
パプアニューギニア・ロシア・
ベトナム・ペルー

0　　　3000km

- 東南アジア諸国連合（ASEAN）
- 南アジア地域協力連合（SAARC）
- 湾岸協力理事会（GCC）
- 西アフリカ諸国経済共同体（ECOWAS）
- 南部アフリカ開発共同体（SADC）
- ヨーロッパ連合（EU）
- ヨーロッパ自由貿易連合（EFTA）
- ユーラシア経済共同体（EAEC）
- 北米自由貿易協定（NAFTA）
- 南米南部共同市場（MERCOSUR）
- アジア太平洋経済協力会議（APEC）

(国・地域による区分)　［外務省資料より作成］

表2 世界の国連機関と国家群のまとめ

	略　称	名　称	特　徴
国際連合*	UNESCO	国連教育科学文化機関	教育・科学・文化の研究とその普及。世界遺産の登録・保護など。
	FAO	国連食糧農業機関	農業生産の改善による生活水準の向上。
	WTO	世界貿易機関	貿易障壁と輸入制限の撤廃。世界貿易の自由化およびサービス貿易や知的所有権などを加えた, 新しい貿易ルールを確立。GATT を発展的に解消。
	UNCTAD	国連貿易開発会議	貿易促進による発展途上国の経済開発促進。
	UNEP	国連環境計画	環境保護のための国際協力。
政治・軍事・経済的組織	OECD	経済協力開発機構	先進国を中心に36か国から構成（「先進国クラブ」）。世界経済の発展と途上国への援助（ODA）。
	NATO	北大西洋条約機構	欧米西側諸国で結成された集団安全保障機構。近年は東欧諸国も加盟。
	ASEAN	東南アジア諸国連合	東南アジア10か国。経済発展と域内貿易の拡大。
	AU	アフリカ連合	OAU（アフリカ統一機構）が発展的に解消。EU 型の政治・経済統合。54 か国と1地域（西サハラ）。
	EU	ヨーロッパ連合	政治・経済・通貨統合を目指す。2013年にクロアチアが加盟し, 28か国に拡大。2020 年にイギリスは, 離脱。
	EFTA	ヨーロッパ自由貿易連合	EU との拡大統一市場を目指す EEA（ヨーロッパ経済領域）を発足。
	NAFTA	北米自由貿易協定	アメリカ合衆国, カナダ, メキシコ3か国の自由貿易圏の形成を目指す。
	MERCOSUR	南米南部共同市場	域内関税撤廃と域外共通関税を設定。ブラジル, アルゼンチンなど。
	APEC	アジア太平洋経済協力会議	環太平洋地域の貿易・投資の拡大・自由化による経済発展を目指す。日本, 中国, アメリカ合衆国など。
	OPEC	石油輸出国機構	メジャーに対抗して設立。価格の安定を図り, 産油国石油産業の発展を目指す。
	OAPEC	アラブ石油輸出国機構	対イスラエルなどの石油戦略としてアラブ産油国により成立。

＊専門機関, 関連機関を含む。

☞ 単一民族国家と多民族国家　近代国家形成の過程で，単一の民族で国家を形成するという理念（民族国家，国民国家，nation-state）が生まれたが，現実にはすべての国が複数の民族からなる多民族国家である。

☞ 中央集権国家と連邦国家　中央集権国家とは，中央政府が直接的に国民・領土を支配する国家（日本，フランス，韓国など）で，連邦国家は中央政府が外交・軍事などを担当し，地方（州）政府が内政（立法・司法・教育など）に関する権限を委任されている国家（アメリカ合衆国，ドイツ，スイス，ベルギー，ロシア，メキシコ，ナイジェリアなど）である。

☞ 君主国と共和国　君主国とは，世襲的な元首によって統治される国家で，大半は立憲君主国（イギリス，オランダ，日本など）。共和国とは，国民から選出された元首によって統治される国家（アメリカ合衆国，フランス，ロシアなど）である。

> **ポイント** ▶ 国家と国家群
> ❶ 国家は領域・国民・主権からなる。
> ❷ 領海12海里，排他的経済水域200海里を主張する国が多い。
> ❸ 国境には隔離性と交流性が重要で，自然物を利用する自然的国境と経緯線を利用する人為的国境がある。

系統地理

大地形
小地形
地形図
気候要素と気候因子
気候区分と植生・土壌
陸水と海洋
農業
林業・水産業
エネルギー・鉱産資源
工業
地域開発と環境問題
人口
村落と都市
商業・観光業
交通・通信
貿易と資本の移動
国家・民族

「地理」では，用語だけでなく，用語の背景にある地理的事象の理解が大切だ。たとえば，「排他的経済水域」の定義や適用範囲など，スラスラ言えるかな？

2 人種・民族・宗教

　この分野を苦手にしている受験生が多いみたいだけど，国際人として世界にはばたく君たちとしては，世界の人々を理解するために重要なテーマだよ。じゃあ，説明を始めよう。

　人類を肌の色や体の形態などの**身体的な特徴**で分類したグループを<u>人種</u>というんだ。

　当然，人類は長い歴史の中で混血をくり返してきたわけだから，厳密な分類は無理だけど（遺伝学の進歩やDNAの研究を通して新しい研究も行われている），世界の人々をおおよそ**表3**のように区分することができるよ。

表3　人種のまとめ

人　種	特　徴	主な分布地域
モンゴロイド（黄色人種）	黄・銅色の皮膚黒髪・直毛	東アジア・東南アジア・南北アメリカ（先住民）
コーカソイド（白色人種）	白色の皮膚金髪・褐色髪の波状毛	ヨーロッパ・西アジア・南アジア北アフリカ・南北アメリカ
ネグロイド（黒色人種）	黒色の皮膚黒色の巻き毛・縮状毛	中南アフリカ
オーストラロイド	濃色の皮膚黒色の巻き毛・波状毛	ニューギニアやオーストラリア先住民など（アボリジニー）

図5　世界の人種の分布

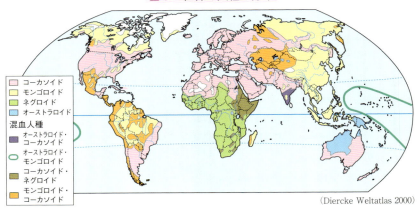

凡例：
- コーカソイド
- モンゴロイド
- ネグロイド
- オーストラロイド

混血人種
- オーストラロイド・コーカソイド
- オーストラロイド・モンゴロイド
- コーカソイド・ネグロイド
- モンゴロイド・コーカソイド

（Diercke Weltatlas 2000）

<u>モンゴロイド</u>は**アジア系人種**とも呼ばれ，**東アジア**，**東南アジア**をはじめ，

ユーラシア大陸に広く分布しているんだ。**南北アメリカ大陸の先住民であるイヌイット（エスキモー）やインディアン（インディオ）**も，かつて氷期の海面低下によってベーリング海峡(かいきょう)付近が陸化した際に，ユーラシア大陸から移動してきたモンゴロイドの子孫なんだよ（これで何回目かなあ）。

コーカソイドは**ヨーロッパ系人種**と呼ばれ，**ヨーロッパ**を中心に**南アジア**，**西アジア**，**北アフリカ**，**南北アメリカ**，**オセアニア**に分布しているよ。特に西アジアをモンゴロイド，北アフリカをネグロイドの分布地域と思っている人がかなりいるので絶対に間違えないようにしようね！　西アジアと北アフリカにはコーカソイドが多い‼

ネグロイドは**アフリカ系人種**と呼ばれ，サハラ砂漠(さばく)以南の**中南アフリカ**に分布しているんだ。もちろん⑬の **3** ［p.223］で学習したように，**南北アメリカ大陸**には，奴隷(どれい)として移住させられたネグロイドの子孫もいるよ。

オーストラロイドはオーストラリアの先住民である**アボリジニー**などで，ここまでの**三大人種**と比べると人口的にはかなり小規模になるね。

表3 ［➡ p.292］の４つの人種以外にもラテンアメリカに居住する**メスチソ**（白人とインディオ），**ムラート**（白人と黒人）などの**混血(こんけつ)人種**がいるからね。

> **人種**の定義と分布ではかなりあやふやだったところがすっきりしたよ！
> じゃあ，次は民族の説明をしてくれる？

民族は，人種のように身体的な特徴ではなく，**文化的特徴**によって分類された人類集団だ。これには**言語**や**宗教**のかかわりが大きく，同じ言語を話し，同じ人生観や価値観をもっていると，**同族・同胞(どうほう)意識**を抱きやすくなるといえるだろうね。もちろんこれは普遍的(ふへんてき)なものではなく，歴史の中で形成され，時代とともに変化していったんだ。

民族を考える場合，最も重要な指標の１つが**言語**なんだ。だから**民族の区分**を**言語の区分**に置き換える場合が多いんだよ。

言語は言語学的に文法や単語の類似性から，大きなグループである**語族**に分けられるんだ。例えば，**英語**だったら**インド＝ヨーロッパ語族**－**ゲルマン語派**（ゲルマン語派などは通常，「ゲルマン系」と表すことが多い）－**英語**というようにね。世界の**語族**をしっかりと理解していれば，⑲以降の第3講「地誌」で世界の国々を学習する際に，とってもわかりやすくなるんだよ。次ページの**図6**と**表4**を見ながら，今日中に**語族**を理解してしまおう（＾_＾）！　民族や言語については，どんなに君たちが地理的思考力を駆使(くし)しても，名称と分布

大地形

小地形

地形図

気候要素と気候因子

気候区分と植生・土壌

陸水と海洋

農業

林業・水産業

エネルギー・鉱産資源

工業

地球環境と環境問題

人口

村落と都市

商業・観光業

交通・通信

貿易と資本の移動

国家・民族

を覚えていないと，理解もできないし，入試問題も解けない!!

図6　世界の言語の分布

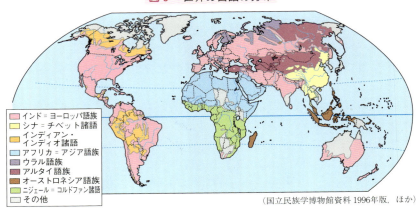

インド＝ヨーロッパ語族
シナ＝チベット諸語
インディアン・インディオ諸語
アフリカ＝アジア語族
ウラル語族
アルタイ語族
オーストロネシア語族
ニジェール＝コルドファン諸語
その他

（国立民族学博物館資料 1996年版，ほか）

表4　言語のまとめ

語　族	言　語	主な分布地域
インド＝ヨーロッパ語族	ゲルマン語派➡英語・ドイツ語・オランダ語・ノルウェー語・スウェーデン語など	北西ヨーロッパアングロアメリカオーストラリア
	ラテン語派➡イタリア語・スペイン語・ポルトガル語・フランス語など	南ヨーロッパラテンアメリカ
	スラブ語派➡ロシア語・ポーランド語・チェコ語・セルビア語など	東ヨーロッパ〜ロシア
	その他　ケルト語・ギリシャ語・ペルシャ語（イラン）・ヒンディー語（インド）など	アイルランド（ケルト系），ギリシャ（ギリシャ系），インド，イラン
アフリカ＝アジア語族（アフロ＝アジア）	アラビア語・ヘブライ語（イスラエル）など	北アフリカ〜西アジア
ウラル語族	フィンランド語・エストニア語・マジャール語（ハンガリー）など	フィンランド，エストニア，ハンガリー
アルタイ諸語	トルコ語・モンゴル語など チュルワ派（トルコ語）とモンゴル語派にわける場合もある	トルコ〜中央アジアシベリア〜モンゴル
シナ＝チベット諸語	中国語・チベット語・タイ語・ミャンマー語など	中国〜インドシナ半島
オーストロネシア語族（マレー＝ポリネシア）	マレー語・インドネシア語・フィリピノ語・マオリ語など	東南アジア島嶼部，マダガスカル
ニジェール＝コルドファン諸語	スーダン語系➡ギニア湾沿岸 バンツー語系➡アフリカ南部	サハラ以南の中南アフリカ

※そのほかにインディアン・インディオ諸語などがある。

表5　世界の主な言語人口

2018年	百万人	2018年	百万人
中 国 語	1,299	ベンガル語	243
スペイン語	442	ポルトガル語	223
英　　　語	378	ロ シ ア 語	154
アラビア語	315	日　本　語	128
ヒンディー語	260	ラーンダ語*	119

※第一言語による区分。第一言語とは，最もうまく使いこなせる言語のことで，母語で
　あることが多い。
＊パキスタンのパンジャブ地方西部などで使用されている言語で，インド＝ヨーロッパ
　語族に属する。

図7　世界の宗教の分布と伝播

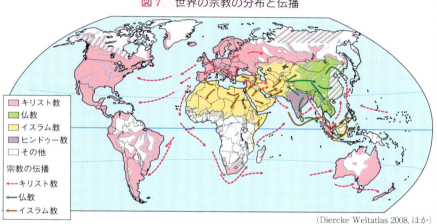

（Diercke Weltatlas 2008, ほか）

　次は宗教の話をしよう！　**宗教も民族を特
徴づける重要な要素**なんだ。
　宗教は人生観や価値観に影響を与えるため，
同じ宗教を信仰していると連帯感が生じやす
いよね。広範囲にわたっている**キリスト教，
イスラム教（イスラーム），仏教**の三大宗教
を**世界宗教**，特定の地域や民族と結びついた
宗教を**民族宗教**と呼んでいるよ。
　**キリスト教は，西アジア（パレスチナ）で
生まれ，ヨーロッパ**に広まっていったんだよ。ローマ帝国の発展とともにその
後，ローマの東西分裂で，西にカトリック，東にオーソドックス，そしてカト
リックから宗教改革を経て北にプロテスタントが普及したんだ。ヨーロッパで，

表6　世界の宗教人口

宗　教	百万人
キリスト教	2,448
カトリック	1,242
プロテスタント	553
正　　　教	284
イスラム教	1,752
ヒンドゥー教	1,019
仏　　　教	521

※統計年次は2016年。

カトリック（旧教），オーソドックス（正教会，東方正教会），プロテスタント（新教）という3つのグループに発展していったことに注意してね。

イスラム教も西アジア（アラビア半島）で生まれたけど，キリスト教と違って西アジア，中央アジア，北アフリカを中心に発展していったんだ。

仏教は，インドのガンジス川流域で生まれたんだけど，この地に定着していたカースト制度などにはばまれ，インドではあまり発展しなかったんだ。そこで東南アジア（主に上座仏教）や中国，韓国，日本（大乗仏教），チベット，モンゴル（チベット仏教）に広がっていったんだ。

宗教人口でキリスト教，イスラム教の次にくるのは，仏教じゃないからね！ヒンドゥー教だよ！！

ヒンドゥー教は，インド古来のバラモン教，仏教，各地の民間信仰などをとり入れて成立したんだ。インド人の生活と密接に関係し，インド人とその移住地域に限定されて伝播したため，やはり民族宗教といわれているんだ。

ユダヤ教も同様にイスラエルや世界各地に住むユダヤ人に信仰されている民族宗教だよ。西アジアで生まれ，キリスト教やイスラム教にも影響を与えてきたんだ。

このほか，中南アフリカやアメリカ大陸では自然崇拝の伝統宗教も信仰されているよ。表7［➡ p.297］に宗教をまとめておいたので，しっかり学習しておこうね！

👉 語族と諸語　語族とは，同一起源から派生したと証明されている言語グループで，諸語とははっきりとは同系統と認められていない言語グループのことを指す。大学受験の地理では厳密に区別して使う必要はない。

👉 ケルト系民族　古代ヨーロッパの先住民で，アイルランド，イギリスのスコットランド，ウェールズ，フランスのブルターニュ半島などに居住している。アイルランド島のケルト系住民はカトリックを信仰し，北アイルランド（イギリス）では多数派のプロテスタントと少数派のカトリックとの間で対立がみられる。

👉 バスク人　スペインからフランスにかけてのバスク地方に居住する少数民族で，カトリックを信仰しているが，民族・言語系統に不明な点が多い。スペインでは自治が認められているが，分離独立運動も盛んである。

👉 チベット仏教（ラマ教）　仏教がチベットの民間宗教の影響を受けたもので，チベットやモンゴルで信仰されている。中国・チベット自治区の中心地ラサが聖地である。

表7　宗教のまとめ

	宗　教	特　色	主な分布
世界宗教	キリスト教	西アジア（パレスチナ）でイエス＝キリストにより創始。聖典は『聖書』で，日曜日を聖日とし，礼拝を行う。ヨーロッパ社会における精神的な支柱となる。	● カトリック➡ラテン系民族 ● プロテスタント➡ゲルマン系民族 ● オーソドックス（東方正教会）➡スラブ系民族
	イスラム教（イスラーム）	西アジア（アラビア半島）でムハンマドにより創始。聖典は『コーラン（クルアーン）』で，礼拝，断食，巡礼などの義務がある。金曜日にはモスクにて礼拝を行う。アラブ民族の生活・文化の基盤となる。最高の聖地はメッカ（サウジアラビア）。	● スンナ(スンニ)派➡北アフリカ～西アジア～中央アジア，パキスタン，バングラデシュ，インドネシア，マレーシア ● シーア派➡イラン，イラク，アゼルバイジャン
	仏　教	インド北部地方で，釈迦により創始。発祥地のインドでは定着せず，スリランカ，東南アジア（インドシナ半島），中国，日本などで発展。	● 上座（南伝・小乗）仏教➡スリランカ，インドシナ半島 ● 大乗（北伝）仏教➡中国，日本，ベトナム ● チベット仏教➡チベット，モンゴル
民族宗教	ヒンドゥー教	自然崇拝の多神教で特定の教祖・経典を持たない。輪廻思想。カースト制度とのかかわりが深い。牛を神聖化し，菜食主義者が多い。	インド，ネパール，インド人の移住先
	ユダヤ教	西アジア（パレスチナ）が発祥地。一神教でキリスト教やイスラム教にも影響を与える。ユダヤ人だけが救われるという「選民思想」。エルサレム（イスラエル）はユダヤ教，キリスト教，イスラム教の聖地。	イスラエルとユダヤ人の移住先

ポイント 人種・民族・宗教

❶ 人種は生物学的（身体的）特徴によって区分された集団で，モンゴロイド，コーカソイド，ネグロイドを三大人種という。

❷ 民族は言語，宗教，伝統的生活習慣などの文化的特徴と帰属意識によって区分された集団で，特に言語系統で分類されることが多い。

❸ 宗教はキリスト教，イスラム教（イスラーム），仏教の世界宗教と，特定の民族で信仰されている民族宗教からなる。

大地形
小地形
地形図
気候要素と気候因子
気候区分と植生・土壌
陸水と海洋
農業
林業・水産業
エネルギー・鉱産資源
工業
地域開発と環境問題
人口
村落と都市
商業・観光業
交通・通信
貿易と資本の移動
国家・民族

❸ 民族・領土問題

民族間の対立（**民族紛争**）にはさまざまな背景があるけど，**言語**と**宗教**に関連するものがかなり多いよ。**言語**は日常生活だけでなく，学校教育を受けたり，就職したり，裁判を受けたりするときにも大きな影響を及ぼすんだ。

国内に複数の言語が存在する場合には，どの言語を**公用語**（**国語**）にするかで有利・不利が生じてくるよね。特に，国内に多くの民族をかかえる**中南アフリカ諸国**では，一部の民族だけが有利にならないようにするために，**旧宗主国の言語を公用語にしている**国が多いよ。

> ふーん，そうなのか。だからコートジボワールではフランス語，ガーナでは英語が公用語になっているんだね。でも，どうして「アフリカ」とは言わずに「中南アフリカ諸国」と言うの？

エジプト，リビア，アルジェリア，チュニジア，モロッコなどの**北アフリカ諸国**と区別するためだよ。これらの国では**イスラム教**の影響が強く，古くからアラビア語が話されていたため，**アラビア語を公用語**としているんだ。ちなみに**国連の公用語**は**英語**，**中国語**，**フランス語**，**スペイン語**，**ロシア語**だったんだけど，石油危機以降，アラブ諸国の発言権が強まり，新たに**アラビア語**が公用語に加えられたんだよ。

> 公用語は１つのほうが便利かもしれないけど，複数の公用語がある国もあるんだよね？

そうだね。たとえば**カナダ**は**英語とフランス語を公用語**にしているし，**スイス**は**ドイツ語，フランス語，イタリア語，インド・ヨーロッパ語族，レト・ロマン諸語に属するロマンシュ語の４つを公用語**として認めているんだ。

公用語（official language）は公的な会議や出版物などに用いられる言語だから，**母語**（mother tongue または native tongue）が公用語になると有利だもんね。すべての人々の母語が公用語になるのが理想的かもしれないけど，そうなると国内での意思の疎通が難しくなるので，一般には**多数を占める民族の言語を公用語にするか，ある程度の人口規模を占める複数の民族の言語を公用語**にするか，**旧宗主国の言語**を公用語として利用している場合が多いんだ。なお，多数の言語がある**インド**の場合には，**公用語をヒンディー語，準公用語として英語**，そしてそのほかにも複数の憲法公認語を規定しているよ。

表8　公用語のまとめ

	例
多数民族の言語のみ公用語	イギリス（英語），ノルウェー（ノルウェー語），マレーシア（マレー語），バングラデシュ（ベンガル語），エジプト，サウジアラビア（以上アラビア語），イラン（ペルシャ語）など
複数の民族の言語を公用語	カナダ（英語・フランス語），スイス（ドイツ語・フランス語・イタリア語・ロマンシュ語），ベルギー（オランダ語・フランス語・ドイツ語），シンガポール（マレー語・中国語・タミル語・英語），スリランカ（シンハラ語・タミル語）など
旧宗主国の言語を公用語	ブラジル（ポルトガル語），メキシコ，アルゼンチン（以上スペイン語），コートジボワール，ニジェール（以上フランス語），ガーナ，ナイジェリア（以上英語）など

※すべての国が法律で公用語を定めているわけではなく，公用語として憲法などで規定されていなくても，実際に国民的合意が得られている場合には公用語（国語）的な使い方がなされている場合が多い。

世界各地で，**言語**や**宗教**などの違いによって紛争や対立が生じているね。どうすれば民族対立を防ぐことができて，みんなで仲よく楽しく過ごせるのかなぁ？

　そうだねぇ。世界中の多くの人々が紛争解決に努力しているんだけど，なかなか思うように進展してないよね。やっぱり最も重要なことは，**自分たちの文化を大切にすることだけでなく，異なる文明や文化への理解を深め，他の国や他の民族の歴史や価値観を互いに学ぶこと**だよね。そうすれば，必ずわかりあえると思うんだけど。

国名と公用語が対応していると勘違いしないでくれよ！「ベルギー語」「カナダ語」なんてのはないからね！

系統地理

大地形

小地形

地形図

気候要素と気候因子

気候区分と植生・土壌

降水と海洋

農業

林業・水産業

エネルギー・鉱産資源

工業

地域開発と環境問題

人口

村落と都市

商業・観光業

交通・通信

貿易と資本の移動

国家・民族

最後に，**世界の主な紛争地域**を，**図8**にまとめておいたから，確認しよう（2019年1月現在）！

図8　世界の主な紛争地域

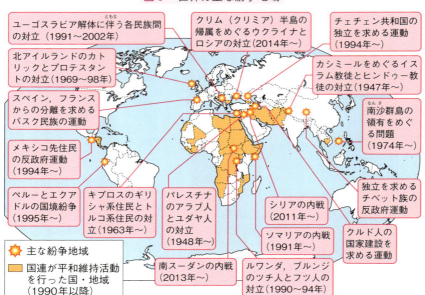

ユーゴスラビア解体に伴う各民族間の対立（1991〜2002年）

クリム（クリミア）半島の帰属をめぐるウクライナとロシアの対立（2014年〜）

チェチェン共和国の独立を求める運動（1994年〜）

北アイルランドのカトリックとプロテスタントの対立（1969〜98年）

カシミールをめぐるイスラム教徒とヒンドゥー教徒の対立（1947年〜）

スペイン，フランスからの分離を求めるバスク民族の運動

南沙群島の領有をめぐる問題（1974年〜）

メキシコ先住民の反政府運動（1994年〜）

ペルーとエクアドルの国境紛争（1995年〜）

キプロスのギリシャ系住民とトルコ系住民の対立（1963年〜）

パレスチナのアラブ人とユダヤ人の対立（1948年〜）

シリアの内戦（2011年〜）

独立を求めるチベット族の反政府運動

ソマリアの内戦（1991年〜）

クルド人の国家建設を求める運動

🌟 主な紛争地域

国連が平和維持活動を行った国・地域（1990年以降）

南スーダンの内戦（2013年〜）

ルワンダ，ブルンジのツチ人とフツ人の対立（1990〜94年）

👉 **ベルギーの民族問題**　19世紀初めの建国以来，**北部のオランダ語**（ゲルマン）系**フラマン人**と**南部のフランス語**（ラテン）系**ワロン人**との間には言語をめぐり伝統的な対立があった。これを解消するため**オランダ語，フランス語**の両言語を公用語とし，現在は**連邦制**に移行した。東部にはドイツ系住民もいるため，**ドイツ語**も公用語の一つになっている。

👉 **北アイルランド問題**　アイルランドがイギリスから自治領として独立（1922年）する際に，**イギリス系プロテスタント**が多い北部はアイルランドの独立に反対し，イギリスに残った。しかし，**アイルランド系カトリック教徒**の間には，アイルランドへの帰属を希望する動きもある。

👉 **パレスチナ問題**　19世紀末からユダヤ人の祖先の地であるシオンの丘（エルサレム）に**祖国を再建**しようという**シオニズム運動**が活発化した。第二次世界大戦後，長い間ユダヤ人とアラブ人が居住していた**パレスチナ地方**に**イスラエル**が建国され，多くのユダヤ人が移住するようになった。これに反発したエジプトなどの**アラブ諸国はイスラエルとの間に数度にわたる戦闘**をくり広げ（**中東戦争**），その

結果，多くの**パレスチナ難民**が発生し，周辺国へ流入した。1993年，イスラエルと PLO（**パレスチナ解放機構**）はパレスチナ暫定自治協定に合意し（オスロ合意），1995年には，**ヨルダン川西岸地区**と**ガザ地区**で先行自治がスタートしたが，不安定な状況が続いている。

👆 **ユーゴスラビアの解体**　第二次世界大戦後，**セルビア，モンテネグロ，スロベニア，クロアチア，マケドニア（現・北マケドニア），ボスニア・ヘルツェゴビナ**により，ユーゴスラビア（「南スラブ人の土地」の意）連邦が成立したが，その後，民族対立が激化し，スロベニア，クロアチア，マケドニア（現・北マケドニア），ボスニア・ヘルツェゴビナの4か国が独立を宣言。セルビアとモンテネグロのみでユーゴスラビアを形成するが，のちの2003年に国名をセルビア・モンテネグロと改称，2006年にはセルビアとモンテネグロが分離した。さらに，2008年にはセルビアから**コソボ**が独立したため，ユーゴスラビアから7つの独立国が生まれた。コソボは，ロシア，セルビアなどの反対により国連には加盟していない。

👆 **ボスニア問題**　旧ユーゴスラビア解体の際に生じたボスニア・ヘルツェゴビナの内戦問題で，**ボシュニャク人（イスラム教）**と**クロアチア人（カトリック）**が独立を宣言したが，**セルビア人**（正教会）は独立には反対したため，激しい内戦が勃発した。その後，ボスニア・ヘルツェゴビナは分離独立を達成し，現在は連邦国家となっている。

👆 **スーダン内戦**　北部を中心とする**アラブ系イスラム教徒**と，南部の**アフリカ系住民（キリスト教徒も多い）**とが対立。2003年には西部の**ダルフール地方**でアラブ系によるアフリカ系住民への襲撃が頻発したため，国連と AU（アフリカ連合）が平和維持活動（PKO）部隊を派遣した。南部に**石油資源**が集中していることも対立の一因となっている。2011年に住民投票が行われて，**南スーダン**が独立した。

ポイント ▶ 民族・領土問題

❶ **民族紛争**には**言語，宗教**をめぐる問題が背景になっている場合が多い。

❷ 言語対立を解消するため，**ベルギー**や**カナダ**のように**複数の公用語**を定めている場合もある。

❸ **中南アフリカ諸国**のように多数の民族からなる国は，特定の民族の言語を他の民族に押しつけないように**旧宗主国**の言語を**公用語**にしている国もある。

系統地理

大地形
小地形
地形図
気候要素と気候因子
気候区分と植生・土壌
陸水と海洋
農業
林業・水産業
エネルギー・鉱産資源
工業
地域開発と環境問題
人口
村落と都市
商業・観光業
交通・通信
貿易と資本の移動
国家・民族

■ 世界の宗教の多様性を示すために，主な宗教の分布や人口について，展示資料Ⅰにまとめた。展示資料Ⅰの表中のA〜Cは，イスラーム，ヒンドゥー教，プロテスタントのいずれかである。A〜Cと宗教・宗派名との正しい組合せを，次の①〜⑥のうちから一つ選べ。

展示資料Ⅰ 「世界の宗教」

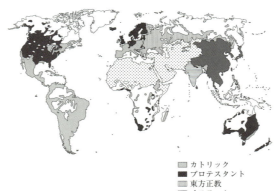

- ■ カトリック
- ■ プロテスタント
- ▥ 東方正教
- ▨ イスラーム
- ■ 仏教・道教など
- ▤ ヒンドゥー教
- □ その他

図 主な宗教の分布

（単位：百万人）

A	1,752
カトリック	1,242
B	1,019
C	553
仏教	521
東方正教	284

表 主な宗教・宗派別人口（2016年）

図は *Alexander Schulatlas* により作成。
表は *The World Almanac and Book of Facts* により作成。

	①	②	③	④	⑤	⑥
イスラーム	A	A	B	B	C	C
ヒンドゥー教	B	C	A	C	A	B
プロテスタント	C	B	C	A	B	A

2 次の文章**ア～ウ**は，次ページの図中の**A～C**のいずれかの地域における民族・宗教と国家とのかかわりから生じた問題について述べたものである。**ア～ウ**と**A～C**との正しい組合せを，次ページの①～⑥のうちから一つ選べ。

ア カトリックが，後から入植したプロテスタントと対立した。その後，この地域の大部分は隣国から独立したが，北部では対立が続いてきた。

イ イスラム教を国教とする国と，ヒンドゥー教徒の多い国とが，この地域の帰属をめぐって争い，いまだに両国の対立要因となっている。

ウ 言語，宗教の異なる民族が連邦国家を構成してきたが，社会主義体制の崩壊後，民族間の対立に起因する内戦が起こった。

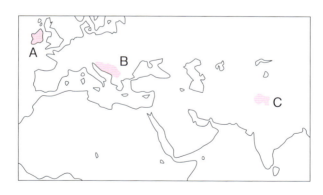

	①	②	③	④	⑤	⑥
ア	A	A	B	B	C	C
イ	B	C	A	C	A	B
ウ	C	B	C	A	B	A

系統地理

大地形
小地形
地形図
気候要素と気候因子
気候区分と植生・土壌
陸水と海洋
農業
林業・水産業
エネルギー・鉱産資源
工業
地域開発と環境問題
人口
村落と都市
商業・観光業
交通・通信
貿易と資本の移動
国家・民族

3 多くの人種・民族により構成される国々では，多様な人種・民族の共存への取組みが行われている。その取組みとそれに関することがらについて述べた文章として下線部が**適当でないもの**を，次の①～④のうちから一つ選べ。

① オーストラリアでは，長い間実施されてきた白豪主義政権が廃止され，多文化社会の実現が目指されてきた。移民が急増し，<u>ラテンアメリカ出身者が移住者の大半を占めるようになり，先住民の復権もすすめられている</u>。

② シンガポールでは，中国系住民のほか，インド系，マレー系住民が居住しているため，公用語は英語，タミル語，中国語，マレー語であり，<u>教育現場では，英語が主に用いられている</u>。

③ フランスでは，南太平洋，インド洋，カリブ海などにある海外県にも本国と同じ制度が導入されており，<u>海外県は国会議員をパリに送り，高等学校の卒業資格試験などの国家試験を本国と同じように行っている</u>。

④ 南アフリカ共和国では，長年にわたり白人が先住民を支配する政策が行われてきた。国際社会からの批判もあり，1991年までに<u>人種差別に関連する法律が廃止されたが，今なお白人の経済的優位は続いている</u>。

解答・解説　**1**　①　世界の主な宗教の分布と宗教人口に関する問題である。世界の宗教人口は，**キリスト教**，**イスラーム**，**ヒンドゥー教**，仏教の順で多いが，展示資料の図を見ると，キリスト教はカトリック，プロテスタント，東方正教（オーソドックス，正教会）の宗派ごとのデータであることがわかる。表中には，カトリック，仏教，東方正教が示してあり，選択肢にはイスラーム，ヒンドゥー教，プロテスタントがある。キリスト教の宗派別人口に関して，**カトリックが最も多い**が，たとえこの知識がなくても，図の主な宗教の分布を見れば，**カトリックが西ヨーロッパ諸国とメキシコ以南のラテンアメリカに広がっている**ことを読み取ることができる（つまり人口がかなり多いと考える。プロテスタントで人口が多いのはアメリカ合衆国くらい）。すると表中のＡがプロテスタントとは考えにくく，さらにヒンドゥー教はインド人に対する民族宗教であることから，インドの総人口13億人を上回るはずがないため，**Ａ**はイスラームである。すると，Ｂは約10億人，Ｃは約5.5億人で，**インドの総人口の約80%がヒンドゥー教徒**であることを考えると，13億人×0.8＝約10億人となり**Ｂ**がヒンドゥー教徒，残る**Ｃ**がプロテスタントと判定できる。

2　②　図中のＡはアイルランド島，Ｂは旧ユーゴスラビア地域，Ｃはインド〜パキスタン国境のカシミール地方である。

アは，Ａのアイルランドの説明文である。アイルランドには先住のケルト系カトリック教徒が居住していたが，イギリス領となりイギリス系プロテスタントが北部を中心に入植した。アイルランドが独立する際に，プロテスタントが多数を占める北部（北アイルランド）はイギリスに残留したため，その後もアイルランドへの帰属を求めるアイルランドのカトリック教徒とイギリス系プロテスタントの間で対立が続いた［➡ p.300 🖑］。

イは，Ｃのカシミール地方の説明文である。イギリスから独立する際に，インドはヒンドゥー教国，パキスタンはイスラム教国として独立したが，カシミール地方では，カシミールの王がヒンドゥー教徒で，住民にはイスラム教徒が多かったため，インド・パキスタン間の国境が画定せず，その帰属をめぐっての対立が現在でも続いている。

ウは，Ｂの旧ユーゴスラビア地域，特にボスニア問題である。ボスニア・ヘルツェゴビナでは，セルビア人（正教会，東方正教会）がユーゴスラビアへの帰属を主張し，ボシュニャク人（イスラム教），クロアチア人（カトリック）が独立を望んだため，内戦が生じた［➡ p.301 🖑］。

系統地理

大 地形
小 地形
地 形 図
気候要素と気候因子
気候区分と植生・土壌
陸水と海洋
農　　業
林業・水産業
エネルギー・鉱産資源
工　　業
地域開発と環境問題
人　　口
村落と都市
商業・観光業
交通・通信
貿易と資本の移動
国家・民族

3 ①

① **オーストラリア**では，**有色人種の移民を制限する**「**白豪主義**」が**1970年代に撤廃**され，出身地による移民の制限がなくなったため，従来のヨーロッパからの移民だけでなく，**アジア地域からの移民が増加**している。したがって，「ラテンアメリカ出身者が移住者の大半を占めるようになり」が誤り。後半の「先住民の復権もすすめられている」の部分は正しく，先住民の**アボリジニー**は1960年代に市民権を認められ，土地所有権など権利の復権を目指した運動が行われている。

② **シンガポール**の住民は，**中国系**が約80％で他に**マレー系**，**インド系**などからなるが，民族融和策として**公用語はマレー語**，中国語，タミル語，英語を指定し，特に民族の共通語として英語教育に力を入れている。したがって，下線部は正しい。

③ 第二次世界大戦前は，**イギリス**，**フランス**などが多くの**植民地**を有していたが，その**ほとんどは独立を達成**している。独立していない地域も自治領や海外県として，広範な自治権を有していたり，ほとんど本国と同等の扱いを受けている地域が多い。したがって，下線部は正しい。

④ **南アフリカ共和国**では，少数の**オランダ系やイギリス系白人が多数の黒人を支配する**「**アパルトヘイト**（人種隔離政策）」が行われてきたが，国際的な批判を受け**1991年**に**アパルトヘイト法が廃止**された。しかし，依然として**富裕な白人と貧しい黒人との格差は大きい**ため，下線部は正しい。

第2講「系統地理」はここで終わりだ。
ここまで本当にがんばったねぇ。
次のページからは第3講「地誌」が始まるよ。
「系統地理」で学んだ地理的な理論や考え方をフルに活かして，世界のそれぞれの地域の特色を正確にとらえていこう。

地誌に入る前に，ここでちょっとひと休み!!

　系統地理，がんばったね！　忙しい合間をみつけて，一生懸命読んだり，ノートにまとめたりしたんだろうなぁ。第１講（地図と地理情報）で，地図の意味や使い方を学び，第２講（系統地理）では，自然環境，産業，人口，生活文化，民族などのテーマに関して，基礎的な知識を習得し，空間的規則性や傾向，成因や要因について考えてきたはずだ。

　⑲からは，いよいよ地誌に入るよ。これまで君たちがやってきた系統地理の力を活かして，具体的に世界の地域や国について学んでいこう！

　地誌には，地形や農業などのテーマについて地域を考察する「テーマ地誌」，ある地域が持つ特徴的な事柄，たとえば「近年経済成長が著しいＡ国」に関して，自然も産業も文化も何でも関連づけて考察する「総合地誌」，対照的（まったく異なる）であったり，類似的（よく似ている）な地域を比較して考察する「比較地誌」など，さまざまな考察方法があるんだ。ちょっと長くなって悪かったけど，俺が君たちに言いたいのは，世界の地域や国について学びながら，今まで一緒にやってきた系統地理の知識・理論を駆使して，自分なりの新しい発見をしてほしいな，ということだよ。

　じゃあ，今日から「地誌」をがんばろうね。

系統地理

大地形

小地形

地形図

気候要素と
気候因子

気候区分と
植生・土壌

陸水と海洋

農業

林業・
水産業

エネルギー・
鉱産資源

工業

地域開発と
環境問題

人口

村落と都市

商業・
観光業

交通・通信

貿易と
資本の移動

国家・民族

19 東アジア

この項目のテーマ

1 アジアの自然環境
アジアの地形・気候をしっかりと理解しよう！

2 朝鮮半島
歴史的経緯と韓国，北朝鮮の現状に注目しよう！

3 中 国
広大な国土における自然環境を理解し，近年の高度成長と
今後の課題を考察しよう！

1 アジアの自然環境

いよいよ地誌（地域の特色や相互の関連性の勉強）の始まりだね。新しい世界がどんどん広がっていくよー！　今まで第1講地図と地理情報①，第2講系統地理②〜⑱の勉強で培ってきた地理的な知識・理論や思考力を存分に活かして，世界の諸地域を概観していこう！　これで共通テストも完璧だ!!!

まずは，アジア全体の自然環境を勉強してしまおう。
大陸部分は安定陸塊や古期造山帯が広がり，プレートの「せばまる境界」部分に，新期造山帯に属するヒマラヤ山脈やチベット高原などの大山脈・高原や日本列島，フィリピン諸島，スンダ列島（インドネシアのスマトラ島，ジャワ島）などの弧状列島が分布しているよ。次ページの表1にアジアの地形をまとめているので，②大地形［➡ p.30〜］を思い出しながら地図帳でチェックしてね！

それから，アジアの大陸部には大河川が流れていることにも注意しよう！中下流には大規模な沖積平野を形成していて，人々の重要な生活の場となっているよ。表2［➡ p.310］にアジアの大河川についてまとめておいたので地図帳でチェックしてね！

図1　アジアの地形

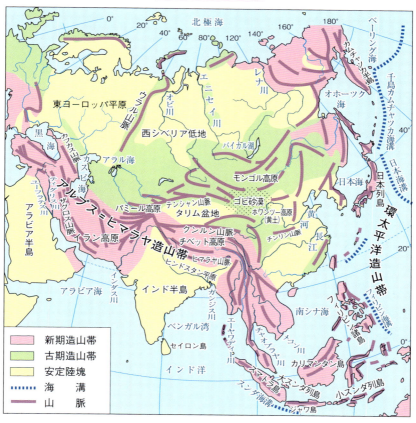

地誌

東アジア

東南アジア・
南アジア

西アジア・
アフリカ

ヨーロッパ

ロシアと
周辺諸国

アングロ
アメリカ

ラテン
アメリカ

オセアニア

日　本

表1　アジアの地形のまとめ

★地図帳チェック！

大地形	特　色	分　布
安定陸塊	大平原・低平な高原	かつてのゴンドワナランドであるインド半島やアラビア半島，中国東部
古期造山帯	丘陵（きゅうりょう）性の山地	中国西部のテンシャン山脈（7,000m以上）とアルタイ山脈は，インド＝オーストラリアプレートがユーラシアプレートに衝突した際の断層運動で再隆起したため，例外的に標高が高い。
新期造山帯	高峻（こうしゅん）な山地 火山・地震活動が活発	アルプス＝ヒマラヤ造山帯（ヒマラヤ山脈，チベット高原，大スンダ列島） 環太平洋造山帯（日本列島,台湾,フィリピン諸島）

表2　アジアの大河川

河川名	流　路	流域の気候
黄　河	チベット*→華北	BS
長　江	チベット*→華中	Cw・Cfa
メコン川	チベット*→タイ・ラオス→カンボジア→ベトナム	Cw・Aw
チャオプラヤ川	インドシナ北部*→タイ	Aw
ガンジス川	チベット*→インド〜バングラデシュ	Aw・Cw
インダス川	チベット*→パキスタン	BS・BW

※表中のチベットはヒマラヤ・カラコルム山系を含む。＊は水源。

図2　アジアの気候

★地図帳チェック！

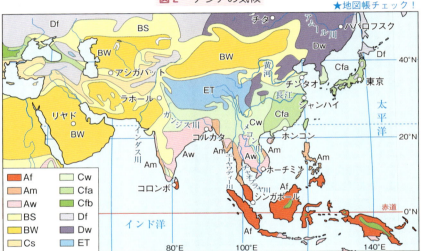

　次は，**アジアの気候**だね。**図2**を見てみよう。アジアは，モンスーンの影響で，夏に降水が多いモンスーンアジア（**東アジア・東南アジア・南アジア**）とモンスーンの影響が少なく乾燥気候が分布する乾燥アジア（**西アジア・中央アジア**）に分けることができるよ。

　次ページ**図3**のモンスーンの風向きには十分注意しようね！　特に，夏になると日本など東アジアでは南東モンスーン，東南アジア，南アジアでは南西モンスーンによって多くの雨がもたらされ，農業に利用されているよ。

　モンスーンアジアでは，中国の東北地方から朝鮮半島にかけて**Dw**，華南に**Cw**，赤道から少し離れたインドシナ半島に**Aw**，赤道付近のマレー半島からインドネシアなどには**Af**が分布しているよ。

降水は，モンスーンだけでなく，熱帯低気圧の台風やサイクロンの影響もあ
ることを忘れないようにね。
　アラビア半島や中央アジア [➡ p.395]，中国の内陸部，モンゴルなどの乾燥
アジアには，BS ～ BW が広く分布しているよ。
　また，中国南西部のチベット高原は，日本とほぼ同じ緯度（30～35°N）だ
けど，平均海抜高度が4,000m 以上もあるため，寒冷な ET（ツンドラ気候）
が分布していることに注意しよう！

図3　アジアの夏のモンスーンと5～10月の降水量

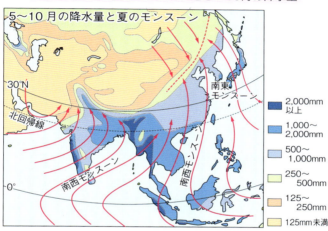

地誌

東アジア

東南アジア・
南アジア

西アジア・
アフリカ

ヨーロッパ

ロシアと
周辺諸国

アングロ
アメリカ

ラテン
アメリカ

オセアニア

日　本

ポイント　アジアの自然環境

❶　アジアの大陸部には安定陸塊，古期造山帯，新期造山帯が，
島嶼部には新期造山帯が分布する。

❷　アジアは，モンスーンの影響を受ける湿潤なモンスーンアジア
と，乾燥気候が卓越する乾燥アジアに大別される。

アジアにはさまざまな自然環
境が目白押しだね！
地形や気候はできるだけ地図
を見ながら理解を深めよう！

2 朝鮮半島

　朝鮮半島は，日本とほぼ同緯度にあるんだけど，南岸（Cfa・暖流の対馬海流の影響）を除いては大陸性の気候（Dw・Cw）が広がるから，冬季はかなり寒いし，気温の年較差も日本より大きいよ。冬のソウル（Cw）で風が吹いてくると，あまりの寒さに息も凍りそうなほどだ。

図4　北京・札幌・ソウル・東京の雨温図

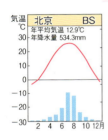 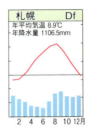 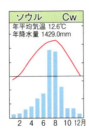 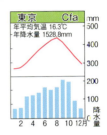

　朝鮮半島には，南に大韓民国（以下「韓国」），北に朝鮮民主主義人民共和国（以下「北朝鮮」）が位置しているのは知っているよね？　7世紀以来一つの国家が成立していたんだけど，日本の植民地支配後，分断国家となってしまったんだ。東西冷戦の終結後の1991年には，国連に同時加盟を果たしたよ。

　韓国は日本に最も近い国の一つだよね。
　やっぱり隣の国の文化や伝統はしっかりと勉強しておきたいな！

　なかなかいい心構えだ。そうだよね。やっぱり相手の国を理解するためには，その国の事情に精通していないとね。じゃあ，韓国の文化について説明しておこう。韓国にはハングルと呼ばれる表音文字があることを知ってるね。日本の街角でもよく見かけるだろ？　[図5]

　韓国でもかつては日本と同様に中国の影響を受けていたため（東アジア文化圏），漢字が広く用いられてきたんだ。でも1948年の独立後は漢字は制限され，朝鮮民族固有の文字であるハングルが使用されているよ。また，韓国では，日本や中国以上に儒教の倫理観が国民生活に根づいているよ。キリスト教（総人口の約30%）や仏教を信仰している人も多いしね［➡ p.313 図6］。

図5　ハングル文字

アン ニョン ハ セ ヨ
안 녕 하 세 요?
（こんにちは）

今度は衣食住の話をしよう。伝統的な家屋に**オンドル**と呼ばれる**床暖房設備**があるのは，冬の寒さが厳しいからだね。民族衣装には**チマ・チョゴリ**があるけど，最近は日本の着物と同じように，結婚式やお祭りなどの行事以外は着る機会が減っているみたいだよ。

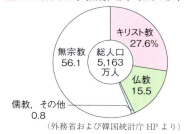

図6 韓国の宗教別人口（2018年）

キリスト教 27.6%
無宗教 56.1
総人口 5,163万人
仏教 15.5
儒教，その他 0.8

（外務省および韓国統計庁 HP より）

地誌

東アジア

東南アジア・南アジア

西アジア・アフリカ

ヨーロッパ

ロシアと周辺諸国

アングロアメリカ

ラテンアメリカ

オセアニア

日　本

「**キムチ**」は知ってるよね？　俺はかなりキムチが好きなんだけど，キムチも冬の厳しい寒さが関係しているんだよ。長く寒い冬の間に野菜を保存する必要があったから，夏に採れた野菜を香辛料（とうがらし），魚介類，果物などと一緒に漬け込んで，あのおいしいキムチが生まれたんだ。自然環境の制約を人間が乗り越えて作り上げた文化だよね（**韓国は，中国と並んで1人1日当たりの野菜供給量が多いので注意！**）。

ちなみに**とうがらし**は，韓国，日本，中国で多用されているけど，**原産地はラテンアメリカ**なので要注意だ！

韓国は**アジア NIEs** の一つで，経済発展してるんだよね。よくわかってるだろ？　工業のところはちゃんと復習してるからね（＾o＾）。

えらい！　じゃあ，独立後の経済発展についてまとめておこう！

韓国は農業の近代化と工業の育成に力を入れ，1970年代には**セマウル運動**という**農村の近代化運動**が進められたんだ。セマウル運動は，それまでの伝統的な農村の暮らしを近代化し，所得の増大を図ろうとする運動だよ。農村住宅の改良，農道の拡幅（農業機械や自動車が進入できるようにね），区画整理，灌漑など共同施設の整備などが行われ，稲の高収量品種の導入などもあって，**生産性が著しく高まった**んだ。土地生産性は，世界のトップクラス！　でも最近は，日本と同様に中国，アメリカ合衆国などからの安い農産物が大量に輸入されているので，**食料自給率は38%**くらいだよ（2017年）。

工業に関しては，**資源に乏しい**けど，積極的に外資を導入し，<u>輸出指向型の工業化</u>に努めたんだったよね。もちろん**教育水準の高さ**や**財閥**［➡ p.316 🏭］**の資本力**も，発展の原動力となったんだけどね。当初は繊維などの軽工業が中心で，1970年代には**鉄鋼・造船・石油化学**など重化学工業，1980年代にはエレクトロニクスなどの**先端技術産業**や**自動車工業**などが発展し，**アジア NIEs** と呼ばれる新興工業国に発展したんだね。**首都ソウル**や外港の**インチョン**周辺が

図7 韓国の工業地域

[アジア経済研究所の資料ほか]

最大の工業地域になるよ。また，<u>日本海沿岸には臨海の工業地域</u>（ポハン，ウルサン，プサン）が成立していることにも注意しようね！［➡ 図7］

　1960年代後半から**高度成長**（漢江の奇跡）を遂げた結果，現在は先進国レベルに経済が発展していて，1996年には主に先進国から成る**OECD**（**経済協力開発機構**）にも加盟しているよ。情報教育にも力を入れていて，**インターネット利用率も先進国レベル**なんだ。**総人口の約5分の1に当たる約1,000万人がソウルに居住し，各種の機能がソウルへ一極集中**しているため，交通渋滞などの都市問題も深刻だから，**首都機能の一部移転**が行われているんだ。

> この前，テレビで韓国の入試当日の映像が流れてたんだけど，日本どころじゃなくすごいネ！　本当に「受験戦争」って言葉がぴったりだった！

　韓国，シンガポール，日本のように資源もなく国土も狭い国は，「人を育てる」という思いが強いよね。韓国の人々は子どもの教育にすごく熱心で，大学や専門大学などに進学する人は100％に近いんだ。日本でも大学・短大への進学率は57.9％くらいなのに（2018年）。ただ問題もあるんだ。あまりにも教育

費が高いことや**高学歴化**した**女性の急速な社会進出**もあって**少子化が深刻**だよ。合計特殊出生率って覚えてる？　えっ‼　忘れた！　それはマズイから人口を復習しようネ！　日本も1.36（2019年）と低いけど，韓国はなんと**1.05**（2017年）と<u>**世界で最も合計特殊出生率が低い国**</u>の一つなんだよ。

韓国と**北 朝 鮮**<ruby>きたちょうせん</ruby>は政治の仕組みが違うよね。

地
誌

東アジア

東南アジア・
南アジア

西アジア・
アフリカ

ヨーロッパ

ロシアと
周辺諸国

アングロ
アメリカ

ラテン
アメリカ

オセアニア

日　　本

　そうだね。**韓国**は日本と同様に**資本主義国**なんだけど，**北朝鮮**は**社会主義国**だよ。じゃあ，次は**北朝鮮**の説明をしよう！

　北朝鮮は比較的資源も豊富なため，**計画経済**による重工業化を早くから進めたんだ。チュチェ（主体）思想と呼ばれる自力更生<ruby>こうせい</ruby>の考え方（他人の援助に頼らず自力で発展する）から，経済・外交・国防の自立を目指したんだ。

　でも，**資本や技術の不足**，**軍事費の増大**，**自然災害**などによって**経済は不振**に 陥<ruby>おちい</ruby> っているんだ。

図8　朝鮮半島の土地利用

朝鮮民主主義人民共和国

大韓民国

42°

40°

38°

36°

130°

126°　128°

0　100km

チェジュ島

稲作地帯
畑作地帯
高原地帯
稲作と畑作
の混合地帯
その他

　1950年に起きた 朝 鮮<ruby>ちょうせん</ruby>戦争以降，南北の対立が長く続いてきたけど，2000年には，韓国と首脳会談<ruby>しゅのう</ruby>を開いたり，日本海沿岸<ruby>えんがん</ruby>のラソン地域に**自由経済貿易地帯**を設定したり，UNDP（**国連開発計画**）の「トマン川開発計画」に参加するなど緊張緩和の動きがみられたんだ。ところが北朝鮮の核兵器開発によって，アメリカ合衆国，韓国，日本との関係が再び悪化し，**国際的にも孤立化**しているよ。2018年にアメリカ合衆国と北朝鮮による初の首脳会談が実施されたので，少しは変化があるかもね。

表3　韓国・北朝鮮のまとめ

	自　然	社　会	経済・産業	1人当たりGNI
韓　国	北から Dw・Cw・Cfa が分布。東部は山がちだが, 南西部に平野。南西岸にはリアス海岸。	資本主義国家。人口約**5,000万人**。儒教思想。ハングルという表音文字。伝統的な暖房設備にオンドルがある。ソウルの人口は約1,000万人。都市人口率は**80%**以上 (2018年)。	首都**ソウル**が経済の中心地。日本海沿岸には, **ポハン**(鉄鋼),**ウルサン**(自動車, 石油化学, 造船), **プサン** (最大の貿易港) などが発達。	30,026ドル (2017年)
北朝鮮	ほぼ全域が Dw。山がちで平野が狭い。	社会主義国家。人口約2,500万人。自力更生の「チュチェ思想」。経済政策の失敗や自然災害などにより**経済は停滞**。	首都ピョンヤン周辺が工業の中心。	686ドル (2017年)

※「ハングル」,「オンドル」は北朝鮮も同様。

👆 **韓国の財閥と金融危機**　韓国の経済発展の原動力の一つとなったのは, **財閥** (巨大な企業グループ) である。韓国では財閥の資本と安価な労働力に支えられ, 1960年代以降「**漢江の奇跡**」と呼ばれる高度成長を遂げた。しかし, **1997年のアジア経済 (金融) 危機**の影響を受けた韓国通貨「**ウォン**」の**下落**を契機に経済状態が悪化したため, 政府は経営効率の悪い一部**財閥の解体**や銀行の整理・統合を進め景気回復に努めた。

> **ポイント** ▶ 朝鮮半島
>
> ❶　第二次世界大戦後, **分断国家**となり, **韓国**は**資本主義国**, **北朝鮮**は**社会主義国**となった。
> ❷　**韓国**は, **輸出指向型**の**工業化**が進展し, **アジア NIEs** として成長している。

韓国は, 面積が小さく人口も少ないけど, 新興工業国としてアジア内では存在感を保っているんだね！

❸ 中　　国

　いよいよ中国だね。国土面積はロシア，カナダ，アメリカ合衆国に次いで大きく，自然環境は地域によって大きく異なっているよ。

　まず，地図帳で**中国**を見てごらん！　どの地図帳を見ても東側が緑色，西側が茶色っぽくなってるだろう？　これを見て「瀬川先生！　中国って東側が緑色なので森林が多いんですね！」って言う人がいるんだけど，これは違うよなぁ（^^;）。

　君たちは東側の標高が低いってわかってるよね？　地名は覚えなくていいけど，東北地方の大シンアンリン山脈と華南のユンコイ高原をマーカーで緩やかに結んでごらん！　これがほぼ<u>海抜高度500m</u>の線で，この線より<u>**東が低地，西が高地**</u>と考えていいよ。中国は<u>**東側の低地が農業，工業などの経済活動の中心**</u>で，<u>**人口も東側に集中**</u>しているんだよ。

　つまり中国の**地形は西高東低**で，**気候は東部の沿岸地域が湿潤**，**西部の内陸地域が乾燥**しているんだ（隔海度が大きいと乾燥する）。東部のほうが人々の生活に適した自然環境だから，<u>総人口14億人の90％以上が東部の平野に居住</u>しているんだ！

図9　中国の自然環境

地誌

東アジア

東南アジア・
南アジア

西アジア・
アフリカ

ヨーロッパ

ロシアと
周辺諸国

アングロ
アメリカ

ラテン
アメリカ

オセアニア

日　　本

海抜500mのラインを地図帳に入れると地形がすごくわかりやすくなったよ！
中国は広いから地域によって地形も気候もかなり違いがあるよね。それを説明してくれる？

そうだね。

中国を東北，華北，華中，華南，内陸地域に大別して，図9 [➡ p.317] と表4でまとめておこう！

最初から細かい地名にとらわれるんじゃなくて，地域の特徴を大まかにとらえてみよう！

表4　中国の自然環境のまとめ

地　域	地　　　形	気　　候
東　北	東北平原。リヤオ川，ソンホワ川。	冬季寒冷な Dw
華　北	黄河流域に華北平原，黄土高原。	降水量が少なく BS
華　中	長江流域に長江中下流平原，スーチョワン盆地。	温暖多雨な Cfa
華　南	山がちで沿岸部に狭い平野。チュー川のデルタ。	亜熱帯性の Cw
内　陸	ゴビ砂漠，タクラマカン砂漠，テンシャン山脈，クンルン山脈，チベット高原など起伏に富む。	BS〜BW が大部分だが，チベット高原は ET

自然環境は，これで OK！

図10　中国の行政区分

ニンシヤ回族自治区
シンチヤンウイグル自治区
内モンゴル自治区
ペキン
テンチン
チベット自治区
シャンハイ
チョンチン
ホンコン
マカオ
コワンシー壮族自治区

-------- は省の境界を示す
● 政府直轄市
● 特別行政区

じゃあ，次は**中国の社会**について説明しよう。

中国は総人口約**14億人**と世界最大の人口大国だよ。国土は，**22省**（台湾を除く），**5自治区**，**4直轄市**（政府の直轄市で，**シャンハイ**，**ペキン**，**テンチン**，**チョンチン**の4大都市），**2特別行政区**（**ホンコン**，**マカオ** [➡ p.324]）の行政単位に分けられているんだ。人口の90%以上は，中国語を話し，漢字を使用する漢族が占めるんだけど，それ以外にも55の少数民族がいるんだよ。**少数民族**の中には，独自の社会や言語，信仰，生活様式などの伝統文化を守り続けている人々もいるよ。特に，主要な5民族については，**少数民族の自治区**が設けられているんだね［**表5**］。

図10 [➡ p.318] を利用して，**自治区**，**直轄市**，**特別行政区**の位置を確認しよう！

表5　自治区のまとめ

自　治　区	民　族	特　　　　色
内モンゴル	モンゴル族	チベット仏教を信仰し，馬・羊の遊牧など牧畜が発達。
シンチヤンウイグル	ウイグル族	トルコ系イスラム教徒が多い。牧畜やブドウ，綿花栽培も盛ん。
ニンシヤ回族	ホイ(回)族	イスラム教を信仰する。回教とは中国ではイスラム教を表す。
チベット	チベット族	チベット仏教を信仰し，ヤクの遊牧などを行う。
コワンシー壮族	チョワン(壮)族	漢族と同様に仏教，道教などを信仰。稲作や亜熱帯性作物栽培が盛ん。

次は，**中国の経済発展**の経緯を説明しておこう！

第二次世界大戦後の1949年に社会主義革命が起こり，中華人民共和国が成立すると，計画経済（➡ p.324 ）のもと重工業化を進め，農業についても人民公社による農業の集団化が進められたよ。その後，経済が伸び悩んだため，1970年代末から「改革・開放」政策が実施されることになったんだ。これによって，工業では外国資本や市場経済が導入され，農業では生産責任制がとられるようになったため，生産が増加していったんだね。その後，経済は順調に発展し，1990年代以降，高度経済成長を遂げることになるんだよ（1人当たりGNI 8,658ドル，2017年）。1993年には，憲法でも社会主義市場経済を明記したしね。

人口政策に関しても，大きく変化したんだ。1960年代までは，人口増加は経済発展の原動力であると考えられていたけど，思うように生活水準が向上しなかったため，1979年から「一人っ子政策」が採用され，人口増加率も低下し，

東アジア

東南アジア・
南アジア

西アジア・
アフリカ

ヨーロッパ

ロシアと
周辺諸国

アングロ
アメリカ

ラテン
アメリカ

オセアニア

日　本

合計特殊出生率も1.63（2017年）と先進国並みに低くなっているんだ。

 「一人っ子政策」によって出生率が低下し，人口抑制策（よくせい）は成功したと言えるよね。でも，この抑制策に問題はなかったの？

　確かに「一人っ子政策」の実施によって，出生届を出さない「黒孩子（ヘイハイズ）（闇っ（やみ）子）」が増加したり，出生の性比がアンバランス（男子の割合が高くなる）になったり，将来の急速な高齢化（こうれい）や若年労働力不足の不安（じゃくねん），過保護問題も生じたんだ。特に将来の急速な高齢化と生産年齢人口の縮小による労働力不足が目の前に来ているという事実は，中国政府にとって深刻な問題になっていったんだ。そこで2015年「一人っ子政策」を廃止し，すべての夫婦が子どもを2人持てるようにするという決断をしたんだよ。

図11　中国の人口ピラミッド

 一人っ子政策の廃止には驚いたなあ。ところで中国は日本に比べて地域による農業の違いが大きいよね。
次は，農業の説明をしてほしいな。

　じゃあ農業の説明をするよ。まず，東部の低地が農業の盛（さか）んな地域だと考えよう！［➡ p.321 表6］　それから，地図帳を出して，チンリン山脈とホワイ川を緩（ゆる）やかにマーカーで結んでみよう！　これは年降水量1,000mmのラインとほぼ等しく，チンリン・ホワイ川ラインより北では畑作が，南では稲作（いなさく）が発達しているんだ。近年の農業生産は順調で，世界有数の農産物生産国だけど，人口増加と生活水準の向上による肉類需要（じゅよう）の増加によって，トウモロコシや，大豆のような飼料穀物（しりょうこくもつ）の輸入が増加するなど問題も生じているんだ。
　特に大豆は，ブラジルからの輸入が増えているよ！

　次は，鉱工業（こう）について説明しよう！
エネルギー資源や鉱産資源の生産量は多いけど，近年の高度成長によって石

油，石炭，鉄鉱石は輸入大国になってるよ。それから，エネルギーの消費については，石炭への依存度がとても高いことに注意しようね！

社会主義革命後，内陸などの資源開発に力を入れ，開発された鉄鉱石や石炭

図12 中国の農業地域

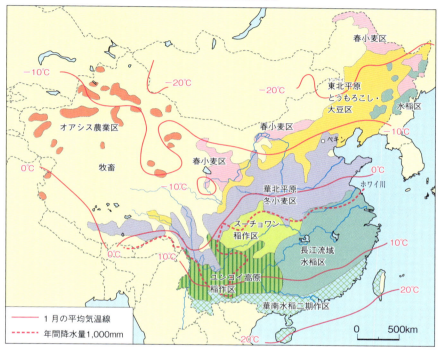

地誌

東アジア

東南アジア・南アジア

西アジア・アフリカ

ヨーロッパ

ロシアと周辺諸国

アングロアメリカ

ラテンアメリカ

オセアニア

日　本

表6 中国の農業のまとめ

地域	気候	特徴
東　北	Dw	夏の高温を利用してトウモロコシ，大豆，春小麦の一毛作。近年は，稲作も発達。
華　北	BS	肥沃なレスが分布する華北平原では，冬小麦，トウモロコシ，こうりゃん，綿花などの畑作が発達。
華　中	Cfa	スーチョワン盆地（Cw）と長江中下流平原（Cfa）では稲作が発達。華南にかけての丘陵地では茶の栽培。
華　南	Cw	稲作が中心で，一部では二期作。さとうきびなど熱帯性作物栽培。
内　陸	BS〜BW ET	乾燥地域では遊牧，オアシス農業（綿花，ブドウなど）。チベット高原ではヤクの遊牧。

図13 中国の工業都市と地域格差

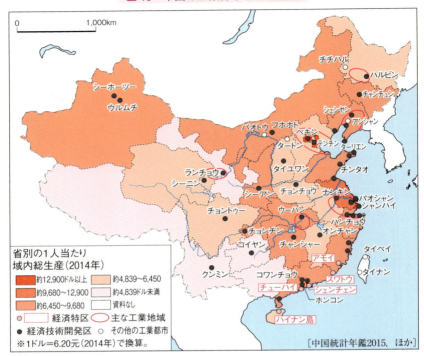

省別の1人当たり
域内総生産（2014年）

- 約12,900ドル以上
- 約9,680～12,900
- 約6,450～9,680
- 約4,839～6,450
- 約4,839ドル未満
- 資料なし

◎ ⬜ 経済特区　⬭ 主な工業地域
● 経済技術開発区　○ その他の工業都市
※1ドル＝6.20元（2014年）で換算。

[中国統計年鑑2015, ほか]

を利用して**三大鉄鋼基地（アンシャン・ウーハン・パオトウ）**などが建設され，重工業化が進められたんだ。しかし，**国有企業**の非能率性や自由競争がないことから生産意欲が低下したため，前にも説明した経済の「**改革・開放**」政策が行われるようになったんだよ。

これ以降，**国有企業の一部民営化，個人企業**や**郷鎮企業**（日本でいう町・村などが経営する企業➡ p.324）の活動も認められ，特に近郊農村などに設立された**郷鎮企業は，衣類や家電の組み立て**など**労働集約型**の業種を中心に，**農村**の労働力を吸収し，著しい発展を遂げたんだ。さらには，**外国の資本と技術を積極的に受け入れ**，1980年代には**華南**に**経済特区**[➡ p.324]を設置して**輸出指向型の工業**を育成したんだ。現在

表7　世界における中国の工業生産　首位品目

綿織物	毛織物	絹織物
化学繊維	セメント	アルミニウム
粗　鋼	テレビ	冷蔵庫
洗濯機	カメラ	自動車
二輪自動車	ビール	自転車
ＤＶＤ	携帯電話	パソコン
工作機械		

※世界の国別生産統計において中国が首位の品目。
　統計年次は2012年～2014年。

図14 世界の各工業生産における中国の占有率（%）

粗　鋼　世界計 180,861万トン	51.3
アルミニウム　世界計 5,980万トン	54.7
セメント　世界計 414,000万トン	58.2
綿　糸　世界計 5,044万トン	72.3
化学繊維　世界計 6,495万トン	68.9
薄型テレビ　世界計 22,722万台	46.3
携帯電話*　世界計 1,774,870万台	78.6
パソコン**　世界計 27,544万台	98.1

※統計年次は2015年，粗鋼は2018年，アルミニウムは2017年，セメント，化学繊維は2016年，綿糸は2014年。

は豊富で安価な労働力を活かして，「**世界の工場**」と呼ばれるほど工業生産の伸びは著しいよ［**表7 ➡ p.322，図14**］。

　外国企業の進出が活発な沿海部では，所得水準も高いけど，内陸の農村部は依然として途上国の域を出ていないんだ。そこで，最近では，**地域格差解消のための大規模なプロジェクト**も実施されているよ［➡ p.325 ］。

　最近は，国外への投資も積極的に行われているんだ。まずは，**アフリカ**への投資だね。**資源確保**のためと**市場**としての将来性を見込んでのことだ。もう一つはメディアでもよく話題になる「**一帯一路**」だね。**中国内陸部からユーラシア大陸経由でヨーロッパにつながる陸路と中国沿岸部から東南・南アジア，西アジア，アフリカ東岸を結ぶ海路の二地域でインフラ整備を行い**貿易や資金流通を促進し，影響力を強めようという政策なんだ。中国の勢いはとどまることを知らないね。

　中国についてはかなりがんばって話を聞いてたから，わかるようになったけど，どうも台湾がよく理解できないなぁ？

　確かに難しいよね。**台湾**は1949年に中華人民共和国が成立した際に，**資本主義（市場経済）**を支持する人々が移り住み，**独自の政府をつくって，大陸部とは異なる発展**を遂げてきたんだ。高度成長によって**アジアNIEs**（台湾の1人当たりGNIは，**25,055ドル**。2017年）の一つに数えられ，現在は**IT関連製**品の世界的な供給源になっているよ。1972年の日中国交正常化以降は，**日本と台湾の公的な交流はないけれど，経済や文化の交流は活発に行われている**んだ。

　たとえば，**貿易額**でも，**海外旅行者の訪問先**でも，**訪日外国人の入国者数**でも上位に入っているよ。

地誌

東アジア

東南アジア・南アジア

西アジア・アフリカ

ヨーロッパ

ロシアと周辺諸国

アングロアメリカ

ラテンアメリカ

オセアニア

日　本

表8　中国の工業のまとめ

地 域	特 色	主な工業都市
東 北	戦前は日本など外国資本による資源開発と重工業。**アンシャン**鉄山，**フーシュン**炭田。革命後は，**ターチン**油田の開発などにより重工業化がいっそう進展。	**シェンヤン**（東北経済の中心地），**ターチン**（石油関連産業），**アンシャン**（鉄鋼），ターリエン（造船・貿易港）
華 北	首都**ペキン**や外港のテンチンを中心に各種工業が発達。カイロワン炭田，タートン炭田。綿花地帯では**綿工業**。	**ペキン**（先端産業，家電），テンチン（貿易港），タンシャン（鉄鋼）
華 中	長江河口付近の**シャンハイ**は中国経済の中心地で，都市型の消費材工業から鉄鋼・自動車など重工業も発達。シャンハイの**プートン(浦東)新区**の開発。	**シャンハイ**（中国経済の中心地，総合工業。郊外にパオシャン製鉄所），ウーハン（ピンシャン炭田・ターイエ鉄山による鉄鋼）
華 南	かつては工業化が遅れていたが，「改革・開放」後の外資導入により**沿海部**を中心に急速に発展。**経済特区**。	コワンチョウ（華南経済の中心地），**ホンコン**（特別行政区），**シェンチェン**（ホンコンに隣接する経済特区）
内 陸	一部では資源開発（石油，天然ガス）も行われているが，工業化は遅れる。**西部大開発**。	パオトウ（内モンゴル自治区・鉄鋼），ウルムチ（シンチヤンウイグル自治区・石油関連産業）
台 湾	資本主義経済による急速な工業化。**アジア NIEs**。エレクトロニクス工業，IT関連産業。	タイペイ（台湾経済の中心地），カオシュン（輸出加工区），シンチュー（エレクトロニクス）

👉 **特別行政区**　旧**イギリス領**（1997年返還）の**ホンコン**（香港）と，旧ポルトガル領（1999年返還）の**マカオ**（澳門）では「**一国二制度**」が採用され，**資本主義経済が認められている**。特にホンコンは，中国への返還前から，**アジア NIEs** として経済発展を遂げた（1人当たり GNI 48,320ドル，2017年）。

👉 **経済特区**と**経済技術開発区**　外国の資本・技術を導入するため，**外国企業**に関税の免除・軽減などの優遇措置を与える地域。華僑資本の誘致を期待したため，華僑出身者が多い**華南**に**経済特区**（**シェンチェン**，**チューハイ**，**アモイ**，**スワトウ**，**ハイナン島**）を設置した。このほか準経済特区として**経済技術開発区**（内外のハイテク企業，輸出産業の誘致）や沿海開放都市などが多数指定されている。

👉 **計画経済**と**市場経済**　**計画経済**とは，政府が立案した計画によって農業や工業などの生産活動が行われる仕組みで消費者への分配も政府が決める。一方**市場経済**は，企業や個人が自らの判断で生産・販売を行う仕組みのことで**市場原理**（消費者が欲しがるものは価格が高く，欲しがらないものは価格が安くなる）が働く。

👉 **郷鎮企業**　農村地域の郷や鎮（日本の村や町に当たる）において，**農村集団組織や農民が投資して設立された企業**（工場，商店など）のことで，**農村の余剰人**

口を吸収することで急速に発展した。郷鎮企業の発展は，**農村地域での工業化や小都市（町）の経済を著しく発展**させたため，従来は認められていなかった農業人口から非農業人口への転籍を，ある程度認める政策に転換されていった。成長した郷鎮企業の一部は都市に本社を移転しつつある。

西部大開発　豊かな沿海部と発展から取り残された内陸農村部の経済格差を解消するため，2000年頃から実施されている大規模プロジェクト。**道路・鉄道**（青海省とチベット自治区を結ぶ「**青蔵鉄道**」）・ガスパイプラインの敷設，**情報・通信インフラの整備**などによってエネルギー資源などを開発し，沿海部に供給（天然ガスを東部に輸送する「**西気東輸**」，電力を東部に輸送する「**西電東送**」）したり，黄河の過剰取水による水位低下を補完するため，長江から黄河へ導水する「**南水北調**」をしている。また，内外の企業を誘致したりして，経済を活性化しようとしているほか，砂漠化防止のため植林を進める「**退耕還林**」も実施されている。

地誌

東アジア

東南アジア・南アジア

西アジア・アフリカ

ヨーロッパ

ロシアと周辺諸国

アングロアメリカ

ラテンアメリカ

オセアニア

日本

> ## ポイント　中　国
>
> ❶　中国は広大な面積に**約14億人の人口**をかかえているが，総人口の**90%以上**が**漢族**である。
> ❷　中国の地形は**西高東低**で，東部の低地が経済活動の中心である。
> ❸　年降水量**1,000mm**のチンリン山脈とホワイ川を結ぶ線によって，**北**の**畑作**地域，**南**の**稲作**地域に分けられる。
> ❹　1970年代末の「**改革・開放**」政策によって，**高度経済成長**を成し遂げるが，**沿海部**と**内陸部の地域格差**は拡大している。

チェック問題

図に示された地域の自然環境と人間活動とのかかわりについて述べた文として**適当でないもの**を，次の①～④のうちから一つ選べ。

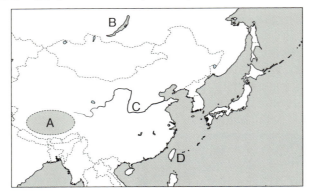

①　A高原は，標高が高く，草原が広がり，ヤクやヒツジなどの家畜の放牧が行われている。

②　B湖周辺は，広大な針葉樹林（タイガ）に覆われた地域であり，林業が盛んである。

③　C川は，国内最長の長さを有し，中・下流域には豊富な水資源を利用した大規模な稲作地帯が広がっている。

④　D島は，温暖な気候下にあり，平野部ではバナナやパイナップルなどの熱帯性作物が栽培されている。

解答・解説　③

①　Aはインド＝オーストラリアプレートとユーラシアプレートの衝突によって形成された新期造山帯のチベット高原である。緯度は日本とさほど変わらないが，平均海抜高度が4,000m以上とかなり高いことから，寒冷（ET）で作物栽培に適していないため，ヤクやヒツジの遊牧が行われている。したがって，正しい。

②　Bは東シベリアに位置するバイカル湖である。地溝に水がたまって形成されたもので（地溝湖，または断層湖），水深が極めて大きい。周辺の気候は冬季寒冷な冷帯（亜寒帯）が広がるため，針葉樹林のタイガに覆われている。したがって，正しい。

③　Cは中国を東流する黄河で，長江と並ぶ大河である。③を正しいと思った読者もいるかもしれないが，記述は長江に関するもので，**黄河流域は年降水量が1,000mm未満の地域が大部分を占め，畑作が卓越**しているため，この文が誤り。

④　Dは台湾島で，南部を北回帰線が通過している。温暖な気候（大半はCfa）が広がるため，**バナナなどの亜熱帯作物**が栽培されている。したがって，正しい。

地誌

東アジア
....
東南アジア・
南アジア
....
西アジア・
アフリカ
....
ヨーロッパ
....
ロシアと
周辺諸国
....
アングロ
アメリカ
....
ラテン
アメリカ
....
オセアニア
....
日　　本
....

近年の中国の存在感は，普段のニュースを見ていても感じるね。経済発展の著しい中国の動きは重要だ！

この項目のテーマ

1 東南アジア
多様な民族と文化を理解し，ASEAN（アセアン）の経済発展に注目しよう！

2 南アジア
自然環境と民族・宗教の多様性について考えよう！

1 東南アジア

　東南アジアは，**インドシナ半島**（インドと中国の間にあるという意味）や**マレー半島**と**スンダ列島**（スマトラ島，ジャワ島，バリ島），**フィリピン諸島**（ルソン島，ミンダナオ島）など多くの島々からなり，**大半が新期造山帯に属している**んだ。**フィリピン諸島やスンダ列島付近は，火山が多いし，地震活動も活発**だからね［**図1**］。近年でも**スマトラ沖地震**や**ジャワ島南西沖地震**など大地震が頻発し，**津波による被害も大きかった**んだ。大部分が低緯度にあるから**熱帯気候**（ねったい）で，赤道（せきどう）付近の**マレー半島**や島嶼部（とうしょ）は **Af**，**インドシナ半島**は夏の**南西モンスーン**により雨季（うき）となる **Aw**，**Am** が分布しているよ。気温が高くて，モンスーンによる降水も多いから雨季に合わせた稲作が発展してきたんだよ。

図1　東南アジアの地形

　アンダマン諸島　インドシナ半島　南シナ海　フィリピン諸島　タンルイン川　エーヤワディー（イラワジ）川　チャオプラヤ（メナム）川　メコン川　ホーチミン　マレー半島　シンガポール　カリマンタン島　スマトラ島　大スンダ列島　小スンダ列島　スンダ海溝　ジャワ島　フィリピン海溝　0°

＊マーカーで0°（赤道）をなぞっておこう！

図2　モンスーンの風向と降水量（CRU データ）

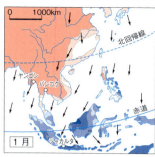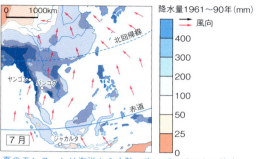

降水量1961〜90年(mm)
➡ 風向

400
300
200
100
50
25
0

1 月　　　7 月

＊冬のモンスーンは大陸から海洋へ，夏のモンスーンは海洋から大陸へ吹いていることに注意！

地誌

東アジア

東南アジア・
南アジア

西アジア・
アフリカ

ヨーロッパ

ロシアと
周辺諸国

アングロ
アメリカ

ラテン
アメリカ

オセアニア

日　　本

東南アジアって多彩な民族・言語・宗教って感じがあるんだけど，合ってるかなぁ？

　そうだね，正しい理解だと思うよ。じゃあ，東南アジアの社会について説明してみよう。インドシナ半島には，主にシナ＝チベット語族が居住しているけど，マレー半島から島嶼部にかけては，マレー系民族（オーストロネシア語族）が広く分布しているね。また，先住のマレー系民族以外にも中国系やインド系の移住者もいるよ。

　次は宗教だ！　インドシナ半島では6世紀から13世紀ごろインドから伝わった上座仏教（ベトナムは大乗仏教）が優勢で，タイやミャンマーなどには熱心な仏教徒が多いよ。島嶼部は13世紀以降アラビア商人により伝えられたイスラム教が広まり，インドネシア，マレーシア，ブルネイ，フィリピンの南部（ミンダナオ島など）などで信仰されてるんだ。フィリピンと東ティモールはキリスト教のカトリック教徒が多く，これは16世紀以降のスペインとポルトガルの植民地支配の影響だね。

インドネシアのバリ島にはヒンドゥー教徒が多いんだよね。友人がバリ島に行ったらしいんだけど，特色ある伝統的な文化が残っているみたいだよ。ヒンドゥー教ってインドの宗教じゃないの？

　バリ島ってインドネシアのジャワ島東方の島だね。日本からの観光客がとっても多いところだよ。それだけ魅力がある島なんだね。
　インドネシアにはインド商人などによって仏教，ヒンドゥー教などが伝えら

れ，古くにはヒンドゥー教の王国が形成されていた時代もあるんだ。のちに**イスラム教**が優勢になったんだけど，バリ島の人々はイスラム教に改宗しなかったんだね。だからインドネシアには特異な**ヒンドゥー文化圏**が残っているんだ。

表1に**東南アジアの言語，宗教，旧宗主国**をまとめておくので，いっぺんに覚えなくていいから，少しずつ特徴をつかんでごらん！　できるだけ，背景と関連づけながら勉強するといいよ。

表1　東南アジアの社会

国　名	主な言語（*は公用語）	主な宗教	旧宗主国
ベトナム	*ベトナム語	大乗仏教	フランス
ラオス	*ラオス語	上座仏教	フランス
カンボジア	*カンボジア（クメール）語	上座仏教	フランス
マレーシア	*マレー語, 中国語, タミル語	イスラム教（国教）	イギリス
シンガポール	*マレー語, *中国語, *タミル語, *英語	仏教，イスラム教， ヒンドゥー教	イギリス
ミャンマー	*ミャンマー語	上座仏教	イギリス
ブルネイ	*マレー語	イスラム教（国教）	イギリス
タイ	*タイ語	上座仏教	戦前からの独立国
フィリピン	*フィリピノ語, *英語	カトリック （スペイン支配の影響）	アメリカ合衆国
インドネシア	*インドネシア語	イスラム教	オランダ
東ティモール	*テトゥン語, *ポルトガル語	カトリック	ポルトガル

最近は，テレビや新聞などで**ASEAN**ってよく聞くけど，これってどんな組織なの？

そうだよね。いろんなとこで出てくるもんね。

ASEAN（**A**ssociation of **S**outh-**E**ast **A**sian **N**ations）は**東南アジア諸国連合**のことで，結成はベトナム戦争が激化していた**1967年**なんだ。ちょうど，アメリカ合衆国とソ連を中心とする東西冷戦のまっただ中だね。

結成当初は，アメリカ合衆国の後押しによる対共産圏防衛網としての意味合いが強くて，**インドネシア，マレーシア，フィリピン，シンガポール，タイ**が原加盟国だったけど（**ブルネイ**は1984年の独立とほぼ同時に加盟），**冷戦終結後**の1990年代からは，東南アジア地域の経済発展に主な目的がおかれるようになったんだ。**1995年にベトナム**が社会主義国家として初めて加盟し，続いて**1997年にミャンマーとラオス**，**1999年にカンボジア**が加盟し，10か国体制になったんだよ（東ティモールは加盟を希望しているが，現在は未加盟）［**➡ 図3**］。

最近は，政治的にも安定してき
たため，**経済発展が 著 しい**よ。
**かつてはほとんどの国が農林水
産物や資源などの一次産品の輸出
に依存**（プランテーション作物中
心の**モノカルチャー経済**）してい
たけど，近年は，**輸出加工区**を多
数設けるなど，外国資本を積極的
に導入し，**輸出指向型**の工業化を
推進しているよ［**表2**］。そのた

図3　ASEAN 諸国

め工業製品の輸出が国家の経済を支えるほどの経済力を身につけている国も出
てきたんだ。

　特に，**シンガポールは，アジア NIEs** の一員にまで成長し，**マレーシア，タ
イも工業化に成功して，フィリピンとインドネシア**がこれに続いているよ。
　1993年には，**AFTA**（**ASEAN 自由貿易地域**）が締結（発効は2002年）され，
域内の関税を撤廃して「東南アジアを一つの市場にしよう！」という取り組み
も行われてきたんだ。そして**2015年**には域内の貿易自由化と市場統合を通じて
さらなる連携を深化させようと **AEC**（**ASEAN 経済共同体**）が発足したよ。
現在は，AEC に加えて ASC（ASEAN 安全保障共同体），ASCC（ASEAN 社会・
文化共同体）を結成し，**ASEAN 共同体**の設立を目指しているんだよ。

表2　主な国の主要輸出品の変遷

国　名	1970年	2017年	1人当たりの GNI（ドル）＊
シンガポール	天然ゴム，原油	機械類，石油製品，精密機械，有機化合物，プラスチック	54,719
マレーシア	天然ゴム，すず鉱	機械類，石油製品，液化天然ガス，パーム油，原油	9,684
タ　イ	米，天然ゴム	機械類，自動車，プラスチック，金（非貨幣用），金属製品，精密機械	6,289
フィリピン	木材，銅鉱	機械類，精密機械，野菜・果実，銅，船舶	3,594

＊2017年。『世界国勢図会2019/20』による。

　確かに**東南アジア諸国**の**経済発展**はめざましいよね。でも国によ
っていろんな事情があるし，発展にも違いがあるよね？

　そうだね，じゃあ，国別に特徴をとらえてみようか？　最初に古くからの独
立国であった**タイ**から説明していこう！

地
誌

東アジア

東南アジア・
南アジア

西アジア・
アフリカ

ヨーロッパ

ロシアと
周辺諸国

アングロ
アメリカ

ラテン
アメリカ

オセアニア

日　本

タイは，東南アジアでは戦前からの唯一の独立国で，チャオプラヤ川の三角州などで稲作が盛んだよ。この地域では古くから雨季の降水と水牛の畜力に依存した直播きによる稲作が行われてきたんだ。

　でも1960年代半ばからの「緑の革命」による高収量品種の普及により，米の収穫量が増加したんだよ。特にアジア諸国では，珍しく輸出用にも米を栽培（**世界有数の米輸出国**）していることに注意しようね。タイは独立国だったから，植民地支配を受けていた他の東南アジア地域より，自由に農産物の栽培ができたんだ。だけど，土地生産性は周辺諸国と比べるとそれほど高くはないんだよ。

> えーっ！　そうなんだ。緑の革命による高収量品種の導入で，タイは土地生産性がすごく高くなって，ベトナムやインドより優ってると思ってた！

　タイの土地生産性が低い理由はね，**小規模な零細農家が多く**，灌漑システムが普及していない地域もあるし，全国的には，**機械化も遅れている**からだね。

　伝統的な直播きによる稲作に比べると土地生産性はかなり上がってはいるけど，他の東南アジア諸国やインドに比べて，米の1ha当たり収穫量はそんなに高くはないんだよ。

　それから天然ゴム（**世界最大の生産国**），砂糖の輸出なんかも盛んで，エビなどの水産物とともに重要な輸出品なんだ。

　でも最近は，自動車メーカーなど**日本企業など外国企業の進出により工業化も進展**し，ASEANでは，マレーシアとともにシンガポールに次ぐ経済発展を遂げているんだ。

　ただ，急速な経済発展は，**首都バンコクへの人口や産業の一極集中**をもたらしているため，道路や上下水道などのインフラの整備が追いつかず，**交通渋滞**による**大気汚染**など生活環境の悪化やスラム人口の増加などが大きな問題になっているよ。

　続いてマレーシアの話をしよう！　マレーシアは**人口の約60％が先住のマレー系民族**なんだ。

　でも，のちに移住してきた中国系やインド系の住民もいて，典型的な**多民族国家**になっているんだよ。

　少数の中国系やインド系住民の中には，イギリス植民地時代に商業などで経済的に成功した人々が多くいて，生活水準が高く，逆にマレー系住民は，農業

など第1次産業に従事する人々が多く，**民族間の所得格差が大きかった**んだ。

そこでマレー人の社会的・経済的地位を向上させるために**マレー人優先政策**を実施し，**宗教はマレー系に多いイスラム教**を国教に，言語は**マレー語**［➡ p.336 ⛰］を国語に指定したんだね。その中でも**ブミプトラ政策**と呼ばれる教育（国立大学の入学）や雇用（公務員の採用）の優先策によって，格差は徐々にではあるけど改善されつつあるよ。ただ，この政策はマレー系以外の民族からの反発が強く，近年は見直しも行われているね。

経済的には**天然ゴム**のプランテーションと**すず鉱山**の開発に重点が置かれてきたんだ。特にイギリス人によって**アマゾン地方**から移植された天然ゴムは，欧米の自動車産業の発展により，一躍この国の経済を支える作物になったんだ。

でも，ゴムの木の**老木化**とアメリカ合衆国で発明された**合成ゴム**の台頭により徐々に衰退し，現在は**食用油（パーム油）**として重要な**油やし**の農園が増加していることに注意しよう。このほか豊富な熱帯林を伐採して，日本などへ大量に木材（**ラワン材**）を輸出してきたけど，最近は**原木の輸出規制**（丸太のままでは輸出しない）を始めているよ。

鉱工業に関しては，**石油**や**天然ガス**の生産・輸出だけでなく，近年は工業化もめざましく，「**ルックイースト政策**」といって日本や韓国をモデルとした経済政策を実施しているよ。特に1980年代以降，**日系家電メーカー**が多数進出し，**輸出指向型**の工業化が進んでいるんだ。現在は，**光ファイバー網など情報インフラの整備や IT 関連産業の育成**に力を入れていて，首都**クアラルンプール**の郊外には近代的な IT 工業団地の**サイバージャヤ**などが建設されているよ。

そのマレーシアから分離独立したのが，**シンガポール**だ。

シンガポール島と周辺の小島からなる**島国**なんだ（意外にもマレー半島の先端がシンガポールだと思ってる人がいるよー！　地図をよく見て確認してごらん）。**住民の80% 近くが中国系**住民で，マレー人優先政策に反発して，分離したんだ。マレーシアとの大きな違いは，**マレー語，中国語，タミル語，英語の4言語を公用語**にしてることだよ！

他の東南アジア諸国と異なり，人口も少なく（わずかに**約580万人**），資源も乏しいんだけど，古くから**交通の要衝（マラッカ海峡）**であったこと，教育に力を入れ優秀な労働力の育成に励んだこと，積極的に外資を導入（東南アジア最大規模の**ジュロン工業地域**など）したことから **NIEs** と呼ばれるようになり，**貿易額でも東南アジア最大**になっているんだ。1人当たり GNI だって**約54,719ドル**（2017年）と**先進国並み**なんだからすごいよね！　日本は追い抜

地誌

東アジア

東南アジア・南アジア

西アジア・アフリカ

ヨーロッパ

ロシアと周辺諸国

アングロアメリカ

ラテンアメリカ

オセアニア

日　本

かれちゃった……。

　最近は，工業だけじゃなく**多国籍企業の地域統括本部**（たとえばＡ社のアジア太平洋支社など）や**国際金融センター**（内外の企業に資金を調達するため，世界の主な銀行が集積）として注目されているんだ。背景には**英語圏の有利性**や政治・経済の安定，良好な治安が挙げられるよ。

　次は，シンガポールと対照的な**インドネシア**の話をしよう！
　世界有数の多島国で面積も広く，人口は**約2.7億人**，石油（2009年に**OPEC**を脱退したが，2015年末に再加盟。2016年生産調整に応じず再び加盟資格停止），天然ガス，石炭，ボーキサイト，すず鉱など資源にも恵まれているんだ。国民の大部分は**イスラム教**を信仰しているんだけど（**イスラム教徒の人口が世界で一番多い国**だよ），ジャワ人，スンダ人など多数の民族や言語が存在しているんだ。**公用語は，マレー語を母体とするインドネシア語**なんだけど，日常生活の場ではそれぞれの母語が使用されているよ。**多民族国家**で各地に民族問題を抱えているのが悩みだね。政情もやや不安定だったため，外国企業の進出が進まず，マレーシアやタイに後れをとってしまったんだ。でも現在はかなり積極的に外国企業を誘致しているよ。首都**ジャカルタ**がある**ジャワ島に人口の３分の２が集中**していて，その過密化を解消するためカリマンタン島など**他の島々への移住政策**（トランスミグラシ政策）も実施しているんだ。ただこの移住策にも問題があって，新規の移住者による，**油やしの農園開拓や焼畑によって熱帯林が破壊**されてしまうという負の側面もあるんだ。なんでもそう簡単にうまくいかないんだねえ。

　次は，インドネシアと同じく多くの島々からなる**フィリピン**の説明をしよう！　**アメリカ合衆国**領になる前は，長く**スペインの植民地支配**（16世紀から約300年間）を受けたため，宗教（キリスト教の**カトリック**）や街並みにヨーロッパ文化の影響が残っているよ。

　公用語はルソン島で話されているタガログ語をもとにしたマレー系のフィリピノ語（タガログ語）と旧宗主国（**アメリカ合衆国**からの独立だよ）の言語である**英語**だよ。英語を話せる人が多いから，**アメリカ合衆国への移民**も多いし，**日本への出稼ぎ**もしやすいんだね（海外への移民や出稼ぎを政府が支援）。ただ，南部の**ミンダナオ島**などでは**イスラム教徒**（モロ族）との対立もかかえていて，反政府運動も続いていることに注意しよう！
　それから，**日本のバナナの最大の輸入相手国はフィリピン**だよね。

フィリピンのバナナ農園の経営は，**アメリカ合衆国や日本の多国籍企業**が行っていて，その大部分を日本へ輸出しているんだよ。国民の生活水準も向上しつつあるフィリピンだけど，農村部では大土地所有制が残っていて，所得の格差が大きいのが問題点かな。

> **インドシナ半島はタイを除いて工業化が遅れている**ような気がするんだけど？

表3　東南アジア諸国のまとめ

国　名	特　色
シンガポール	マラッカ海峡に面する島国。**アジア NIEs**。1 人当たり GNI は先進国並みの**54,719ドル**。
ブルネイ	石油・天然ガスに経済を依存。人口が少なく（約43万人），1 人当たり GNI は30,057ドル。
マレーシア	**マレー系**（62.0%），**中国系**（22.7%），**インド系**（6.9%）からなる**多民族国家**。**ブミプトラ**政策。シンガポールに次いで工業化が進展。1 人当たり GNI は9,684ドル。
タ　イ	古くから農産物の輸出が盛ん（米の輸出は世界のトップクラス）。近年は，マレーシアとともに**輸出指向型工業**が発展。日本などの**自動車**メーカーが進出。1 人当たり GNI は6,289ドル。
フィリピン	多島国で**火山**が多い（ピナトゥボ山）。バナナやココやし（コプラ）などの農産物が経済を支えてきたが，近年は工業化も進展。1 人当たりの GNI は3,594ドル。
インドネシア	**東南アジアの人口大国**（約**2.7億人**）。日本へも**石炭**，**LNG**，原油を輸出。近年は，外国企業が進出。西パプア，アチェなどでは分離・独立運動。1 人当たりの GNI は3,725ドル。
ベトナム	**社会主義国**。1986年以降，**ドイモイ**（刷新政策）により外資を導入し市場経済化。低賃金労働力を活かし労働集約型の工業化。1 人当たり GNI は2,222ドル。
ミャンマー	エーヤワディー川の沖積平野で稲作。工業化は遅れる。山岳部には少数民族が多い。1 人当たり GNI は1,251ドル。
ラ　オ　ス	内陸国。人口の大半は農業と林業に従事。工業化は遅れる。1 人当たり GNI は2,351ドル。
カンボジア	メコン川流域で稲作。内戦で経済壊滅状態になるが，徐々に回復。1 人当たり GNI は1,297ドル。
東ティモール	ポルトガルが撤退後，インドネシアが併合したが，国連の介入により住民投票を実施。2002年に独立。**ASEAN 未加盟**。1 人当たり GNIは 2,001ドル。

＊統計年次は，人口が2019年，1 人当たりGNIは2017年。

地
誌

東アジア

東南アジア・
南アジア

西アジア・
アフリカ

ヨーロッパ

ロシアと
周辺諸国

アングロ
アメリカ

ラテン
アメリカ

オセアニア

日　　本

そうだね！　**インドシナ半島**は，第二次世界大戦後もインドシナ戦争，ベトナム戦争，カンボジア内戦など紛争が続いたため，経済は長く停滞していたんだ。でも近年は，徐々に復興・成長を始めているよ。

　ベトナムでは，古くから**メコン川**の三角州で稲作が行われてきたんだ。独立後は，社会主義国として計画経済を進めてきたんだけど，経済が伸び悩んだため，1986年から「**ドイモイ（刷新）**」と呼ばれる**経済開放政策**を打ち出したんだよ。市場原理を導入したから農家も生産意欲が増して，**米やコーヒーの輸出国**になり，さらに日本やアジアNIEs，他のASEAN諸国からの投資が増え，工業化も進展しつつあるよ。
　また，近年は，ベトナム沖に**海底油田**が開発され，原油も重要な輸出品になっているんだ。

👆 **マレー語**　東南アジアでは，商用語としてマレー語が広く用いられてきたため，**マレーシア，シンガポール**，ブルネイなど国語としている国が多い（アルファベット表記）。**インドネシア語**もマレー語がもとになっている。

👆 **アジア経済（金融）危機　1997年**，タイの通貨バーツの暴落から始まった経済の混乱は，インドネシア，マレーシア，韓国にまで及んだ。

ポイント　東南アジア

❶　東南アジアは，**インドシナ半島，マレー半島**と**島嶼部**からなり，大部分が**熱帯気候**に属する。

❷　**タイ**以外の東南アジア諸国は，**欧米の植民地支配**を受け，第二次世界大戦後に独立を達成した。

❸　東南アジアの10か国は，**ASEAN**を結成し，近年は外資を積極的に導入することによって**工業化**が進展している。

---

❷ 南アジア

東南アジアについては，ちゃんと復習してくれたかな？　ちょっと民族・宗教などが複雑だけどがんばってね！

今度は，**南アジアの自然環境**について説明しよう。

地形的には，北部に**インド＝オーストラリアプレート**と**ユーラシアプレート**という**大陸プレートどうしが衝突してできたヒマラヤ山脈**，カラコルム山脈などの**新期造山帯**が分布しているよ。**インド半島**（旧**ゴンドワナランド**）は大部分が**安定陸塊**で，**デカン高原**が広がっているね。スリランカがある**セイロン島も安定陸塊**だから忘れないでね。

インド半島の付け根付近には，**ガンジス川**が流れる**ヒンドスタン平原**や，ガンジス川とブラマプトラ川の両河川が形成した**ガンジスデルタ**（**三角州**）などの大規模な**沖積平野**が分布し，人々の活動の中心となっているよ。

地形はけっこう簡単だろう？　次は，**気候**の説明をするよ。まず，南アジアの

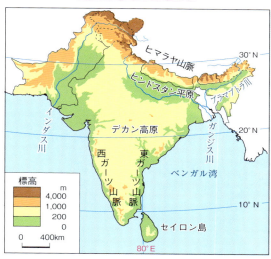

図4　南アジアの地形

ヒマラヤ山脈
ヒンドスタン平原
ブラマプトラ川
30°N
インダス川
デカン高原
ガンジス川
20°N
西ガーツ山脈
東ガーツ山脈
ベンガル湾
10°N
標高
m
4,000
1,000
200
0
0　400km
セイロン島
80°E

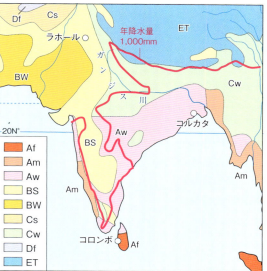

図5　南アジアの気候

Df
Cs
ラホール ○
ET
年降水量
1,000mm
ガンジス川
BW
Cw
20N°
コルカタ
Aw
Af
BS
Am
Am
Aw
BS
BW
Am
Cs
Cw
Df
ET
コロンボ
Af

地誌

東アジア

東南アジア・南アジア

西アジア・アフリカ

ヨーロッパ

ロシアと周辺諸国

アングロアメリカ

ラテンアメリカ

オセアニア

日本

いど
緯度を確認してみよう！

　ちょうどインド半島の南端あたりが**北緯10度**，北端が**北緯25度**で，インド半島北部には**温帯**（Cw）や**乾燥帯**（BS 〜 BW）も分布しているよ。**夏の南西モンスーン**の影響が強くて，特に山地のかざかみしゃめん風上斜面になる**インド半島西岸**やヒンドスタン平原から**アッサム丘陵**にかけては雨も多く，Am 〜 Aw（Cw）が分布しているよ。デカン高原の西部〜**パキスタン**にかけては，南西のモンスーンの影響が少なく，**亜熱帯高圧帯**の影響を受けるため**乾燥気候**が**卓越**し，BS 〜 BW（インド・パキスタン国境付近に**大インド砂漠**）が分布していることに注意しよう！

　図5［➡ p.337］中の**年降水量1,000mm**の線を君たちの地図帳に写しておいてごらん！　<u>気候や農業がすごくわかりやすくなる</u>と思うよ。

> 南アジアって人種・民族もよくわからないし，言語もやたらいっぱいあるんだろう？　宗教もかなり難しいよー。

　そうだねぇ，君の言うのももっともだよ。じゃあ，**南アジアの人種・民族・宗教**について説明していこう！

もともとインド半島には**ドラヴィダ系**（黒色のはだ肌をもつマレー系人種とかオーストラロイドとかいわれているんだけど，不明な点も多い）の先住民がいたんだ。のちに西アジアから**インド＝ヨーロッパ系**の**コーカソイド**が侵入してきたこんけつため，混血が進んだんだよ。**図6**を見るとわ

図6　南アジアの言語分布

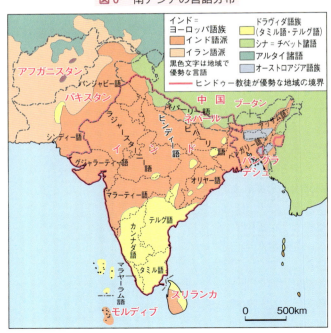

かるけど，現在でも**北部にはインド＝ヨーロッパ系が**，**南部にはドラヴィダ系が多い**んだ。

　宗教分布は，**インドではヒンドゥー教**［➡ p.343 📖］，**パキスタンとバングラデシュではイスラム教**，**スリランカでは仏教**が有力で，**イギリスからの独立時に，宗教ごとに分かれて独立**したんだよ。

そうかぁ，だから**インド**は**ヒンドゥー教徒**が多くて，**パキスタン**には**イスラム教徒**が多いんだねえ。早く国別の特色が勉強したいなぁ！

　いいよ！　じゃあ，**インド**から始めようね。

　国土面積も南アジアでは一番大きく，人口は**14億人**に迫まる勢いで，中国に次いで世界で２番目の人口大国だよ。**国民の約80％がヒンドゥー教徒で，イスラム教徒も10％以上**いるんだ（**仏教徒は１％未満と少ないことに注意！**）。**公用語はヒンディー語**なんだけど，使用人口は総人口の半分にも達しないため，**準公用語に英語**を，さらに憲法公認語として20以上の言語が定められているよ。

　だから，たとえば，インド人のＡ君が大学に進学しようとするなら，Ａ君は母語（これは話せて当たり前かもしれないけど），州言語，公用語のヒンディー語，そして英語ができないといけないことになるよ。これは本当にたいへんなことだよね。

　次は，**インドの農業**について説明しよう！

図7　南アジアの農業　　　　**図8**　南アジアの米・小麦の生産地域

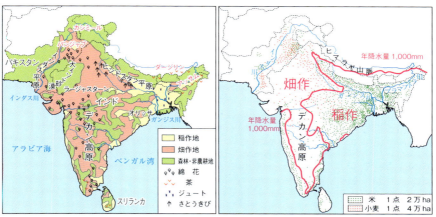

＊地図帳にインドの年降水量1,000mm のラインをマーカーで記入してみよう！

地誌

東アジア

東南アジア・南アジア

西アジア・アフリカ

ヨーロッパ

ロシアと周辺諸国

アングロアメリカ

ラテンアメリカ

オセアニア

日　本

図5 [➡ p.337] のところで学習した**年降水量1,000mm 以上の地域では**, **米**（ヒンドスタン平原～ガンジスデルタ）, **ジュート**（ガンジスデルタを中心に栽培されている繊維作物で, 黄麻とも呼ばれ, 袋や敷物になる）, **茶**（アッサム丘陵）の栽培が盛んで, **年降水量1,000mm 未満のやや降水量が少ない地域では**, **綿花**（デカン高原西部の肥沃な**レグール**の分布地域が中心）, **小麦**（パンジャブ地方）の畑作が行われているよ。米と小麦の生産は中国に次いで世界第2位だからね（もちろん人口が多いから, 国内の需要を満たすため生産が多くなるんだよ）[➡ p.337 図5, ➡ p.339 図7]。

1960年代後半から, 「**緑の革命**」によって小麦, 米などの**高収量品種**が導入されたから, **1980年ごろには食料自給が達成**されたといわれているんだ。2012～2015年には**タイを抜いて米の輸出量が世界一**になったんだよ。スゴイね！今はこの2か国が拮抗しているよ。さらに牛乳や乳製品の生産も世界有数で, **牛乳**はアメリカ合衆国に次いで**2位**, **バター**は**世界一**なんだよ。近年は, 飼料生産の増大, **酪農協同組合**の設立などにより, 生乳（牛と水牛）の生産量が急増したからなんだね（「**白い革命**」）。ただ緑の革命で高収量品種を導入できたのは, **地主や富裕な農家が中心**だったから, 貧富の差がますます拡大するという問題も生じているよ。なかなかすべてがうまくはいかないよなぁ……。

図9 南アジアの鉱工業と主な都市

今度は，鉱工業の発展についてやってみよう！ [➡ p.340 図 9]

第二次世界大戦前は，**デカン高原の綿花**を利用した伝統的な**綿製品の生産**と**ジャムシェドプルの鉄鋼業**くらいしか発達していなかったんだけど，戦後，政府主導の工業化政策のもと**ダモダル川総合開発**が実施されたんだ。**多目的ダム**から供給された電力と近隣で産出する**石炭**と**鉄鉱石**を利用して，北東部の**ジャムシェドプル**やラウルケラなどに**重工業地域が形成**されたんだ。

そして，近年は**豊富で良質な低賃金労働力**と**英語圏の有利性**を活かして，デカン高原南部（**バンガロール**）ではコンピュータソフトの開発など**ハイテク産業の集積地**（「**インドのシリコンヴァレー**」）が形成されているよ。早くから**英語教育**と**理数教育**に力を入れてきた成果だ！　インドは**1991年から外資の積極的な導入，関税引き下げを行う経済開放政策を実施**し，自国産業の国際競争力を高める努力をしているんだ。工業化も進みつつはあるんだけど，経済の格差がとっても大きくて，貧困人口が世界最大なのが，大きな問題だね（**1人当たり GNI は1,595ドル**）。

> パキスタンとバングラデシュは，もともと一つの国だったんだよね。人口が多いことと**イスラム教徒**が多いことくらいしか思いつかないんだけど。

それじゃあ，まずいな (^_^;) ！

確かに，人口はともに**1億人以上**で，国民の大部分が**イスラム教徒**っていうところは当たってるけどね。

パキスタンは，パンジャブ人，パシュトゥーン人などからなる**多民族国家**で多くの言語が使用されているんだけど，**ウルドゥー語**（アラビア文字を使用するが，インド＝ヨーロッパ系の言語でヒンディー語と類似）**が国語，英語が公用語**に指定されているよ（国語と公用語はほぼ同じ扱いなので公用語が2つあると思っていい）。

国土の大部分が，**乾燥気候**だけど，イギリス植民地時代から**灌漑設備が整備**されていたため，**パンジャブ地方を中心に小麦や綿花**の栽培が盛んで，**インダス川流域では米**（**輸出国**であることに注意！）も栽培されているよ。インドとの国境付近には**カシミール地方**の領土問題をかかえていることも思い出してよ！ [➡ p.300 図 8]

地誌

東アジア

東南アジア・南アジア

西アジア・アフリカ

ヨーロッパ

ロシアと周辺諸国

アングロアメリカ

ラテンアメリカ

オセアニア

日　本

一方，パキスタンから分離独立した**バングラデシュ**は，人口の大部分がベンガル人で，**公用語はベンガル（ベンガリー）語**だよ。バングラデシュとは「ベンガル人の国」という意味だからわかりやすいね。

　国土の大部分がガンジスデルタに位置するため，**米とジュート**栽培が農業の中心になっているよ。近年は，日本をはじめ外国企業が多数進出していて，**輸出額の70%以上が衣類や繊維品**になっているんだ。国土はさほど大きくないから，人口密度が非常に高かったことを覚えてる？　1,000人/km²以上だ！[➡ p.214 **表1**]

　ただし，低平な国土はしばしば**サイクロン**の来襲による**洪水**や**高潮**などの自然災害に見舞われ，**温暖化による国土の水没**も心配されているんだ。

> そうかぁ，似てるようでそれぞれ特色をもっているんだなぁ。**スリランカ**といえば，茶の栽培で有名だよね？

　そうだね。

　スリランカは，インド洋に浮かぶ島国で，**夏の南西モンスーンの影響を強く**受け，国土の南西部はかなり降水量が多いよ。**茶は温暖多雨で水はけのよい斜面を好む**ので，栽培には好適な国だよね。**衣類**に次いで**重要な輸出品**になっているよ。

表4　南アジア諸国のまとめ

国　名	人口(万人)	主な言語(*は公用語, 国語)	主な宗教	特　色
イ ン ド	136,642	*ヒンディー語, 英語，その他の 22の憲法公認語	ヒンドゥー教	インド半島の大部分を占める。鉱産資源が豊富で工業化も徐々に進展。カースト制度。1人当たりGNI 1,902ドル。
パキスタン	21,657	*ウルドゥー語, *英語, パンジャビー語	イスラム教	インダス川流域で小麦，綿花栽培。1人当たりGNI 1,619ドル。
バングラデシュ	16,305	*ベンガル語, 英語	イスラム教	ガンジスデルタで米，ジュート栽培。人口密度1,105人／km²以上。1人当たりGNI 1,556ドル。
スリランカ	2,132	*シンハラ語, *タミル語, 英語	仏　教	多数派の仏教徒と少数派のヒンドゥー教徒の対立。茶の輸出。1人当たりGNI 4,064ドル。
ネ パ ー ル	2,861	*ネパール語, マイティリー語	ヒンドゥー教	ヒマラヤ山中の内陸国。1人当たりGNI 858ドル。
ブ ー タ ン	76	*ゾンカ語, ネパール語	チベット仏教	ヒマラヤ山中の内陸国。1人当たりGNI 2,927ドル。
モルディブ	53	*ディヴェヒ語	イスラム教	インド洋上のサンゴ礁島。観光収入。1人当たりGNI 11,347ドル。

※統計年次は，人口が2019年，1人当たりGNIは2017年。『世界国勢図会 2019/20』による。

住民は，インド半島から移住してきた**インド゠ヨーロッパ（アーリア）系の**シンハラ人と**ドラヴィダ系**タミル人からなるけど，**多数を占めるのは**仏教徒が多いシンハラ人（**シンハラ語**）で，ヒンドゥー教徒が多いタミル人（**タミル語**）との**対立がみられる**よ。

👆 **ヒンドゥー教** 特定の教祖や経典がない**多神教**である。霊魂の不滅と生まれかわり（**輪廻思想**）を信じ，**不殺生主義**をとるため**菜食主義者**が多い。カースト制度はヒンドゥー教の根幹をなし，カーストの一員としての宗教的義務を果たすことこそ，よりよい来世に至るという考え方にもとづいて生活している。

👆 **カースト制度** カーストは**インドの伝統的な身分制度**でバラモン（祭司），クシャトリヤ（王族・貴族），ヴァイシャ（庶民），シュードラ（隷属民）からなる**ヴァルナ**（身分）と，3,000以上の**ジャーティ**と呼ばれる社会集団からなる。インドでは人は生まれながらにして，いずれかのカーストに属し，同じカーストに属する者は先祖を同じくし，**職業も原則的には同じ**である。**憲法ではカーストによる差別を禁止**しているが，カースト制度そのものを禁じてはいない。しかし，**近年の都市化と工業化により従来のカーストの規定にない職種（IT産業など）が現れたり，異なるカースト間での交流も徐々に行われつつある。**

ポイント ▶ 南アジア

❶ 南アジアの地形は，北部に**新期造山帯**，南部に**安定陸塊**が分布し，その間に**ガンジス川**や**インダス川**の**沖積平野**が形成されている。

❷ 夏の**南西モンスーン**の影響を受ける**インド半島西岸**と北東部の**ヒンドスタン平原**，**ガンジスデルタ**，**アッサム丘陵**には，降水量が多い**温帯・熱帯気候**が分布するが，**インド西部からパキスタン**にかけては，**乾燥気候**が広がる。

❸ 第二次世界大戦後，**ヒンドゥー教のインド**，**イスラム教のパキスタン**（のちに**バングラデシュ**が分離独立），**仏教のスリランカ**として**イギリスから独立**した。

地誌

東アジア

東南アジア・南アジア

西アジア・アフリカ

ヨーロッパ

ロシアと周辺諸国

アングロアメリカ

ラテンアメリカ

オセアニア

日　本

チェック問題

1 次の表1は，いくつかの国の1965年と2018年における日本への輸出品について，金額の上位3品目とそれぞれ輸出総額に占める割合を示したものであり，A～Cは，インドネシア，タイ，マレーシアのいずれかである。A～Cと国名との正しい組合せを，あとの①～⑥のうちから一つ選べ。

(単位：%)

	1965年		2018年	
A	原　油	52.4	石　炭	12.4
	天然ゴム	22.8	液化天然ガス	14.7
	石油製品	4.2	機械類	11.1
B	木　材	32.8	機械類	29.2
	鉄鉱石	31.1	液化天然ガス	30.5
	す　ず	19.8	合　板	3.4
C	トウモロコシ	27.7	機械類	38.0
	天然ゴム	21.9	肉類	7.9
	米	12.2	プラスチック	5.0

『日本国勢図会』により作成。

表1

	A	B	C
①	インドネシア	タ　イ	マレーシア
②	インドネシア	マレーシア	タ　イ
③	タ　イ	インドネシア	マレーシア
④	タ　イ	マレーシア	インドネシア
⑤	マレーシア	インドネシア	タ　イ
⑥	マレーシア	タ　イ	インドネシア

2 宗教は社会や人々の生活と大きくかかわるとともに，国家の成立にも影響を及ぼすことがある。次の表2はインドとその周辺諸国における宗教別人口割合を示したものであり，①～④は，スリランカ，ネパール，パキスタン，バングラデシュのいずれかである。スリランカに該当するものを，表2中の①～④のうちから一つ選べ。

表2

	イスラーム（イスラム教）	ヒンドゥー教	仏 教	その他
①	96.4	2.0	0.0	1.6
②	88.4	9.0	0.5	2.1
インド	14.2	79.8	0.7	5.3
③	9.7	12.6	70.1	7.6
④	4.4	81.3	9.0	5.3

米国 CIA "The World Factbook"，外務省 HP により作成。

地
誌

東アジア

東南アジア・
南アジア

西アジア・
アフリカ

ヨーロッパ

ロシアと
周辺諸国

アングロ
アメリカ

ラテン
アメリカ

オセアニア

日　本

解答・解説　**1** ② インドネシア，タイ，マレーシアなどの ASEAN 諸国では，近年工業化が著しく進展しているため，輸出額が増加していることと主要輸出品目においては，**一次産品の割合が低下し工業製品の占める割合が上昇している**ことに注意したい。

Aはかつて原油，天然ゴムの輸出がメインであった**インドネシア**である。2016年では，**石炭**と**液化天然ガス**（LNG）が上位を占めることに注目しよう。インドネシアは OPEC 加盟国であったが，近年は原油の国内需要が増加し，輸入が輸出を上回ってしまったため OPEC から脱退した。

Bはかつて木材やすずなどの鉱産資源が主要輸出品であった**マレーシア**である。ASEAN ではシンガポールに次いで工業化が進んでおり，**機械類の輸出割合が高い**が，原油や天然ガスの産出国でもあるため，輸出品に**液化天然ガス**が入っている。

Cはかつてトウモロコシ，米などの穀物が主要輸出品であったことから，**チャオプラヤ川**流域に広大な**沖積平野**が発達する**タイ**である。マレーシアとともに工業化は進展しているが，マレーシアに比べ現在でも**農業や水産業が盛ん**で，近年は**機械類**だけでなく，**肉類**や**魚介類**の輸出も多い。また，**天然ゴムの生産は世界最大**で，**ゴム製品の輸出も多い。**

2 ③　頻出の**宗教人口割合**から国名を判定させるものである。**東南アジアと南アジアの国別宗教人口割合は出題されやすいテーマ**なので，本書の本文をしっかり読んで，どうしても頭に入らない場合には，ノートにまとめておこう！**スリランカ**は，**仏教**を信仰する人々が最も多く（**インド・アーリア系シンハラ人**），**ヒンドゥー教**（**ドラヴィダ系タミル人**），イスラム教を信仰する人々もいることから，表中の③が該当する。多数派のシンハラ人と少数派のタミル人との間では対立もみられる。①は**パキスタン**，②は**バングラデシュ**でともに**イスラム教徒**が多いが，表中のデータだけでの判定は難しいのでできなくてよい（バングラデシュの方がヒンドゥー教徒の割合が高い）。ともに人口大国でイスラム教徒が多く，パキスタンは**多民族国家**であるが，バングラデシュはベンガル人からなる**単一民族国家的**な性格をしている。パキスタンの公用語は，**ウルドゥー語**と**英語**（正確には国語がウルドゥー語，公用語が英語），バングラデシュは**ベンガル語**である。④は表中のインドと同様に**ヒンドゥー教徒が多いネパール**である。このほか，南アジアでは**ブータン**で**チベット仏教**，**モルディブ**で**イスラム教**を信仰する人々が多いことにも注意したい。

南アジア各国の主要な宗教はバッチリかな？　インドはヒンドゥー教，パキスタンはイスラム教，スリランカは仏教，これらはメチャメチャよく出るポイントだからね！

21 西アジア・アフリカ

この項目のテーマ

1 西アジア
　アラブ民族の伝統的な生活と石油産業の発展による変化を考えてみよう！

2 アフリカ
　北アフリカと中南アフリカの自然環境・文化の違いに注目しよう！

地

誌

東アジア

東南アジア・
南アジア

西アジア・
アフリカ

ヨーロッパ

ロシアと
周辺諸国

アングロ
アメリカ

ラテン
アメリカ

オセアニア

日　本

1 西アジア

　西アジアは，<u>東はアフガニスタン，西はアラビア半島，北はトルコ</u>に至る地域を指すんだ。

　地形的には<u>アラビア半島</u>が<u>安定陸塊</u>（旧ゴンドワナランド）で北部の**トルコ**（アナトリア高原）〜**イラン**（イラン高原，ザグロス山脈，エルブールズ山脈）〜**アフガニスタン**にかけて，<u>新期造山帯のアルプス゠ヒマラヤ造山帯</u>が位置しているよ。その間には，**ティグリス゠ユーフラテス川**が形成した**沖積平野**の<u>メソポタミア平原</u>が広がっているね。

図1　西アジアの地形

小アジア半島　ティグリス川　ユーフラテス川　エルブールズ山脈　ザグロス山脈　イラン高原　地中海　死海　ネフド砂漠　北回帰線　ペルシャ湾　紅海　アラビア半島　ルブアルハリ砂漠

新期造山帯　古期造山帯　山脈　安定陸塊　地溝

　気候は，大部分が<u>乾燥気候（BS〜BW）</u>だよ。アラビア半島のほぼ中央部を<u>北回帰線（23°26´N）が通過</u>していることがわかれば，<u>亜熱帯高圧帯</u>の影響を強く受けているということが理解できるよね！

　ただ，<u>トルコの沿岸部やイスラエルなどは地中海沿岸に面しているから</u>，<u>地中海性気候（Cs）地域</u>になっていることに注意しよう。

厳しい**乾燥気候**が分布しているっていうことだよね。
人々はどのようにして生活を営んでいるのかなぁ？

　やっぱり，遊牧とオアシス農業が西アジアの人々の伝統的な生活手段だろうね。

　特に，アラビア半島ではベドウィンという遊牧民族が，羊やラクダなどを飼育する遊牧生活を送ってきたんだ。また，ティグリス＝ユーフラテス川など外来河川の沿岸では，オアシス農業も行われているからね。

　ところで，ずーっと前に⑧農業［➡ p.129～］のところで勉強した灌漑用の地下水路のこと覚えている？　そうだよねぇ。もちろん大丈夫だよね！　イランでは……，カナートと呼ばれているんだったね。オアシスでは灌漑によって小麦，なつめやし，野菜，果実などを栽培しているよ。

伝統的な暮らしも油田開発や石油産業の発展によって，大きく変化してるんだよね？

　うん，現金収入を求めて都市へ移り住む人々も多いよ。

　特に**1970年代の石油危機以降**，産油国では豊富なオイルマネー（石油収入）を運用して，工業化やインフラ（道路，上下水道などの社会基盤）の整備を始めたから，都市が多くの労働力を必要とするようになったんだね。だから，サウジアラビアでは都市人口率が80％以上と先進国並みなんだ。

うーん，ちょっと石油のところを忘れかけてるから，⑩エネルギー・鉱産資源［➡p.166～］を復習しなくちゃ！！！
ところで西アジアといえば，アラブ民族がイスラム教にもとづいた生活を送っているっていうイメージが強いんだけどなぁ？

　そうだね。
　アラビア半島はイスラム教の発祥地で，アフリカ＝アジア（アフロ＝アジア）系のアラブ民族を中心としてイスラム教徒［➡ p.353 👆］が多いよ！
　でも，ここで注意して！　イランから東側もイスラム教徒が多いんだけど，イラン以東はアラブ民族（アラビア語を話す人々）ではなくて，インド＝ヨーロッパ系の民族が居住しているんだよ。
　それからトルコもイスラム教徒［➡ p.353 👆］が多い国だけど，アルタイ系の民族でアラブ人ではないから注意してね！
　また，イスラエルにはユダヤ教徒が多く，言語もアフリカ＝アジア語族のヘ

ブライ語を使用する人々が多いんだよ ［➡ p.294，296］。

図2　西アジア・中央アジアの言語分布

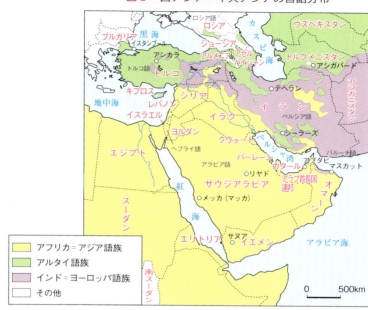

> 西アジアは石油の埋蔵（まいぞう）がとても多いって勉強したけど，やっぱり経済の中心は石油産業なのかなぁ？

　君の言うとおり，**西アジアの産油国**は，石油依存（いぞん）型の経済だね。特に，**1970年代の石油危機以降は，石油産業の国有化も進み**，石油収入をもとに少しずつだけど工業化を進めているよ。

　サウジアラビア（3,427万人），**UAE**（**アラブ首長国連邦**（しゅちょうこくれんぽう），977万人），**クウェート**（421万人）（2019年）など人口が少ない国では労働力が不足しているから，**インド，エジプト，フィリピン**などから**外国人労働者が多数流入**（特に男性）しているのも特徴だね。

　じゃあ，**西アジア**の国々についてその特色を説明していこう！

　まず，アラブの石油大国の**サウジアラビア**だ。
　国土の大部分が**砂漠**（さばく）なんだけど，**原油埋蔵量，生産量，輸出量ともに世界最大級**だよ。**ペルシャ湾岸**（わんがん）では多くの油田（ゆでん）が開発され，莫大（ばくだい）な石油収入をもとに，

東アジア

東南アジア・南アジア

西アジア・アフリカ

ヨーロッパ

ロシアと周辺諸国

アングロアメリカ

ラテンアメリカ

オセアニア

日　本

石油関連産業をはじめとする工業化を進めているんだ。

　もともとアラビア半島には，ベドウィンと呼ばれる遊牧民が居住していたよね。現在は，都市生活者や定住農業を行っている人々もいるけど，伝統的な遊牧生活を営んでいる人々がいることを忘れないでね。

　それから，イスラム教徒の巡礼の町・メッカもサウジアラビアにあることに注意しよう！

　イラクもサウジアラビアと同様にアラブ人国家で，イスラム教のスンニ派が実権を握ってきたんだ（フセイン政権）。でもフセイン政権の崩壊以降は，シーア派，スンニ派などさまざまなグループ間で将来を模索する動きがあるよ。国土の大半は，ティグリス＝ユーフラテス川が流れるメソポタミア平原（古代文明の発祥地）に位置していることに注意しよう！

　石油資源も豊富なんだけど，イラン＝イラク戦争（1980〜88年），クウェート侵攻（1990年），湾岸戦争（1991年），イラク戦争（2003年）と紛争が続いたため，石油生産は低下し経済も大きな打撃を受けたんだ。現在は，国際的な援助活動などにより，石油の生産は回復しつつあるよ。

　イラクの東（シャトル＝アラブ川が国境）に位置するイランは，インド＝ヨーロッパ系（ペルシャ語）の民族が多数を占め，イスラム教シーア派が実権を握っているところが，周囲のイスラム諸国とは，事情が違うね。国土の大部分がイラン高原，ザグロス山脈，エルブールズ山脈など新期造山帯に位置しているけど，油田は南部のペルシャ湾岸付近に多数分布しているよ。

 前からずーっと疑問なんだけど，トルコはアジアの国なの？それともヨーロッパの国なの？

　そうだよねえ (^_^)，サッカーのワールドカップが近づくと必ず生徒から質問されるもんね。「先生！　トルコは西アジアなのに，なんでヨーロッパ予選に出るんですかー？」って。

　トルコはかつてアジア，ヨーロッパ，アフリカにまたがる大帝国を築いていたんだ。その名残で，現在の国土は，小アジア半島（アジアトルコ）とバルカン半島の一部（ヨーロッパトルコ）からなっていて，ロシアと同じようにヨーロッパとアジアにまたがる国なんだよ。ボスポラス海峡（最大の都市イスタンブールが面することに注意）がアジアとヨーロッパの境界線となることも忘

れないでね！

　もう一つ興味深い点があって，トルコは**イスラム**国家なんだけど，**ヨーロッパ型の近代化**を進めてきたし，東西冷戦時代も西側資本主義諸国との連携を深めてきたんだ（**NATO，OECD に加盟**）。さらには現在，**EU への加盟申請**もしていることから，ヨーロッパの一員になりたいと思っていることがわかるよね。公用語は，**アルタイ諸語**の**トルコ語**なんだけど**ラテン文字**を使用してるんだ。

　また，**西アジア**の中では，農業の近代化や工業化も進んでいる（１人当たりGNI 9,101 ドル）ことにも注目しよう！

> ⑱ の **3** 「民族・領土問題」の項［➡p.298～］で勉強したけど，**イスラエル**は第二次世界大戦後に建国した**ユダヤ人国家**だったよね？

　そうだよ。1948年，ユダヤ人による民族国家を**パレスチナ**に建設したんだ。**イスラエル**建国の歴史を振り返ってみよう。

　ヨーロッパ各地に居住していたユダヤ人は，さまざまな迫害を受けたため，19世紀後半から**シオニズム運動**と**呼ばれる祖国再建運動**が活発化したんだよ。祖先の地であるエルサレムに，もう一度ユダヤ人の国を建設しようというこの運動を支持したのがイギリスで，これにアメリカ合衆国の支援も得て，第二次世界大戦後の1948年，パレスチナに**イスラエル**が建国されたんだ［**パレスチナ問題**については➡ p.300 📖 ］。

　国内には**ヘブライ語を話すユダヤ人**と**アラビア語を話すパレスチナ人**が居住しているけど，多数のパレスチナ人が難民として周辺諸国に流出し，帰国できない状態にあるんだよ。工業化も比較的進んでいて，**ダイヤモンド研磨工業**，ハイテク産業が発達しているし，**OECD** 加盟国でもあるんだ（１人当たりGNI 42,017 ドル）。ユダヤ人が多く居住しているアメリカ合衆国から多額の軍事援助があるのも大きいね。

図3　パレスチナにおけるユダヤ人とアラブ人

1947年　国連のパレスチナ分割案

シリア／ヨルダン川／死海／ヨルダン／地中海／テルアヴィヴ／エルサレム／エジプト

0　50km

- アラブ人地域
- ユダヤ人地域
- 国際管理地域
- ○ 主要な都市

1948年　イスラエル独立宣言前

シリア／パレスチナ（イギリス委任統治領）／ヨルダン／テルアヴィヴ／エルサレム／エジプト

- アラブ人地域
- ユダヤ人地域（ユダヤ人地域には占領地を含む）

2010年

シリア／ゴラン高原／ジェニン／トゥールカーム／テルアヴィヴ／ナブルス／カルキリヤ／イェリコ／エルサレム／ラマラ／ベスレヘム／ヘブロン／ガザ地区／エジプト／ヨルダン

- イスラエル
- イスラエル占領地域
- 主なパレスチナ暫定自治区
- ● 主なパレスチナ自治都市

--- 国　境
····· 未確定の国境

表1　西アジア諸国のまとめ

国　名	主な宗教	主な民族・言語	特　色
サウジアラビア	イスラム教	アフリカ＝アジア語族 アラビア語	OPEC加盟国。世界最大級の石油生産・輸出国。1人当たりGNIは21,239ドル。
イ ラ ン	イスラム教	インド＝ヨーロッパ語族 ペルシャ語	イスラム教シーア派。OPEC加盟国。1人当たりGNIは5,690ドル。
イ ラ ク	イスラム教	アフリカ＝アジア語族 アラビア語	OPEC加盟国。紛争により経済停滞していたが回復傾向。1人当たりGNIは4,838ドル。
クウェート	イスラム教	アフリカ＝アジア語族 アラビア語	OPEC加盟国。1990年イラクによる侵攻を受けるが，経済は回復。1人当たりGNIは33,485ドル。
アラブ首長国連邦（UAE）	イスラム教	アフリカ＝アジア語族 アラビア語	OPEC加盟国。日本へ原油輸出。ドバイは脱石油化を目指し，観光開発，金融センター。ハブ空港，国際物流拠点。1人当たりGNIは40,994ドル。
ト ル コ	イスラム教	アルタイ諸語 トルコ語	NATO，OECD加盟国。政教分離による近代化。EU加盟申請中。1人当たりGNIは10,409ドル。
イスラエル	ユダヤ教	アフリカ＝アジア語族 ヘブライ語 アラビア語	戦後，シオニズム運動により建国。PLO（パレスチナ解放機構）と暫定自治合意。OECD加盟国。1人当たりGNIは42,017ドル。
キ プ ロ ス	ギリシャ正教 イスラム教	インド＝ヨーロッパ語族 ギリシャ語，トルコ系	北部のトルコ系が独立宣言（北キプロス＝トルコ共和国），分断国家。2004年，キプロス共和国がEU加盟。1人当たりGNIは25,086ドル。

※統計年次は，1人当たりGNIは2017年。『世界国勢図会 2019/20』による。

👆 **イスラム教徒（ムスリム）の生活** 聖典の『**コーラン（クルアーン）**』には日常生活のきまりが詳細に記されており，唯一神**アッラー**を信じるだけでなく，生活の中で具体的な行為を示すことによって信仰をあきらかにする。神に対する**信仰告白，礼拝，喜捨（施し），断食，巡礼**が義務とされる。また，**飲酒，ギャンブル，豚肉を食すること，女性が人前で肌を露出させる**ことは**禁忌（タブー）**として禁じられている。

👆 **クルド人** **トルコ，イラク，イラン**などにまたがる**クルディスタン地方**に居住する民族で，多くが**インド゠ヨーロッパ系**の**クルド語**を使用する**イスラム教徒**である。約3,000万人の人口がありながら，国家を形成することができず，周辺諸国で抑圧された生活を強いられてきた。独立の気運も高いが，イラクでは政府の弾圧により，多くの**難民**が発生したため，国連がクルド人の保護を決議した。

図4 クルド人の分布

クルド人が地域の人口に占める割合
- 60%以上
- 20〜60
- 20%未満

0　300km

ポイント ▶ 西アジア

❶ 西アジアの地形は，北部が**新期造山帯**の山脈や高原，南部の**アラビア半島**は**安定陸塊**である。

❷ 西アジアの気候は，**亜熱帯高圧帯**の影響を強く受け，**BS 〜 BW**気候が分布し，古くから**遊牧**や**オアシス農業**が営まれてきた。

❸ 第二次世界大戦後，大規模な油田開発が進み，**1970年代**の**石油危機**以降，石油収入により人々の生活水準は向上した。

❹ **中東戦争**をはじめ紛争が続き，現在でも**パレスチナ問題，クルド人問題**など民族・領土問題をかかえている。

西アジアの産油国，たとえばサウジアラビアやクウェート，UAEなどは人口が少なくて，労働力は外国人に頼らざるを得ないんだよね！　おさえておこう

地誌

東アジア

東南アジア・南アジア

西アジア・アフリカ

ヨーロッパ

ロシアと周辺諸国

アングロアメリカ

ラテンアメリカ

オセアニア

日本

2 アフリカ

アジアが終わったねぇ。けっこうたいへんだった？　地理的な考え方や見方をしっかり身につければ大丈夫だからね！

さぁ，今度は**アフリカ**だよ。**アフリカ大陸は大部分が安定陸塊**（旧**ゴンドワナランド**）で，やや高めの**高原状の大陸**だ。**図5**を見てみよう！

ほとんどが高原か台地で高度200～1,000mの割合が大きい。しかも低地の割合がヨーロッパと比較にならないほど小さいから，ナイル川やコンゴ川などの下流には滝が多く，外洋船の航行が困難だったね（忘れてない？［➡ p.261～262］）。

北部には新期造山帯のアト

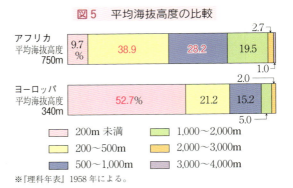

図5　平均海抜高度の比較

	200m未満	200～500m	500～1,000m	1,000～2,000m	2,000～3,000m
アフリカ 平均海抜高度 750m	9.7%	38.9	28.2	19.5	2.7 / 1.0
ヨーロッパ 平均海抜高度 340m	52.7%	21.2	15.2	5.0	2.0

凡例：
- 200m未満
- 200～500m
- 500～1,000m
- 1,000～2,000m
- 2,000～3,000m
- 3,000～4,000m

※『理科年表』1958年による。

図6　アフリカの地形

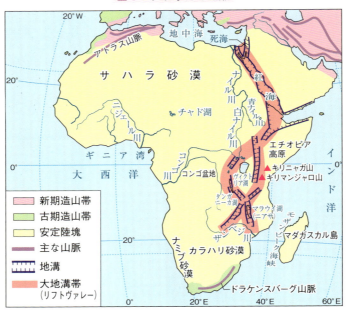

凡例：
- 新期造山帯
- 古期造山帯
- 安定陸塊
- 主な山脈
- 地溝
- 大地溝帯（リフトヴァレー）

ラス山脈が，南部には古期造山帯のドラケンスバーグ山脈が分布しているよ。

そして，忘れてはいけないのが，リフトヴァレー（アフリカ大地溝帯）だよね。②のところでくわしくやったのでここでは軽くやるけど，プレートの「広がる境界」に当たるんだ。

南北6,000kmにわたるリフトヴァレー沿いには，キリマンジャロ山（5,895m）やキリニャガ（ケニア）山などの火山が分布し，赤道直下だけど標高が高いので，山頂付近には山岳氷河や万年雪もみられ，地溝湖（タンガニーカ湖，マラウイ湖など）もたくさん形成されているよ。

②大地形［➡p.30～］や⑯交通・通信［➡p.255～］でやったことがどんどんつながっていくから面白いよね！　今まで説明してもらったことがどんなに大切かわかったよ。

そんなに言ってくれるとうれしいな＼（＾o＾）／。じゃあ，そのおもしろさを気候に活かしていこう！　最初にアフリカの位置関係をしっかり把握しておくと，気候がわかりやすいよ。地図帳のアフリカのページを開いてみてよ！そして赤道をマーカーで引っぱってごらん！

それから北緯35度と南緯35度の線をなぞってごらん！　アフリカは北端と南端の緯度がほぼ同じだということがわかるよね。

これがわかれば気候は簡単だよね？　だって赤道周辺は赤道低圧帯の影響を年中受けるからAfになるはずだ。赤道からちょっと高緯度側に離れたらAwになるし，緯度20～30度のあたりは，亜熱帯高圧帯の影響を受けるからBW～BSが分布しているはずだよ。北端と南端はほぼ緯度35度だったよね？　緯度35度って，東京とほぼ同じ緯度なんだ。

ということは，C（温帯）が分布しているというのも納得できるだろう？つまり，赤道を挟んで南北ほぼ対称的に気候が分布しているんだ！　アフリカには，冷帯や寒帯の分布はなく，気候帯別の面積割合は，B＞A＞Cの順になっていることに注意してね。

すごーい！　めちゃめちゃ簡単だ（＾o＾）！
今の説明以外に気候で注意しておくべきところはないのかなぁ？

そうだね，あとは北回帰線付近にサハラ砂漠，南回帰線付近にカラハリ砂漠が広がること，南西岸には寒流（ベンゲラ海流）の影響でナミブ砂漠が分布していること，リフトヴァレー沿いは隆起量が大きいので，エチオピア～ケニアなどの東部地域は海抜高度が高く，Cwも分布していることくらいかな。

地誌

東アジア

東南アジア・南アジア

西アジア・アフリカ

ヨーロッパ

ロシアと周辺諸国

アングロアメリカ

ラテンアメリカ

オセアニア

日本

それと，北端と南端には Cs が分布していることも重要だ！　念のために，赤道に近い東アフリカのソマリア付近は A じゃなくて BW ～ BS の乾燥気候が広がっていることも伝えておこうかな。

アフリカの人々の生活は，北アフリカと中南アフリカでかなり異なっているから比べてみよう。

サハラ以北の北アフリカは大部分が乾燥気候で，古くから遊牧やオアシス農業が行われてきたんだ。西アジアと似ているよね。

民族・言語・宗教の面でも違いがみられるよ。

北アフリカは，「ホワイトアフリカ」と呼ばれていて，住民はコーカソイドのアフリカ＝アジア系（大部分がアラブ人）で，アラビア語が使用され，イスラム教徒が多いんだ。

これに対して，サハラ以南の中南アフリカは，熱帯が広がり，農業もコンゴ盆地では焼畑（キャッサバ・ヤムイモなどイモ類），ギニア湾岸などではプランテーション（カカオ・油やしなど）が行われているのが特徴的だね。

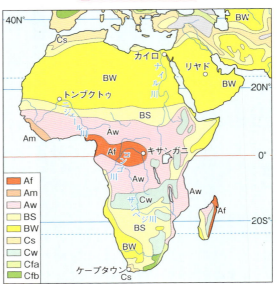

図7　アフリカの気候

- Af
- Am
- Aw
- BS
- BW
- Cs
- Cw
- Cfa
- Cfb

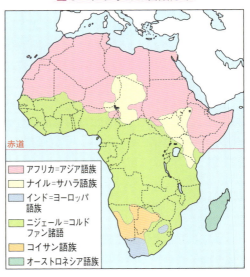

図8　アフリカの言語分布

赤道

- アフリカ＝アジア語族
- ナイル＝サハラ語族
- インド＝ヨーロッパ語族
- ニジェール＝コルドファン諸語
- コイサン語族
- オーストロネシア語族

住民は**ネグロイド**が多く，「ブラックアフリカ」と呼ばれてきたんだ。今は，「**サブサハラ**」と呼ばれることが多いね。**宗教**は，祖先や自然を崇拝する**伝統宗教**や**キリスト教**，**イスラム教**など多様だよ。

 アフリカの国々は，ヨーロッパ諸国によって，長く植民地支配を受けてきたので，独立が遅かったんだよね？

そうだよ。

第二次世界大戦前に独立をしていたのは，わずかに**4か国**しかなく，**エジプト，エチオピア，リベリア，南アフリカ共和国**だけだったんだよ！

フランス（アフリカ北部・西部が中心），**イギリス**（アフリカ東部が中心），**ベルギー**（コンゴ民主，ルワンダ，ブルンジ），**イタリア**（リビア，ソマリア），**ポルトガル**（アンゴラ，モザンビーク）などが植民地支配を行っていたんだね。なかなか植民地支配が頭に入らない人も，**西はフランス領が多くて，東はイギリス領が多かった**ということだけは覚えておきたいな。

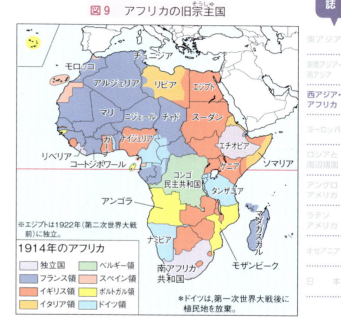

図9　アフリカの旧宗主国

※エジプトは1922年（第二次世界大戦前）に独立。

1914年のアフリカ
- 独立国
- フランス領
- イギリス領
- イタリア領
- ベルギー領
- スペイン領
- ポルトガル領
- ドイツ領

＊ドイツは，第一次世界大戦後に植民地を放棄。

第二次世界大戦後に独立が相次ぎ，特に**1960年**は「**アフリカの年**」と呼ばれるほど多くの国（**17か国**）が独立し，現在は**54か国**（西サハラのみ未独立）からなるんだ。

アフリカの国々は**AU**（**アフリカ連合**）[➡ p.290] を組織し，地域の経済発展を目指しているんだよ。

 アフリカは他の地域に比べ，**経済発展が遅れている**よね。農業以外に，産業は発達していないの？

地誌

東アジア

東南アジア・南アジア

西アジア・アフリカ

ヨーロッパ

ロシアと周辺諸国

アングロアメリカ

ラテンアメリカ

オセアニア

日本

そんなことはないよ。

特に北アフリカのエジプト、リビア、アルジェリアやギニア湾岸のナイジェリアは産油国だし、コンゴ民主共和国～ザンビアにかけてのカッパーベルト（Copper Belt：銅地帯）のように資源が豊富な国々もあるよ。ただ、南アフリカ共和国を除いては、工業化があまり進んでいなくて、これが今後の課題となっているんだ。アフリカ諸国にみられる経済的な地域性は、階級区分図などでよく問われるから、「北アフリカと南部アフリカは比較的豊かだけど、中南アフリカは発展が遅れている！」ということに注意しておくと正答できるからね。

アフリカの概観はわかってくれたかな？　じゃあ、今度は、地域別に各国の特色を確認していこう！

まずは、北アフリカだ。北アフリカは、産油国が多く、ヨーロッパへの出稼ぎやヨーロッパからの観光客も多いため、アフリカの中では、比較的豊かな国が多いよ。

サハラ砂漠を中心に自然環境が厳しいんだけど、エジプトでは、外来河川のナイル川を利用して古くから農業が発達していたよ。だから、乾燥地域の国にしては、かなり人口も多いんだ（約10,039万人）。現在は、石油製品・天然ガス・原油などが経済を支えているよ。アスワンハイダムに関しては、⑫で復習をしておいてね！　[➡ p.199]

リビア、アルジェリアはOPEC加盟国で、アフリカの中では１人当たりGNIも高いほうだよ（特に、リビアは人口が678万人と少なく、１人当たりGNIは約3,824ドルとアフリカではまぁまぁだよ）。

表2　北アフリカ諸国のまとめ

国　名	特　色
エジプト	人口約10,039万人でアフリカ３位。ナイル川を利用し、古代エジプトより栄える。OAPEC加盟国で、石油製品、天然ガス、原油、綿製品などを輸出。スエズ運河。アスワンハイダム。１人当たりGNI 約1,985ドル。
リビア	旧イタリア領で、イタリアとの貿易が盛ん。OPEC加盟国。１人当たりGNI 約3,824ドル。
アルジェリア	旧フランス領。OPEC加盟国。１人当たりGNI 約4,004ドル。
モロッコ	旧フランス領。化学肥料の原料となるりん鉱石を産出。チュニジアとともに観光収入が大。１人当たりGNI 約3,003ドル。

※統計年次は、人口が2019年、１人当たりGNIは2017年。

次は**西アフリカ**だ。**ギニア湾岸諸国**では，夏の**南西モンスーン**の影響で雨も多く，**プランテーション農業**が発達しているよ。**コートジボワール**は旧フランス領で，**カカオ**（**世界最大の生産国**）とコーヒーの栽培が盛んだよ。隣の**ガーナ**は旧イギリス領で**カカオ**が重要な輸出品だよ。

ナイジェリアは，**アフリカ最大の人口大国**（約2億人）で，**OPEC**加盟国でもあるんだ。ただ人口が多いこともあって，北アフリカのOPEC加盟国ほど生活水準が高くないよ（1人当たりGNIは約2,000ドル）。多民族国家の典型で，**東部には**キリスト教徒，**北部から西部には**イスラム教徒**が多い**んだ。民族対立により，東部（イボ人）が独立宣言をしたため，**内戦**（ビアフラ戦争：1967～70年）に突入し，双方に大きな犠牲者が出たんだ。そこで内戦終結後，州の細分化による各民族の自治権拡大や，首都を**ラゴス**（西部のヨルバ人の中心地で，現在でも**人口最大都市**）から**民族分布の境界付近にあるアブジャに遷都**するなど**民族の融和策**に努めているけど，まだまだ問題も多いんだよ。

表3　西アフリカ諸国のまとめ

国　名	特色
リベリア	アフリカ最古の黒人国家。**便宜置籍船国**。
コートジボワール	旧フランス領。カカオ（世界最大の生産国)，コーヒーの栽培。
ガーナ	旧イギリス領。カカオの栽培。ヴォルタ川の総合開発。
ナイジェリア	旧イギリス領。アフリカ最大の人口大国。OPEC加盟国。
マリ，ニジェール，チャド	旧フランス領。サヘル諸国と呼ばれ，砂漠化が深刻。アフリカ最貧地域。

次は**東アフリカ**の説明をしよう！　東アフリカは**高原状**で，**リフトヴァレー**が通過するため，**火山**や**地溝湖**が多いんだったね。

まず，**エチオピア**だ。**アフリカ最古の独立国**（紀元前5世紀ごろ）で，ほとんど植民地支配を受けていない珍しい国だ。しかも混血が進んでいるから，現在はほとんどネグロイドにみえるけど，もともとエチオピアを建国したのはアラビア半島から移住してきたコーカソイドだったんだよ。さらに**キリスト教徒が60％と多い**ところもアフリカでは異色だね。国土の大部分は**エチオピア高原**で，Aw～Cwが広がっているんだ。**コーヒーの原産地**でもあったよね。ただ，この国の問題は干ばつ，内戦，紛争（エリトリア，ソマリア）などで経済が圧迫され，**世界の最貧国**の1つとなっているところなんだ（1人当たりGNIは約700ドル）。

エチオピアの南にある**ケニア**も高原状の国で，<ruby>赤道直下<rt>せきどう</rt></ruby>に位置するわりには過ごしやすいんだね。Aw 〜 Cw が分布し，南の**タンザニア**と同じように野生動物も多くいるんだ。

イギリス領だった関係から茶やコーヒーのプランテーションが多く開かれ，**首都ナイロビ**周辺の白人<ruby>入<rt>にゅう</rt></ruby><ruby>植<rt>しょく</rt></ruby><ruby>者<rt>しゃ</rt></ruby>の<ruby>居<rt>きょ</rt></ruby><ruby>住<rt>じゅう</rt></ruby>地域は「**ホワイトハイランド**」と呼ばれる高原地域なんだよ。近年は，温暖な気候を活かして，ヨーロッパの園芸産業が進出し，**輸出用の<ruby>花卉<rt>かき</rt></ruby>の栽培も<ruby>盛<rt>さか</rt></ruby>ん**になっているから注意してね。

> インド洋に**マダガスカル**っていう国があるよね。
> ここでは，アジアと同じような<ruby>水田稲作<rt>すいでんいなさく</rt></ruby>をしているって聞いたことがあるんだけど，ほんと？

よく知ってるなぁ(°〜°)。**マダガスカル**は自然環境も人々の生活も興味深いものがあるよ。まず，**自然環境**の話をしよう！

地形的には**安定<ruby>陸塊<rt>りくかい</rt></ruby>**なんだ。古い時代にアフリカとともにゴンドワナランドから分離したんだよ。

気候もかなりおもしろくて入試では<ruby>頻出<rt>ひんしゅつ</rt></ruby>だから注意しよう！

ちょうど**国土の南部**を**<ruby>南回帰線<rt>かいきせん</rt></ruby>が通過**しているんだけど，通常だったらこれくらいの<ruby>緯度<rt>いど</rt></ruby>は，Aw，BS，BW が分布する地域だよね。

でも**国土の東岸は Af** なんだ。これは，**<ruby>南東貿易風<rt>なんとうぼうえきふう</rt></ruby>が一年中<ruby>卓越<rt>たくえつ</rt></ruby>**するため，年中降水がみられるからなんだね。ところが，中央部を南北に走る山脈の<ruby>風下<rt>かざしも</rt></ruby>に当たる**西側は北から順に Aw，BS，BW が分布**しているんだよ。

民族は，もちろんアフリカ系やアラブ系住民もいるんだけど，7 世紀ごろに東南アジアから移り住んできた**マレー（オーストロネシア）系**住民が総人口の約 4 分の 1 を占めていて，彼らはアジア型の**<ruby>水田稲作<rt>すいでんいなさく</rt></ruby>**を営んでいるんだ。東南アジアからアフリカまで<ruby>渡<rt>わた</rt></ruby>ってきた人々の子孫が，伝統的な生活を伝えてきたっていうのは，すごいことだよね！

表4　東アフリカ諸国のまとめ

国　名	特　色
エチオピア	アフリカ最古の独立国。**キリスト教**（エチオピア正教）が国教。**コーヒー**栽培。人口は約 1 億 1,208 万人でナイジェリア（約 2 億人）に次いでアフリカ 2 位。アフリカの最貧国の 1 つ。
ケ　ニ　ア	旧イギリス領。茶，コーヒーの栽培。**赤道直下**。首都ナイロビは高原上に位置。公用語は英語とスワヒリ語。1 人当たり GNI 1,491 ドル。
マダガスカル	旧フランス領。**マレー系**民族による水田稲作。コーヒー，香料栽培。

最後は，サブサハラと呼ばれる**中南アフリカ**だね。

赤道直下には，国土の大部分を**コンゴ盆地**が占める**コンゴ民主共和国**があるよ。**ベルギー**から独立したのも 珍 しいけど，**公用語がフランス語**っていうのもおもしろいね（ベルギー語ってないもん！ [➡️📖 p.300]）。

アフリカ最大の流域面積を有する**コンゴ川**が流れ，気候は Af・Aw が大半で，**焼畑**などによって**キャッサバ**などの**イモ類**（**主食**になるんだよ）の栽培が盛んだね。アフリカ有数の資源大国で，ダイヤモンド，銅鉱やコバルトなどの**レアメタル**など**多種類の鉱産資源**が産出するよ。特に，ザンビアにかけての**カッパーベルト**は銅鉱の産出地として知られているね。

カッパーベルトが続く**ザンビア**は，イギリスから独立した高原状の内陸国だよ。経済は，**銅鉱**への依存度が高いね。

そして最後は，**南アフリカ共和国**だ。

この国は他のアフリカ諸国と違って，**温帯気候**（Cs・Cw・Cfa・Cfb）や**ステップ気候**（BS）が広がり，ヨーロッパ人にとって快適な気候だったので，17世紀に**オランダ人**が，19世紀には**イギリス人**が 入 植 （移住）したんだよ。そしてこれら**少数のヨーロッパ系白人が多数のアフリカ系黒人を支配する**という構造ができあがったんだ。

イギリス領から白人主導の国家として独立した**南アフリカ共和国**は，悪 名高い「**アパルトヘイト（人種隔離政策）**」を実施し，多数の黒人を部族ごとにホームランドと呼ばれる不毛の地に押し込め，低賃金の労働力として鉱山労働などに利用してきたんだね。

国際的な非難によって，1991年にはアパルトヘイト法が廃止され，現在はアフリカ系黒人が大統領を務めているよ。

ただし，**少数の白人と多数の黒人の間の経済格差が依然として大きい**ことは忘れてほしくないな！

産業は，アフリカ諸国の中ではかなり発達していて，農業も**地中海式農業**（南西部の**ケープタウン**付近は Cs）や**企業的牧畜**など欧米型の農業が行われているよ。

それから，**資源が豊富**だということも忘れちゃいけないね。

石炭（**古期造山帯**があるもんね），**金**，ダイヤモンド，鉄鉱石など各種資源のほか，先端技術産業には欠かせない**レアメタル**も産出するよ。工業も鉄鋼，自動車などが発達し，**アフリカ最大の工業国**になっているんだ（１人当たり

東アジア

東南アジア・南アジア

西アジア・アフリカ

ヨーロッパ

ロシアと周辺諸国

アングロアメリカ

ラテンアメリカ

オセアニア

日　本

GNI は約5,967ドル）。最後にもう1つアドバイス！　南アフリカ共和国は，ア
パルトヘイト廃止後民主化も進み経済発展を続けているので BRICS の一員と
して注目されているんだ（大文字の S は South Africa のこと）。ところが
1990年代から HIV が急速に蔓延<ruby>蔓延<rt>まんえん</rt></ruby>していて，生活が豊かになっているのに成人
の死亡率が上昇し，平均寿命が短くなるという普通は考えられないことが起こ
っているんだ。国連や NGO の努力によって徐々に改善はされているけどね。

表5　中南アフリカ諸国のまとめ

国　名	特　色
コンゴ民主共和国	旧ベルギー領。赤道直下のコンゴ盆地に位置する。鉱産資源が豊富。1人当たり GNI 約454ドル。
ザンビア	旧イギリス領。コンゴ民主から続くカッパーベルトで銅鉱が産出。ザンベジ川総合開発。1人当たり GNI 約1,490ドル。
南アフリカ共和国	少数の白人がアフリカ系黒人にアパルトヘイトを実施。1991年，アパルトヘイト法廃止。鉱産資源が豊富で，アフリカ最大の工業国。BRICS。1人当たり GNI 約5,967ドル。

※統計年次は，1人当たりGNIは2015年。

ポイント　アフリカ

❶　アフリカの地形は，大部分が**安定陸塊**<ruby>陸塊<rt>りくかい</rt></ruby>（旧ゴンドワナランド）だが，北端に**新期造山帯**<ruby>造山帯<rt>ぞうざんたい</rt></ruby>（アトラス山脈），南端に**古期造山帯**<ruby>古期<rt>こき</rt></ruby>（ドラケンスバーグ山脈）の山脈が分布し，東部には**リフトヴァレー（アフリカ大地溝帯**<ruby>大地溝帯<rt>だいちこうたい</rt></ruby>**）**が通過している。

❷　アフリカの気候は，**赤道**を中心に**南北ほぼ対称的な気候帯（A→B→C）**になるが，東部は海抜<ruby>海抜<rt>かいばつ</rt></ruby>が高いため **Cw** も分布。

❸　サハラ以北の**北アフリカ**は，主としてアフリカ＝アジア系の**コーカソイド**が居住<ruby>居住<rt>きょじゅう</rt></ruby>するため「**ホワイトアフリカ**」，サハラ以南の**中南アフリカ**は，主として**ネグロイド**が居住するため「**ブラックアフリカ**」と呼ばれてきた。

❹　アフリカは，大部分が**ヨーロッパの植民地**支配を受け，第二次世界大戦前の独立国は，**エジプト，エチオピア，リベリア，南アフリカ共和国**の**4か国**だけだったが，現在は**54の独立国**からなる。

チェック問題

1 次の図1を見て，西アジアとその周辺地域に関する下の問い（問1・2）に答えよ。

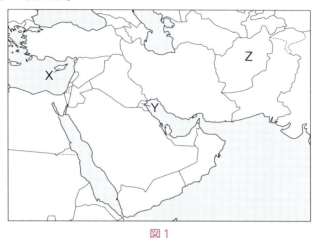

図1

地誌

東アジア

東南アジア・南アジア

西アジア・アフリカ

ヨーロッパ

ロシアと周辺諸国

アングロアメリカ

ラテンアメリカ

オセアニア

日本

問1 次の表1中①～④は，イラク，カタール，サウジアラビア，トルコにおける，外国からの年間訪問者数*と日本からの1週当たり直行航空便数を示したものである。トルコに該当するものを，**表1**中の①～④のうちから一つ選べ。

*観光客以外の短期入国者数を含む。

	外国からの年間訪問者数（万人）	日本からの1週当たり直行航空便数（便）
①	3,780	14
②	1,577	0
③	261	14
④	89	0

統計年次は2013年。UNWTO の資料などにより作成。

表1

問2 次の**サ～ス**の文は，図1中の**X～Z**のいずれかの国で第二次世界大戦後に発生した紛争（戦争）について述べたものである。**サ～ス**と**X～Z**との正しい組合わせを，下の①～⑥のうちから一つ選べ。

サ　アメリカ合衆国で発生した同時多発テロ事件をきっかけに，イスラム原理主義組織が支配する地域での戦闘が開始された。

シ　北部のトルコ系住民と南部のギリシャ系住民との対立が激化し，ギリシャへの併合の動きに対するトルコ軍の介入によって北部が独立を宣言した。

ス　領土と資源をめぐって隣国の侵攻を受けたことから，アメリカ合衆国を中心とした多国籍軍が介入する大規模な戦争に発展した。

	①	②	③	④	⑤	⑥
サ	X	X	Y	Y	Z	Z
シ	Y	Z	X	Z	X	Y
ス	Z	Y	Z	X	Y	X

2 アフリカの自然と人々の生活に関する次の問い（**問1・2**）に答えよ。

問1　次の図2中の**ア〜ウ**は，標高500〜800m，1,100〜1,400m，1,600m以上のいずれかの標高の範囲を濃く示したものである。**ア〜ウ**と標高の範囲との正しい組合せを，あとの①〜⑥のうちから一つ選べ。

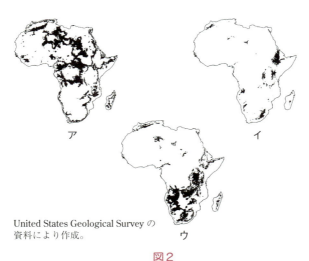

United States Geological Survey の
資料により作成。

図2

	①	②	③	④	⑤	⑥
500〜800m	ア	ア	イ	イ	ウ	ウ
1,100〜1,400m	イ	ウ	ア	ウ	ア	イ
1,600m以上	ウ	イ	ウ	ア	イ	ア

問2 アフリカでは，国・地域ごとに特徴ある音楽がみられ，その背景は多様である。次の**カ〜ク**の文章は，エチオピア，ガーナ，南アフリカ共和国のいずれかの国にみられるポピュラー音楽の特徴について説明したものである。**カ〜ク**と国名との正しい組合せを，あとの①〜⑥のうちから一つ選べ。

カ 植民統治下で起こった西欧音楽と在来音楽との混合を背景に，力強い合唱を中心として発達した音楽である。人種差別撤廃運動が高まった1960年代からは，特にアメリカ合衆国の黒人系ポピュラー音楽から強い影響を受けた楽曲が多く生まれた。

キ 植民統治を受けずに栄えた王国であったこの国では，歌に弦楽器や太鼓を伴奏させる伝統的なダンス音楽を基礎とする現代音楽がみられる。古くから信仰されてきたキリスト教のほか多様な宗教が存在するが，その音楽様式には宗教の違いを超えた共通の特徴も認められる。

ク 貿易のために立ち寄る諸民族と地元住民との交流を背景としてつくられた音楽を起源として，歌にギターや管楽器などを加えた演奏に特徴がある。近隣にはフランスの植民統治を受けた国々も多いが，この音楽はイギリスの統治を受けた国の都市を中心に発達した。

	カ	キ	ク
①	エチオピア	ガーナ	南アフリカ共和国
②	エチオピア	南アフリカ共和国	ガーナ
③	ガーナ	エチオピア	南アフリカ共和国
④	ガーナ	南アフリカ共和国	エチオピア
⑤	南アフリカ共和国	エチオピア	ガーナ
⑥	南アフリカ共和国	ガーナ	エチオピア

解答・解説 　**1**　問1　①

　イラク，カタール，サウジアラビア，トルコにおける**外国からの年間訪問者数**と**日本からの1週当たりの直行航空便数**のデータからトルコを判定する問題である。やや判定に迷ったかもしれないが，**日本からの直行便数が決め手**になる。①は，外国からの年間訪問者数（難民は含まれていない）が表中では最も多く，日本からの直行便数も多い（日本人が多数訪れる国がどこか考える）ため，**トルコ**と判定する。2016年の統計では，ロシア，ドイツ，イラン，ジョージア，イギリス，ブルガリア，ウクライナなどからの訪問者が多く，**アジアとヨーロッパ，キリスト教圏とイスラム教圏**の双方からトルコを訪れている。世界遺産など**観光資源も豊富**で，**気候にも恵まれる**ため，**日本からの観光客も多く**，観光業は重要な外貨獲得源となっている。③は，日本との関係が深いことから**カタール**である。カタールと日本の経済的な結びつきは強く，**カタール最大の貿易相手国は日本である**。このため，日本からも**石油・天然ガス**関連企業や商社などが進出し，駐在員も多い。②と④の判定は難しいが，**イスラム教最高の聖地メッカ**を有する**サウジアラビア**は外国からの**巡礼者**（＊に観光客以外の短期入国者も含むとある）がみられるため，**④のイラク**より年間訪問者数が多いと判定する（**②**）。また，イラクについては，イラク戦争後の治安の乱れなどから訪問者数が少ないと考えても良い。

問2　⑤

　図中の X（**キプロス**），Y（**クウェート**），Z（**アフガニスタン**）において，第二次世界大戦後に発生した紛争についての問題である。**サ**は，「アメリカ合衆国の同時多発テロ」，「イスラム原理主義組織が支配する地域」から Z の**アフガニスタン**である。アフガニスタンでは**イスラム原理主義**組織が勢力を拡大し，**2001年に同時多発テロが発生した**アメリカ合衆国は，首謀者といわれるウサマ・ビンラディンの引き渡しを要求するが，拒否されたため空爆を行った。**シ**は，「北部のトルコ系住民と南部のギリシャ系住民との対立」から，X の**キプロス**である。キプロスでは，**多数を占めるギリシャ系住民（ギリシャ正教）と少数のトルコ系住民（イスラム教）**の間で古くから対立がみられ，ギリシャへの帰属を求める運動が活発化する中で，トルコが後押しする北部のトルコ系住民と南部のギリシャ系住民との対立が**内戦**に発展し，北部が1983年「**北キプロス・トルコ共和国**」の独立を宣言（トルコ以外は未承認）したため，南の「**キプロス共和国**」と事実上の分断国家となっている（**EU はキプロス共和国の単独加盟**）。**ス**は，「領土と資源を巡って隣国の侵攻を受けた」から，**クウェート**である。1990年に隣国イラクによる**クウェート侵攻**が行われ，**1991年にはアメリカ合**

衆国を中心とした多国籍軍とイラクとの間で湾岸戦争に発展した。

2 問1　②

アフリカは大陸別では南極，アジアに次いで平均海抜高度が高く（約750m），全体的に高原状で，200m以下の低地は極めて少ない。したがって，アが500〜800mに該当する。さらにアフリカは東部のリフトヴァレー（大地溝帯）周辺の隆起量が大きいため，東高西低の地形であることから，ウが1,100〜1,400mとなり，残るイがその中でも特に高い1,600m以上の標高分布地域だと判定できる。赤道付近にはキリマンジャロやキリニャガなどのような6,000m近い標高の火山も分布していることに注意しよう。

問2　⑤

「音楽は好きだけど，アフリカのポピュラー音楽なんてまったく知らない！！！」と思った人も多いだろう。共通テストでは世界遺産，ノーベル賞，音楽などを題材に出題されているが，必ずしもこれらの題材について知らなくても，国や地域の特色が判定できれば解答できるようになっているので心配しないでいい。

カ　「人種差別」，「黒人系ポピュラー音楽」などから，南アフリカ共和国である。南アフリカ共和国では，イギリスの植民地支配以降，少数のオランダ系とイギリス系の白人によって多数のアフリカ系黒人を支配する構図がみられた。さらに第二次世界大戦後はアパルトヘイト（人種隔離政策）を法制化し白人優越主義を前面に押し出したが，人種差別撤廃運動の高まりや国際的な批判によって，1991年にアパルトヘイト法を撤廃した。

キ　「植民統治を受けず」，「古くから信仰されてきたキリスト教」などから，エチオピアである。アフリカ諸国は，エチオピア，エジプト，リベリア，南アフリカ共和国を除いてヨーロッパ列強の植民地支配を受けてきた。またエチオピアには，西アジアで生まれたキリスト教が早くから伝わり国教となっている。

ク　いろいろとヒントになる箇所もあるが，受験生としては「イギリスの統治を受けた」，「近隣にはフランスの植民統治を受けた国々も多い」からガーナと判定する。ギニア湾に面するガーナは，古くからアラブ民族とのサハラ交易で栄え，後にはヨーロッパ諸国との間で金や奴隷の貿易が行われ，イギリスの植民地支配を受けることになる。

東アジア

東南アジア・南アジア

西アジア・アフリカ

ヨーロッパ

ロシアと周辺諸国

アングロアメリカ

ラテンアメリカ

オセアニア

日本

22 ヨーロッパ

この項目のテーマ

1 自然環境と民族・社会
自然環境の地域的特色と民族・宗教の分布を理解しよう！

2 EU の設立と発展
国境を越えて結びつく EU 諸国の発展に目を向けよう！

3 産業と生活
世界をリードしてきたヨーロッパ諸国の経済力に注目しよう！

1 自然環境と民族・社会

図1 ヨーロッパの大地形

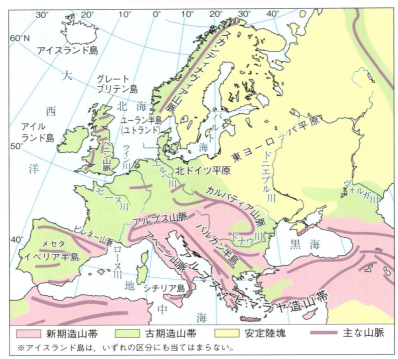

※アイスランド島は，いずれの区分にも当てはまらない。

凡例：新期造山帯　古期造山帯　安定陸塊　主な山脈

さぁ，いよいよ**ヨーロッパ**だね。ボリューム満点（＾_＾;）のところだけど，今までの復習部分もあるから大丈夫だよ！

まず，いつものように**自然環境**から説明していこう！　地図帳のヨーロッパのページを開けてごらん。中国のときにもやってみたけど，色を見るだけでも概観がわかるよ。

南部の**ピレネー山脈～アルプス山脈～カルパティア山脈**（**ピレネー・アルプス・カルパティアライン**）から南側は，色が茶色っぽいだろう？　つまり海抜が高い**新期造山帯**に属する**アルプス＝ヒマラヤ山系**の山脈群が分布していることがわかるね（**マーカーでこの３つの山脈を緩やかに結んでごらん**）。これより北にある山脈はみんな**古期造山帯**の山脈と思っていいよ（だからイギリス，ドイツ，ポーランドでは**石炭**が産出するんだ）。

バルト海沿岸からスウェーデン～フィンランド～ロシアにかけては**安定陸塊**（**バルト楯状地**，ロシア卓状地）が広がっているよ。フランス～ドイツ～ポーランド～ロシアにかけては，かなり海抜高度が低くて，**構造平野**（**パリ盆地**には**ケスタ**［→ p.48 図２］も発達）と呼ばれる**侵食平野**の一種が広範囲に分布

図２　ヨーロッパの小地形

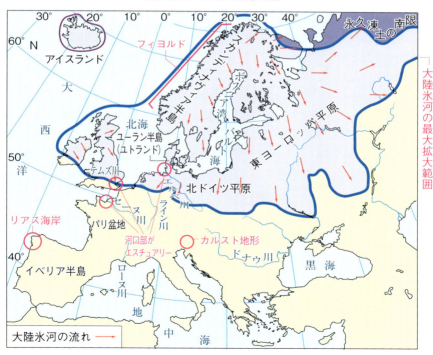

（図中のラベル）
永久凍土の南限
大陸氷河の最大拡大範囲
フィヨルド
アイスランド
大西洋
北海
ユーラン半島（ユトランド）
テムズ川
セーヌ川
リアス海岸
パリ盆地
ロアール川
イベリア半島
ボスニア湾
スカンディナヴィア半島
バルト海
東ヨーロッパ平原
エルベ川
ライン川
北ドイツ平原
河口部がエスチュアリー
カルスト地形
ドナウ川
黒海
地中海
大陸氷河の流れ →

地誌

東アジア

東南アジア・南アジア

西アジア・アフリカ

ヨーロッパ

ロシアと周辺諸国

アングロアメリカ

ラテンアメリカ

オセアニア

日　本

していることにも注意してね！

 最近，安定陸塊，古期造山帯，新期造山帯とか出てきても，まったく動じなくなったよ。「またかぁ」って感じだもん（・∀・）。

それは，君に実力がついてきた証拠だよ！

じゃあ，次は大地形以外の**特色ある地形**について勉強してみよう。

ヨーロッパといえば，やっぱりかつて（更新世）の**大陸氷河**の最大拡大範囲を確認しておかないとね。前ページの**図2**を見てみよう！

およそ**北緯50度のあたりまで大陸氷河が覆っていた**ことがわかるよね（ドイツやポーランドの北部まで広がっていたことを絶対に忘れないように！）。ということは，これらの地域には**氷河地形**（U字谷，フィヨルド，モレーン，氷河湖など）が発達しているはずだし〔➡ p.59〕，**氷食を受けているから，土壌も薄くやせているところが多い**んだ（**フランスはほとんど氷食を受けていない**から，農業には有利だということを忘れないでね）。

このほか，スペイン北西部には**リアス海岸**〔➡ p.54〕の語源となったリアス地方があるし，**北海やバルト海に流れ出る河川の河口には，エスチュアリー**〔➡ p.55〕**も発達**しているよ。

ここでちょっとだけ復習を！（笑）**北海・バルト海に注ぐ河川は，安定陸塊の構造平野などの大平原を流れるから土砂の運搬量が少なく，エスチュアリーになりやすいんだ。**でも地中海に注ぐ河川は，険しい新期造山帯の山地を侵食しながら流れるから，土砂の運搬量が多く，三角州になりやすいんだね。例外は，**ライン川**だ！　ライン川は①流域面積が広く②険しいアルプス山脈から流出するから，北海に注いでいるけど河口は**三角州**なんだよ！　要注意！！

また，地中海沿岸には**石灰岩**が豊富に分布しているため，雨水による**溶食地形（カルスト地形）**がみられるんだ。特にスロベニアの**カルスト地方**はカル

表1　ヨーロッパとユーラシア東部の比較

緯　度	ヨーロッパ	ユーラシア東部
北緯70度付近	スカンディナヴィア半島北端（ノルウェー沿岸部は不凍港）	シベリア北極海沿岸
北緯60度付近	イギリス端〜スカンディナヴィア半島南端	北東シベリア（寒極）〜カムチャツカ半島基部
北緯50度付近	ロンドン，パリ，プラハ	モンゴル北部〜中国東北地方北部
北緯40度付近	スペイン中央部〜イタリア南端〜ギリシャ	ペキン〜北朝鮮〜秋田

スト地形の語源となったところだったね〔➡p.60〕。

　さて，次は**気候**をやろうか！「**ヨーロッパは高緯度のわりに，冬でも温暖だ！**」っていうことを気候のところで勉強したよね？　どうしてだった？……これは絶対に忘れてはいけないポイントだったよ！　つまり**大陸西岸の緯度50〜70度付近**は，偏西風の影響が強いから，海洋の影響を受けやすく，冬の気温が下がりにくいんだよね。それからもう一つ。偏西風の影響とともに，北大西洋海流（暖流）が温暖な

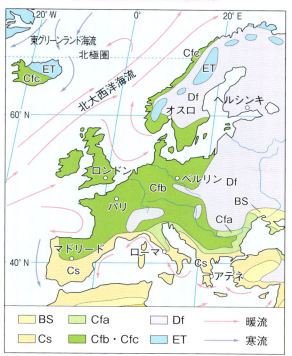

図3　ヨーロッパの気候区分

| BS | Cfa | Df | ── 暖流 |
| Cs | Cfb・Cfc | ET | ── 寒流 |

気候をもたらすことも忘れないでね！　じゃあ，ユーラシア大陸の東部と比べてみようよ！　**表1**〔➡p.370〕を見てごらん！　たとえ同緯度でも，ヨーロッパに比べるとユーラシア東部は冬季はかなり寒冷な気候になるよ。

　じゃあ，**図3**を見ながら気候の説明をしよう。

　ヨーロッパは，偏西風の影響が大きいため大部分が Cfb（西岸海洋性気候）になっているよ。本来は**冷帯（D）**になる緯度なのにね。ヨーロッパは**海抜高度が低く**，南北に連なる高峻な山脈がほとんどなくて，**偏西風が内陸部分まで入り込んでくる**から，Cfb の分布地域が東西に広がっているんだ。

　他の大陸と比べて，ヨーロッパだけ Cfb が広い範囲に分布しているのも納得だろ？

　でも，**地中海沿岸地域は，夏になると亜熱帯高圧帯が北上**するため，夏季に乾燥する Cs（地中海性気候）が分布しているんだ。

　また，**ノルウェーの西岸（西岸海洋性気候）を除く**スカンディナヴィア半島

地誌

東アジア

東南アジア・南アジア

西アジア・アフリカ

ヨーロッパ

ロシアと周辺諸国

アングロアメリカ

ラテンアメリカ

オセアニア

日本

（スウェーデン）やフィンランドは，偏西風や暖流の影響が小さいため，大陸性のDf（冷帯湿潤気候）になっていることにも注意しようね！　偏西風が南北に走るスカンディナヴィア山脈にじゃまされるからだよ。

ヨーロッパは，北と東に行くと寒くなるということを忘れないでね！　また，北緯66.6度以北の北極圏では夏季に一日中日が沈まない白夜，冬季に一日中日が昇らない極夜がみられる地域もあるから驚きだね！

表2　ヨーロッパの気候のまとめ

地 域	気候区分	特 色	分 布
北西ヨーロッパ	Cfb（西岸海洋性気候）	年中偏西風の影響を受けるため，平均的な降水。夏季もCfaに比べると冷涼。	イギリス，フランス，ドイツ，ノルウェーなど
地中海沿岸	Cs（地中海性気候）	夏季は亜熱帯高圧帯の影響で高温乾燥，冬季は寒帯前線（偏西風）の影響で温暖湿潤。	スペイン，ポルトガル，イタリア南部など
スウェーデンフィンランド	Df（冷帯湿潤気候）	偏西風や暖流の影響が及ばず冬季寒冷。	スカンディナヴィア半島（南部と西岸を除く）

次にヨーロッパの**伝統的な住居**と気候との関係を考えてみよう！

スウェーデンやフィンランドなど北部には針葉樹林（タイガ）が豊富にあるため，伝統的な住居は**木造家屋**が多いんだ。

その中でも**ノルウェー**は，**偏西風の風上に当たるため，降水量はヨーロッパ有数**（年降水量2,000mmを超えるところもある）で，**急勾配の屋根**をもつ家屋が多いんだよ。

イギリスやフランスなど中部では木造の住宅や木材の不足を補うため，レンガづくりの家屋や**ドイツ**にみられる木材に石や土などを組み合わせた**木骨づくりの家屋**も多いよ［図4］。

スペインやギリシャなど地中海沿岸は植生に乏しいことから，**石づくりの家屋**が多く，強い陽射しと暑さを避けるため，漆喰（塗壁材料）

図4　木骨づくりの民家

図5　地中海の石づくりの民家

などで白く塗られ，窓も小さい場合が多いんだ〔➡ p.372 図5〕。

共通テストでは，写真やイラストを使って出題されそうなところ
だねえ (^_^)。次は，僕の得意な**民族・宗教**について説明してく
れる？

おーっ，すごい！ ついに民族や宗教が得意になったんだ (^_^)。確かに
ヨーロッパを理解するには不可欠の分野だもんね。

じゃあ，**民族や宗教**についてやっていこう！

ヨーロッパには**インド＝ヨーロッパ語族**が多く居 住 していて，北西ヨーロ
ッパには**ゲルマン語派**（以下「**ゲルマン系**」）の民族が多く，南ヨーロッパに
は**ラテン語派**（以下「**ラテン系**」），東ヨーロッパからロシアにかけては**スラブ
語派**（以下「**スラブ系**」）民族が居住しているんだったね。これら三民族の人
口が多いんだけど，それ以外にも同じインド＝ヨーロッパ語族の**ギリシャ系**
（ギリシャなど）や古代ヨーロッパの先住民である**ケルト系**（アイルランド，
イギリスのスコットランド，ウェールズ，フランスのブルターニュ）民族もい
るから注意しておこうね！ それから**ルーマニア**（Romania）は**東ヨーロッパ**
に位置しているんだけど，国名からもわかるように「ローマ人の土地」という
意味で，**ラテン系**だから，これもまた要注意！

ちょっと待って！ ヨーロッパにはずっと以前に**アジア**から移住
してきた民族もいたよね？

さすがだ！ ちゃんと覚えてるねえ。

フィンランドのフィン人や，スカンディナヴィア半島北部（ラップランド）
に居住している少数民族の**サーミ人**，**ハンガリー**のマジャール人のことだね。
彼らは，インド＝ヨーロッパ語族ではなく**ウラル語族**なんだよ。

よし，今度は**宗教**の分布についてやってみよう！

表3 ヨーロッパの民族・言語のまとめ

民族・言語	分　布
ゲルマン語派	北西ヨーロッパ中心。ドイツ,イギリス,オランダ,北欧(フィンランドを除く)など
ラテン語派	南ヨーロッパ中心。スペイン,ポルトガル,イタリア,フランス,ルーマニアなど
スラブ語派	東ヨーロッパ中心。ポーランド,チェコ,スロバキア,セルビア,ロシアなど
その他のインド＝ヨーロッパ語族	ギリシャ（ギリシャ系），アイルランド（ケルト系）など
ウラル語族	フィンランド，エストニア，ハンガリーなど

地誌

東アジア

東南アジア・
南アジア

西アジア・
アフリカ

ヨーロッパ

ロシアと
周辺諸国

アングロ
アメリカ

ラテン
アメリカ

オセアニア

日　本

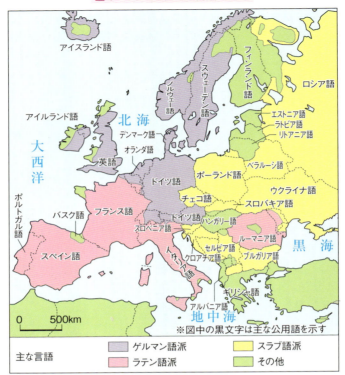

図6　ヨーロッパの言語の分布

主な言語
ゲルマン語派
ラテン語派
スラブ語派
その他

※図中の黒文字は主な公用語を示す

　一般に，**ゲルマン系はキリスト教のプロテスタント（新教）**，**ラテン系はカトリック（旧教）**，**スラブ系はオーソドックス（東方正教，正教会）**を信仰している人が多いんだったね。

　ただし，カトリックはラテン系民族の枠を越えてかなり広範囲に分布していて，**スラブ系のポーランド（総人口の約90％がカトリック！），チェコ，クロアチア，スロベニア，ウラル系のハンガリー，ケルト系のアイルランドなどもカトリック教徒が多い**から注意してね。

　それからもう一点！

　以前，**トルコ**がヨーロッパの一部を支配していたっていう話をしたよね。バルカン半島に支配が及んでいた時代にトルコの影響を受け，イスラム教に改宗した人々がいたんだ。

　だから**アルバニア（約70％）やボスニア＝ヘルツェゴビナ（約40％），コソボ（約90％）にはイスラム教徒が多い**んだよ！

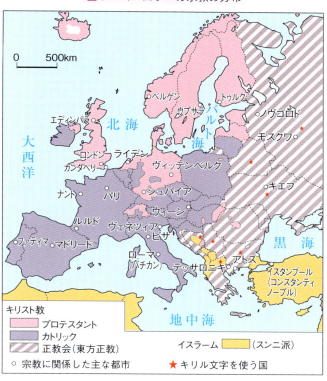

図7　ヨーロッパの宗教の分布

0　500km

ベルゲン
トゥルク
エディンバラ
北海
ウプサラ
バルト海
ノヴゴロド
大西洋
モスクワ
ロンドン　ライデン
カンタベリー
ヴィッテンベルク
キエフ
ナント　パリ　シュパイア
ウィーン
ルルド
ヴェネツィア
黒海
ファティマ　マドリード
ピサ
アトス
ローマ
（バチカン）
テッサロニキ
イスタンブール
（コンスタンティ
ノープル）
地中海

キリスト教
　プロテスタント
　カトリック
　正教会（東方正教）
　　　　　　　　　　　　　　イスラーム　　　（スンニ派）
○　宗教に関係した主な都市　　★　キリル文字を使う国

地誌

東アジア

東南アジア・南アジア

西アジア・アフリカ

ヨーロッパ

ロシアと周辺諸国

アングロアメリカ

ラテンアメリカ

オセアニア

日本

ポイント　自然環境と民族・社会

❶　ヨーロッパの地形は，南部に**新期造山帯（ぞうざんたい）**，北東部に**安定陸塊（りくかい）**，中部に**古期造山帯（こき）と構造平野（こうぞう）**が広がる。

❷　ヨーロッパの気候は，**偏西風（へんせいふう）**の影響が大きく，大部分が **Cfb** だが，地中海（ちちゅうかい）沿岸は **Cs**，北東部には **Df** が分布する。

❸　民族・宗教分布は，**北西ヨーロッパ**には**ゲルマン語派のプロテスタント**，**南ヨーロッパ**には**ラテン語派のカトリック教徒**，**東ヨーロッパ**には**スラブ語派の正教徒**が多く居住しているが，一部イスラム教徒が多数を占める国もある。

❷ EU の設立と発展

　EU（ヨーロッパ連合）は，2013年に28か国体制になったんだけど，成立と今日に至るまでの発展についてきっちり学習してみよう！

　第二次世界大戦後，ヨーロッパ諸国は２度の世界大戦で戦場になったため，経済は大きな打撃を受けてしまったんだ。そのため市場をアメリカ合衆国に奪われてしまい，**ヨーロッパの国際的な地位は著しく低下**してしまったんだね。
　そこで，なんとかもう一度かつての栄光を取り戻そうと，1952年，フランスの提唱により ECSC（European Coal and Steel Community：ヨーロッパ石炭鉄鋼共同体）が設立されたんだ。戦前からのドイツとフランスの資源がらみの対立（当時ドイツは石炭が豊富で，フランスは鉄鉱石が豊富だった）を解消するため，加盟国間での石炭と鉄鋼の流通の自由化を図ったんだ。
　この成功を受けて，1958年に共同市場と経済統合を目標に掲げた EEC（European Economic Community：ヨーロッパ経済共同体）が，そして原子力産業の共同開発を推進する EURATOM（European Atomic Energy Community：ヨーロッパ原子力共同体）が設立されたんだね。

　1967年，この３組織が統合し，EC（European Community：ヨーロッパ共同体）が結成され，本格的に経済統合と政治統合を目指すことになったんだ。
　そしてついに**1993年**，**市場統合**がほぼ完成し，今度は**通貨統合**を目指す，より強力な組織である EU（European Union：ヨーロッパ連合〔**本部はブリュッセル**〕）が**マーストリヒト条約**の発効に伴って発足したんだよ。2002年には**イギリス，デンマーク，スウェーデンを除く**12か国で共通通貨である EURO（ユーロ）の流通が始まり，2004年以降の新しい加盟国でも徐々に導入が進んでいるため，EURO 流通国は**28か国中19か国**になっているよ。今後も拡大する傾向にあるんだ。

　EC（現EU）は経済統合に向かって，具体的にどんなことをやってきたのかなぁ？

　まず，**域内関税の撤廃**と**対外共通関税の設定**を行ったんだ。前者は加盟国間では貿易の際の関税を廃止すること，後者は加盟国以外との貿易をする際に課税する関税の割合を統一することを実現させたんだ。
　そして1993年には EU 域内での人，物，資本，サービスの移動を自由化する

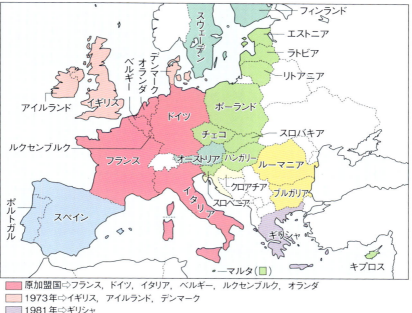

図8　EU加盟国の変遷

■ 原加盟国⇨フランス，ドイツ，イタリア，ベルギー，ルクセンブルク，オランダ
■ 1973年⇨イギリス，アイルランド，デンマーク
■ 1981年⇨ギリシャ
■ 1986年⇨スペイン，ポルトガル
■ 1995年⇨オーストリア，スウェーデン，フィンランド
■ 2004年⇨ポーランド，チェコ，スロバキア，ハンガリー，スロベニア，エストニア，ラトビア，リトアニア，マルタ，キプロス
■ 2007年⇨ルーマニア，ブルガリア
□ 2013年⇨クロアチア
※加盟国候補⇨北マケドニア，トルコ，アイスランド，モンテネグロ，セルビア
※2016年，イギリスはEUからの離脱を表明し，2020年に正式脱退。

ことを決定したんだよ（**市場統合**）。特に人の移動の自由化については**シェンゲン協定**が締結され，EU加盟国のうち26か国では**国境管理**（国境でのチェック）**が廃止**されているんだ [➡ p.379 👍]。

　つまりEU域内では，労働者・観光客などの人の移動，製品や資源・農産物などの物の移動，通貨などの資本の移動，運輸・通信・免許・資格などサービスの移動がほぼ自由化されているということなんだね。これなら**域内の経済活動が活発**になるはずだよねえ。**域内貿易**はものすごくやりやすくなるんだけど，**域外との関係が保護貿易的**になりがちだという批判もあるよ。

EUの**共通農業政策**っていうのが，よくわからないんだけど？

地誌

東アジア

東南アジア・南アジア

西アジア・アフリカ

ヨーロッパ

ロシアと周辺諸国

アングロアメリカ

ラテンアメリカ

オセアニア

日　本

EU諸国でもイギリス，フランスなどでは大規模化や機械化が進んでいて土地生産性が高いけど，ポルトガルやギリシャなどの地中海沿岸諸国は小規模で生産性が低いんだ。

また，フランス，ドイツ，イギリスなどは小麦の栽培が盛んだけど，やや高緯度にあって冷涼なイギリスやドイツでは，野菜や果実の栽培があまり得意じゃないよね。でも地中海沿岸諸国は逆で，温暖だから果実や野菜の栽培が盛んなんだ。

つまり，EU域内でも地域差が大きいんだね。そこでたとえ国内では自給できなくても，域内で食料を自給できるようにしようとして実施されたのが共通農業政策なんだよ。

じゃあ，次に共通農業政策（CAP：Common Agricultural Policy）の内容について説明しよう。

EU域内の移動には農産物に対して関税がかからないため（域内関税撤廃による農業市場の統一），もし何も手を打たなければ，生産性の高い国から安価な農産物が流入してくるから，生産性の低い国の農業は成り立たなくなってしまうよね。そこで主要な農産物に統一価格を定めて，国際価格より高い価格で農家から買い上げるんだ。域外からの安価な農産物に対しては，域内農産物との差額を課徴金として課すことによって，できるだけ生産された域内で農産物を消費しようとしたんだね。

そうすると各国の農家はやる気満々になるよね。つまり生産意欲が高まって，農産物の生産が促進されることになるんだよ。

もし仮に，需要と供給のバランスが崩れて，農作物が値下がり（これが市場経済の自然な形だよね）したら，EUが補助金を出して買い支えるんだ。この政策によって生産性の低い国の農業は保護され，生産性の高い国の農業はより発展し，EU域内での自給率が上昇したり，農家の所得が向上したりしたんだね。

表4　EUのまとめ

年	発展の経緯
1945	第二次世界大戦終結
1952	ECSC設立
1958	EEC，EURATOM設立
1967	ECとなる
1968	域内関税撤廃
	対外共通関税設定
	共通農業政策実施
1993	EUとなる
	市場統合完成
2002	共通通貨EURO流通
2013	28か国体制になる

いいことずくめみたいだけど，生産過剰（「バターの山」，「ワインの池」と呼ばれるほど農産物が余ってしまった）になると，そのぶんEUの農業関連支出が膨らむし，農業が得意な国ばかりが，すごく恩恵を受けるから，加盟国間で不公平感が出るなどの問題もあるんだ。だから現在は，生産調整（減反）や

輸出のための**補助金撤廃**なども実施されているよ。農家に対する補助金も，生産性だけじゃなく品質や環境保護に対する基準をクリアした個別の農家に直接支払うようになったんだ。

　ちょっとややこしく感じたかもしれないけど，結局のところ，**EU 域内の農業の衰退を防ぐため，①農家の所得保障，②品質向上・適正価格の維持，③農業の構造改革・農業環境政策を実施**したんだということがわかればいいんだよ。

　最後に，**EU の組織**についても，説明しておこう。政策の立案をする**ヨーロッパ委員会**（本部：**ブリュッセル**），選挙により議員が選出される**ヨーロッパ議会**（**ストラスブール**），政策を決定する **EU 理事会**，司法機関としての **EU 裁判所**（**ルクセンブルク**），金融政策を行う**ヨーロッパ中央銀行**（**フランクフルト**）などがあるよ。EU 憲法についても議論が行われていて，2009年には，リスボン条約が発効し EU の権限が強化されたんだ。

👉 **シェンゲン協定**　EU 域内での国境通過の際，人々がパスポートの提示なしで自由に通過することを認める協定で，ルクセンブルクのシェンゲン村で締結された。これによって EU 加盟国では**国境管理が廃止**され，自由な往来が可能になり，域外の人々も１か国に入国すれば，その後はシェンゲン協定締結国内ならば自由な移動が可能となる。ただし，**イギリス**と**アイルランド**は北アイルランド問題をかかえていることもあり，協定の締結に至っていない。

👉 **EFTA**　**ヨーロッパ自由貿易連合**のことで，1960年，イギリスを中心に結成された，**工業製品のみ域内関税を撤廃**した緩やかな経済組織で，政治統合の性格は持たない。近年は，EFTA を脱退して EU に加盟する国が相次いだため弱体化し，EU との間に **EEA**（**ヨーロッパ経済地域**）を発足させ，共同市場を形成している。現在の加盟国は，**ノルウェー，スイス，アイスランド，リヒテンシュタイン**。

ポイント　EU の設立と発展

❶　第二次世界大戦後，国際的地位回復を目指し，**ECSC，EEC，EURATOM** が結成され，のちに統合され **EC**（ヨーロッパ共同体）となった。

❷　EC は**経済統合**（市場統合・通貨統合）と**政治統合**を目指す組織で，1993年，より強力な **EU**（ヨーロッパ連合）に発展した。

❸　EU 域内では，共通通貨の **EURO**（ユーロ）が流通し，**人・物・資本・サービスの移動**が原則として**自由化**されている。

東アジア
東南アジア・南アジア
西アジア・アフリカ
ヨーロッパ
ロシアと周辺諸国
アングロアメリカ
ラテンアメリカ
オセアニア
日　本

❸ 産業と生活

　ここからは，**ヨーロッパの産業**について学習しよう！　**系統地理**でやったことを思い出そうね！

　まずは，**自然環境**とのかかわりが深い**農業**について説明するよ。

図9　ヨーロッパの農業地域

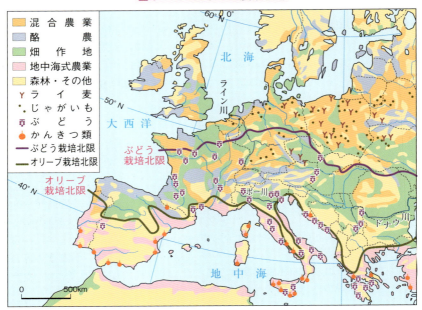

　図9を見てごらん！

　ヨーロッパの中部から北部にかけては **Cfb** が分布し，**北海からバルト海沿**
岸（がん）のやや冷涼（れいりょう）で**氷食**（ひょうしょく）**を受けている地域**では，**酪農**（らくのう）が発達しているよ。特に，
デンマーク，オランダ，イギリスで盛（さか）んだよ。

　デンマークはかつて穀物（こくもつ）の輸出に依存（いぞん）していたんだけど，**19世紀後半，新大**
陸（アメリカ合衆国）から安価（あんか）**な穀物（小麦）が流入**するようになったので，
国家規模のプロジェクトとして**酪農**や**畜産**（ちくさん）を始めたんだ。そのために**農業教育**
を普及させ，**農業協同組合**を組織したのは画期的（かっきてき）だね。つまり各農家が搾乳（さくにゅう）
までを担当し，乳製品（にゅうせいひん）への加工や出荷を協同組合で実施して農家の負担を軽
減させたんだね。「**酪農王国**」と呼ばれるゆえんだよ。

オランダは海岸砂丘地帯で，チューリップなどの花卉や野菜の栽培を行う園芸農業があまりにも有名なので，意外に知られていないけど，ポルダーを中心に酪農も盛んなんだ。それからデンマークと同様に養豚業も発達していることも忘れないでね。チーズ，バター，肉類など畜産物の生産・輸出では，デンマークに決してひけをとらないよ。

イギリスは酪農だけじゃなく，小麦の生産や豊富な牧草（偏西風の影響で年中湿潤なため）を利用した牧羊（羊の飼育頭数はヨーロッパ最大だよ）も発達していて，国土の半分近くが牧場や牧草地なんだ。農業就業人口が1.2％くらいなのに，農用地は国土の約70％もあって，フランスとともに経営規模が大きく生産性も高いのが特徴的だね。また，スイスでは移牧形態の酪農が行われているんだ［➡ p.139］。

ドイツの北部は，やや冷涼で，氷食を受けたやせ地（ハイデ）が広がっていたんだけど，土壌改良などで農業が可能になったんだ。酪農と，ライ麦・じゃがいもなどを組み合わせた混合農業が行われ，豚の飼育頭数はヨーロッパ最大だよ（ハム，ソーセージ，ベーコンっていえば，ドイツの伝統産業って感じがしない？）。中南部は温暖で肥沃なレスも分布するため，小麦やぶどうの栽培も行われているよ。ヨーロッパの農業といえば，フランスやスペインなどが頭に浮かぶと思うけど，ドイツやオランダの方が農産物の輸出額は大きいんだよ！　それは畜産や園芸作物のように，高付加価値な農産物の生産が得意だからだよ（小麦やトウモロコシなどの穀物は安い！）。

フランスは「EU の穀倉」と呼ばれるだけあって，小麦，トウモロコシともにヨーロッパ（旧ソ連諸国を除く）最大の生産国だね。特に小麦は世界的な輸出国だよ。第二次世界大戦後，農家の経営規模の拡大に努めたんだ。パリ盆地での小麦栽培は大規模だよ。

これに対して，Cs が分布するイタリア，スペインなどの地中海沿岸諸国は，果実や野菜の栽培を中心とする地中海式農業が行われているんだ。ぶどう，オリーブ，オレンジ類などの生産が多いのが特徴的だね。ただし，経営規模が小さく，生産性が低いという問題点もかかえているんだ。

地誌

東アジア

東南アジア・
南アジア

西アジア・
アフリカ

ヨーロッパ

ロシアと
周辺諸国

アングロ
アメリカ

ラテン
アメリカ

オセアニア

日　本

ヨーロッパって工業が発達してるってイメージがあって，なんだか農業は手を抜いているような勘違いをしてたなぁ。反省！　農地が狭かったり，土地がやせていたり，気候に恵まれなかったりと苦しい状況にあっても，みんな努力して，**経営規模の拡大や生産性の向上に努めた**んだね。だから，現在のヨーロッパ諸国があるんだ。僕もがんばろうっと！

反省したところで（^^;），久しぶりに統計資料の分析をしてみようか？
表5の**土地利用に関する統計**を見てごらん！

表5　ヨーロッパの土地利用

国　名	面積 （万km²）	農業人口率 （％）	耕地率 （％）	牧場・牧草地率 （％）	森林率 （％）
イギリス	24.2	1.1	25.1	46.6	13.1
ド イ ツ	35.7	1.3	34.2	13.4	32.7
フランス	64.1	2.8	35.3	17.1	31.2
デンマーク	4.3	2.5	56.6	5.4	14.7
イタリア	30.2	3.9	30.8	12.5	31.8
スウェーデン	43.9	1.9	6.3	1.1	68.9
ポーランド	31.3	10.5	36.6	10.4	30.9
ハンガリー	9.3	5.0	49.7	8.6	22.9

※統計年次は2016年。『世界国勢図会2019/20』による。

　フランスは，国土面積が大きく耕地率も高いので，広大な農地をもっていることがわかるよ！　さすが**ヨーロッパ最大の農業国**だね。
　農業人口率を見てみよう！
　農業人口率は，経済の発展が進むと低くなるので，ヨーロッパ諸国はだいたい**10％未満**になるんだけど，**ギリシャ，ポルトガル，ポーランドなど東欧諸国はやや高くなる**ことに注意しようね！
　ねぇ，君たちは，**デンマークの耕地率が高い**のに驚かなかった？　デンマークって**酪農**が盛んだから，つい牧場の割合が高いように思うんだけど，デンマークって面積が狭いだろう？　だから**多くの家畜を飼うために，農地は畑に利用して飼料作物を栽培し，家畜は畜舎で飼う**んだ（**舎飼い**）。単位面積当たりの家畜飼育頭数は，牧場での放牧より，畜舎での舎飼いの方が多くなるんだよ。これは，絶対に見逃してはいけないポイントだ！
　北欧の**スウェーデン**は寒冷なため耕地率も牧場・牧草地率も低いよね。つまり，あまりにも寒いから農牧業が苦手なんだよ。森林を切って農地に転換する

より，**豊富な森林を林産資源として利用**したほうが有利なんだね（**フィンラン ド**も同じ理由だ）。おもしろいだろう？

　その点，**イギリス**なんかは，かつては国土の大部分が森林だったのに伐採してしまって，現在は**国土の半分近くが牧場・牧草地**になっているんだ！　データの分析って楽しいだけで，難しいことなんか一つもないよ！

> やっぱりデータの分析からいろんなことを読み取るのはおもしろいねえ。フランスはだいたいわかったけど，**デンマークの土地利用にはマジで驚いたよ！**　だって『**デンマーク➡酪農➡乳牛➡牧場・牧草地率が高い**』って完全に思いこんでた……。それから，**スウェーデンの農用地率が低いのは寒冷だからかぁ。**当たり前のことなんだけどわかんなかった。もっと復習してデータの分析力を身につけるぞ〜！

表6　ヨーロッパの農業のまとめ

国　名	特　色	農業従事者 1人当たりの 農地面積(ha)
フランス	ヨーロッパ最大の農業国。小麦，トウモロコシなど穀物輸出国（EUの穀倉）。ぶどう栽培。牛の飼育頭数はヨーロッパ最大。	36.8
ド　イ　ツ	小麦，ライ麦，じゃがいもを組み合わせた混合農業。豚の飼育頭数はヨーロッパ最大。	30.8
イギリス	経営規模が大。小麦栽培。羊の飼育頭数はヨーロッパ最大。	48.0
デンマーク	乳牛飼育と飼料栽培を組み合わせた酪農が発達。養豚も発達。	36.4
オランダ	酪農と園芸農業が発達。養豚も発達。	9.4
イタリア	北部（Cfa）では混合農業，南部（Cs）では地中海式農業。ぶどうの生産はヨーロッパ最大。	14.8
スペイン	地中海式農業。オリーブの生産は世界最大。メセタでの牧羊（移牧）。ヨーロッパではドイツに次ぐ豚の飼育頭数。	33.7

※統計年次は2016年。

　さて，いよいよ**鉱工業**だよ。

　18世紀後半イギリスで産業革命が起こって以降，ヨーロッパは世界の経済をリードしてきたんだ。その原動力の一つが石炭の産出だね。**イギリス**，**ドイツ**（**ルール炭田**），**ポーランド**（**シロンスク炭田**）など**ヨーロッパ中北部の古期造山帯地域には炭田が多く分布**しているよ。

ヨーロッパの国々は，**石炭**以外あんまり資源が豊富じゃないという
イメージがあるんだけど，本当はどうなの？　石油とかはとれるの
かな？

図10　ヨーロッパの主要工業地域

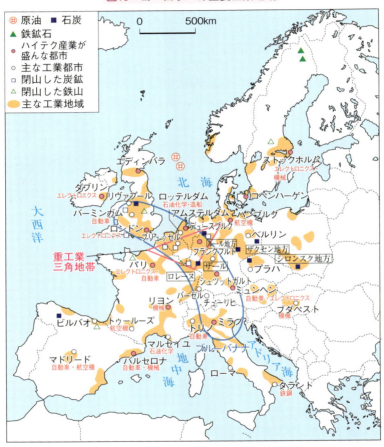

　そうだね，**石油の産出が多いのは，北海油田があるノルウェー，イギリス**だ
ね！　この2か国は輸出量も多いよ。
　天然ガスは，**ノルウェー，オランダ，イギリス**での生産が多いんだ。
　鉄鉱石についてはスウェーデンぐらいしか産出せず，ほとんどの国で枯渇し
かかっているから，**輸入鉄鉱を利用している国が多い**ことに気をつけてね。現

在ヨーロッパは，**大量のエネルギーや鉱産資源を輸入に依存**しているんだよ。

　　ヨーロッパの工業化は，**イギリスをはじめドイツ，フランスなど北西ヨーロッパを中心に進展**したんだ。第二次世界大戦後，ヨーロッパの工業を支えたのは，「**重工業三角地帯**」（北フランス，ルール，ロレーヌ）で，**資源立地型**の鉄鋼業［➡ p.185］**を中心とする重工業地域**だったんだよ。

　　1960年代のエネルギー革命以降は，**臨海**の**製鉄所**の建設が相次いだんだけど，**1970年代の石油危機**後，日本の高品質な鉄鋼製品や韓国，中国など発展途上地域の安価な製品の流通により，鉄鋼業自体が不況業種となったんだ。

　　そこで，現在は中心的な工業が，**従来の鉄鋼業から自動車，エレクトロニクスなどの機械工業や先端産業に移行**し，工業拠点もフランスの**パリ**，イギリスの**ロンドン**，ドイツのミュンヘンなどの**大消費地**周辺に移動しているのが特色だね。最近，注目を集めているのが**ロンドンからベネルクス三国，ライン川沿岸，北イタリアにかけての地域**で，ヨーロッパ経済の中軸を占めるため，「**ブルーバナナ**」とか「**ヨーロッパのメガロポリス**」とか呼ばれているよ［➡ p.384 図10］。

ふ〜ん，そうかぁ。**ドイツ，フランス，イギリス**がヨーロッパでトップクラスの工業国だというのはわかったけど，それ以外のヨーロッパ諸国では，あんまり工業が発達していないのかなぁ？

　　確かに，地中海沿岸諸国は工業化が遅れていたけど，**イタリアやスペイン**では工業化も進展し，両国とも**自動車生産や高級服飾品**など特色ある産業を発展させているよ。

　　特に**北イタリアから南フランス，スペイン北東部のカタルーニャ地方**にかけては「**ヨーロッパのサンベルト**」と呼ばれ，先端産業や観光産業の発展が著しいんだ。

　　また，**北欧**も工業化は進んでいて，**ノルウェー**は**アルミニウム**（水力発電が盛ん），**スウェーデン**は**自動車**，**鉄鋼**（鉄鉱石が産出），**フィンランド**は**製紙・パルプ**（森林資源が豊富）など**特色ある工業が発達し，人々の生活水準も高い**のが特徴だね（だから社会保障制度が充実しているんだ）。最近は，フィンランドやスウェーデンなどが携帯電話で有名になったように，ICT 関連産業にも力を入れているよ。

地誌

東アジア

東南アジア・南アジア

西アジア・アフリカ

ヨーロッパ

ロシアと周辺諸国

アングロアメリカ

ラテンアメリカ

オセアニア

日本

図11　ヨーロッパ諸国の1人当たりGNI

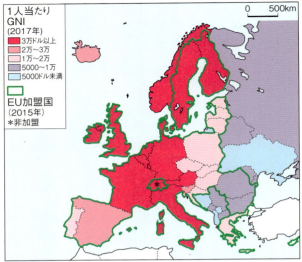

1人当たり GNI
（2017年）
- 3万ドル以上
- 2万～3万
- 1万～2万
- 5000～1万
- 5000ドル未満

EU加盟国
（2015年）
＊非加盟

0　　500km

※キプロスは，キプロス共和国の単独加盟。

表7　ヨーロッパの主な工業国のまとめ

国　名	特　色
ド イ ツ	ヨーロッパ最大の工業国。ライン川やルール川の水運とルール・ザールなどの石炭を利用して古くから鉄鋼業が発達。ルール地方（エッセン，ドルトムント）が最大の重工業地域だが，近年は衰退傾向。南部のバイエルン地方（ミュンヘン）を中心にエレクトロニクスなど先端産業も発達。
フランス	資源には乏しいが，輸入鉄鉱を利用し，北海沿岸（ダンケルク），地中海沿岸（フォス）に鉄鋼業が立地。パリ大都市圏では衣類や化粧品などの消費財から自動車など重工業まで立地し，最大の工業地域を形成。マルセイユ（最大の貿易港），トゥールーズ（航空機）。
イギリス	18世紀後半，世界で最初に産業革命（マンチェスターを中心とするランカシャー地方）。各地の炭田を背景にミッドランド地方（バーミンガムの鉄鋼，コヴェントリの自動車）やヨークシャー地方（リーズの毛織物，シェフィールドの刃物）などに工業地域を形成。北海には油田，ガス田。ロンドン周辺は，先端産業も発達する最大の工業地域。
イタリア	資源には乏しいが，北部の平野（ミラノ，トリノ，ジェノヴァ）を中心に工業が発達。南北の経済格差が大。フィレンツェ，ボローニャ，ヴェネツィアなどの伝統的皮革・服飾産業が注目され，「第三のイタリア（サードイタリー）」と呼ばれている。
スペイン	工業化はやや遅れていたが，近年は，EU諸国企業の進出により自動車工業（カタルーニャ地方のバルセロナ）などが急速に発達。

※都市名を地図帳でチェックしよう！

一方，東欧では長く**社会主義経済**が続き，**1990年前後の民主化革命**以降，工業化を進めているけど，**資本・技術力の不足もあって工業化が遅れている**んだね。最近は，新しく EU に加盟した国々に，外国企業が進出し成長を始めているよ。

さて，ヨーロッパの各地域の特徴をマスターしてくれたかな？

最後になるけど，表8 に主なヨーロッパ諸国のデータをまとめておくので，よく見ておいてね。

表8　主なヨーロッパ諸国の基本データ

国　名	面　積 （万 km²）	人　口 （万人）	1人当たり GNI（ドル）
フランス	64.1	6,513	39,367
ド　イ　ツ	35.7	8,352	45,923
イギリス	24.2	6,753	39,120
オランダ	4.2	1.710	48,954
イタリア	30.2	6,055	32,931
スペイン	50.6	4,674	28,323
ポルトガル	9.2	1,023	20,768
ギリシャ	13.2	1,047	18,057
スウェーデン	43.9	1,004	54,810
ノルウェー	32.4	538	78,420
デンマーク	4.3	577	57,963
ス　イ　ス	4.1	859	81,028
ポーランド	31.3	3,789	13,226
ハンガリー	9.3	969	13,802
ルーマニア	23.8	1,937	10,508

- 面積➡ヨーロッパ（旧ソ連諸国を除く）で日本より面積が大きいのは，フランス，スペイン，スウェーデンだけ。ドイツは日本よりやや小さい。
- 人口➡ドイツが約8,352万人と最大で，イギリス（6,753万人），フランス（6,513万人），イタリア（6,055万人）が次ぐ。
- 1人当たり GNI（国民総所得）➡他地域に比べると産業が発達しているため，高い数値を示す。特に，北欧は人口が少ないため1人当たりの GNI が高く，ドイツ，フランス，イギリス，オランダなど西欧が続く。ポルトガル，ギリシャなど南欧は，やや経済発展が遅れているため2万ドル前後で，東欧は数千ドル～1万ドル台と，アジア NIEs より低いことに注意！

※統計年次は面積2017年，人口2019年，1人当たりGNIは2017年。『世界国勢図会2019/20』による。

地誌

東アジア

東南アジア・南アジア

西アジア・アフリカ

ヨーロッパ

ロシアと周辺諸国

アングロアメリカ

ラテンアメリカ

オセアニア

日　本

ポイント　産業と生活

❶　ヨーロッパの農業は，**畑作**と**牧畜**が基本で，北海，バルト海沿岸の デンマーク，オランダでは**酪農**，中北部のフランス，ドイツなどでは **混合農業**が発達し，地中海沿岸のイタリア，スペインなどでは**地中 海式農業**が発達している。

❷　18世紀の後半の**産業革命**以降，**イギリス，ドイツ，フランス**な ど**北西ヨーロッパ**がヨーロッパの工業を支えてきたが，近年は，**イ タリア，スペイン**などでも工業生産が伸びている。

❸　**スウェーデン，ノルウェー**などの**北欧**は工業が発達しているわ りには人口が少ないため，**1人当たりのGNI**が大きく，**生活水準** も高いため，**社会保障制度**が**充実**している。

❹　**ポーランド，チェコ**などの**東欧**は社会主義時代の影響で生産性が 低く，**経済発展**が遅れている。

フランスは，農業国であると同時に工業国でもあるんだね。どうりでよく出題されるわけだ〜！

チェック問題

1 次の図1を見て，ヨーロッパに関する下の問いに答えよ。

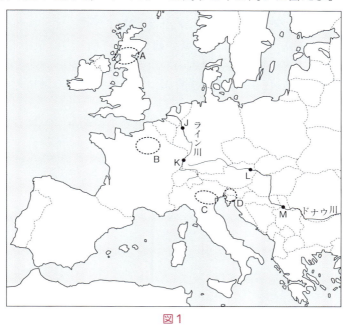

図1

地誌

東アジア

東南アジア・南アジア

西アジア・アフリカ

ヨーロッパ

ロシアと周辺諸国

アングロアメリカ

ラテンアメリカ

オセアニア

日　本

問1　次の①〜④の文は，図中のA〜Dのいずれかの地域における自然環境と土地利用について述べたものである。Dに該当するものを，次の①〜④のうちから一つ選べ。

①　河川の堆積作用によって形成された平野で，稲作を含む穀物生産や酪農を中心に豊かな農業地域となっている。

②　侵食作用によって緩斜面と急斜面が交互に現れる地形を示し，緩斜面上では小麦の大規模栽培が行われている。

③　石炭岩の分布する地域で，ポリエと呼ばれる溶食盆地が貴重な農耕地となって小麦やジャガイモの栽培が行われている。

④　断層運動によって生じた低地帯では酪農や混合農業が発達し，高地では粗放的な牧羊などの土地利用がなされている。

問2　次の①～④の文は，**図1**中のJ～Mに示したライン川または
はドナウ川に面する都市について述べたものである。Jに該当す
るものを，次の①～④のうちから一つ選べ。

① 強大な帝国の中心地として成長を遂げた都市で，各種工業が
　栄えたほか，今日では「音楽の都」として観光客を集めている。
② ヨーロッパでも有数の連接都市（コナベーション）を後背地
　にもち，外国企業や金融機関など中枢管理機能の集積がみられ
　る。
③ 隣国との間で帰属の移り変わりがあった都市で，独自の文化
　が育まれ，多国籍企業や国際機関を引きつけてきた。
④ 連邦国家を構成していた時代からの首都で，1990年代の政情
　不安や紛争により都市の経済発展は停滞した。

2

問1　ヨシエさんは，3か国の産業の違いが自然環境や資源の違い
　によると考え，3か国の発電のエネルギー源の割合を調べた。次
　の図2中の**カ**～**ク**は，火力，原子力，水力のいずれかである。エ
　ネルギー源と**カ**～**ク**との正しい組合せを，下の①～⑥のうちから
　一つ選べ。

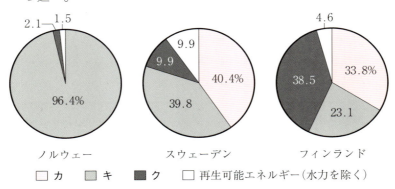

統計年次は2016年。
IEA "World Energy Statistics" (2018年版)により作成。

図2

	①	②	③	④	⑤	⑥
火　力	カ	カ	キ	キ	ク	ク
原子力	キ	ク	カ	ク	カ	キ
水　力	ク	キ	ク	カ	キ	カ

問2　ヨシエさんは，3か国を旅行中に工場や店舗を見て，産業の違いに気づき，3か国の貿易について調べた。次の図3は3か国の総輸出額に占める品目別の割合，下の表1は3か国の輸出額上位3位までの国と，それらの国への輸出額が総輸出額に占める割合を示したものである。国名と図3中の**サ～ス**との正しい組合せを，下の①～⑥のうちから一つ選べ。

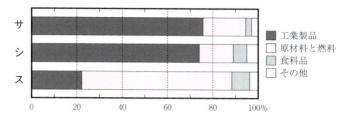

統計年次は2014年。
『国際連合貿易統計年鑑』により作成。

図3

表1

(単位：％)

順　位	サ		シ		ス	
1位	シ	(11.1)	ス	(10.4)	イギリス	(24.6)
2位	ドイツ	(9.9)	ドイツ	(9.6)	ドイツ	(15.3)
3位	ロシア	(9.2)	イギリス	(7.0)	オランダ	(11.9)

統計年次は2014年。
『国際連合貿易統計年鑑』により作成。

	①	②	③	④	⑤	⑥
ノルウェー	サ	サ	シ	シ	ス	ス
スウェーデン	シ	ス	サ	ス	サ	シ
フィンランド	ス	シ	ス	サ	シ	サ

地誌

東アジア

東南アジア・南アジア

西アジア・アフリカ

ヨーロッパ

ロシアと周辺諸国

アングロアメリカ

ラテンアメリカ

オセアニア

日　本

　図中の A ～ D は A（**スコットランド**），B（**パリ付近**），C（**バダノヴェネタ平野**），D（**カルスト地方**）で，それぞれの自然環境と土地利用について問うている。

　①　「河川の堆積作用によって形成された平野」から**ポー川**が形成した**沖積平野**の C と判定する。気候はヨーロッパにしてはかなり珍しい **Cfa**（本来は Cfb だろうが，やや緯度が低く最暖月平均気温が22℃になる）で，温暖な気候を利用して**米や小麦などの穀物栽培**が行われ，近年は大市場向けの**酪農**も発達している。

　②　**ケスタ**の説明なので B である。**パリ盆地**は**ロンドン盆地**と並び頻出のケスタ地形なので注意したい。「ケスタってなんだっけ？」という人は，今からすぐに**第2講　系統地理③小地形**を読み直すこと！

　③　「石灰岩の分布地域」ということで D のカルスト地方と判定する。スロベニアの**カルスト地方**は，石灰岩の溶食地形である**カルスト地形**の語源となった地方名で，**ドリーネ**，**ポリエ**，**鍾乳洞**など特異な地形が多く発達し，世界自然遺産にも登録されている。石灰岩台地が広がるため，平野に恵まれず，溶食盆地のポリエが農業の中心になっている。盆地底部には，**テラロッサ**が堆積していることにも注意してもらいたい。

　④　この文は，やや難しいが「断層運動によって生じた低地帯」から**スコットランド地溝帯**が東西に走る A である。地溝帯の南北に広がる高地では牧羊が行われている。

問2　②

　学習指導要領の現行課程で強調されている**歴史的背景**に触れた都市の特徴を問う設問である。**ライン川**に面する J（**デュッセルドルフ**），K（**ストラスブール**），**ドナウ川**に面する L（**ウィーン**），M（**ベオグラード**）が図に示され，説明文をしっかり読まないと判定を誤るので注意しよう。

　①　「強大な帝国の中心地（オーストリア＝ハンガリー帝国）」，「音楽の都」から**オーストリアの首都ウィーン**である。

　②　「**コナベーション**」，「外国企業や金融機関など中枢管理機能の集積」から，**ルール地方**にある**ドイツ**経済の中心地の一つである**デュッセルドルフ**である。ライン川本流には，ルール川との合流点に位置するライン川最大の河港**デュースブルク**，前述のデュッセルドルフが立地するほか，ルール川沿岸には**エッセン**，**ドルトムント**など古くから**鉄鋼業**で栄えた都市が多数立地している。

　③　「隣国（ドイツ）との間で帰属の移り変わり」，「国際機関（**欧州議会**）」

から，**フランスのアルザス地方**の**ストラスブール**である。

④　「連邦国家（**ユーゴスラビア**）を構成」，「1990年代の政情不安や紛争（連邦解体，コソボ独立など）」から，**セルビアの首都ベオグラード**である。

2　問1　⑤

　3か国の**発電エネルギー源の割合**から国名を判定させる問題である。**ノルウェー**は，**偏西風**に対してスカンディナヴィア山脈の風上側に位置することから，**ヨーロッパ有数の降水量**に恵まれ，氷食（ひょうしょく）による急崖（きゅうがい）などを利用しての**水力発電（キ）**が盛んである。北海で**原油，天然ガスを産出**するが，これは主に輸出による外貨獲得に利用されている。**スウェーデン**は，化石燃料に乏しいことから**水力発電**と**原子力発電（カ）**に力を入れてきた。近年は，電源の多様化を図るためバイオマス（木質）発電，廃棄物発電，風力発電など**再生可能エネルギー**にも力を入れている。**フィンランド**は，他の2か国と異なり平坦な地形もあって水力発電の占める割合があまり高くない。**火力発電（ク）**が最も大きな割合を占めているが，**化石燃料の大半を輸入に依存**（いぞん）している。

問2　⑥

　3か国の**総輸出額に占める品目別の割合**と**輸出額上位3位までの国とそれらの国への輸出額が総輸出額に占める割合**から，国名を判定する問題である。図3中の**サ**と**シ**は，食料品がわずかに**シ**が多い以外は，ほとんど差が認められないが，**ス**は**原材料と燃料の割合が極めて高い**ため，**北海**で産出する**原油**と**天然ガス**の輸出額が多い**ノルウェー**である。**表1**の**サ**は，**ロシア**に注目し，**フィンランド**と判定する。フィンランドは，ロシアと国境を接しており，古くから交流がさかんで（東西冷戦時，西側諸国としては唯一ソ連と平和友好条約を結んでいた），**機械類**など工業製品の輸出が多い。残る**シ**が**スウェーデン**である。スのノルウェーはイギリスへの輸出額が多いが，これはノルウェーの北海油田（エコフィスク油田）からイギリス（ミドルズブラ）にパイプラインが敷設されており，原油の輸出が多いためである。

ヨーロッパまでやり遂げたネ！
次はロシアだ。
苦手にしている受験生が多い地域なので，得意になろうよ！

東アジア
東南アジア・南アジア
西アジア・アフリカ
ヨーロッパ
ロシアと周辺諸国
アングロアメリカ
ラテンアメリカ
オセアニア
日　　本

23 ロシアと周辺諸国（旧ソ連諸国）

この項目のテーマ

❶ ロシアと周辺諸国の自然環境
広大な国土にはさまざまな地形と気候が分布！

❷ ロシアと周辺諸国の社会と産業
ソ連解体後のロシア連邦や周辺諸国の人々の生活の変化に注目！

❶ ロシアと周辺諸国の自然環境

ロシア連邦（以下「ロシア」）と日本との関係は，東西冷戦のため「近くて遠い国」だった時期もあったけれど，経済交流の活性化が望まれているよ。でも日本とロシアの間には，**北方領土問題**があるからなかなか思うようにいかないのが現状だね。「『ソ連』って何だった？」という人は，p.399を先に読もう。

図1を見てごらん。ロシアの国土面積は，約1,700万 km^2 と，とにかく広い！

図1 ロシアと周辺諸国の地形

どれぐらい広いかというとカナダ，アメリカ合衆国，中国の２倍近く，**日本だったら約45倍**もあるんだからね。

ここではロシアを含めた旧ソ連諸国の**自然環境**を勉強していこう！

地図帳で，**ロシアとその他の旧ソ連諸国**の位置を確認しておいてね。

じゃあ，いつものように，図1 ［➡ p.394］を見ながら**地形**からやるよ！

広大な**ロシアと周辺諸国**の地形を勉強するためには，いくつかのポイントになる場所をチェックしたいな。

地図で**東経60度**のあたりを見てごらん！　ちょうど**古期造山帯**の**ウラル山脈**があるよね。**ウラル山脈～アラル海にいたるラインがほぼ東経60度**になるから注意しよう！　ウラル山脈から西側を**ヨーロッパ＝ロシア**，東側を**シベリア**（サハ共和国とアムール州以東を**極東ロシア**としてシベリアから区別する場合もある）と呼んでいるんだよ。つまり**ウラル山脈はヨーロッパとシベリアやアジアの境界になっている**んだね。さらにウラル山脈の南側が**中央アジア**ということも要注意だよ。

じゃあ，話を戻そう！　ウラル山脈西側の**ヨーロッパ＝ロシアは大部分が安定陸塊**（ロシア卓状地）で，**東ヨーロッパ平原**と呼ばれる**構造平野**が広がっているんだ。標高の低い大規模な平野なんだけど，中央部がやや高くなっていて，そこからいろいろな方向に河川が流れているよ。**ヴォルガ川**（カスピ海へ）やドン川，ドニエプル川（黒海へ）は南に流れてるから注意してね！

ウラル山脈東側の**シベリア**は，全体としては**南高北低**で，**オビ，エニセイ，レナ**などの大河が**北極海**に向けて流れているんだ。エニセイ川を境として西側を**西シベリア**といい，低平な**西シベリア低地**（構造平野）が分布しているよ。東側の**東シベリア**は**安定陸塊**に属する**中央シベリア高原**（シベリア卓状地）や**新期造山帯**（**環太平洋造山帯**）に属する山脈など（ヴェルホヤンスク山脈や**カムチャツカ半島**）も分布しているからね。カムチャツカ半島には多数の**火山**が分布していて，入試頻出だよ。

> **ウラル山脈**が**ヨーロッパ＝ロシア**と**シベリア**を分ける**境界線**なんだね。ところで，**ロシア**はヨーロッパの国なの，それともアジアなの？

これはトルコでも問題になったよね（^_^;）。

ロシアは，自分の国をヨーロッパの国だと思ってるみたいだね。今後もヨーロッパの国々と連帯を深めていきたいと考えているようだよ。共通テストに出

地誌

東アジア

東南アジア・南アジア

西アジア・アフリカ

ヨーロッパ

ロシアと周辺諸国

アングロアメリカ

ラテンアメリカ

オセアニア

日本

題されるような**統計でもロシアはヨーロッパに入れてあることが多い**から注意しておこう！　ロシアをヨーロッパに入れるかどうかで，面積，人口，資源の産出なども 著しく変わってくるので，特に統計問題を解くときは十分に注意しようね！

　次は，**図2**を見ながら**気候**についてやってみよう！

図2　ロシアと周辺諸国の気候

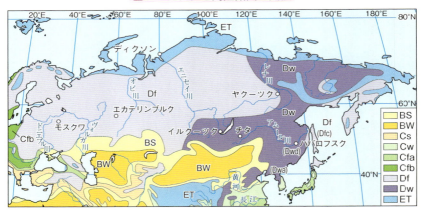

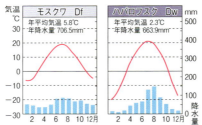

　旧ソ連地域は東西に長いので，**気候帯も東西に帯状に分布**しているよ。北から順に見ると，**北極海沿岸がET**，その南側に**Df・Dw**が広く分布し，ウラル山脈以南の**中央アジアは大部分が乾燥気候**で，**BS・BW**が分布しているからね。温帯はほとんど分布していないので，気候環境としてはかなり厳しく，**寒冷や乾燥に対応した生活を 営む必要**があるんだ。特に，**⑤**［➡ p.85 📈］でもやった**シベリア東部**は，**冬季にシベリア高気圧が発達するため**，**極寒のDw**が分布しているよ。「**北半球の寒極**」と呼ばれるのがレナ川の東にある北東シベリアだね。冬季に雨や雪があんまり降らないから（比熱の大きな水の影響を受けにくい），どんどん気温が低下していくんだ。冬季は－60〜－70℃にもな

ることがあるんだからびっくり！

　よくロシア人の国民性を表現するとき「忍耐強い」っていうのを聞いたことない？　この厳しい自然環境に対応するには，長い冬が去るのをじっと耐えて待つくらいの気持ちが必要だったんだろうね。

> 確か，⑦陸水と海洋［➡p.118〜］のところで，シベリアの河川について勉強したとき，初夏（6月ごろ）に融雪洪水が起こるって勉強したよね？

　やるなぁ！（ﾟ〜ﾟ）そのとおりだ！
　シベリアの河川は，下流部で約半年間は凍結してると思っていいよ。しかも温暖な南部から寒冷な北部に向かって流れているので，上流で雪解けが始まっても，下流ではまだ凍結してるから**洪水**が起こってしまうんだよ（初夏の融雪洪水）。
　夏季は平常通り緩やかに流れるので，**内陸水路として利用**され（船が使えるのは，河口付近では100日くらい），**冬季の船舶航行は無理**だけど，自動車道路として利用されたり，臨時の滑走路に使用されたりすることもあるんだ。驚きだねえ!!!　ロシアの一部では，地球温暖化による北極の氷の融解によって，

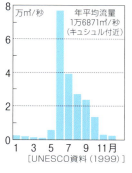

図3　レナ川の流量変化

（8 万㎥/秒／年平均流量 1万6871㎥/秒（キュシュル付近）　1 3 5 7 9 11月　[UNESCO資料 (1999)]）

北極航路が利用しやすくなるという期待もあるみたいだね。地球温暖化にはいろいろな見方があるんだなぁ。

> シベリアには永久凍土が分布しているよね。これってどんなものなの？

　永久凍土というのは，**土壌の凍結層**（氷河とはぜんぜん違うものだから要注意！）で，数百メートルの厚さに達するものもあるんだ。まるで岩盤みたいに固いんだよ。
　ロシアの半分近くが永久凍土の分布地域になるんだけど，夏には比較的高温となる**D（冷帯）気候地域**では，年間を通じて表層だけは凍結していないので，**ポドゾル**という土壌が分布していて，**タイガ**と呼ばれる**針葉樹林**が覆っているよ。**北極海沿岸**などの**ET（ツンドラ気候）地域**では，**夏季**だけ表層がわずかに融解し，**コケ（蘚苔類）**などの湿性植物が繁茂しているんだね。次ページの**図4**に**永久凍土の南限**を示してあるから見てごらん！　エニセイ川以東の**東**

地誌

東アジア

東南アジア・南アジア

西アジア・アフリカ

ヨーロッパ

ロシアと周辺諸国

アングロアメリカ

ラテンアメリカ

オセアニア

日　本

図4　永久凍土の南限

シベリアではかなり南まで永久凍土が分布しているだろう？　冬の寒さが厳しい大陸性のDwの分布と似ていることに注意しようね！

　それからもう一つ君たちに話しておきたいのは，**永久凍土がシベリアの開発の大きな障害**になっているということなんだ。

　たとえば，建物やパイプラインを新たに建設したとするよね。するとそこから発する熱で地下の**永久凍土が融け，建造物が沈下**してしまうんだ。これは鉄道の線路や道路を建設するときにも，同じ問題が起こるんだよ。

　凍土の融解を防ぐには熱を遮断する必要があるから，工場や高層建築物なども高床式にするなどいろいろな工夫が行われているんだ［図5］。高床式っていうのは熱帯地域の家屋［➡ p.103］だけじゃないんだねぇ。

　また，近年は**針葉樹の大量伐採**により，地表に直射日光が到達し，下層の**永久凍土が融解**することによって**湿地**ができ，そこから発生する**メタンガス**が**地球温暖化**を促進しているという問題点も指摘されているよ。

図5　高床式の建物

ポイント ロシアと周辺諸国の自然環境

❶ **古期造山帯**で丘陵性の**ウラル山脈**は**ヨーロッパ＝ロシア**と**シベリアやアジアの境界線**をなす。

❷ 国土は全体的に低平で，ヨーロッパ＝ロシアや西シベリアには**構造平野**が広く分布するが，東シベリアの太平洋岸には**環太平洋造山帯**に属する山脈群が南北に走る。

❸ **気候**は，北から **ET ➡ Df・Dw ➡ BS・BW** と帯状に分布するが，偏西風の影響が少ないウラル以東のシベリアは冬に寒冷で，特に**シベリア高気圧**が優勢な**東シベリア**は **Dw**（「北半球の**寒極**」）が分布している。

❷ ロシアと周辺諸国の社会と産業

現在の**ロシア**を理解するためには，ソ連時代からの流れを知らないとわかりにくいよね。今から，簡単に**ソ連の成立➡解体➡ロシア連邦の成立**についての話をしておこう。

ロシア革命によって1922年，世界で最初の**社会主義国**である**ソ連**（ソヴィエト社会主義共和国連邦）が成立したんだ。現在のロシアやウクライナなど15の共和国からなる連邦国家だったんだよ。**計画経済**のもと**重工業化**や**農業の集団化**を推し進めていったんだけど，自由競争がないから生産意欲が低下し，先進資本主義諸国から資本や技術を導入しなかったので経済は停滞していったんだ。

これを解消するため，徐々に市場経済を導入するなど**改革（ペレストロイカ）**を進めていったんだけど，<u>1991年，**バルト三国の独立をきっかけに，ついにソ連は解体し，15の共和国が生まれた**</u>んだ。

ソ連解体後，<u>**バルト三国（エストニア，ラトビア，リトアニア）を除く12の共和国は，ロシアを中心として CIS（独立国家共同体）を組織**</u>し，安全保障や資源開発などで協力体制をつくり上げたんだよ（ジョージアは2009年に脱退）。

地誌

東アジア

東南アジア・南アジア

西アジア・アフリカ

ヨーロッパ

ロシアと周辺諸国

アングロアメリカ

ラテンアメリカ

オセアニア

日　本

図6　旧ソ連諸国

（地図中のラベル）
リトアニア
ロシア（飛地）
モルドバ
エストニア
ラトビア
ベラルーシ
ウクライナ
ロシア連邦
ジョージア
アルメニア
アゼルバイジャン
カザフスタン
ウズベキスタン
トルクメニスタン
キルギス
タジキスタン
旧ソ連時代の国境線
0　　1000km

そうかぁ，ということは**ロシアやその他の旧ソ連諸国**はもう**社会主義国**ではなくて，今は日本と同じような**市場経済の国**なんだね。なんかこのへんがごちゃごちゃしてたからすっきりしたよ！

　よかった！　でも，注意したいのは，**計画経済**から**市場経済**へ十分な準備もないまま急激に変化したのでかなり**社会は混乱し，失業，インフレ，物資不足などが深刻になった**ことだ。巨額（きょがく）の富を築く者もいる反面，以前より厳しい生活を強いられる者も出てしまったんだね。現在は，**原油**や**天然ガス**の資源価格が高騰し，収入が増えたため，1999年頃から，高度成長が始まったよ。2008年に起こった世界同時不況では大きな打撃を受けたけど，**経済活動や人々の生活は少しずつ回復**し始めているんだ（**ロシアの1人当たりGNIは10,681ドル**，2017年）。

図7 ロシアの民族分布

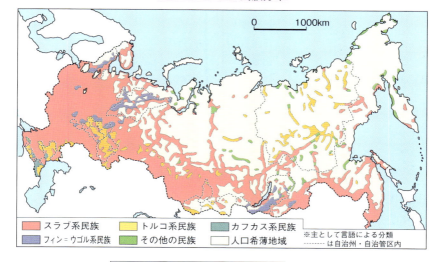

0   1000km

スラブ系民族　　トルコ系民族　　カフカス系民族
フィン゠ウゴル系民族　　その他の民族　　人口希薄地域
※主として言語による分類
-------- は自治州・自治管区内

図8 キリル文字

ズドラーストヴィチェ
Здравствуйте!
（こんにちは）

ロシアに居住しているのは，やっぱりスラブ系の人々なのかなぁ？

　ロシアの人口は**約1.4億5870人**（2019年）で，**約80％がスラブ系ロシア人**だよ［**図7**］。**ロシア語**を話し，ラテン文字（アルファベット）とは異なる**キリル（ロシア）文字**［**図8**］を使用するんだ。宗教は**正教会**（ロシア正教）を信仰している人が多いね。でも，**シベリアの先住民はモンゴロイド**だし，ロシア人以外にも100を超える少数民族が居住しているんだ。人口のところでも説明したけど，ソ連解体後の急速な市場経済への転換は，経済の停滞や社会不安をもたらし，その結果，**出生率は低下**，**死亡率は上昇**したため，**ロシア，ウクライナ，ベラルーシ，バルト三国などでは自然減**が生じたんだ。**ロシアは近年の経済成長で自然増に転換**したけどね。

　図7と**表1**［➡ p.402］に，ロシアを含めた旧ソ連地域について民族・宗教をまとめておいたよ。特に**中央アジア**には，**アルタイ（トルコ）系イスラム教徒**が多い点に注意しようね！

地誌

東アジア
東南アジア・南アジア
西アジア・アフリカ
ヨーロッパ
ロシアと周辺諸国
アングロアメリカ
ラテンアメリカ
オセアニア
日本

表1　旧ソ連諸国の民族・宗教のまとめ

国　名	主な民族	主な宗教	国　名	主な民族	主な宗教
ロ シ ア	スラブ系	正教会	アルメニア	インド゠ヨーロッパ系	正教会
ウクライナ	スラブ系	正教会	アゼルバイジャン	トルコ系	イスラム教
ベラルーシ	スラブ系	正教会	カザフスタン	トルコ系	イスラム教
モ ル ド バ	ラテン系	正教会	ウズベキスタン	トルコ系	イスラム教
エストニア	ウラル系	プロテスタント	トルクメニスタン	トルコ系	イスラム教
ラトビア	バルト系	プロテスタント	キ ル ギ ス	トルコ系	イスラム教
リトアニア	バルト系	カトリック	タジキスタン	インド゠ヨーロッパ系	イスラム教
ジョージア	カフカス系	正教会			

じゃあ，最後に，**ロシアと周辺諸国の産業**の発展についてまとめていこう！

まず，**農業**の説明をしようね。ソ連時代には，集団農場のコルホーズや国営農場のソフホーズが農業生産の中心だったけど，市場経済移行後は**企業経営**（農業法人）や**個人経営**に変化しているよ。ソ連時代からある菜園つきの別荘地（**ダーチャ**）で野菜などの園芸作物なども栽培されているしね。

表2　旧ソ連諸国の農産物生産量上位生産品目

農産物	生産上位国（世界における順位）
小　麦	ロシア（3），ウクライナ（9），カザフスタン（14）
大　麦	ロシア（1），ウクライナ（5），カザフスタン（15），ベラルーシ（16）
ライ麦	ロシア（3），ベラルーシ（6），ウクライナ（7）
ばれいしょ	ロシア（3），ウクライナ（4），ベラルーシ（11），カザフスタン（22）
てんさい	ロシア（1），ウクライナ（7），ベラルーシ（12），セルビア（20）
綿　花	ウズベキスタン（6），トルクメニスタン（14），タジキスタン（17），カザフスタン（22）

※統計年次は2017年。綿花は2014年。

次は農業地域の説明だ。**気候環境**を考えれば簡単なので，がんばってね！

北極海沿岸には ET が分布し，アジア系の先住民（モンゴロイド）などが**トナカイの遊牧**や**漁労・狩猟生活**を送っているよ。

ヨーロッパ゠ロシアでは，酪農やライ麦・じゃがいもなどを栽培する混合農業が行われているんだ。

さらに南に行くと**ウクライナ～カザフスタン～ロシアの西シベリア南部**にかけて，肥沃な**チェルノーゼム**〔➡ ⑥ の ❸ p.114〕が分布していて，大規模な小麦栽培が行われているんだよ。

中央アジアでは，大部分が**乾燥気候**（BW ～ BS）だから，羊などの**放牧**やオアシス農業が行われているんだ。近年は灌漑によって綿花栽培が盛んになり，**ウズベキスタン**や**トルクメニスタン**では生産量もかなり多くなっているから注意しようね！［**表2**〕ただアラル海に注ぐシルダリア川やアムダリア川か

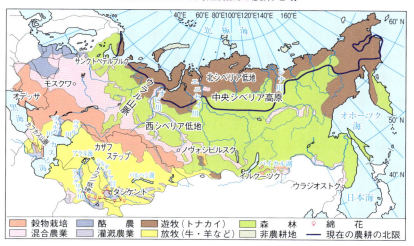

図9　ロシアと周辺諸国の農業地域

凡例:
- 穀物栽培
- 混合農業
- 酪農
- 灌漑農業
- 遊牧 (トナカイ)
- 放牧 (牛・羊など)
- 森林
- 非農耕地
- 綿花
- 現在の農耕の北限

ら**過剰に取水したため**，<u>アラル海の縮小</u>を招き，消失の危機にあるんだったよなあ。

　黒海とカスピ海の間は**カフカス地方**と呼ばれるんだけど，ここは旧ソ連地域の中では気候的に恵まれていてね（だって旧ソ連地域は寒いか，乾燥しているかのどちらかだもんねえ），**B〜Cなど温暖な気候が分布**しているんだ。だから茶，果実（ぶどう，オレンジなど），米の栽培も行われているんだよ。

　ロシアは穀物生産量が多いけど［➡ p.402 表2］，**アメリカ合衆国**ほど輸出余力がなくて，特に**トウモロコシなどの飼料作物はかなり多く輸入**をしていることに注意しようね！

　次に**鉱工業**についての特色を確認していこう！

　まずは資源についてだ。

　ロシアは<u>エネルギー・鉱産資源が豊富</u>で，**石油**，**天然ガス**，**石炭**などの化石燃料の産出量が多く，**自給率も高い**よ。特に，<u>石油はサウジアラビアとならぶ輸出国</u>で，シベリアの**チュメニ油田**やヨーロッパ＝ロシアの**ヴォルガ＝ウラル油田**の産出が多いんだ。近年は，原油価格の高騰による石油収入の増加で，経済はかなりうるおっているよ。

　ロシアだけでなく，その他の旧ソ連諸国でも，**カスピ海沿岸（アゼルバイジャンのバクー油田）**などは古くから油田開発が行われているし，近年は，中央アジア諸国でも**石油（カザフスタン）**や**天然ガス（ウズベキスタン）**の開発が

地誌

東アジア

東南アジア・
南アジア

西アジア・
アフリカ

ヨーロッパ

ロシアと
周辺諸国

アングロ
アメリカ

ラテン
アメリカ

オセアニア

日　本

図 10　ロシアと周辺諸国の工業地域

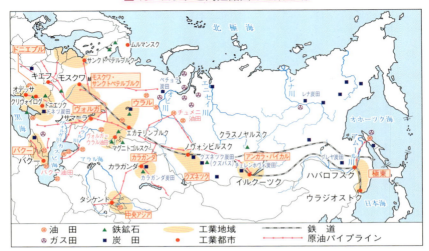

凡例：
⊕ 油田　▲ 鉄鉱石　◯(工業地域)　━━━ 鉄　道
♨ ガス田　■ 炭田　● 工業都市　━━━ 原油パイプライン

進んでいるよ。シベリアや中央アジアの資源開発は，今後が楽しみだね！

じゃあ，次は**工業**の説明をしようね。

ロシアや**ウクライナ**を中心に工業化が進んでいるよ。ソ連時代から，**計画経済**によって**石炭や鉄鉱石など資源立地型の工業地域が多数立地**していたんだ。特に，**ヨーロッパ＝ロシア**と**シベリア鉄道沿線**には，いくつもの工業地域（**コンビナート**［➡ p.406 📖］）が成立したんだよ。

ただし，**軍需産業中心の重化学工業化**が行われたため，国民の生活に必要な食料・衣類・家電などの供給が十分ではなかったんだね。

図 11　ロシアにおける鉱産資源の輸出額の推移

例えば，ロシアは**粗鋼**，**アルミニウム**など素材の生産は世界のトップクラスなんだけど，**ハイテク（先端技術）産業**は先進諸国からかなり遅れているんだ。

ただし，近年は**計画経済から市場経済への移行で経済は混乱**したものの，好調な**石油輸出**などに支えられて経済も徐々に回復し，ほかの先進資本主義諸国

からの**投資もヨーロッパ゠ロシアを中心に増加**しつつあるよ。

旧ソ連地域の中で，比較的1人当たりGNIが高いのは，**バルト三国，ロシア，カザフスタン**だから忘れないでネ！

表3　旧ソ連の工業地域のまとめ

工業地域	特　色
モスクワ・サンクトペテルブルク	モスクワやサンクトペテルブルクなど大消費地に立地。最も古くからの工業地域。
ドニエプル	豊富な石炭（ドネツ炭田）・鉄鉱石（クリヴォイログ鉄山）を利用し，重工業の中心となる。ウクライナ共和国。ドニエツク，クリヴォイログで鉄鋼業。
ヴォルガ	ヴォルガ゠ウラル油田の石油を利用し，ヴォルゴグラード，サマーラなどで重化学工業が発達。
ウ　ラ　ル	鉄鉱石をはじめ豊富な鉱産資源を利用。マグニトゴルスクはロシア有数の鉄鋼業地。チェリャビンスク，エカテリンブルクなどで工業が発達。
クズネツク	クズネック炭田の石炭，オビ川の水力を利用し重工業が発達。ノヴォシビルスクはシベリア開発の拠点。ノヴォクズネツクは鉄鋼業の中心。
アンガラ・バイカル	各種鉱産資源と林産資源。アンガラ川の水力を利用。バイカル湖南西岸のイルクーツクが中心。
極　　　東	豊富な石炭，石油，林産資源。日本など外国からの投資も増加。ウラジオストクは重要な港湾都市。ハバロフスクは極東開発の拠点。
バ　ク　ー	カスピ海沿岸の石油（バクー油田）。アゼルバイジャン共和国。
中央アジア	綿花地帯。タシケントを中心に綿工業が発達。ウズベキスタン共和国が中心。
カラガンダ	豊富な石炭を利用し，金属工業が発達。カザフスタン共和国。

旧ソ連の民族問題　旧ソ連地域はロシア，ウクライナなどスラブ系民族の人口が多いが，100を超える少数民族も居住している。特にソ連の解体後，各地で**民族運動が激化**し，カフカス地方のアゼルバイジャン共和国（アルタイ系イスラム教徒中心）内にあるナゴルノ゠カラバフ自治州（アルメニア人自治区）のアルメニア共和国（インド゠ヨーロッパ系キリスト教徒中心）への帰属問題や，ロシア連邦内チェチェン共和国（カフカス系イスラム教徒中心）の独立問題，ジョージ

地誌

東アジア

東南アジア・南アジア

西アジア・アフリカ

ヨーロッパ

ロシアと周辺諸国

アングロアメリカ

ラテンアメリカ

オセアニア

日　　本

ア共和国（カフカス系正教徒中心）からの南オセチア（イラン系イスラム教徒中心）分離問題など，未解決の問題を多数かかえている。またロシア・ウクライナ間には，クリミア半島の帰属問題（ウクライナ領であったが，現在はロシアが併合）もある。

集団制農業 ソ連時代には，農業の集団化が行われ，集団農場のコルホーズや国営農場のソフホーズにより農産物は生産されていた。現在は民営化が進む。

コンビナート 原料，燃料などの資源を工場と計画的に結びつけた工業地域で，ソ連時代には各地にコンビナートが配置された。

ポイント ロシアと周辺諸国の社会と産業

❶ 世界最初の社会主義国家であるソ連は1991年に解体し（東西冷戦終結），ロシア連邦など15の共和国となる。

❷ 計画経済から市場経済への急速な転換は，社会・経済を混乱させ，生産力は落ち込むが，近年は徐々に回復する傾向にある。

❸ ロシア，ウクライナなどにはスラブ系でキリスト教の正教を信仰する人が多いが，中央アジアを中心にトルコ系イスラム教徒も多数居住している。

❹ 農業地域は，気候帯に沿ってほぼ帯状に分布し，北極海沿岸ではトナカイの遊牧，ヨーロッパ＝ロシアでは酪農，混合農業が発達し，ウクライナから西シベリアにかけてのチェルノーゼム地帯には小麦地域が分布している。

❺ ソ連時代には重化学工業が中心で，コンビナート方式の工業地域が資源産地に多数立地していたが，資本や技術の不足によりハイテク産業（先端技術）などでは先進諸国に後れをとっている。

ロシアを苦手にしている受験生が多いけど，君たちなら得意になれる！がんばれ！

チェック問題

ロシアと周辺諸国の自然環境について述べた文として正しくないものを，次の①～④のうちから一つ選べ。

① ロシアと周辺諸国の大半は，安定陸塊と古期造山帯からなるが，太平洋沿岸やカフカス地域では，地震や火山の活動もみられる。

② 黒海北岸から東にのびる穀倉地帯の土壌は肥沃なチェルノーゼムである。

③ ロシアに接する海域は，黒海沿岸を除いて，冬の期間，流氷や結氷によって閉ざされる。

④ 永久凍土は，ツンドラ地帯のみでなくタイガ地帯にも分布している。

解答・解説

③ スカンディナヴィア半島に沿って，**暖流**の**北大西洋海流**が北上するため，ムルマンスクなど**北極海沿岸の一部は凍結せず不凍港**となる。また，極東でも日本海沿岸の**ウラジオストク**付近は，冬の間中，ずっと氷に閉ざされることはない。よって，③が誤り。

① 国土の大部分は，**安定陸塊**と**古期造山帯**からなるが，**太平洋岸は新期造山帯（環太平洋造山帯）**に属し，**カムチャツカ半島**などには多くの**火山**が分布している。よって正しい。

② 黒海北岸の**ウクライナ～カザフスタン～西シベリア（ロシア）**にかけては，肥沃な**チェルノーゼム**が分布し，**小麦栽培の中心**をなしている。よって，正しい。

④ **永久凍土**は，ツンドラだけでなく，**冬季寒冷な東シベリア**では，タイガ地帯の**地下**にも分布している。よって，正しい。

24 アングロアメリカ

この項目のテーマ

1 **アングロアメリカの自然環境と人々の生活**
広大な大陸に広がる自然の多様性に触れてみよう！

2 **アメリカ合衆国の社会と産業**
世界の経済をリードし，国際社会に影響を与えるアメリカ合衆国の産業と人々の生活について考えよう！

3 **カナダの社会と産業**
広大な国土，豊富な資源を持つカナダの特色を理解しよう！

1　アングロアメリカの自然環境と人々の生活

　いよいよ**地誌分野も新大陸**（ヨーロッパ人にとっては，新たに発見した大陸のことで，**南北アメリカ大陸，オーストラリア大陸**を指す）だね。
　アングロアメリカ（Anglo America）とは，アングロサクソン（Anglo Saxon）系の人々（**イギリス人**と考えていいよ）が開拓した**カナダ**と**アメリカ合衆国**のことを指すので，トップクラスの**先進地域**と考えなくっちゃね。

　では，まず最初にアングロアメリカの**地形**の話をしよう。
　北東部の**カナダ楯状地**（<u>五大湖からラブラドル半島にかけて</u>）から**中央平原**（<u>ミシシッピ川</u>流域の構造平野だ）にかけては**安定陸塊**が広がっているよ。
　ここで質問！　五大湖からカナダのラブラドル半島にかけて多く分布している**資源**は？……，もちろん**鉄鉱石**だよね。全員正解（^_^）！

　じゃあ，次に行こう！
　東部の**アパラチア山脈は古期造山帯**のなだらかな**丘陵性山地**だね。西部の**ロッキー山脈**や**シエラネヴァダ山脈**などは**新期造山帯**に属していて，険しい山々が南北に連なっているよ。

　先生！　ちょっと待ってくれる？　確か，**アメリカ合衆国の太平洋岸**は，なんとかっていう**プレート**の境界になってたよね。忘れてしまった（ToT）。

図1　アングロアメリカの地形

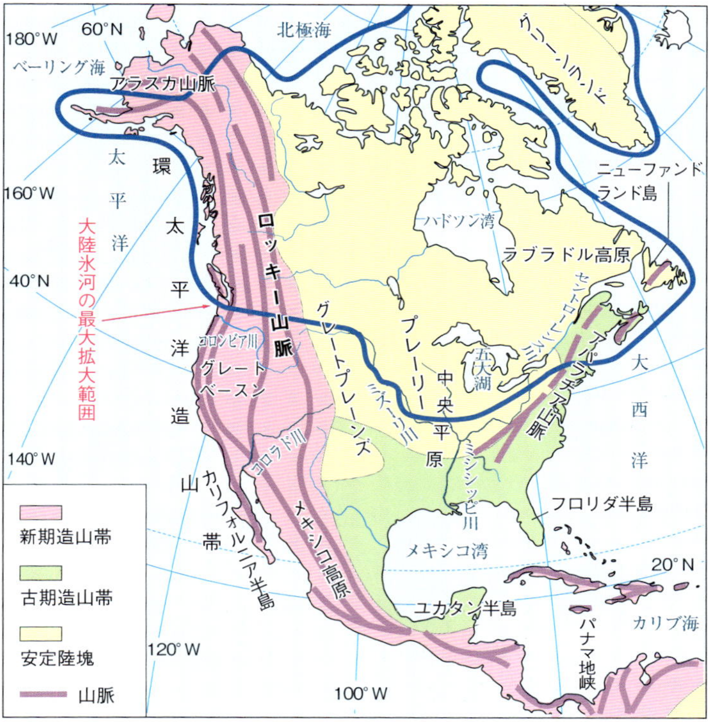

地
誌

東アジア

東南アジア・
南アジア

西アジア・
アフリカ

ヨーロッパ

ロシアと
周辺諸国

アングロ
アメリカ

ラテン
アメリカ

オセアニア

日　本

　大丈夫だよ！　アメリカ合衆国の太平洋側にある**カリフォルニア州付近は**，**プレートの**「**ずれる境界**」にあたっていて，サンアンドレアス断層 [➡ p.32] が走り，**地震**も多く発生しているよ。

　それから，**ハワイ諸島は火山島**だけど，プレートの境界付近に生じた火山ではなく，プレートの内部にある火山（**ホットスポット**）だから注意してね！[➡ p.36]

　ヨーロッパのところでもやった大陸氷河の最大拡大範囲を，図1で復習しておこう！　ちょうど五大湖のあたりまでが大陸氷河に覆われていたんだよね。ということは，今，君たちが想像したとおり，五大湖は氷河湖だよ！

　また，**アラスカやカナダの太平洋岸**って海岸線が複雑に入り組んでいるだろう？　これはフィヨルドだね。ノルウェーの西岸と同じように，**氷期には偏西風**の影響で積雪が多く，氷河が発達していたから，フィヨルドが多く分布しているんだよ。

アメリカ合衆国の**大西洋岸からメキシコ湾岸にかけて**は，浅海底が離水して<ruby>わんがん<rt></rt></ruby>できた**海岸平野**が広がっているよ。

　地形は十分理解できたかな？　君たちだったら大丈夫だよね！

表1　アングロアメリカの大地形のまとめ

大地形	分　布	特　色
安定陸塊	五大湖〜カナダ北東部	カナダ楯状地。鉄鉱石の埋蔵に恵まれる。氷期には大陸氷河に覆われていた。
古期造山帯	東部のアパラチア山脈	石炭の埋蔵に恵まれる。丘陵性山地。アパラチア山脈東部には滝が線状に連なる（滝線）。
新期造山帯	西部のロッキー山脈，シエラネヴァダ山脈など環太平洋造山帯	高峻な山脈が南北に連なる。太平洋岸はプレートの「ずれる境界」。サンアンドレアス断層が分布し，地震も多発。

図2　アングロアメリカの気候

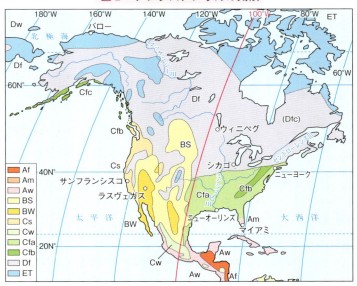

　よし，では次に**気候**の説明をするよ［**図2**］。

　まず，**アメリカ合衆国の西経100度（100°W）の線をマーカーでなぞってみよう！**　これは**年降水量ほぼ500mm**に等しいんだ。このラインより**東側に湿潤気候**，**西側に乾燥気候**が広がっていることは，絶対に忘れないでね！

　北に行けば寒冷になり，南に行けば温暖になるので，**北極海沿岸**は**ET**，カナダから五大湖にかけては**Df**，アメリカ合衆国の東半分は**Cfa**，西半分は**BS（グレートプレーンズ）〜BW（グレートベースン）**が分布しているよ。

アメリカ合衆国の西半分に乾燥気候が分布しているのは，**南北に走るロッキー山系が太平洋側からの湿潤な偏西風をさえぎってしまうから**だね。

ただし，**偏西風の風上になる太平洋岸は，アメリカ合衆国が Cs，カナダ～アラスカが Cfb**（一部 Cfc）になっているから注意してね。

> へぇー。カナダは Df と ET だけで，温帯はないと思ってた。太平洋岸は Cfb なんだ。だからアジアからの移住者にとっても過ごしやすい気候なんだね。

そうだよ。**アメリカ合衆国とカナダとの国境はおよそ北緯49度**（49°N）だから，ヨーロッパで言えば，**ロンドンやパリあたりの緯度**だもんね。そう考えればわかりやすいだろう？　⑤，⑥を勉強してきた君たちにとっては，こんなこともう常識だよね（＾_＾）。

それから，アメリカ合衆国本土で最も低緯度にある**フロリダ半島**だけは**熱帯**（海岸リゾート地として知られる**マイアミ**は Am）が分布していることにも注意してね！

また，カナダから五大湖周辺は**ブリザード**と呼ばれる吹雪が襲い，中央平原では**トルネード**と呼ばれる大きな竜巻が発生し，**フロリダ半島やメキシコ湾岸**にかけては**熱帯低気圧**の**ハリケーン**も襲来するよ。

👆 **プレーリー**と**グレートプレーンズ**　西経100度（年降水量500mm）をほぼ境界として，西にはグレートプレーンズと呼ばれる BS の大平原が，東にはプレーリーと呼ばれる Cfa の草原が広がる。前者では**企業的牧畜**，後者では**企業的穀物農業**や**混合農業**が行われている。本来，グレートプレーンズは地形名を，プレーリーは植生名を表す用語である。

ポイント▶ アングロアメリカの自然環境と人々の生活

❶　アングロアメリカの地形は，北東部から五大湖周辺にかけて**安定陸塊**，東部の**アパラチア山脈**が**古期造山帯**，西部の**ロッキー山系**が**新期造山帯**となる。

❷　中央部の**ミシシッピ川**流域は**構造平野**で，メキシコ湾岸から大西洋岸にかけては**海岸平野**が広がる。

❸　アメリカ合衆国の**西経100度**の線は，ほぼ**年降水量500mm**に当たり，これより**東部は湿潤気候**（**Df，Cfa** など），**西部は乾燥気候**（**BS，BW**）が広がる。

地誌

東アジア
東南アジア・南アジア
西アジア・アフリカ
ヨーロッパ
ロシアと周辺諸国
アングロアメリカ
ラテンアメリカ
オセアニア
日本

2　アメリカ合衆国の社会と産業

さぁ，**アメリカ合衆国**の説明に入ろう！

まず，**アメリカ合衆国の成立過程**について話をしておこうかな。

もちろん**先住民**は**イヌイット**（**エスキモー**），**インディアン**などのネイティブアメリカンであることは知っているよね（**氷期**(ひょうき)**にユーラシア大陸から移動してきたモンゴロイド**の子孫）。でも，**アメリカ合衆国の建国**と発展の原動力となったのは，**ヨーロッパからの移民**だったんだ。15世紀のコロンブスのアメリカ大陸到達に始まり，図３のように**イギリス**，**フランス**，**スペイン**などが入植(にゅうしょく)していったよ。

図３　アメリカ合衆国の成立

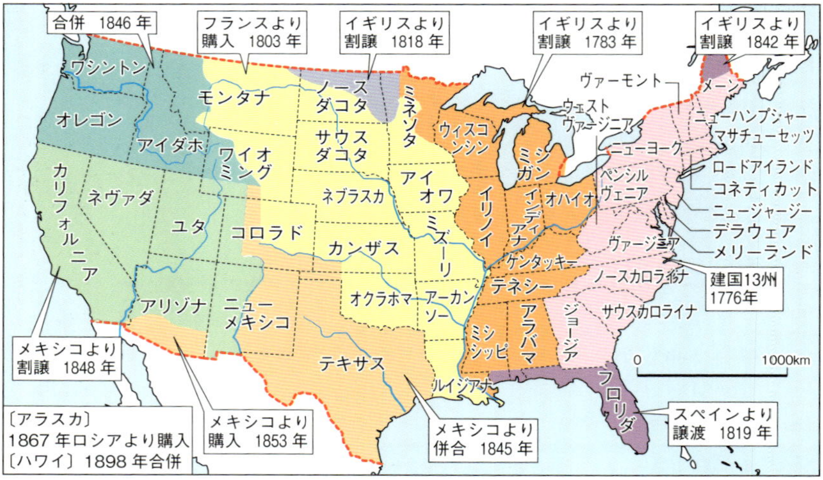

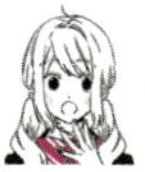

イギリスだけじゃなくて，フランスやスペインも入植していったんだね。どのあたりに入植していったの？

ヨーロッパ系移民は**大西洋岸**を中心に植民地を建設したよ。**イギリスは東部**，**フランスはミシシッピ川流域**，**スペインはフロリダ半島と西部**（のちに**メキシコ領**）を植民地化したんだね。だから，現在でもそれぞれの文化が残っているんだよ。アメリカ合衆国の地図と地名を眺(なが)めてみると，このことが伝わってくるよ（たとえば，Louisiana(ルイジアナ)はフランス語起源だし，San Francisco(サンフランシスコ)はスペイン語起源だ）。

では，話の続きを進めよう。

イギリス領だった**東部13州**が，1783年に**イギリスから独立**を果たすんだ。その後，買収や割譲によって領土を拡大し，**アラスカをロシア**から買収，さらに**ハワイ**を併合し，現在の**50州**になるんだね。

移民の出身国は，**17世紀以降**，**イギリス**（アングロサクソン系）や**アイルランド**（当時はイギリス領）**からが多く**，初期の開拓の中心となっていたんだ。**イギリス系白人**は，**WASP**（**W**hite **A**nglo-**S**axon **P**rotestant）と呼ばれ，長い間アメリカ合衆国の政治や経済の主導権を握っていたんだよ。多数派であるヨーロッパからの移民に対して，17世紀末からさとうきびや綿花の**プランテーション労働力**として移住させられた**アフリカ系黒人**や，第二次世界大戦後急増した**メキシコ**など**中南米からの移住者で，スペイン語を母語とするヒスパニック**も，現在ではそれぞれ**人口の1割を超えている**よ。アメリカ合衆国の人口は**約3.3億人**で，典型的な**多民族国家**なんだけど，民族構成の多数派はさっきも説明したように**ヨーロッパ系白人**で，**総人口の約70%**を占めるんだ。

このほか，少数派民族集団（マイノリティ）として，**アフリカ系黒人**，**ヒスパニック**，**アジア系**，**先住民**（インディアンなどネイティブアメリカン）などがいるよ。特に近年は，**ヒスパニックとアジア系の移民が増加**しているね［**表2**］。

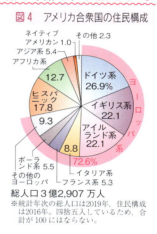

図4　アメリカ合衆国の住民構成

ネイティブアメリカン 1.0
アジア系 5.4
アフリカ系 12.7
ヒスパニック 17.8
その他 2.3
ドイツ系 26.9%
イギリス系 22.1
アイルランド系 22.1
イタリア系 8.8
フランス系 5.3
その他のヨーロッパ 9.3
ポーランド系 5.5
ヨーロッパ系 72.6%

総人口3億2,907万人
※統計年次の総人口は2019年，住民構成は2016年。四捨五入しているため，合計が100にはならない。

表2　アメリカ合衆国の移民の変化

年代	総数（千人）	1位（％）	2位（％）	3位（％）	4位（％）
1951〜60	2,515	ド イ ツ（13.7）	メキシコ（12.7）	カ ナ ダ（10.9）	イギリス（8.3）
1961〜70	3,322	メキシコ（13.3）	カ ナ ダ（8.6）	キューバ（7.7）	イギリス（6.9）
1971〜80	4,493	メキシコ（14.2）	フィリピン（8.0）	キューバ（6.2）	韓　国（6.1）
1981〜90	7,256	メキシコ（22.8）	フィリピン（6.8）	ベトナム（5.5）	中　国（5.4）
1991〜00	9,081	メキシコ（24.8）	フィリピン（5.6）	中　国（4.7）	ベトナム（4.6）
2001〜10	10,501	メキシコ（16.1）	イ ン ド（6.3）	中　国（6.3）	フィリピン（5.6）

地誌

東アジア
東南アジア・南アジア
西アジア・アフリカ
ヨーロッパ
ロシアと周辺諸国
アングロアメリカ
ラテンアメリカ
オセアニア
日本

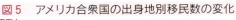

図5　アメリカ合衆国の出身地別移民数の変化

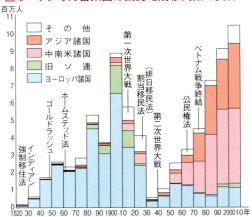

百万人

凡例：
- その他
- アジア諸国
- 中南米諸国
- 旧ソ連
- ヨーロッパ諸国

グラフ内注記：インディアン強制移住法／ゴールドラッシュ／ホームステッド法／第一次世界大戦／（排日移民法／割当移民法）／第二次世界大戦／公民権法／ベトナム戦争終結

1820 30 40 50 60 70 80 90 1900 10 20 30 40 50 60 70 80 90 2000 10年

今でも1年間に100万人近い移民を受け入れているんだね。びっくりした!!　**アメリカ合衆国**では，地域ごとの**住民構成は差がない**のかなぁ？　なんとなく**大都市**にはいろんな**人種・民族**がいるような気がするんだけど。

よくわかってるねぇ。でもその前に地域ごとの特色を考えてみよう。

ヨーロッパ系白人は全域で多いけど，初期の入植の影響で特に**北部や中西部の農業地域でその割合が高い**よ（**ハワイ州**だけは**アジア系**の割合のほうが高い）。アメリカ合衆国は広大な土地を所有する**自作農**が中心だから，農業を営んでいるのは，開拓時代に**ホームステッド法**［➡ p.426 ］などによって無償で農地を得られた白人が多いんだね。

アフリカ系黒人は，奴隷解放後も**南東部のコットン**

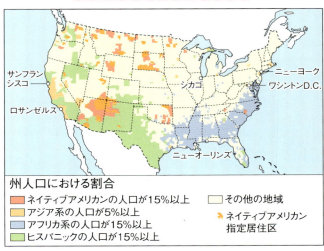

図6　アメリカ合衆国の民族分布

サンフランシスコ／ロサンゼルス／シカゴ／ニューヨーク／ワシントンD.C.／ニューオーリンズ

州人口における割合
- ネイティブアメリカンの人口が15%以上
- アジア系の人口が5%以上
- アフリカ系の人口が15%以上
- ヒスパニックの人口が15%以上
- その他の地域
- ネイティブアメリカン指定居住区

ベルトに居住している人が多く，一部は雇用機会を求めて北部の<u>大都市</u>へ移住しているよ。だからさっき君が言ったように，大都市には移民をはじめいろんな人種・民族が住んでいるんだね。

　<u>中南米からの移住者である</u><u>ヒスパニック</u>（<u>スペイン語</u>を話す人々）は，<u>メキシコに近い</u><u>南西部</u>に多く居住しているよ。これは<u>メキシコ</u>からの移住者が多い証拠で，<u>大都市</u>にも多く移住しているのは，やっぱり雇用機会が多いからだね。また，<u>フロリダ半島にキューバ系</u>，<u>ニューヨークにはプエルトリコ系のヒスパニックが多い</u>からね。

　<u>太平洋側</u>は，<u>中国系，韓国系，東南アジア系，日系</u>など<u>アジア</u>からの移住者が多いことは，かなり有名な話なので知ってるだろう？　アジアとアメリカ合衆国の太平洋岸は近いと言えば，近いもんね。<u>1960年代</u>に<u>移民法が改正</u>されて，アジアからの移民制限が大幅に緩和されたこともあって，ヒスパニックとともに移民の増加が続いているよ。

> ほーら，やっぱり大都市には新規の移民やヒスパニック，アフリカ系の人々が多いんだ o(^_^)o。

14 でも説明したように，<u>アメリカ合衆国</u>の<u>大都市</u>では，人種・民族・所得階層などにより<u>住み分け（セグリゲーション）</u>が進んでいるんだ。一般に，<u>インナーシティに黒人，ヒスパニックやその他の移民などが集中し，スラム</u>も形成されているよ。新しく流入してきた移民も<u>民族ごとの集団をつくり，居住地区を形成</u>している場合が多いんだ。そのほうが母語も通用するし，出身国の生活習慣を変えずに生活できるので心地いいんだろうね。

　君たちがもし留学したら，日本人どうしで固まらず，いろんな人々と交流を深めるといいよ。よく日本人ばかりとつきあって，失敗したって話を留学した学生たちから聞くから (^_^;)。

　アメリカ合衆国は，世界各地から移民を受け入れながら発展してきたんだけど，残念なことに<u>少数派（マイノリティ）</u>に対する<u>多数派（マジョリティ）</u>からの差別や偏見が存在したんだ。そこで<u>1960年代</u>に<u>公民権法</u>が施行され，<u>法的には平等な権利が保障され差別は禁じられるようになった</u>んだよ。歴史的にはかなり最近のできごとだよね。現在は，アメリカ合衆国のさまざまな集団の文化的伝統を尊重しながら共存していこうという<u>多文化主義</u>的な意識が高まっているんだよ。これを「<u>サラダボウル論</u>」（➡ p.427 👍）っていうんだ。

> やっぱりアメリカ合衆国にも<u>都市問題</u>ってあるんだよね？

東アジア

東南アジア・
南アジア

西アジア・
アフリカ

ヨーロッパ

ロシアと
周辺諸国

**アングロ
アメリカ**

ラテン
アメリカ

オセアニア

日　本

さっきも話したけど，アメリカ合衆国の大都市では，**インナーシティ問題**が深刻化しているところがあって，発展から取り残された地域には**低所得層や高齢者などの社会的弱者が集住する**スラムが形成されているんだ。よくいわれている**インナーシティに低所得層，郊外に中高所得層**という構図だよ。近年はこの状況を打破するために，**再開発によって高級化し，高所得層がインナーシティに回帰するという現象**（ジェントリフィケーション）が生じているところもあるよ。ニューヨークのハーレムなんかが有名だね。

表3　アメリカ合衆国の人種構成

				(%)
白人	黒人	アジア系	その他	ヒスパニック*
76.6	14.2	6.7	2.5	18.4

＊ヒスパニックは人種構成に含まれず。ラテンアメリカからの移住者のうちスペイン語を母語とする者の割合

統計年次は2018年。

そろそろ**アメリカ合衆国の産業**について勉強しなくっちゃね！

まず，「**世界の食料倉庫**」と呼ばれるほど発達している**農業**についてやっていこう。**機械化された大規模な経営**が行われているので，生産性が非常に高く，特に**労働生産性は極めて高い**から注意してね〔➡ p.131〕。つまり安価で大量に生産できるから，国際競争力が強く，農業は重要な**輸出産業**になっているんだよ。**適地適作**の傾向が強いため，**図7**のように比較的単純な農業地域の分

図7　アメリカ合衆国の農業地域区分

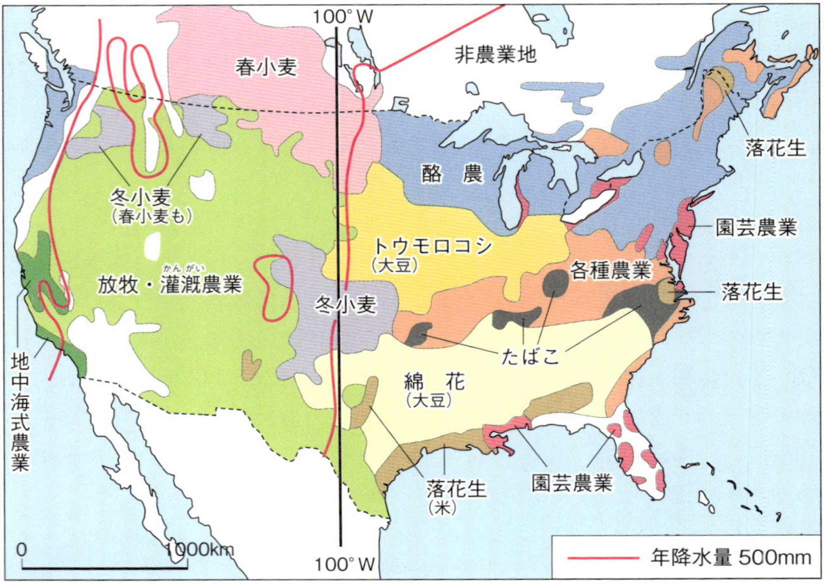

化がみられるのがアメリカ合衆国の特徴だよ。ヨーロッパや日本と大きく違う点かな。

　農業地域区分でも年降水量500mm（西経100度）のラインが重要！　湿潤な東側では北から酪農，混合農業，園芸農業など作物栽培が盛んだ。

　一方，西側はやや降水量が少ないため企業的牧畜が発達し，大規模に肉牛の飼育が行われているよ。年降水量500mm の等雨量線付近のプレーリーからグレートプレーンズにかけては肥沃な黒色土（プレーリー土）

図8　主な農産物の総生産量に占めるアメリカ合衆国の割合

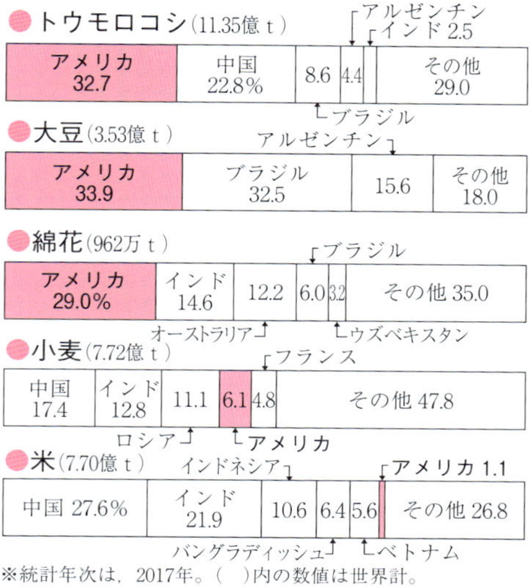

● トウモロコシ（11.35億 t ）

アメリカ 32.7	中国 22.8%	8.6	4.4	アルゼンチン インド 2.5	その他 29.0

● 大豆（3.53億 t ）

アメリカ 33.9	ブラジル 32.5	アルゼンチン 15.6	ブラジル その他 18.0

● 綿花（962万 t ）

アメリカ 29.0%	インド 14.6	12.2	6.0	3.2	その他 35.0

オーストラリア／ウズベキスタン／ブラジル

● 小麦（7.72億 t ）

中国 17.4	インド 12.8	11.1	6.1	4.8	その他 47.8

ロシア／アメリカ／フランス

● 米（7.70億 t ）

中国 27.6%	インド 21.9	10.6	6.4	5.6	アメリカ 1.1	その他 26.8

インドネシア／バングラディッシュ／ベトナム

※統計年次は，2017年。（　）内の数値は世界計。

が分布していて，春小麦（寒冷な北部）や冬小麦（温暖な南部）の企業的穀物農業が発達しているんだ。降水量が少ないグレートプレーンズでは，地下水を汲み上げ散水用のパイプを使って自動的に灌漑を行うセンターピボット方式が導入されていて，小麦や飼料の栽培に利用されていることも忘れないでね。穀物の集荷・運搬・販売は穀物メジャー［➡ p.426 📖］と呼ばれる巨大穀物商社が独占的に行い，価格決定にも大きな影響力を与えているんだよ。最も重要なポイントは，アメリカ合衆国の農業生産力が世界でも群を抜いているという点だ。

そうかぁ，工業だけじゃなくアメリカ合衆国の農業が世界に与える影響はとっても大きいんだね。もう少しくわしく，東部の農業地域の説明が聞きたいなぁ？

　OK！　まず，酪農地帯（デイリーベルト：Dairy Belt）から説明しよう！分布地域はやや冷涼（Df）で，氷食により土壌がやせている五大湖沿岸からニューイングランド地方だよ。付近には，大都市も多いから消費地に近い有利さがあるよね。
　その南側のプレーリーにはコーンベルト（Corn Belt）が広がっているんだ。ここでは，トウモロコシ，大豆などの飼料作物栽培と肉牛の飼育（フィード

地誌

東アジア

東南アジア・南アジア

西アジア・アフリカ

ヨーロッパ

ロシアと周辺諸国

アングロアメリカ

ラテンアメリカ

オセアニア

日本

ロット）や養豚が行われていて，典型的な商業的混合農業地域になっているよ。フィードロット（feedlot）とは，肥育場のことで，トウモロコシ，大豆など栄養価が高い飼料を与え，短期間で肥育するところだ。

大西洋岸のメガロポリス周辺ではニューヨークなどの大都市に野菜などを出荷するため園芸農業が発達しているよ。南東部のコットンベルト（Cotton Belt）は，もともとプランテーションとして成立し，綿花の単一栽培が行われていたんだけど，現在は大型の綿花収穫機などが導入され，大豆などを組み合わせての混合農業形態に変化しつつあるよ。

表4でアメリカ合衆国の農業地域をまとめておくから，しっかりと地域の特徴をつかんでおこう！

表4　アメリカ合衆国の農業のまとめ

農業地域	立地条件・分布	特　色
酪農地帯 （デイリーベルト）	冷涼で，氷食によるやせ地が広がる五大湖沿岸やニューイングランドに立地。	牛乳，チーズ，バターなど乳製品を都市へ出荷。
コーンベルト	アイオワ州，イリノイ州を中心とする肥沃なプレーリー。	トウモロコシ，大豆，肉牛飼育（フィードロット），養豚。商業的混合農業地域。
春小麦地帯	カナダにまたがるやや冷涼な地域に分布。ノースダコタ州，サウスダコタ州，モンタナ州。集散地はミネアポリス。	年降水量500mm前後の西経100度付近。 経営規模が大きく，大型機械を導入。労働生産性が非常に高い。
冬小麦地帯	カンザス州を中心とする温暖なプレーリー。集散地はカンザスシティ。	
コットンベルト	ジョージア州，ミシシッピ州，アラバマ州など。 温暖な南東部に立地。	かつては黒人奴隷を使用したプランテーションとして発達。現在は，連作障害や土壌侵食が激しく，混合農業に転換傾向。灌漑の普及により，綿花栽培地はテキサス州，カリフォルニア州など西方へも拡大。
園芸農業	大西洋岸のメガロポリス近郊。	野菜・果実などを都市へ出荷。フロリダでは，亜熱帯性作物栽培。
企業的牧畜	年降水量500mm未満のグレートプレーンズ～ロッキー山麓。	牧牛が中心だが，近年はセンターピボット灌漑の導入により作物栽培など多角化。大規模フィードロットも増加。
地中海式農業	太平洋岸の地中海性気候地域。カリフォルニア州のセントラルヴァレーが中心。温暖な気候を利用。	灌漑設備（シエラネヴァダ山系の融雪水を利用）が整備され，大規模な機械化農業が行われる。野菜，果樹。カリフォルニア州は全米最大の農業生産州。収穫はメキシコ（ヒスパニック）系の労働者に依存。

図9 アメリカ合衆国の主な農産物の州別生産上位5州（2018年）

単位はすべて万トン。

小　麦

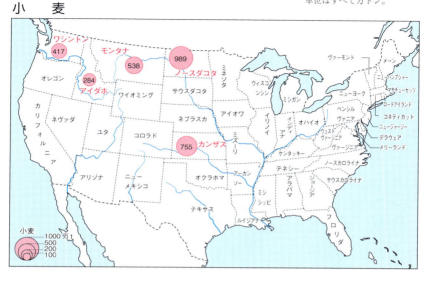

トウモロコシ

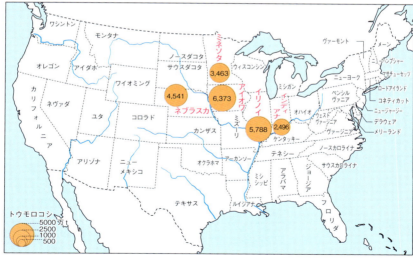

東アジア

東南アジア・
南アジア

西アジア・
アフリカ

ヨーロッパ

ロシアと
周辺諸国

アングロ
アメリカ

ラテン
アメリカ

オセアニア

日　　本

大豆

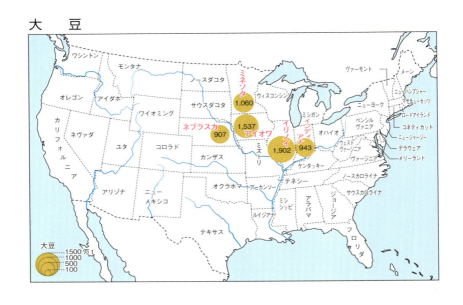

ワシントン
モンタナ
ノースダコタ
ミネソタ **1,060**
ウィスコンシン
ヴァーモント
メーン
ニューハンプシャー
マサチューセッツ
オレゴン
アイダホ
サウスダコタ
ミシガン
ニューヨーク
ロードアイランド
コネティカット
ネブラスカ **907**
ワイオミング
アイオワ **1,537**
イリノイ **1,902**
インディアナ **943**
オハイオ
ペンシルヴァニア
ニュージャージー
カリフォルニア
ネヴァダ
ユタ
コロラド
ミズーリ
ケンタッキー
ウェストヴァージニア
ヴァージニア
デラウェア
メリーランド
アリゾナ
ニューメキシコ
カンザス
オクラホマ
アーカンソー
テネシー
ノースカロライナ
ミシシッピ
アラバマ
ジョージア
サウスカロライナ
ルイジアナ
テキサス
フロリダ

大豆
1500万t
1000
500
100

綿 花

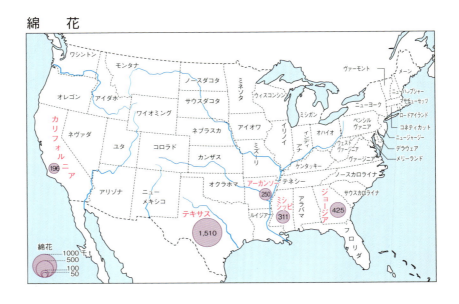

ワシントン
モンタナ
ノースダコタ
ミネソタ
ウィスコンシン
ヴァーモント
メーン
ニューハンプシャー
マサチューセッツ
オレゴン
アイダホ
サウスダコタ
ミシガン
ニューヨーク
ロードアイランド
コネティカット
カリフォルニア **196**
ネヴァダ
ワイオミング
ネブラスカ
アイオワ
イリノイ
インディアナ
オハイオ
ペンシルヴァニア
ニュージャージー
ユタ
コロラド
ミズーリ
ケンタッキー
ウェストヴァージニア
ヴァージニア
デラウェア
メリーランド
アリゾナ
ニューメキシコ
カンザス
オクラホマ
アーカンソー **250**
テネシー
ノースカロライナ
ミシシッピ **311**
アラバマ
ジョージア **425**
サウスカロライナ
テキサス **1,510**
ルイジアナ
フロリダ

綿花
1000千t
500
100
50

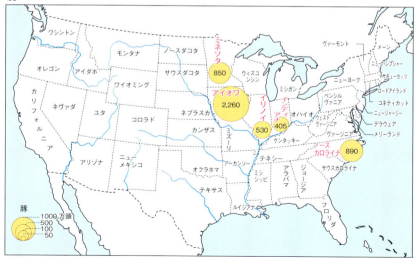

牛

ワシントン
モンタナ
ノースダコタ
ヴァーモント
メーン
オレゴン
アイダホ
サウスダコタ
ミネソタ
ウィスコンシン
ニューハンプシャー
マサチューセッツ
カリフォルニア
ネヴァダ
ワイオミング
アイオワ
ミシガン
ニューヨーク
ロードアイランド
コネティカット
ユタ
コロラド
ネブラスカ 680
ミズーリ
イリノイ
インディアナ
オハイオ
ペンシルヴァニア
ニュージャージー
デラウェア
メリーランド
515
カンザス 635
ウェストヴァージニア
ヴァージニア
アリゾナ
ニューメキシコ
オクラホマ 530
アーカンソー
ケンタッキー
テネシー
ノースカロライナ
テキサス 1,300
ミシシッピ
アラバマ
ジョージア
サウスカロライナ
ルイジアナ
フロリダ

牛
1000万頭
750
500
250

※肉牛，乳用牛など，すべてを含めた牛の飼育総数。

豚

ワシントン
モンタナ
ノースダコタ
ミネソタ 850
ヴァーモント
メーン
オレゴン
アイダホ
サウスダコタ
ウィスコンシン
ニューハンプシャー
マサチューセッツ
カリフォルニア
ネヴァダ
ワイオミング
アイオワ 2,260
ミシガン
ニューヨーク
ロードアイランド
コネティカット
ユタ
コロラド
ネブラスカ
イリノイ 530
インディアナ 405
オハイオ
ペンシルヴァニア
ニュージャージー
デラウェア
メリーランド
アリゾナ
ニューメキシコ
カンザス
ミズーリ
ケンタッキー
ウェストヴァージニア
ヴァージニア
オクラホマ
アーカンソー
テネシー
サウスカロライナ 890
テキサス
ミシシッピ
アラバマ
ジョージア
ルイジアナ
フロリダ

豚
1000万頭
500
100
50

※すべての豚の飼育総数。

地誌

東アジア

東南アジア・南アジア

西アジア・アフリカ

ヨーロッパ

ロシアと周辺諸国

アングロアメリカ

ラテンアメリカ

オセアニア

日本

次は，アメリカ合衆国の鉱工業についてだよ。

エネルギーや鉱産資源は豊富なんだけど［**図10**］，以前も話したようにあまりにも消費量が大きいので，**石炭以外は自給できなくて，輸入量も多い**から，**1次エネルギーの自給率は88%**（2016年）ぐらいなんだ。

ただ最近は，技術革新によって採掘が可能になった**シェールガス**や**シェールオイル**（ともに地中の頁岩に閉じ込められている天然ガスや原油）という非在来型の天然ガスや原油の生産が増加していて（**シェール革命**），天然ガスとともに原油も世界一の生産国に !!（2018年）　かなりアメリカ合衆国の経済を潤しつつあるよ。**エネルギー**，**鉱産資源**については**表5**［➡ p.423］にまとめておくね！

図10　エネルギー資源の主要生産・埋蔵国

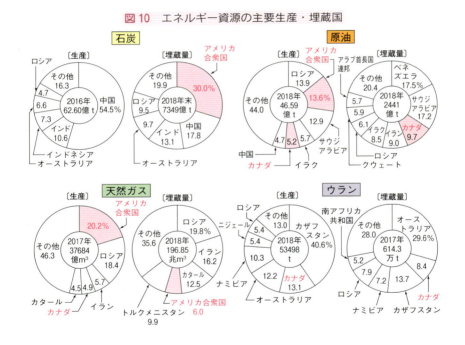

表5　アメリカ合衆国の資源

資　源	分布・特色
石　油	生産量はロシア，サウジアラビアと並ぶが，消費量が多く，世界最大の輸入国。メキシコ湾岸，テキサス，アラスカ，カリフォルニアなどで産出。
石　炭	東部のアパラチア炭田，西部のロッキー炭田を中心に産出が多い。
天然ガス	ロシアとともに産出が多いが，消費量も多い。近年は，非在来性天然ガスのシェールガスが注目。
鉄鉱石	安定陸塊の五大湖沿岸（メサビ）を中心に産出するが，近年は，カナダ，ブラジルからの良質な輸入鉄鉱への依存度が高まる。
銅　鉱	西部の新期造山帯地域を中心に分布。

　アメリカ合衆国は，巨大な資本，豊富な資源と労働力に支えられ，20世紀には世界最大の工業国として発展してきたということは知ってるよね？

　北東部のメガロポリスや五大湖沿岸を中心に工業化が進展し，世界の経済をリードする存在となったんだ。

　1950年代〜1960年代にかけては鉄鋼，石油化学，自動車など重工業が飛躍的な発展を遂げるんだけど，ヨーロッパや日本の工業化が進んだ1970年代は，国際競争力が低下し，工業地域も停滞し始めるんだ。

　その背景にはそれまでの圧倒的な工業力に対するおごりがあったんだろうな。技術革新が遅れ，賃金水準も高かったので，安くて優秀な日本やヨーロッパの製品に押され始めたんだ。だから，アメリカ合衆国としても産業構造の転換を図る必要があったんだね。

　そこで，停滞する北東部や五大湖沿岸の古くからの工業地域（スノーベルトまたはフロストベルト）ではなく，南部や西部のサンベルト（カリフォルニア州を含む北緯37度以南）にエレクトロニクスや航空宇宙産業など先端技術産業が多数立地することになったんだ［図12 ➡ p.424］。

図11　アメリカ合衆国の地域別工業生産額の変化

	北東部	中西部	南部	西部
1965年	27.1%	37.4	23.4	12.1
1980年	20.9	31.8	32.0	15.3
1995年	16.4	32.2	34.8	16.6
2009年	14.0	30.0	38.4	17.6

〈Statistical Abstract of the United States 2012, ほか〉

地誌

東アジア

東南アジア・南アジア

西アジア・アフリカ

ヨーロッパ

ロシアと周辺諸国

アングロアメリカ

ラテンアメリカ

オセアニア

日　本

図12 アメリカ合衆国の工業

シアトル
航空・宇宙・木材・製紙

ポートランド
木材・製紙・機械

エレクトロニックハイウェイ
機械・電子工業・織物・造船
ボストン

ミネアポリス
機械・製粉

自動車
デトロイト
バッファロー
ニューヨーク
機械・電子工業・化学繊維

ミルウォーキー
機械

ピッツバーグ
鉄鋼

フィラデルフィア
自動車

シリコンヴァレー
サンフランシスコ

ソルトレークシティ
機械・金属・食品

カンザスシティ
航空・宇宙

シカゴ
自動車・機械
製粉・鉄鋼

ボルティモア
鉄鋼・造船

37°N

サンノゼ
電子工業

デンヴァー
機械・航空
・化学・食品

セントルイス
自動車
電子工業

リサーチトライアングルパーク

シリコンデザート

ロサンゼルス
航空・宇宙・電子工業

サンベルト

電子工業・
航空・宇宙
ダラス

バーミングハム
鉄鋼・機械
・石油化学

アトランタ
航空・宇宙・綿織物・機械

サンディエゴ
航空・宇宙
電子工業

フェニックス

航空・宇宙
電子工業

エレクトロニクスベルト

シリコンプレーン

ヒューストン
石油化学
電子化学

ニューオーリンズ
石油化学
食品

※シリコンヴァレーは37°N以北にも広がるが,サンベルトに含む。 シリコンヴァレー は主な先端産業の集積地。

図13 アメリカ合衆国の資源分布

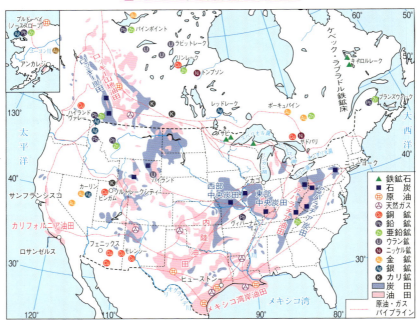

	凡例
▲	鉄鉱石
■	石　炭
⊕	原　油
Ⓐ	天然ガス
Ⓒᵤ	銅　鉱
Ⓟᵦ	鉛　鉱
Ⓩₙ	亜鉛鉱
Ⓤ	ウラン鉱
Ⓝᵢ	ニッケル鉱
Ⓐᵤ	金　鉱
Ⓐᵍ	銀　鉱
Ⓚ	カリ鉱
	炭　田
	油・ガス田
	原油・ガス パイプライン

日本やヨーロッパの発展により，五大湖沿岸や東部の工業地域が停滞したのはわかるんだけど，どうして**先端技術産業**は**サンベルト**に進出する必要があったの？　すでに発展している北部でもいいような気がするんだけど。

　たくさんの要因があるんだけど，鉄鋼業などと異なり，先端技術産業に資源立地の必要性はあまりないことはわかるだろう？

　もちろん**南部に石油や天然ガスが豊富**だということは有利な条件ではあったんだけどね。重要なのは，どうせ新たに工場を建設するなら，**広くて安い用地**，**豊富で安い労働力**（アフリカ系黒人やヒスパニックなど），**温暖で快適な気候**が存在する南部のほうがよかったんだ。しかも**州政府などの行政による優遇措置**もあったからなおさらだよ。

　カリフォルニア州の**シリコンヴァレー**［➡ p.426 ］，テキサス州の**シリコンプレーン**，ノースカロライナ州のリサーチトライアングルパークなどはアメリカ合衆国の経済の活力源となり，コンピュータ，インターネットの開発によ

表6　アメリカ合衆国の主な工業地域

工業地域	特　色
ニューイングランド	産業革命の発祥地で，最も古くからの工業地域。かつては繊維工業が中心であったが，近年はボストンを中心にエレクトロニクスなど先端産業が発達（エレクトロニックハイウェイ）。
中部大西洋岸	アメリカ合衆国最大の都市ニューヨーク（シリコンアレー）やフィラデルフィア，ボルティモアなど大消費地をひかえ，各種工業が発達。臨海部には輸入鉄鉱を利用した製鉄所（スパローズポイント）も立地。
五大湖沿岸	五大湖周辺で産出する鉄鉱石（メサビ鉄山）とアパラチアの石炭を五大湖の水運で結びつけ，鉄鋼（ピッツバーグ）・自動車（デトロイト）などの重工業が発達。同国最大の工業地域だが，相対的地位は低下。
南　部	当初は，滝線都市での綿工業やTVAによる原子力・アルミニウム工業程度しか発達していなかったが，現在は石油化学・航空宇宙産業（ヒューストン），エレクトロニクス（ダラス〜フォートワースにかけてのシリコンプレーン）などが発達。
太平洋岸	コロンビア川，コロラド川流域の開発による電力を利用して，シアトルやロサンゼルスには航空機工業が発達。サンフランシスコ郊外には，シリコンヴァレーと呼ばれる先端産業の集積地。

地誌

東アジア
東南アジア・南アジア
西アジア・アフリカ
ヨーロッパ
ロシアと周辺諸国
アングロアメリカ
ラテンアメリカ
オセアニア
日　本

り情報化社会を実現させ，**1990年代のICT（情報通信技術）革命**以降，**ICT産業**を中心に経済力は急速に回復していったんだ。コンピュータのCPU（中央処理装置），ソフトウェア，Googleなどの検索エンジンなど事実上の世界基準になるほど，アメリカ合衆国のICT関連産業が世界市場に占めているシェアは大きいんだよ！

アメリカ合衆国は，再びパワーを取り戻したみたいだけど，問題点はないの？

本当にいいとこに気づくよね（＾o＾）。確かに，問題はあるよ。

北部の停滞した工業地域に関しては，**IT**やバイオテクノロジーなどの分野にも力を入れ，徐々に復活のきざしがあるからまだいいよ。

大きな問題は，**NIEs**，**ASEAN**，**中国**などの安価な製品に対抗するために，多くの企業が生産拠点を海外に移してしまうことにあるんだ。つまり**国内産業が空洞化**してしまうんだね。そうなると，アメリカ合衆国の企業は好調でも，国内では失業者は増え，財政も苦しくなるよね。

それに加えて，2008年末の**世界同時不況**は，アメリカ合衆国の経済に大きな打撃を与えたんだよ。

ホームステッド法 19世紀，**自作農を創設し，アパラチア以西の開拓を促進**するため制定された法律で，5年間農業開拓に従事した者に約64 ha の土地を**無償供与**することを決めた。内陸部の開拓は進んだが，これによって先住民は西部の不毛地に追いやられることになった。

アグリビジネスと穀物メジャー 広大な国土で大規模に農業が営まれているアメリカ合衆国では，**農産物の集荷，貯蔵，運搬，販売**などを独占的に行っている**アグリビジネス（農業関連企業）**が発達している。アグリビジネスは農産物の流通だけでなく，高収量品種などの**種子の開発**や**農薬の生産，農業機械の開発・製造**，農場経営などを幅広く行い，農家に対する**影響力**は大きい。

近年は，小麦などの穀物の流通を担っている**穀物メジャー**と呼ばれる**多国籍企業**がアグリビジネスにも進出している。穀物メジャーは世界的規模で高度な情報を収集し，収穫量を予測することができるため，**穀物の価格決定にも大きな影響力**を持っている。

シリコンヴァレー カリフォルニア州サンフランシスコ南部（**サンノゼ郊外**）にある**先端産業の集積地。大学の研究施設，広大な用地，快適な生活環境**に恵まれることに加え政府の優遇措置などにより，多数の研究機関や半導体工場が立地

している。一般に研究開発にはハイテクが必要だが，生産は比較的ローテクで可能なため，研究開発施設だけをシリコンヴァレーに残し，量産型の工場はよりコストダウンが可能な他のサンベルト（テキサス州のシリコンプレーンなど）へ移動する傾向がみられる。

👆 **多文化主義**　かつては，アメリカ人になるということは，WASP の生活様式にできるだけ近づくということを意味していたが，近年は「**民族のサラダボウル**」という考え方に代表されるように，**それぞれの民族の文化を尊重しながら，調和していこうという多文化主義的な傾向にある。**

> ## ポイント▶ アメリカ合衆国の社会と産業
>
> ❶　**アメリカ合衆国の総人口約3.3億人**のうち，**ヨーロッパ系白人**が**約70%**と多数を占めるが，少数派集団の中では，**アフリカ系黒人**と**ヒスパニック**が大きな割合を占めている。
>
> ❷　主として**アフリカ系黒人**は**南東部**，**ヒスパニック**は**南西部**に居住するが，雇用機会の多い**大都市**への流入も多い。
>
> ❸　アメリカ合衆国は，**世界最大の農業国**で，大量の農産物を世界へ供給している。
>
> ❹　アメリカ合衆国は，**世界的なエネルギー資源**の産出国だが，消費量がきわめて多く，特に**石油**は**世界最大**の**輸入国**となっている。
>
> ❺　アメリカ合衆国は，**世界最大の工業国**で，**ICT** 関連など**先端技術産業**で世界をリードしているが，企業の海外進出による**産業の空洞化**が問題となっている。

地誌

東アジア

東南アジア・南アジア

西アジア・アフリカ

ヨーロッパ

ロシアと周辺諸国

アングロアメリカ

ラテンアメリカ

オセアニア

日　本

よくがんばったねえ！　アメリカ合衆国は分量が多いからたいへんだっただろ？
人生いつもがんばり続けなきゃいけないわけじゃないけど，生きてる間に何回かは本気でチャレンジしなきゃいけないときがある。今がそのときだから，君にとってやれることは何でもやってみよう！
君なら必ずやれる‼　自分の力に自信を持ちなさい。

❸ カナダの社会と産業

　カナダは，ロシアに次ぐ広大な国土（約998万 km²）をもってるんだけど，大部分が寒冷なDfだから，人口は少なく（約3,740万人で日本の約4分の1だよ），その大部分は比較的温暖なアメリカ合衆国との国境付近に居住しているんだ。

　カナダの先住民といえばイヌイットだよね。彼らは古くから北極海沿岸地方などで海獣漁やカリブー（トナカイ）猟を生業としてきたんだ。

　カナダもアメリカ合衆国と同じようにヨーロッパからの移民によって建国された国だけど，アメリカ合衆国と違って最初に入植したのはフランス人だったんだ。17世紀にフランスがケベックに植民地を建設したけど，イギリスとの植民地争奪戦で負けてしまったから18世紀にカナダはイギリス領になり，このころからフランス系とイギリス系の対立がみられるんだよ。

　その後，イギリスから独立するけど（イギリス連邦に加盟），両民族の対立を緩和するため，英語とフランス語を公用語にするなど努力がなされてきたんだ。

　現在は，かつての二国文化主義（イギリス系とフランス系）から多文化主義に転換を図り，アジアなどからの移民も積極的に受け入れているんだね。

　また，近年初めて先住民のイヌイットが多数を占めるヌナブト（「私たちの土地」という意味）準州が成立したことも，要注意だよ！

> ケベック州って人口の大部分がフランス系住民で，フランス系の文化が色濃く残っているんだよね？

　そうだね。現在でも分離独立の気運が高いよ。

　フランス系住民の中にはイギリス系主導型のやり方をきらっていて，できればケベック州を独立させたいと願う人々もいるんだ。

　首都を決定するときも大変だったんだよ。

　カナダの二大都市は，トロント（約288万人）とモントリオール（約176万人）で，モントリオールはケベック州にあってフランス系の中心地なんだ。この都市を首都にするとイギリス系はおもしろくないよね。だけどトロントはオンタリオ州にあってイギリス系の中心地だから，ここを首都にすると今度はフランス系がおもしろくないよね。そこで，この二大都市の間をとってオタワ（約97万人）に首都を建設することにしたんだ（以上2016年）。フランス系住民が

図14　カナダの人口密度と言語別人口構成

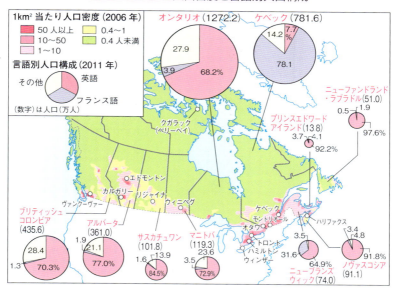

約87％（2016年）**を占めるケベック州**では，現在でもカナダからの**分離独立を求める動き**があるんだよ。

> カナダはなんでも輸出できて，アメリカ合衆国との経済的な結びつきが強いっていう印象があるんだけど，これって合ってる？

うん，なかなかいい線いってるよ（^_^）。

　カナダは，石油，天然ガス，ウランなどの**エネルギー資源も鉄鉱石などの鉱産資源も豊富**で，人口が少ないから国内消費はあんまり大きくないだろう？だから**輸出余力が大きい**んだね。**小麦**なんかについても同じことが言えるんだけど，**農産物や資源などの一次産品は自給率が高く**，輸出の上位にくる品目も多いよ。

　工業についても**アメリカ合衆国**資本が多く**進出**していて，特に**自動車工業**なんかではそれが顕著だね。

　1994年に，**アメリカ合衆国，メキシコとNAFTA（北米自由貿易協定）を結成**し〔➡ p.280 📊〕，共同市場（加盟国間の貿易障壁撤廃を目指すこと）の形成に取り組んでいるんだよ。

　もちろん，カナダの**最大の貿易相手国はアメリカ合衆国**だ！〔➡ p.430 **表7**〕

地誌

東アジア

東南アジア・
南アジア

西アジア・
アフリカ

ヨーロッパ

ロシアと
周辺諸国

アングロ
アメリカ

ラテン
アメリカ

オセアニア

日　本

表7 アメリカ・カナダ・メキシコの主な貿易相手国（2017年）

● アメリカ合衆国の貿易相手国

	輸　出	%	輸　入	%
1位	カナダ	18.3	中　　国	21.6
2位	メキシコ	15.7	メキシコ	13.4
3位	中　　国	8.4	カナダ	12.8
4位	日　　本	4.4	日　　本	5.8
5位	イギリス	3.6	ド　イ　ツ	5.0

● カナダの貿易相手国

	輸　出	%	輸　入	%
1位	アメリカ	76.4	アメリカ	51.5
2位	中　　国	4.3	中　　国	12.6
3位	イギリス	3.2	メキシコ	6.3
4位	日　　本	2.2	ド　イ　ツ	3.2
5位	メキシコ	1.4	日　　本	3.1

● メキシコの貿易相手国

	輸　出	%	輸　入	%
1位	アメリカ	79.8	アメリカ	46.3
2位	カナダ	2.8	中　　国	17.6
3位	ド　イ　ツ	1.7	日　　本	4.3
4位	中　　国	1.6	ド　イ　ツ	3.9
5位	スペイン	1.0	韓　　国	3.7

※アメリカ合衆国は中国に対して大幅な貿易赤字であること，カナダとメキシコはアメリカ合衆国への貿易依存度が極めて高いことに注意！

表8 アメリカ合衆国，カナダ，メキシコの主要輸出入品目と輸出入額（2017年）

● アメリカ合衆国

輸出品	輸出額	輸入品	輸入額
機械類	384,541	機械類	706,768
自動車	125,737	自動車	290,920
石油製品	83,403	原油	179,597
精密機械	66,815	衣類	139,301
医薬品	49,564	医薬品	100,103

● カナダ

輸出品	輸出額	輸入品	輸入額
自動車	61,361	機械類	107,219
原油	54,038	自動車	72,210
機械類	45,817	医薬品	12,907
金(非貨幣用)	13,606	石油製品	12,900
石油製品	12,520	原油	12,769

● メキシコ

輸出品	輸出額	輸入品	輸入額
機械類	147,672	機械類	156,144
自動車	101,473	自動車	41,394
原油	19,930	石油製品	25,635
精密機械	15,960	プラスチック	15,555
野菜・果実	14,911	精密機械	14,444

単位：100万ドル

ポイント カナダの社会と産業

❶ カナダはロシアに次ぐ**広大な国土**をもち，**総人口約3,740万人**のうち**イギリス系**と**フランス系**の占める割合が高いが，**フランス系住民**の多い**ケベック州**では分離独立の動きもある。

❷ 近年は，二国文化主義から**多文化主義**に転換しつつある。

❸ 経済的には**アメリカ合衆国**との結びつきが強く，近年は**カナダ**，**アメリカ合衆国**，**メキシコ**の間で**NAFTA**（北米自由貿易協定）を結成している。

東アジア
東南アジア・南アジア
西アジア・アフリカ
ヨーロッパ
ロシアと周辺諸国
アングロアメリカ
ラテンアメリカ
オセアニア
日　本

チェック問題　　易　3分

　次の図は，アメリカ合衆国（アラスカ州とハワイ州を除く）の各州の人口に占めるアメリカインディアン，黒人，中国系，ヒスパニックのいずれかの割合を相対的に示したものである。中国系の割合を示したものとして正しいものを，図中の①〜④のうちから一つ選べ。

①　　②

③　　④

州人口に占める割合

大
↑
↓
小

※統計年次は2000年。アメリカ合衆国センサス局の資料により作成。

図

解答・解説　③　アメリカ合衆国の州別分布図であるが，共通テストでは細かくすべての州名を覚える必要はないので，分布の概観をとらえることができればよい。中国系住民は，アジアから比較的近い太平洋岸諸州に多い。よって③が該当する。日系，韓国系，東南アジア系など他のアジア系も同様である。

　①　西部内陸に多いので，ヨーロッパ系白人の入植・開拓により西部の不毛地に追いやられたアメリカインディアンが該当する。

　②　南東部に多いため，黒人が該当する。黒人は，かつて綿花のプランテーションにおける奴隷労働力として，アフリカから連れて来られた。現在でも南東部のコットンベルトや雇用機会が豊富な大都市での割合が高い。

　④　メキシコと国境を接する南西部の州に多いため，ヒスパニックが該当する。ヒスパニックは，メキシコ系が多いが，フロリダ州にはキューバ系も多い。フロリダ半島はキューバと近く，特に1959年のキューバ革命以降，亡命者や難民が流入した。参考までに，キューバの社会主義革命後，国交断絶し長く対立関係にあったが，2015年にアメリカ合衆国とキューバの国交回復という歴史的事件が起こった。

「カナダ・ケベック州＝フランス系住民多数」ってホントによく出題される事柄だよね〜。最近は，NAFTAに関する設問も多いから注意しようね！

ラテンアメリカ

地
誌

東アジア

東南アジア・
南アジア

西アジア・
アフリカ

ヨーロッパ

ロシアと
周辺諸国

アングロ
アメリカ

ラテン
アメリカ

オセアニア

日　　本

この項目のテーマ

1 ラテンアメリカの自然環境と人々の生活
多様な自然環境を理解すれば，ラテンアメリカが見えてくる！

2 ラテンアメリカの社会と産業
ラテン系の文化が広がる各国の社会と経済発展を理解しよう！

1 ラテンアメリカの自然環境と人々の生活

図1　ラテンアメリカの地形

ラテンアメリカっていうのは，**メキシコ以南のアメリカ大陸**（島嶼部を含む）を指すんだったよね。さらに**メキシコ～地峡部諸国**（グアテマラとかコスタリカとか，聞いたことはあるよね？），**西インド諸島**（**キューバ**とか**ジャマイカ**などの島々だよ）にかけてを**中央アメリカ**（**中米**），それより南を**南アメリカ**（**南米**）に分けることがあるんだ。**中央アメリカと西インド諸島をまとめて，カリブ諸国**って呼ぶこともあるけどね。

　最初に**ラテンアメリカ**（**中南米**）の地形をしっかり学習しよう！
　中米は大部分が新期造山帯に属する環太平洋造山帯の一部なので，メキシコや**西インド諸島**では，**地震や火山活動が活発**だ。

　次は，南米の説明だね。ここで一つ質問していいかなぁ？
　南米はかつてアフリカ，インド，オーストラリアなどとともに一つの巨大な大陸を形成していたよね。なんという名前だった？

> かなり簡単な質問だなぁ（^o^）。
> もちろん「**ゴンドワナランド**」だよ。ということは，**南米は大部分が安定陸塊**だということになるよね？

　そうだね。

図2　ラテンアメリカの気候

ブラジル高原や北部のギアナ高地などが安定陸塊だよ。ブラジル高原は高いところで1,000m，大半は300〜500m程度の低平な高

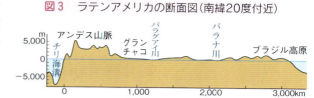

図3　ラテンアメリカの断面図（南緯20度付近）

原だ。これに対して，ギアナ高地は標高も高く断崖絶壁に囲まれたテーブルマウンテンがたくさんあるんだ。マジにスゴイ!!　外部と隔絶されているから開発は遅れているけど，その分独自の生態系が残されているよ。

　でも，太平洋側から海洋プレートが沈み込んでいるので，大陸の西側は新期造山帯に属するアンデス山脈が南北に連なっているよ。ここは，プレートの「せばまる境界」になってるから，地震や火山活動もみられるんだ。

　南米は全体として西高東低なので，多くの河川は大西洋側に流れているよ。アマゾン川［➡ p.439 ⛰］，オリノコ川，ラプラタ川は構造平野上を緩やかに流れる大河川なので，地図でだいたいの位置を確認しよう！

　それから，ラプラタ川の河口はエスチュアリー，チリ南部にはフィヨルドが発達しているから，これも地図帳に書き込んでおこう！

地図を見ると，南米の太平洋岸沿いの海洋部分は色が濃いよね？これは，海洋プレート（ナスカプレート）が大陸プレート（南アメリカプレート）の下に沈み込んでいて，海溝がアンデス山脈に沿って分布しているっていうことなの？

　君もかなり力がついてきたね。まったくそのとおり！

　南米の太平洋岸にはペルー海溝，チリ海溝などが大陸に沿って分布しているよ。北米との大きな違いだね。ここでは大規模な地震が生じやすく，かつてはチリ沖の地震で発生した津波が遠く日本にまで到達し，三陸海岸などに大きな被害を与えたこともあるんだ。

　じゃあ，次は気候と人々の生活のかかわりについて説明しよう！

　まず，地図帳を出して，赤道をマーカーでなぞってみよう！　赤道はエクアドル（スペイン語で「赤道」のことだよ。英語でequatorだよね？）とアマゾン川の河口付近を結んだあたりだね。

　次に，緯度20度の線をマーカーで南北それぞれなぞってみよう！　およそ赤道から南北緯度20度の範囲に分布するのが熱帯（A）気候になるよ。

地誌

東アジア

東南アジア・南アジア

西アジア・アフリカ

ヨーロッパ

ロシアと周辺諸国

アングロアメリカ

ラテンアメリカ

オセアニア

日　本

ここで大切なことが見えてくるだろう？

……そのとおり！　ラテンアメリカは**A気候の面積割合がとても大きい**ことがわかるよね。これはめちゃめちゃ大切だよ（図4）。

図4　大陸別気候区の割合

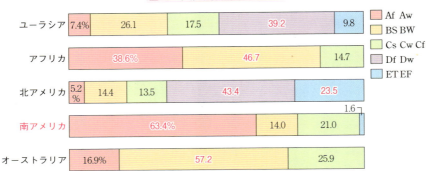

赤道付近の<u>アマゾン川</u>流域は Af が分布し，**熱帯雨林**の<u>セルバ</u>が広がっていたね？　ここでは，**多種類の常緑広葉樹が密林を形成**していて，やし類，ゴム，マングローブなどの樹木が生育している。さらにその南北両側には**雨季と乾季が明瞭**な Aw が分布していて，北半球側には<u>リャノ</u>（オリノコ川流域），南半球側には**カンポ**（ブラジル高原）と呼ばれる**熱帯草原**が広がっているよ。

ブラジルの熱帯雨林地域では<u>キャッサバ</u>（ブラジルではマニオクと呼ぶ）などの<u>自給用作物を栽培する</u>**焼畑**，輸出用の商品作物を栽培する**プランテーション農業**，サバナ地域では**牛の放牧**（<u>牛の飼育頭数は世界一！</u>），<u>大豆</u>，トウモロコシなどの栽培が行われているよ。

ブラジルは南部を除いて大部分が**熱帯**になるけど，その南側の**アルゼンチン**は違うよ！　アルゼンチンの首都<u>ブエノスアイレス</u>は，<u>東京とほぼ同緯度</u>なんだ。ということは？　そうだね，**緯度35度で大陸の東岸**にあるから，東京と同じ **Cfa**（温暖湿潤気候）になるよ。やや内陸に入ると，降水量が減少し，BS が分布しているけどね。

ラプラタ川流域の Cfa ～ BS の地域には，<u>パンパ</u>と呼ばれる**草原**が広がっていて，<u>肥沃な黒色土</u>（パンパ土と呼ばれるプレーリー土の一種）が分布しているんだ。

パンパでは，**混合農業や企業的牧畜**などが大規模に行われているし，アルゼンチンは，<u>南米で数少ない小麦の輸出地域</u>だということも重要なポイントだね（小麦は熱帯があんまり好きじゃないから）。

このほか**チリ中部には Cs（地中海性気候）**が分布し，果樹（ぶどうなど）や野菜の栽培が盛んだよ。**チリ南部は偏西風**の影響を年中受ける **Cfb（西岸海洋性気候）**が分布していて**降水量もすごく多い**んだ！

> ここまですんなり**気候**の説明はすんだけど，**BW（砂漠気候）**がまったく登場しないよ。どうして？

そうだね。ラテンアメリカは，**BW** が分布する緯度20〜30度付近の東西幅が狭く，海洋の影響を受けるから**砂漠があまり発達していない**んだ。でも，**ペルー沿岸部からチリ北部（アタカマ砂漠）**にかけては砂漠（**海岸砂漠**）が分布しているし，**アルゼンチン南部のパタゴニア**にも砂漠（**地形性砂漠**）があるよ。砂漠の成因については，⑤ [➡ p.89] で確認しておこうね！

> うん，わかった！　復習しておくね。
> ところで話は変わるけど，**中央アンデス**って地形も気候も複雑だよね。**人々は自然環境のさまざまな特色をうまく利用して生活を営んでいる**って聞いたことあるんだけど？

ペルー〜ボリビアにいたる地域を**中央アンデス**って呼ぶんだけど，この地域は，古くから**インディオの文明**が栄えたところだよね（**インカ文明**）。この地域は勉強するとかなりおもしろいよ。地形的には，**太平洋岸の海岸地域**，**アンデスの山岳地帯**，**アンデス東麓のアマゾン盆地**に分けることができるんだ。

ペルー〜チリ北部の海岸沿いには**砂漠**が広がっているという話はしたよね。**寒流**の**ペルー海流（フンボルト海流）**の影響で，**降水量が少ない**だけでなく，低緯度のわりに気温もあまり高くないから，過ごしやすい気候なんだね。それとまったく水が得られないように思えるこの地域でも，アンデスの雪解け水によって，小規模な外来河川が多数あるので，灌漑が可能なんだ。**南米の低緯度地域では暑さを避けるため，首都の標高が高い**（**高山都市** [➡ p.439 📷]）場合が多いんだけど，**ペルーの首都リマ**（**寒流**の影響で **BW**）は，あまり気温が高くないから（１月22.6℃，７月17.0℃）低地にあるんだ。

アンデスの山岳地帯は，ヨーロッパからの**入植**者も少なかったため，今でも**インディオ**が**伝統的な生活**を送っているよ。海抜が高くなると気温は低下し，植生も乏しくなるため，住居は**日干しレンガ**で造られた家が多くみられるんだ。紫外線も強くなるから，**帽子をかぶっている**人々が多いよね（本やテレビで見たことない？）。

地誌

東アジア
東南アジア・南アジア
西アジア・アフリカ
ヨーロッパ
ロシアと周辺諸国
アングロアメリカ
ラテンアメリカ
オセアニア
日本

高度によって気温・植生・土壌が変化するため，人々の生活も変化に富み，標高が比較的低いところでは，トウモロコシ，小麦などが栽培されるけど，標高が高く冷涼なところではじゃがいも［➡ p.439 👍］が栽培され，さらに標高が高くなるとリャマ，アルパカなどの放牧が行われてるんだよ。

表1の統計資料から国名を判定してみよう！

表中のA～Dは，アルゼンチン，チリ，ブラジル，ペルーのいずれかの国土面積に対する耕地，牧場・牧草地，森林，その他の割合を示したものだよ。

表1　ラテンアメリカ諸国の土地利用

国名	耕地率(%)	牧場・牧草地率(%)	森林率(%)	その他*(%)
A	10.5	23.5	58.9	7.2
B	14.7	39.6	9.8	35.9
C	3.8	14.7	57.7	23.8
D	2.3	18.8	24.3	54.5

※統計年次は2016年。　　*砂漠など不毛地を含む。

これを見て，B国が耕地率，牧場・牧草地率が高いので，C～BSが広がるアルゼンチンであることは簡単にわかるよね。

でもC国をブラジルにしたくならないかなぁ？　だって，ブラジルは熱帯雨林のセルバが広がっているから，森林率が高いはずだもんね。

だけど，C国はペルーなんだ。ペルーは海岸沿いだけが砂漠で，中央にアンデス山脈が走り，東部はセルバなんだよ（セルバとはポルトガル語やスペイン語で「密林」の意）。だから森林の割合が大きいんだ！　危うく間違えそうになるだろう？　前も言ったように「ペルー➡砂漠」，「ブラジル➡セルバ」っていうような機械的な暗記だけでは高得点がとれないからね！

A国がブラジルで，トウモロコシ，大豆，米など農作物の栽培に恵まれた条件を備えているから，C国（ペルー）より耕地の割合も大きいんだね。森林率も4か国中で最も高いしね。D国はチリだよ。その他の割合が大きいのは，北部に砂漠（アタカマ砂漠）が広がるからなんだ。

南アメリカ大陸は，低緯度地域の面積割合が大きいから，全大陸中熱帯気候の割合が最大なんだ

👆 **アマゾン川** 多くの支流からなり、**世界最大の流域面積**を誇る。流域には**熱帯雨林気候（Af）**が広がるが、支流は**サバナ気候（Aw）**地域から流れ出てくるものも多いため、季節による流量の変化も大きく**洪水**が生じる。支流には滝や早瀬が多く、**ダムも建設**されているが、本流は非常に緩やかに流れ、3,500km の上流部と河口部の水面標高差が100m もない。

👆 **高山都市** 低緯度のアンデス諸国では、暑さを避け（標高が高いと気温が低下）、快適な気候を求めて高山都市が発達している。**エクアドル**の**キト**、**コロンビア**の**ボゴタ**、ボリビアの**ラパス**などはその好例である。

👆 **チューニョ** じゃがいもの**保存食**（凍結乾燥・フリーズドライ）。じゃがいもなどの**イモ類は穀類と異なり保存に適さない**ため加工が必要となる。中央アンデスでは**気温の日較差が大きい**という気候特性を活かし、じゃがいもを夜間、屋外に放置して凍結させ、これを昼間に踏みつけることによって水分を飛ばし、乾燥させて保存食とする。日中が高温になり夜間が低温になることを利用した**インディオ**の生活の知恵である。

ポイント ▶ ラテンアメリカの自然環境と人々の生活

❶ **ラテンアメリカの地形**は、大部分がかつての**ゴンドワナランド**で**安定陸塊**が広がるが、メキシコから**アンデス山脈**にかけては**新期造山帯**に属する高原や山脈が連なる。

❷ **南アメリカ大陸**は、赤道付近の東西幅が広く、**熱帯（A）気候**が最も大きな割合を占めているが、**乾燥（B）気候**の割合は小さい。

❸ **中央アンデス**などでは自然環境の**垂直的**な変化に応じて、人々がさまざまな農業や生活を営んでいる。

地誌

東アジア

東南アジア・南アジア

西アジア・アフリカ

ヨーロッパ

ロシアと周辺諸国

アングロアメリカ

ラテンアメリカ

オセアニア

日本

「ラテンアメリカ」の地形と気候はわかったかな？　強引に「覚えよう！」とするより、しっかり「理解しよう！」と思えばすんなり頭に入るよ！
もうちょっとがんばろうね！

❷ ラテンアメリカの社会と産業

ラテンアメリカ（Latin America）には，**先住のインディオ（インディヘナ）**が居住していて，メキシコからアンデスにかけては，**アステカ**（メキシコ高原），**マヤ**（ユカタン半島），**インカ**（ペルー〜ボリビア）など高度な文明が栄えていたんだ。でも，16世紀に**スペイン人やポルトガル人に征服され，ほとんどがスペインとポルトガル（ブラジルのみ）の植民地**になったんだね。

でも，第二次世界大戦までに多くの国々が独立を達成したんだ。

長期間の植民地支配によって，**言語（ラテン系のスペイン語やポルトガル語），宗教（カトリック）**などに大きな影響を受け，**ラテン文化圏**を形成しているよ。ただし，西インド諸島の**ハイチ**は**フランス領**，**ジャマイカ**は**イギリス領**，それからギアナ高地の**ガイアナ**は**イギリス領**，**スリナム**は**オランダ領**だったことに注意してね！

ラテンアメリカの人種・民族構成も複雑だよね？
「人種のるつぼ」と呼ばれているんでしょう？

そうだね。先住民の**インディオ**，ヨーロッパから移住してきた**ラテン系**を中心とする**白人**，奴隷として強制的に移住させられた**アフリカ系黒人**の間でそれ

図5　ラテンアメリカの人種・民族

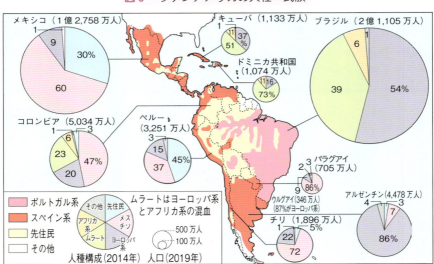

ぞれ混血が進み，**メスチソ**（白人とインディオ）や**ムラート**（白人と黒人）などの**混血人種**も多いんだ。

　そして，先住民や移民の文化や伝統が混じり合い，ラテンアメリカ社会を形成しているよ。人種的な偏見は少ないと言われているけど，経済的な格差は日本よりはるかに大きいんだ。

　前ページの図5を見てごらん！

　比較的過ごしやすい地域は人口密度が高く，ヨーロッパ系白人や混血人種が多いけど，熱帯雨林やアンデスの高山地域にはインディオが多いことがわかるね。

　次は，これを国別に考えてみよう！　日本とほぼ同じくらいの緯度にあるアルゼンチンやウルグアイには温帯が分布していて，ヨーロッパ系白人にとって快適な気候だよね。だから国民の大部分がヨーロッパ系白人なんだよ。ブラジルもヨーロッパ系白人が半数を占めるけど，熱帯地域での**プランテーション**にアフリカ系黒人の労働力を導入したため，白人と黒人との混血（**ムラート**）もいるよ。ブラジル南部の温帯地域などには，第二次世界大戦前後に，**農業開拓**のため移住した日系人がいることも忘れないでね！

　これに対して，アンデスの高地や熱帯雨林が広がるペルーやボリビアでは，インディオの割合が高く，公用語にはスペイン語とともにインディオの言語も指定されているんだよ。また，西インド諸島のハイチやジャマイカにはアフリカ系黒人が多数居住していることにも注意しておこうね！　彼らは，さとうきびなどの**プランテーション労働力**として強制的に移住させられた人々の子孫なんだね。

　じつは前から疑問に思ってたんだけど，どうしてわざわざ遠いアフリカから黒人を奴隷として連れてきたの？

　当初は，インディオの奴隷化も行われたんだけど，**熱帯地域**での過酷な労働や，白人がヨーロッパから持ち込んだ病気などによりインディオが激減してしまって，労働力不足に陥ったんだ。

表2　ラテンアメリカの人種・民族構成のまとめ

先住民が多い国	ペルー，ボリビア
ヨーロッパ系白人が多い国	アルゼンチン，ウルグアイ，ブラジル
アフリカ系黒人が多い国	ハイチ，ジャマイカ
混血が多い国	メキシコ，ベネズエラ，チリ

　そこで，代わりに**アフリカ系黒人を奴隷として移住**させたり，奴隷制廃止後は，ヨーロッパや日本をはじめとするアジアから新規の移民を労働力として受

地誌

東アジア
東南アジア・南アジア
西アジア・アフリカ
ヨーロッパ
ロシアと周辺諸国
アングロアメリカ
ラテンアメリカ
オセアニア
日本

け入れたんだね。

ラテンアメリカでは，**大土地所有制**による**プランテーション**（大農園）の経営など特定の農産物に依存する**モノカルチャー**経済の国が多いよね。どうしてなの？

　もともとラテンアメリカでは，欧米市場向けの**プランテーション**経営が行われてきたのが一因だね。**スペイン人**や**ポルトガル人**が進出当時に持ち込んだ**大土地所有制**［➡ p.444 ⬆］によって，少数の白人地主が大部分の土地を所有し，多数の小作人や農業労働者を使用して大規模なプランテーションを経営したんだよ。地主は収益性の大きい**輸出用作物**の栽培に力を入れたから，今でも**モノカルチャー**（monoculture：ある特定の一次産品に経済や社会が依存すること）の傾向が強く残っているんだね。

　独立後，**メキシコ**では大農園の**アシエンダを解体**したり，**ブラジル**では**農業の多角化**を行ったり，**キューバ**では**農園の国有化**をしたりと改革は行われているんだけど，依然としてラテンアメリカの大部分の国では**大土地所有制が残っている**し，モノカルチャーから脱却できない国も多いんだ。

　もちろん工業化が進んできたとはいっても，農業は**ブラジル**にとってまだまだ大切な産業の一つだよ。特に注目して欲しいのは，**大豆**，**さとうきび**，**牛肉**の生産だね。ぜんぶ1970年代以降なんだけど，**大豆**は**日本のODAによるカンポ・セラードの開発**で，灌漑の整備によって大規模な大豆畑に変化しているよ。現在はアメリカ合衆国の穀物メジャーなんかが経営していて，**主に中国に輸出**してるんだ。**さとうきび**は北東部や南東部が中心で世界のなんと約**40%**も生産しているよ。砂糖の原料としてだけでなく，**バイオエタノール**の原料としても重要だね。**牛**の飼育頭数（1位）や牛肉の生産（アメリカ合衆国に次いで2位）もかなり増加しているけど，背景には大企業による**カンポやセルバの大牧場造成**があるかな。というふうにブラジルの農業もかつての**コーヒーのモノカルチャー**からずいぶん変化していることがわかるね。けっこうおもしろかっただろ？（笑）

徐々に農業の近代化も行われているんだね。最近は，ラテンアメリカの国々でも**工業化**が進展してるよね。特に**メキシコとブラジル**は**NIEs**として経済発展してたよ。ちゃんと復習してるだろう？（＾ω＾）

うん，立派なもんだ（＾ω＾）。では，**メキシコとブラジルの工業化**とそれ

に伴う社会の変化について勉強してみよう！

　メキシコは，比較的早くから**メキシコ湾岸**で**石油**の開発が行われていて，途上国の中では国有化の時期も早かったよね。だから**OPEC には加盟していない**［➡ p.174］よ！　現在は，**アメリカ合衆国，カナダ**と**NAFTA**を結成し，アメリカ合衆国資本などを積極的に導入することによって工業化政策を推進しているんだ。

　ブラジルもメキシコと同様，**鉄鉱石**など豊富な資源があるんだけど，開発が遅れ，**コーヒーのモノカルチャー**からなかなか脱却できずにいたんだ。第二次世界大戦後，先進国の資本・技術を導入し，**鉄鉱石などの鉱産資源やダム建設による電源開発**などを実施し，現在は**自動車，鉄鋼**などの分野で急成長を遂げているよ。当初は輸入代替型の工業化を行ったんだけど伸び悩んでしまって，**1990年代**からは**輸出指向型工業**への転換に成功しつつあるね。**サンパウロ**（人口最大都市），**リオデジャネイロ**，ベロオリゾンテなど大都市が集中する**南東部**が工業の中心だ。工業のところでも説明したけど，最近は中国，インド，ロシアとともに**BRICs**として注目されているしね。近年は，リオデジャネイロ沖などで**海底油田**の開発も進み，**ラテンアメリカ有数の原油生産国**になっているよ。

　それから**1995年**に設立された**MERCOSUR（南米南部共同市場）**にも注目しよう！　**ブラジル，アルゼンチン**，ウルグアイ，パラグアイなどが加盟していて，ラテンアメリカの経済統合を目指し，**自由貿易市場**を確立しようとしているんだ。

> 地図帳を見ると，ブラジルの都市って沿岸部には多いけど，内陸の，特にアマゾン地方には少ないよね。やっぱり開発が遅れているんだよね？

　そのとおり！　ブラジルだけじゃないけど，ラテンアメリカ諸国では，スペインやポルトガルの植民地時代に開発拠点として建設された都市が多く，内陸部は開発から取り残さ

表3　メキシコとブラジルの主要輸出品

国　名	主要輸出品	輸出総額（億ドル）	1人当たりGNI（ドル）
メキシコ	機械類・自動車・原油 精密機械・野菜・果物	4,095	8,688
ブラジル	大豆・鉄鉱石・機械類 原油・肉類	2,178	9,640

※統計年次は2017年。『世界国勢図会 2019/20』による。

地誌

東アジア
東南アジア・南アジア
西アジア・アフリカ
ヨーロッパ
ロシアと周辺諸国
アングロアメリカ
ラテンアメリカ
オセアニア
日　本

れてきたんだ。特にアマゾンはその典型だよ。**アマゾン地方**は19世紀末のゴムブームのときに開発が始まったけど，本格的な開発は，1960年代以降だね。

君の言うとおり，**ブラジルはリオデジャネイロなど沿岸部だけが早くから発展をしていた**んだ。そこで1960年，**内陸部を開発するために，首都を**リオデジャネイロから内陸部の**ブラジリア**に**遷都**するという思い切った方法をとったんだ。

さらにアマゾン川流域の**マナオス（エレクトロニクス産業）を自由貿易地域**に指定したり，**アマゾン横断道路**（トランスアマゾニアンハイウェイ）や**縦断道路**などの道路や，鉄道の建設，**鉄鉱石などの資源開発（カラジャス鉄山）**，製鉄所の建設，**土地を持たない農民の入植**などを実施してきたんだよ。

でも，開発に**伴**い**熱帯林の破壊**が進むなど深刻な**環境問題**が発生したので，現在は環境に優しい開発を進めようと努力しているんだ。

ポイント ▶ ラテンアメリカの社会と産業

❶ ラテンアメリカは，**スペイン，ポルトガル**の植民地支配を受けたため，**言語（スペイン語，ポルトガル語），宗教（カトリック）**などラテン系の文化的影響が強い。

❷ **大土地所有制**が残存し，特定の農産物などに依存する**モノカルチャー経済**の国が多い。

❸ **メキシコ，ブラジル**などは，工業化の進展により**NIEs**となり，輸出上位品に一次産品だけでなく工業製品も入る。

👆 **大土地所有制**　ラテンアメリカには**植民地時代に導入された大土地所有制（大農牧場）が残存**しており，**ブラジルでは**ファゼンダ，**アルゼンチンでは**エスタンシア，**アンデス諸国では**アシエンダと呼ばれている。メキシコでは20世紀の前半に土地改革が実施され，アシエンダを解体し，かつてのインディオの共有地制度に似た「**新エヒード制**」を導入した。大土地所有者は，農地に十分な投資をせず，先住民やアフリカ系の農業労働者を安価な賃金や小作料でまかなってきたため，**生産性が低い**レベルにとどまっている。

👆 **メキシコシティの大気汚染**　メキシコシティは，急速な都市化と工業化に伴い，大気汚染をはじめとする環境問題が深刻である。**プライメートシティ**である**メキシコシティ**に工業生産が集中していて，工場の排煙，自動車の排ガスなどがその原因となっている。また，公害対策が未整備であること，**盆地**構造であるため汚染物質が滞留し拡散しにくいこと，**標高が高い**（2,306m）ため不完全燃焼を起こしやすいことなど，悪条件が重なっている。

表4　ラテンアメリカ諸国のまとめ

国　名	主な言語(*公用語)	1人当たりGNI	特　色
メキシコ	*スペイン語	8,688 ドル	マヤ，アステカなどインディオの古代文明が栄える。人口約 1.3億人。OPEC 非加盟の産油国。NIEs として工業化が進展。アメリカ合衆国，カナダと NAFTA を結成。OECD 加盟国。
キューバ	*スペイン語	8,325	第二次世界大戦後，社会主義国となる。さとうきびのプランテーションは国有化され，砂糖が主要輸出品。
ジャマイカ	*英語	4,975	アフリカ系黒人が多い。ボーキサイトの産出。コーヒー栽培（ブルーマウンテン）。
ハ　イ　チ	*フランス語, クレオール語	785	アフリカ系黒人が多い。世界初の黒人共和国。熱帯低気圧による暴風雨やハイチ大地震による復興途上。
パ　ナ　マ	*スペイン語	13,963	便宜置籍船国。パナマ運河。
ベネズエラ	*スペイン語	7,769	OPEC加盟の産油国。マラカイボ湖や，オリノコ川流域に油田。オリノコ川流域のリャノで牧牛。
コロンビア	*スペイン語	6,243	コーヒー栽培。石油・石炭輸出国。
エクアドル	*スペイン語	6,059	赤道直下に位置する産油国。バナナの輸出は世界最大。2020 年 1 月に OPEC を脱退。
ペ　ル　ー	*スペイン語(1)	6,249	世界的な漁獲高。フィッシュミール，銅を輸出。
ボリビア	*スペイン語(2)	3,314	アンデス山中の内陸国。首都ラパスの標高は 4,000m 以上。
チ　　　リ	*スペイン語	14,749	南北に長い国土。気候は北からB〜Cで南端にET。銅鉱の産出は世界最大。OECD 加盟国。
ブラジル	*ポルトガル語	9,640	ラテンアメリカでは，面積・人口（約2.1億人）とも最大。かつてはコーヒーのモノカルチャーであったが，NIEs として工業化も進展。首都は計画都市のブラジリアだが，サンパウロとリオデジャネイロが二大都市。近年，大規模な海底油田が開発され産油国に。BRICS。
アルゼンチン	*スペイン語	14,083	住民の大部分がヨーロッパ系白人で，ブエノスアイレスなどヨーロッパ風の都市を建設。パンパでは肥沃な黒色土に恵まれるため企業的穀物農業（小麦）や企業的牧畜（牛・羊）。

※(1)他にインディオの言語であるケチュア語，アイマラ語も公用語。(2)他に36の先住民族の言語も公用語。
　1 人当たり GNIは2017年。人口は2019年。『世界国勢図会 2019/20』による。

地誌

東アジア

東南アジア・南アジア

西アジア・アフリカ

ヨーロッパ

ロシアと周辺諸国

アングロアメリカ

ラテンアメリカ

オセアニア

日　本

チェック問題

　次の表は，アジア，アフリカ，北アメリカ*，南アメリカのいずれかの農業就業人口率**と農業従事者1人当たり農地面積（ha）を示したものである。南アメリカに該当するものを，表中の①〜④のうちから一つ選べ。

　＊北アメリカには，メキシコからパナマまでの諸国およびカリブ海諸国が含まれる。

　＊＊全就業人口に占める農業就業人口の割合。

	農業就業人口率（%）	農業従事者1人当たり農地面積（ha）
①	53.2	1.2
②	28.7	1.0
③	12.9	6.42
④	7.0	13.1

※統計年次は2016年。『世界国勢図会』により作成。

表

解答・解説　③　表中の農業就業（しゅうぎょう）人口率は，経済発展が進むにつれ低下していくため（つまり先進国で低く，発展途上国で高い），4地域中で最も経済発展が進んでいる北アメリカ（アメリカ合衆国，カナダなど）が④である。残る①〜③のうち，農業就業人口率が高いのはアジアとアフリカだが，アジアは人口が多く（約46億人，2019年）労働集約的な農業生産（狭い農地に多くの労働力を投入）を行うため，農業従事者1人当たりの農地面積は最も小さくなる。よって②がアジアで，農業就業人口率が最も高い①がアフリカとなる。残る③が南アメリカで，地域全体としては南アメリカの経済発展が，アフリカ，アジアより早かったことに加え，粗放的な新大陸型の農業が行われているため，農業就業人口率が低く，経営規模も大きい。

26 オセアニア

この項目のテーマ

❶ オセアニアの自然環境と人々の生活
オーストラリア，ニュージーランド，オセアニアの島嶼部（とうしょ）の自然環境の違いを理解しよう！

❷ オーストラリア・ニュージーランド
オーストラリアとニュージーランドの社会・産業について考えよう！

❶ オセアニアの自然環境と人々の生活

オセアニアっていうのは，オーストラリア大陸とニュージーランド，その他の太平洋の島々をさすんだ。Oceania って何かに似てない？　そう，Ocean（大洋）だよ。オセアニアは大洋州（たいようしゅう）という意味なんだ。

では，オーストラリアとニュージーランドの地形を勉強していこう。

図1　オセアニアの国々

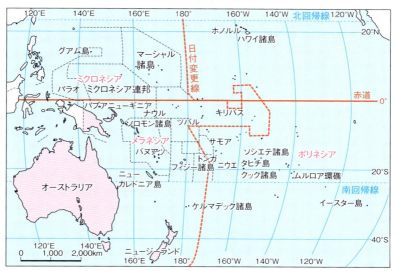

オーストラリアは世界の大陸の中では最も小さくて，大陸別の平均海抜高度もヨーロッパと並んで最も低いよ。図2を見てごらん。大部分がかつてのゴンドワナランドで安定陸塊だね。ただし，東部には古期造山帯のグレートディヴァイディング山脈が南北に走っていて，オーストラリアの分水界（オーストラリ

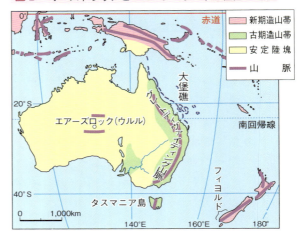

図2 オーストラリアとニュージーランドの位置と地形

アに降った雨を東西に分ける境界）になっているんだ。それから，北東部の海岸沿いには大堡礁（グレートバリアリーフ：Great Barrier Reef）と呼ばれる世界最大規模のサンゴ礁海岸が広がっているよ（世界自然遺産に登録）。

ニュージーランドは，オーストラリアと違って大部分が新期造山帯に属する島国だよ。日本列島から続く環太平洋造山帯の一部で，地震や火山活動も活発だね。北島と南島が主な島で，高緯度側の南島南西岸にはフィヨルドもみられるから注意してね（フィヨルドランドに，機会があったら行ってみてごらん。ものすごくきれいなところだ！）。

オセアニアの島々は，大部分がサンゴ礁島や火山島だよ。
前ページの図1にあるように，おおよそ経度180度以西では赤道以北をミクロネシア（「小さい島々」の意），赤道以南をメラネシア（「黒い島々」の意），経度180度以東はポリネシア（「多い島々」の意）と呼んでいるんだ。比較的独立が新しい国が多いんだよ。
ミクロネシアにはナウル（りん鉱石を産出）やアメリカ合衆国領のグアム，メラネシアにはパプアニューギニアやフランス領のニューカレドニア（ニッケルを産出），ポリネシアにはニュージーランドやアメリカ合衆国のハワイ諸島，それにタヒチなどのフランス領ポリネシアなどが含まれるよ。観光収入や援助に依存する国が多いのが特徴だ。

オセアニアってオーストラリアだけのことをいうんだと思ってたよ。反省だね！！（＾_＾;）。
共通テストでオセアニアの統計が出題されたら，どんなふうに考えればいいのかなぁ？

オセアニアには16の独立国があって，地域人口は4,200万人くらいだよ。そのうちオーストラリアが約2,500万人，ニュージーランドが約480万人だから，オセアニアの人口の約70%をこの2か国が占めるし，国土面積でもこの2か国が広いことから，地域別の統計では先進国の色合いが濃く出るということになるね。

国別に考える場合には，オーストラリアとニュージーランドは先進国，他のオセアニア諸国は発展途上国と考えよう。

地形が終わったので，次は気候をやりたいんだけど，その前に図3でオーストラリアとニュージーランドの位置を確認しておこう！

まず赤道はオーストラリア大陸の北にあるよね（南半球だから北が暑くて南が寒いし，季節も12～1月が夏で，7～8月が冬だよね！　オーストラリアのクリスマスは暑いんだよ!!!）。

そしてオーストラリア大陸のほぼ中央部を南回帰線（23°26'S）が通過しているよ。つまり亜熱帯高圧帯の影響を受ける緯度20～30度の面積が広いから，乾燥気候（B）の割合が高いということがわかるはずだ。オーストラリアはすべての大陸の中で最も乾燥気候の割合が高いから，「乾燥大陸」って呼ばれているんだ。内陸になればなるほど降水量は減少し，逆に沿岸部では降水量が多くなってくるよ。

北部の半島部分は，最も低緯度にあるから，熱帯気候

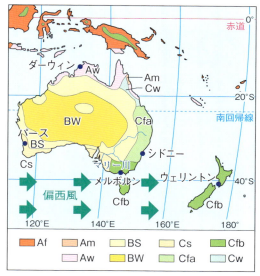

図3　オーストラリアとニュージーランドの気候

Af	Am	BS	Cs	Cfb
Aw	BW	Cfa	Cw

地誌

東アジア

東南アジア・南アジア

西アジア・アフリカ

ヨーロッパ

ロシアと周辺諸国

アングロアメリカ

ラテンアメリカ

オセアニア

日本

（Aw, Am）が分布しているんだ。さらに**東岸には Cfa**, **南西岸に Cs** が分布しているのは，その**緯度帯**を見るとユーラシアやアングロアメリカの気候で学習した理由と同じだということがわかるよね？

図3［➡ p.449］の**大陸西岸**を見て「あれーっ！」と思わなかった？　ふつう中高緯度の大陸西岸には Cfb が分布しているはずだよね。ところがないもんなぁ……，と思ったら，**南東部に Cfb（西岸海洋性気候）**があるよー！

これは，オーストラリアが右下がりの大陸なので，偏西風の影響が南東部のほうに大きく表れているんだね。かなりおもしろいよねぇ。気候の分布がわかれば，人々の生活にとって快適な気候である**南東部に人口が集中し**，**シドニー**（Cfa，約450万人），**メルボルン**（Cfb，約430万人）の二大都市が立地していることも理解しやすいだろう？　二大都市だけで総人口の約40%を占めているんだ。すごいよね！

わかった!!　だから，**ニュージーランドは大陸の東岸に位置して**いるのに Cfb になるんだ。日本とほぼ同緯度で，大陸の東岸にあれば普通は Cfa になるはずだもんね。
すごーい！　自分で答えて感激してる (^o^)。

気候の最後に**オセアニアの島嶼部**の話をしよう。

低緯度に位置し，海洋の影響も強いので，大部分が**熱帯気候**に属しているよ。恵まれた自然環境をうまく利用して，**焼畑**などの農業や**漁業**を営み，伝統的な生活を営んでいる人々も多いよ。

ポイント オセアニアの自然環境と人々の生活

❶　オーストラリアの大部分は**安定陸塊**（旧ゴンドワナランド）で，東部のグレートディヴァイディング山脈とタスマニア島は**古期造山帯**に属するが，ニュージーランドは**新期造山帯**に属している。

❷　オセアニアの島嶼部は，火山島やサンゴ礁島からなり，**ミクロネシア，メラネシア，ポリネシア**に大別される。

❸　オーストラリアは，全大陸中で最も**乾燥気候**の割合が高い。内陸には**砂漠気候（BW）**や**ステップ気候（BS）**などの乾燥気候が，沿岸部には**熱帯気候（A）**や**温帯気候（C）**が分布しているが，ニュージーランドはほぼ全域が**西岸海洋性気候（Cfb）**である。

❷ オーストラリア・ニュージーランド

 自然環境をマスターしたところで，次はオーストラリアとニュージーランドの社会について説明してくれる？

　そうだね。**社会**や**産業**についてこの2か国を対比させながら勉強するとよりいっそうおもしろくなるよ。

　オーストラリアには，アボリジニーと呼ばれる**先住民**がいて，**狩猟・採集生活**を営んできたんだ（**牧畜や農耕はやっていなかった**ことに注意！）。ところが18世紀末から**イギリス人**をはじめとする**ヨーロッパ系の入植**が始まるんだ。当初は**流刑移民**による農業開拓を行い，後に**自由移民**を受け入れるんだね。その後，ゴールドラッシュに代表される**鉱産資源の発見**に伴って，**中国系**などアジアからの労働者が多数流入したんだよ。

　だけど本来，イギリスはアメリカ合衆国に代わる移民先としてオーストラリアに期待していたから（イギリス本国と同様に，みんなが英語を話し，キリスト教文化を共有できる社会を望んでいたんだね），見知らぬアジアからの貧しい労働者が増加するのを好まなかったんだ。

　そこで実施されたのが，**有色人種の移民を制限**する「**白豪主義**」だよ。同じ移民の国でも，アメリカ合衆国と違って人口が増えなかった理由の一つだね（そのため慢性的な労働力不足に陥り，工業の発展が遅れるんだ）。

　でも，**1970年代**に**イギリス**が**EC**（**現EU**）に加盟したことや，**労働力不足**によって日本，韓国，シンガポールなどのアジア諸国の経済発展から大きく立ち遅れたことがきっかけとなり，方向転換を図ることになるんだよ。

　つまり，今までのようにイギリスからの快適な移民受入先として，まるで「イギリスの家族」のように生きるのではなく，これからはアジア・太平洋諸国の一員として生きていこうと決意したんだ（**APEC：アジア太平洋経済協力会議**を提唱したのもオーストラリアだよ！　意気込みを感じるだろう？）。

　1970年代の「**白豪主義**」撤廃（超重要！！）によって，これまでのイギリス系住民への同化政策ではなく，**移民の出身地の文化を尊重していこうという**「**多文化主義**」政策に切り換えたんだ（1975年に人種差別禁止法制定）。だから，最近は**アジア系移民**（難民の受け入れにも積極的）が増加しているんだね。多文化主義のもとでのオーストラリアは，「移民して来た人々は，ちゃんとオーストラリアの文化（英語など）を受け入れてください。だけど母国の文化も大切にしてくださいね」という姿勢を打ち出しているんだ。すると英語が使いこ

なせて，なおかつ出身国の言語も使える人々がたくさんいるから，世界中から人々がオーストラリアを訪れやすい環境が整ってくるよね。最近はそのことを利用して，**留学生・観光客・多国籍企業などを積極的に誘致して**るんだ。特に，**多国籍企業におけるアジア・太平洋の拠点**として注目されているよ。

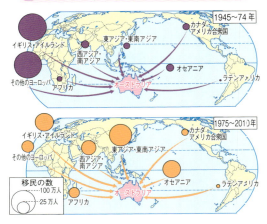

図4 オーストラリアに移住する人の出身地

また，**先住民のアボリジニー**は，現在，都市部に居 住する人が多いんだけど，かれらの生活水準を向上させるための援助や**土地所有に関する復権も徐々に進められている**よ。2000年のシドニーオリンピックの最終聖火ランナー（世界中の人々が注目！）にアボリジニーの選手を起用したのもその表れだね。

 オーストラリアの成り立ちはかなりおもしろかったよ。歴史的な背景を少しでも理解していると，わかりやすいよね。ところで，ニュージーランドの**先住民**もアボリジニーと呼ばれる人々なの？

それは，違うよ！　ニュージーランドの先住民は，**ポリネシア**から移住してきた**マオリ**と呼ばれる人々なんだ。彼らは，古くから**農業**や**漁労**を営んできたよ。

ニュージーランドの人口は約**480万人**で，オーストラリアと同様に**イギリス系住民**が多いけど，ニュージーランドの総人口の１割以上はマオリ人だよ。**公用語は英語**だけでなく**マオリ語**も指定されているのがオーストラリアと違う点だ。

最後に**オーストラリアとニュージーランドの産業**について説明しよう。話はそれるけど，「オーストラリアもニュージーランドも主な産業は農業だから，先進国ではなく発展途上国ですよね？」という質問をよく受けるけど，どう思う？

確かに，**オーストラリアの上位輸出品は鉄鉱石，石炭，液化天然ガス，金，原油だし，ニュージーランドは酪農品，肉類，木材，野菜・果実**だからどちらも**一次産品**中心だよね。

ともに人口が少なく労働力が不足しているからヨーロッパや日本ほど工業化

が進んでないのは事実なんだけど，大規模経営による農業や機械化された鉱業は生産性が高く，1人当たりGNIも高いから（オーストラリアは55,932ドル，ニュージーランドは41,377ドル，以上2017年），やっぱり先進国

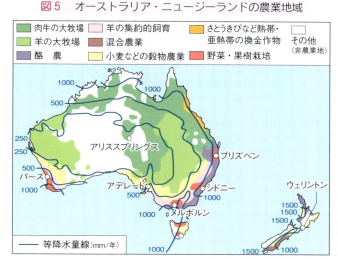

図5　オーストラリア・ニュージーランドの農業地域

凡例：
- 肉牛の大牧場
- 羊の大牧場
- 酪農
- 羊の集約的飼育
- 混合農業
- 小麦などの穀物農業
- さとうきびなど熱帯・亜熱帯の換金作物
- 野菜・果樹栽培
- その他（非農業地）

アリススプリングス，ブリズベン，パース，アデレード，シドニー，メルボルン，ウェリントン

── 等降水量線（mm／年）

なんだ！　**OECD**にも加盟しているしね。共通テストで先進国か途上国かを考えさせる問題が出たら，日本，アメリカ合衆国，カナダ，EU，オーストラリア，ニュージーランドは自信を持って「先進国」だと判定しよう!!

　話を戻して，**オーストラリアの農業**から話そう。
　北部や内陸では企業的牧畜が行われているんだ。
　牧牛は北部から内陸にかけて盛んで，牛肉を日本にも輸出していることは知ってるだろう？　オージービーフ（Aussie beef：オーストラリア産の牛肉）って聞いたことあるんじゃないかなぁ？
　牧羊はグレートアーテジアン（大鑽井）盆地やマリーダーリング盆地が代表的な地域だよ。グレートアーテジアン（大鑽井）盆地は降水量が少ないBS～BWなんだけど，豊富な被圧地下水に恵まれているため，掘り抜き井戸を利用して地下水を汲み上げ，羊や牛の飲み水に使っているんだ。地下水の塩分濃度が高いから灌漑用水には適してないので注意してね。良質な羊毛がとれるメリノ種が多く飼育されているよ。被圧地下水全般が灌漑に使えないわけじゃなくて，アメリカ合衆国やサウジアラビアではバリバリ使っているよ。オーストラリアのグレートアーテジアン盆地ではダメ!!　ということを忘れないでね。
　南部のマリーダーリング盆地もBSが分布するんだけど，ここには外来河川のマリー川やダーリング川が流れているから河川水を利用した灌漑が可能で，小麦の栽培と牧羊が行われているから注意してね！　この地域がオーストラリ

アの小麦栽培の中心だよ。なんといっても**オーストラリアは世界的な小麦の生産・輸出国**なんだから。

乳牛飼育を中心とする**酪農**は，東部の山脈以東の降水量が多い地域で，特に南東部の大都市（**シドニー**〔Cfa〕や**メルボルン**〔Cfb〕）周辺で発達しているんだ。ここでは，酪農だけじゃなくて日本向け牛肉を生産する**フィードコット**も行われているよ。北東部（Am，Cw）には古くからメラネシア系の人々や移民の労働力を活かした**プランテーション農業として発達した**さとうきび栽培地域があって，ここから日本へも砂糖を輸出しているよ。

次は，**ニュージーランドの農業**だ。

オーストラリアの多様な気候環境とは異なり，**偏西風**の影響を年中受けるため，**全土が温暖湿潤な Cfb（西岸海洋性気候）**の分布地域となっていたよね？

だから**牧草の生育**が盛んで，一年中牧草が生えている**永年牧草地**が多いよ。羊はほぼ全域で飼育されているけど，より**湿潤な北島**には**乳牛**が多く，**酪農**が発達しているから注意してね！

表1 オーストラリア・ニュージーランドの世界の農畜産物輸出に占める割合

● 小麦（世界計1.8億トン）

国　名	％
ロシア	13.8
アメリカ合衆国	13.1
カナダ	10.7
フランス	10.0
オーストラリア	8.8

● 砂糖（世界計6,903万トン）

国　名	％
ブラジル	42.6
タイ	9.0
オーストラリア	6.0
インド	5.0
フランス	3.3

● 綿花（世界計678万トン）

国　名	％
アメリカ合衆国	36.4
インド	12.8
ブラジル	11.9
オーストラリア	10.6
ブルキナファソ	4.5

● 羊毛（世界計85万トン）

国　名	％
オーストラリア	40.5
ニュージーランド	15.5
イギリス	5.0
南アフリカ共和国	4.7
ドイツ	2.6

● バター（世界計173万トン）

国　名	％
ニュージーランド	30.6
オランダ	12.5
アイルランド	10.8
ドイツ	7.6
ベルギー	7.1

● 牛肉（世界計765万トン）

国　名	％
オーストラリア	14.1
ブラジル	14.1
アメリカ合衆国	10.7
オランダ	5.8
ニュージーランド	5.8

※統計年次は2016年。羊毛は2013年。牛肉に水牛肉やヤクなどは含まない。『世界国勢図会2019/20』による。

オーストラリアは資源大国っていうイメージが強いんだけど？

そうだねぇ。

オーストラリアは資源の宝庫だよね。特に**国内消費が少ない**ため（1人当たりの消費量が多くても，人口が少ないと総消費量はたいしたことないからね），

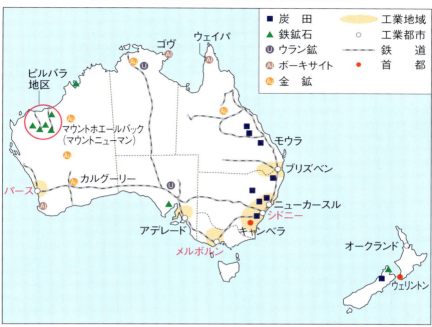

図6　オーストラリアとニュージーランドの資源分布

凡例：
- ■ 炭　　田
- ▲ 鉄鉱石
- Ⓤ ウラン鉱
- Ⓐⓛ ボーキサイト
- Ⓐⓤ 金　　鉱
- 〰 工業地域
- ○ 工業都市
- ━ 鉄　　道
- ● 首　　都

地誌

東アジア

東南アジア・南アジア

西アジア・アフリカ

ヨーロッパ

ロシアと周辺諸国

アングロアメリカ

ラテンアメリカ

オセアニア

日　本

カナダと同じように**輸出余力が大きい**んだ。<u>石炭</u>も<u>鉄鉱石</u>も世界最大級の輸出国だよ！

じゃあ，**鉱工業**についての説明をしていこう！

オーストラリアの資源の分布は，東部の<u>古期造山帯地域</u>で石炭，北西部の侵食が進んだ<u>安定陸塊（楯状地）</u>で<u>鉄鉱石</u>，北部の<u>熱帯地域</u>で<u>ボーキサイト</u>というように，たとえ鉱山名なんて暗記していなくても，君たちが今まで勉強してきた地理的な考え方を駆使すれば簡単にわかってしまうよね！

ニュージーランドは，オーストラリアよりむしろ日本とよく似ているよ。**資源に乏しい**もんね。ただ，<u>偏西風</u>の影響で降水量が多いから，水力発電が盛んで，……ということは？

そのとおり！　**アルミニウム工業**が発達してるんだ。また，<u>新期造山帯</u>に属するので，**地熱発電**も行われているよ（<u>水力</u>**59.8%**，<u>火力</u>**15.9%**，<u>地熱</u>**17.3%**，<u>風力</u>**5.4%**，2016年）。<u>再生可能エネルギー</u>の割合がすごく高いことに注意しよう！

工業に関しては，オーストラリア，ニュージーランドとも国内での需要を満

たす範囲でしか工業化を行ってこなかったから，工業の発達が十分ではなかったんだ。そこで，現在は徐々に外国企業を誘致（ゆうち）するなど輸出指向型の工業化も進めようとしているんだ。

　また，**貿易**に関しても，**イギリスの地位が低下し**，中国，日本，アメリカ合衆国などアジア・太平洋地域との関係が深まっている**ことには，十分に注意しようね！

表2　オセアニアの島嶼部（とうしょ）のまとめ

国・地域	特　色
ナ　ウ　ル	ミクロネシア系。りん鉱石が産出していたが，近年は枯渇。 1人当たりGNIは10,784ドルと高い。
パプアニューギニア	メラネシア系。銅鉱，原油などの鉱産資源や林産資源が豊富。
フィジー	先住のメラネシア系住民とインド系との対立。さとうきび。
ニューカレドニア（フランス領）	メラネシア系。ニッケルなど鉱産資源が豊富。
フランス領ポリネシア	ポリネシア系。タヒチ島は観光業が発展。

ポイント　オーストラリア・ニュージーランド

❶　オーストラリアの先住民は**アボリジニー**で，ニュージーランドの先住民は**ポリネシア系マオリ人**であるが，両国とも全人口に占める**ヨーロッパ系移民**の割合が高い。

❷　オーストラリアでは，**1970年代**に「**白豪主義**（はくごう）」を撤廃（てっぱい）し，**多文化主義**政策を実施したため，現在は，**アジア系**などの**移民**（い みん）が増加している。

❸　オーストラリアは，**資源が豊富**で輸出も盛んだが，ニュージーランドは**資源に乏しい**。

❹　オーストラリア，ニュージーランドともに**輸出額に占める一次産品**の割合が高い。

チェック問題

1 南半球において，北半球の日本とほぼ同緯度帯にあるニュージーランドの自然と人々の生活について述べた文として最も適当なものを，①～④のうちから一つ選べ。

① 北島では夏季にウィリーウィリーと呼ばれる高温のフェーンが吹き，農作物に害を与えることが多い。

② 北島はハリケーンの影響で降水量が夏に集中し，冬にはしばしば干ばつにみまわれている。

③ 南島は日本の北海道と同様，亜寒帯（冷帯）気候が広く分布し，山地では林業が盛んである。

④ 南島は東西での降水量の違いが大きく，降水量の少ない東岸部の平野では小麦の栽培や羊の放牧が行われている。

2 次の表は，いくつかの都市における外国人居住者の割合，外国人居住者に占める留学生の割合，年間労働時間を示したものであり，①～④は，コペンハーゲン，シドニー，ソウル，ホンコンのいずれかである。シドニーに該当するものを，表中の①～④のうちから一つ選べ。

表

	外国人居住者の割合（%）	外国人居住者に占める留学生の割合（%）	年間労働時間（時間／人）
東京	4	10	1,997
①	13	4	1,658
②	9	25	1,747
③	7	2	2,295
④	2	6	2,312

統計年次は2009年。*Global Power City Index* などにより作成。

地誌

東アジア

東南アジア・南アジア

西アジア・アフリカ

ヨーロッパ

ロシアと周辺諸国

アングロアメリカ

ラテンアメリカ

オセアニア

日　本

3 下の**表**は，次の**図1**中の太平洋島嶼国の旧宗主国または国際連合の信託統治の旧施政権国を示したものである。また，次ページの**図2**は，太平洋島嶼国に対するいくつかの国からのODA（政府開発援助）供与額を示したものであり，**ア〜ウ**はアメリカ合衆国，オーストラリア，日本のいずれかである。国名と**ア〜ウ**との正しい組合せを，次ページの①〜⑥のうちから一つ選べ。

図1

表

旧宗主国または 国際連合信託統治の旧施政権国	太平洋島嶼国
アメリカ合衆国	マーシャル諸島，ミクロネシア連邦，パラオ
イギリス	トンガ，フィジー，ソロモン諸島，ツバル，キリバス
オーストラリア	パプアニューギニア
ニュージーランド	サモア，クック諸島，ニウエ
2国（イギリス・フランス）	バヌアツ
3国（イギリス・オーストラリア・ニュージーランド）	ナウル

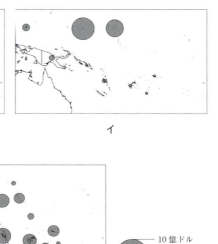

ア　　　　　　　　　　　　イ

10億ドル
5
1

ウ

統計年次は2011～2015年の合計。OECD の資料などにより作成。

図2

	①	②	③	④	⑤	⑥
アメリカ合衆国	ア	ア	イ	イ	ウ	ウ
オーストラリア	イ	ウ	ア	ウ	ア	イ
日　　本	ウ	イ	ウ	ア	イ	ア

地
誌

東アジア

東南アジア・
南アジア

西アジア・
アフリカ

ヨーロッパ

ロシアと
周辺諸国

アングロ
アメリカ

ラテン
アメリカ

オセアニア

日　　本

1 ④ **ニュージーランド**は，ほぼ全域が **Cfb（西岸海洋性気候）**だが，南島の西部には**サザンアルプス**が南北に走るため，山脈の東側は偏西風の風下になり，**やや降水量が少なくなる**。そのため，**小麦栽培や牧羊**が発達している。よって，**④が正しい**。

① **ウィリーウィリー**は，オーストラリアを襲う**熱帯低気圧**の一種である（**サイクロン**のこと）。**フェーン**は地方風で，もともとはアルプス地方に吹く**高温乾燥風**のことであったが，高温乾燥風が卓越する一般的な気象現象を「フェーン現象」と呼んでいる。ウィリーウィリーは，フェーンではないので，誤り。

② **ハリケーン**は，**カリブ海**付近で発生し，メキシコ湾岸など北中米を襲う**熱帯低気圧**で，**ニュージーランドとは無関係**である。さらにニュージーランドは，偏西風の影響で**年中平均的に降水**があるため，降水量が夏に集中したり，冬に干ばつにみまわれることはない。よって，誤り。

③ 前述のように，ニュージーランドはほぼ全域が Cfb である。また，**南半球には亜寒帯（冷帯）気候は存在しない**。よって，誤り。

2 ② 外国人居住者の割合，外国人居住者に占める留学生の割合，年間労働時間から，コペンハーゲン（**デンマーク**），シドニー（**オーストラリア**），ソウル（**韓国**），ホンコン（**中国の特別行政区**）の4都市を判定する問題である。都市の性格というより，ここでは4都市が位置する国の状況を考えて判定すればよい。最もわかりやすい指標は，年間労働時間（時間／人）である。**労働時間は経済発展とともに短くなる**傾向があり，逆に**余暇時間は増加**する。

したがって，表中の東京より短い①と②が**先進国**の都市のシドニーかコペンハーゲン，③と④が**発展途上国**の都市のホンコンかソウルである。①の方が②より外国人居住者の割合が高いことから，**EU 加盟国**で**域内における人の移動が自由化**されているデンマークの**コペンハーゲン**である。オーストラリアは移民受け入れ国であることから，「外国人が多いに違いない！」と判定した受験生が多いようだが，**移民は外国人ではなく，外国生まれのオーストラリア人である**ので，オーストラリアへの移民者を外国人と考えてはいけない。

②は外国人居住者に占める留学生の割合が高いことから，オーストラリアの**シドニー**である。オーストラリアは**英語圏**であることから，**日本などからの留学生も多く**，さらに**多文化主義**を政策として打ち出していることから，留学生を受け入れやすい環境が整っている。

③と④は判定できなくてもよいが，外国人居住者の割合がやや高い③が**ホンコン**である。ホンコンには**東南アジア国籍の中国系住民（華人）**などが居住して

いるため，東京やソウルより高い値を示している。

　一方，④は留学生の割合が高いことから，韓国のソウルである。韓国は，アメリカ合衆国指向が強いこともあって，英語教育が徹底しており，さらに国策として北東アジアにおける高等教育機関のハブ（拠点）を目指しているため，21世紀に入って留学生が急激に増加している。

3 ④　アメリカ合衆国，オーストラリア，日本からの太平洋島嶼国に対するODA供与額を判定させる問題である。ODA（政府開発援助）は，OECD（経済開発協力機構）のDAC（開発援助委員会）を通じて，先進国から途上国へ供与される。供与先は，歴史的に関係が深い国（旧宗主国と旧植民地など），地理的に近い国などであることが多い。したがって，図2だけでの判定は難しいが，図1と表1を見れば，正答にたどり着くのは容易である。図2を見ると，アは供与額も少なく，さらに偏りなく各国にODAが実施されているため，日本である。日本は，アメリカ合衆国，ドイツ，イギリス，フランスに次いでODAの供与額が多いが，二国間援助の供与相手国としては，インド，バングラデシュ，ベトナム，モンゴル，ミャンマー，イラクなどアジア諸国が上位を占めており，オセアニア島嶼部への供与額は多くない。これに対して，イは旧アメリカ合衆国領であるミクロネシア連邦，マーシャル諸島，パラオへ対する供与額が大きいことから，アメリカ合衆国である。残るウは，この地域へのODA総額が多いこと，旧オーストラリア領であったパプアニューギニアへの供与額が多いことからオーストラリアと判定する。

地
誌

東アジア

東南アジア・
南アジア

西アジア・
アフリカ

ヨーロッパ

ロシアと
周辺諸国

アングロ
アメリカ

ラテン
アメリカ

オセアニア

日　　本

国土が広くて資源大国のオーストラリア，国土がせまくて資源に乏しいニュージーランド，その対比が面白いよね！

27 日 本

この項目のテーマ

1 日本の自然環境
自然環境と人々の生活とのかかわりを理解しよう！

2 日本の人口と都市
高齢化・少子化の進行と都市問題について考えよう！

3 日本の産業と社会
経済の発展と社会の変化に注目しよう！

1　日本の自然環境

　なんか，あっと言う間に最後になってしまったねぇ。さびしいなぁ (：_：)。でも，君たちが入試で大成功するように，最後まで気合い入れてがんばろうね！　入試が迫ってきて苦しい人もいるだろうけど，夢をあきらめるには早すぎる！！

　まず，**日本の地形**について確認をしていこう！

　日本列島は，プレートの「**せばまる境界**」付近に形成された**弧状列島**（**島弧**）だったよね？　**環太平洋造山帯**に生じた**火山**や**褶曲山脈**などの集まりだよ。

　なんといっても4枚のプレートがひしめきあうんだから，世界でもまれな**地殻変動**の激しい地域なんだ。**地震**や**火山活動**も非常に活発で自然災害も多いよ。でも悪いことばかりじゃなくて**温泉**による観光・保養地も多く発達しているし，**地熱発電**にも利用されているんだ。

　次のページの**図1**を見てごらん！　日本は国土の大部分が**北アメリカプレート**と**ユーラシアプレート**の上にあるよね。

　二つのプレートの境界には**フォッサマグナ**（「大きな溝」の意）があり，その**西縁の糸魚川＝静岡構造線**と呼ばれる大断層によって東北日本と西南日本に分けられるんだ。さらに諏訪湖付近で糸魚川＝静岡構造線と交わる**中央構造線**（メディアンライン）が西南日本を**外帯**と**内帯**に分けていて，**外帯の山地は険しく，内帯は丘陵や高原状の緩やかな山地が多い**よ。

図1　日本の地体構造

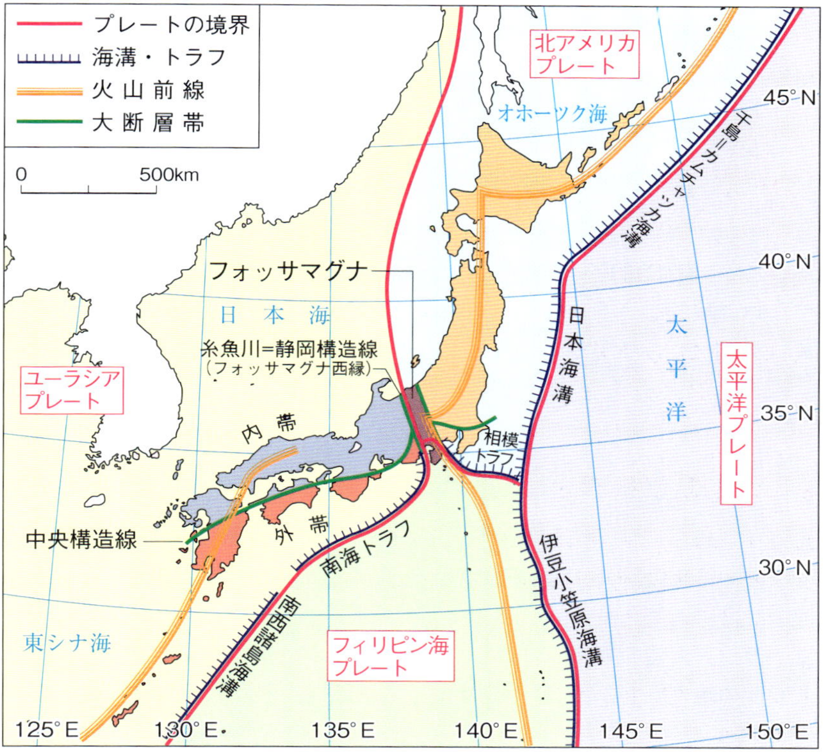

凡例：
- プレートの境界
- 海溝・トラフ
- 火山前線
- 大断層帯

0　　500km

北アメリカプレート

オホーツク海

フォッサマグナ

日 本 海

糸魚川＝静岡構造線
（フォッサマグナ西縁）

ユーラシアプレート

内帯

中央構造線

外帯

南海トラフ

東シナ海

フィリピン海プレート

日本海溝

相模トラフ

伊豆小笠原海溝

太 平 洋

太平洋プレート

45°N
40°N
35°N
30°N

125°E　130°E　135°E　140°E　145°E　150°E

地誌

東アジア

東南アジア・南アジア

西アジア・アフリカ

ヨーロッパ

ロシアと周辺諸国

アングロアメリカ

ラテンアメリカ

オセアニア

日　本

フォッサマグナの話に戻ろう！

　この付近は大陸プレートどうしの境界で，特に糸魚川＝静岡構造線付近は隆起量が大きく，<u>西側</u>には「<u>日本アルプス</u>」（飛驒山脈，木曽山脈，赤石山脈）と呼ばれる3,000m級の山々が南北に連なっていて，氷河地形もみられるよ。

　日本は，新期造山帯に属しているから，とっても山がちだよね。確か，国土の60%が山地だったと思うんだけど？

　そうだったね。しかも，**壮年期**の険しい山が多いよね。**降水量が多い**から，河川の侵食，運搬，堆積作用も活発で（だいぶ前に勉強したよね。懐かしい感じがするなぁ），山地にはV字谷を刻み，山麓には扇状地もたくさん発達しているよ。河口部分には三角州も多いしね。

　関東平野などに多い（洪積）台地も各地でみられるよ ［➡ p.51］。

図2を見るとわかるように日本の国土は，**山地の占める割合が高く（約60%，丘陵を加えると70%）**，小規模な平野しか発達していないから，生活の場の確保がなかなか大変だねぇ。

図2　国土の地形区分別構成

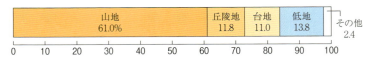

山地 61.0%	丘陵地 11.8	台地 11.0	低地 13.8	その他 2.4

ところで，**系統地理**分野で勉強した扇状地，三角州や洪積台地のこと，忘れてないよね？（^_^）

> 先生，大丈夫だよ！　平野は完璧なんだから（^o^）。
> じゃあ，次は僕の得意な気候を説明してくれる？

なんか余裕だなぁ（^o^）。

では，日本の気候について説明していくよ。共通テスト頻出のテーマだからがんばってね！

ケッペンの気候区分では，**日本の大部分が温暖湿潤気候（Cfa）**になるけど，**北海道は冷帯湿潤気候（Df）**だよ。

ユーラシア大陸の東岸に位置していて（北端が北緯45度，南端が北緯20度で，南北25度の緯度差があるね），夏は南東の季節風，冬は北西の季節風の影響を受けるよ。

熱帯地域とは違って**四季の変化**が明瞭だから，洋服も季節ごとの衣替えが必要だよね（俺は昔から洋服大好きで，自分でも信じられないくらいのストックなので，衣替えは大仕事です（^^;)）。一般に**梅雨，台風**などの影響で**夏に雨が多い**よ！　東日本では**秋雨（秋霖）**による雨もなかなか多いからね。

太平洋側と日本海側では，冬の天候に大きな違いがみられるよ。**東北，北陸，山陰の日本海側では，シベリア高気圧（シベリア気団）**からの寒冷で乾燥した**季節風が，日本海上で水蒸気を供給され（暖流の対馬海流の影響），日本海側に多量の降水や降雪をもたらす**んだ。逆に，**太平洋側は山越えした乾燥風が吹き込むので，晴天が多くなる**んだよ（➡ p.465 **図4**）。日照時間のデータを使って，太平洋側と日本海側の気候を判定させる問題は頻出なので要注意！特に，**日本海側は冬季の日照時間が短い**ことを忘れないようにね！

図3　日本の気候区分

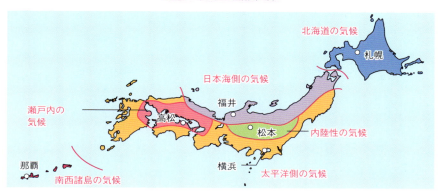

北海道の気候
札幌
日本海側の気候
福井
瀬戸内の気候
高松
松本
内陸性の気候
横浜
太平洋側の気候
那覇
南西諸島の気候

図4　冬の大気現象の断面図

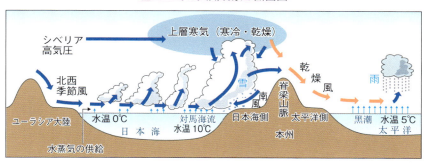

上層寒気（寒冷・乾燥）
シベリア高気圧
北西季節風
乾燥風
雪
南風
雨
背梁山脈
ユーラシア大陸
水温0℃
日本海
対馬海流水温10℃
日本海側
太平洋側
本州
黒潮　水温5℃
太平洋
水蒸気の供給

図5　日本各地の気温と降水量（月平均）

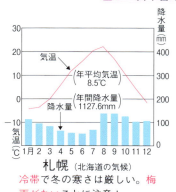

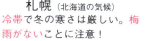

札幌（北海道の気候）
冷帯で冬の寒さは厳しい。梅雨がないことに注意！

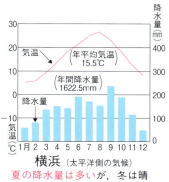

横浜（太平洋側の気候）
夏の降水量は多いが，冬は晴天の日が多く降水量が少ない。

地誌

東アジア

東南アジア・南アジア

西アジア・アフリカ

ヨーロッパ

ロシアと周辺諸国

アングロアメリカ

ラテンアメリカ

オセアニア

日　本

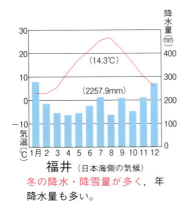

福井（日本海側の気候）
冬の降水・降雪量が多く，年降水量も多い。

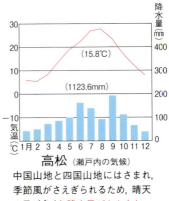

高松（瀬戸内の気候）
中国山地と四国山地にはさまれ，季節風がさえぎられるため，晴天の日が多く年降水量がやや少ない。

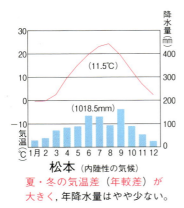

松本（内陸性の気候）
夏・冬の気温差（年較差）が大きく，年降水量はやや少ない。

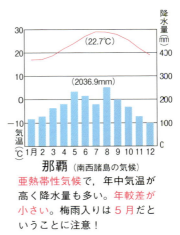

那覇（南西諸島の気候）
亜熱帯性気候で，年中気温が高く降水量も多い。年較差が小さい。梅雨入りは5月だということに注意！

＊日本各地における雨温図は，入試頻出なので要注意！

図6　日本の代表的な気圧配置

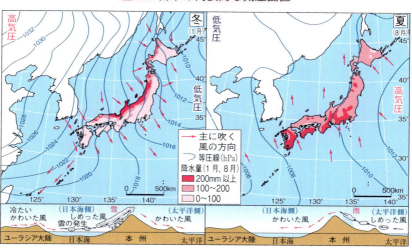

表1　季節による気候の変化

季節	特　色
春	長江気団の勢力が強まり，移動性高気圧を伴うため，天候が変化しやすい。
初夏	オホーツク海高気圧と北太平洋（小笠原）高気圧との間で梅雨前線が生じる。梅雨前線の停滞（北海道を除く）で長雨をもたらし，集中豪雨による災害も発生する。太平洋側ではやませによる冷害。
夏	北太平洋（小笠原）高気圧の北上により，高温となり晴天をもたらすが，海洋性気団であるため湿度が高い。
秋	秋雨（秋霖）前線の停滞や台風の接近・襲来により，降水量が多い。
冬	シベリア高気圧（シベリア気団）が発達し，低温で乾燥した北西季節風が日本列島に吹き込むため，厳しい寒さをもたらす。太平洋側は乾燥するが，日本海側の一部では多量の降雪がみられる。

 日本は地形も気候も変化に富んでいるよね。だから日本中どこに遊びに行っても，なんか新鮮でウキウキする感じがあるんだなぁ（^_^）。でもその反面，さまざまな災害も起こりやすいと思うんだけど？

　うん，そうだね。**地震や火山活動による**災害も多いけど，天候の不順による**気象災害**も多いよ。

　たとえば，夏に**オホーツク海高気圧**の勢力が強いと，北海道から東北地方の**太平洋側では冷涼・湿潤な**やませ**（山背）が吹いて，冷害が生じる**ことがあ

るよ。稲などの農作物に大きな被害を与えるんだ。やませの被害については，小学生の時からやっているのにもかかわらず（笑）太平洋側と日本海側を間違える人がとっても多いから要注意！

　梅雨による雨が例年より少ないと，西日本の瀬戸内地方や九州では水不足の心配があるし，大河川がない沖縄なんかではなおさら深刻なんだよ。

　それから最近は「都市型災害」も増加しているんだ。

　都市化の進展によって，従来はあまり利用されていなかった後背湿地や河口付近の低湿地などの開発も進んだよね。ここで，もし人工堤防が決壊すれば，被害は甚大なものになるだろうね。

　舗装化によって地面を人工物で覆ってあるため，集中豪雨などが起こった場合，雨水が地下に浸透せずに，短時間に小河川に流れ込んで洪水を起こしたり，低いところ（たとえば地下街や地下鉄など）に流れ込んだりする都市独特の災害が実際に発生しているんだ。

　このような開発に伴う災害に対して，早急な対策が必要だね。そこで現在は，雨水を浸透させる舗装の開発・導入，洪水対策用の地下河川や地下調整池の建設が始められているよ。

ポイント　日本の自然環境

❶　日本は，環太平洋造山帯に属する弧状列島で，火山や地震が多い。

❷　日本は，ユーラシアプレート，北アメリカプレート，太平洋プレート，フィリピン海プレートの四つのプレート境界に位置し，北アメリカプレートとユーラシアプレートの境界付近にはフォッサマグナが走る。

❸　国土の大部分はCfa，北海道はDfに属し，季節風（モンスーン）の影響が大きく，四季の変化も明瞭である。

❹　国土は南北に広がり，地形も複雑で，気候的な地域差が大きい。

❷　日本の人口と都市

　現在は**先進国**となった**日本**も，明治の初めには人口が3,000万人しかいなくて，発展途上国のようにピラミッド（富士山）型の人口構成をしていたんだよ（現在の日本の人口ピラミッドは**つぼ型**）。その後，**死亡率が徐々に低下**して人口が増え始め，第二次世界大戦後の**第1次ベビーブーム**［➡ p.472 ⛰］（1947〜49年）で急増するんだ。でも，**家族計画の普及や生活水準の向上**によって今度は**出生率が低下**し，特に**第2次ベビーブーム**（1971〜74年）以降，出生率の低下は深刻な問題になっているよ［**図7**］。ベビーブームの年代を忘れないように！

　日本の出生率は世界でも最低レベルなんだ。1997年には**老年人口が年少（幼年）人口を上回ってしまってる**からね。それに1人の女性が生涯に産む子どもの平均数を示す**合計特殊出生率**［➡ p.225 ⛰］も**1.36**（2019年）と**先進国中最低レベル**で，**2005年**にはついに……**自然増減率がマイナス**となり**2010年代**から長期的な**人口減少社会**に突入してしまったんだ。2040年には，老年人口が全人口の約3分の1を占めると予測されているよ。

　急速な**少子化**と**高齢化**に対応することが今後の大きな課題だということを⑬の❸［➡ p.220］で学習したよね？（復習しておこうね！）。

表2　日本の人口統計

総人口 （万人）	人口密度 （人/km²）	出生率 （%）	死亡率 （%）	乳児死亡率 （%）	自然増加率 （%）	老年人口率 （%）	合計特殊出生率 （人）
12,422 (*12,644)	339	7.4	11.0	1.9	− 3.6	28.1	1.36

※統計年次は2018年。人口密度と乳児死亡率，合計特殊出生率は2019年。老年人口率は2018年。　＊外国人人口を含む。

図7　日本の人口ピラミッド

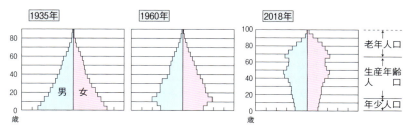

日本も他の先進国と同じように，**都市への人口集中が進んでいる**よね。いつごろからこんなにたくさんの人が都市に集まるようになったの？

地誌

東アジア

東南アジア・南アジア

西アジア・アフリカ

ヨーロッパ

ロシアと周辺諸国

アングロアメリカ

ラテンアメリカ

オセアニア

日　本

都市への人口集中が急速に進むのは，やっぱり**第二次世界大戦後**だね。特に，**1950年代後半から1960年代の高度経済成長期**に東京，大阪，名古屋の**三大都市圏**に人口が流入したんだ。都市で急速に工業化が進み，農村より高水準の現金収入が得られるから，**農村から都市への移動**が活発になったんだよ。その後，**都市の過密化**と農村の**過疎化**が問題となるんだ。

首都圏を例にとれば，高度成長期の前半は**東京**に人口が流入するんだけど，後半は**東京周辺の神奈川**，**埼玉**などに流入が急増するんだね。

ところが，**1970年代の石油危機**以降は，都市の経済が停滞し始めたので，**Uターン現象**［➡ p.472 📖］などの大都市圏から地方都市への人口移動も始まるんだ。現在（2010〜2015年）は，人口が増加したのがたったの8都府県（**沖縄・東京・埼玉・愛知・神奈川・福岡・滋賀・千葉**）で，減少したのはなんと39道府県なんだ！

> 最近は，東京にまた人口が流入してるって聞いたんだけど，これはおかしいよね。地価がすごく高いんだから，居住人口は減少するはずだよね？

それがさぁ，最近は人口が減っていた東京にも人が戻ってきているんだ。1990年代初めのバブル経済崩壊以降，不況が長引いていて，地価が下がってきたので，**1990年代後半からは徐々に東京（特に都心部）に人口が流入して**るんだよ。

表3　都道府県別の人口増加率

上位県		下位県	
東　京	5.6‰	秋　田	−14.8‰
沖　縄	1.8	青　森	−12.8
神奈川	0.5	岩　手	−11.7
千　葉	0.3	高知・山形	−11.1
埼　玉	0.2	和歌山	−11.0

※2018〜2019年の1年間。

これを**都心回帰**というんだ。最近は，**大阪市や名古屋市**でも同じような現象がみられるよ。たとえば，以前は神奈川や埼玉に住んでいて，都心に通勤や通学をしていたけど，地価や家賃が下がってきたから東京都内に住んでもいいじゃないかという人々が増えているんだよ。

もちろん，都心部の**昼間人口**はもともととっても多いけど，昼間人口っていうのは居住している人（**夜間人口**，**常住人口**）のことじゃなくて，通勤，通学，ショッピングなどで一時的にいる人を含んでいるから，混同しないでね。

それから，沖縄にも注意してほしいな！　**都道府県別の人口増加**を考えるとき，**1980年代の後半以降は，出生率の低下**によって自然増加率がすごく低くな

っているから，人口増加の大部分が**社会増加**によるものだ。

ただし，**沖縄**だけは，社会増加率は低いんだけど，出生率が高くて自然増加率が高いので，人口増加率の上位にくるんだよ [➡ p.470**表3**]。

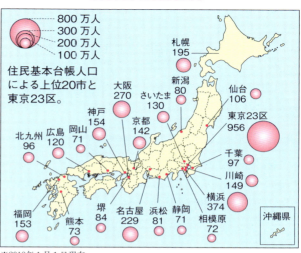

図8　主な都市の人口

800万人
300万人
200万人
100万人

住民基本台帳人口による上位20市と東京23区。

札幌 195
新潟 80
仙台 106
大阪 270
さいたま 130
東京23区 956
神戸 154
京都 142
北九州 96
広島 120
岡山 71
千葉 97
川崎 149
横浜 374
福岡 153
熊本 73
堺 84
名古屋 229
浜松 81
静岡 71
相模原 72
沖縄県

※2018年1月1日現在。

図9　過疎地域の全国に占める割合

市町村数
46.1%

人口
8.9%

面積
58.7%

※統計は2015年4月1日現在。総務省調べ。

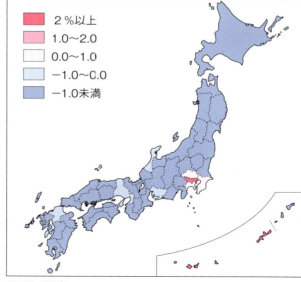

図10　都道府県別の人口増加率

2％以上
1.0〜2.0
0.0〜1.0
−1.0〜0.0
−1.0未満

※2018〜2019年。

地誌

東アジア

東南アジア・南アジア

西アジア・アフリカ

ヨーロッパ

ロシアと周辺諸国

アングロアメリカ

ラテンアメリカ

オセアニア

日　本

☝ **ベビーブーム**　**一時的な出生数の急増現象**のことで，日本では第二次世界大戦直後の**1947〜49年**がこれに当たる（**第1次ベビーブーム**）。**第2次ベビーブーム**は**1971〜74年**で，これは第1次ベビーブームの際に生まれてきた子どもたちが出産適齢期（てきれいき）を迎えたため生じた。戦争や革命（かくめい）などが起きて社会が混乱すると，出生率は低下し，安定すると上昇するため，欧米（おうべい）諸国などでも同様な現象が生じた。

☝ **Uターン現象**　**大都市から地方への人口移動現象**。地方から大都市へ移動した人が再び地方の出身地に戻（もど）ることをさす。「**Jターン現象**」とは，大都市へ移動した人が，地元に近い地方の中心地に移住することである。

ポイント ▶ 日本の人口と都市

❶　日本の総人口は**約1.3億人**であるが，**出生率が低く**，近い将来人口の減少が予測されている。

❷　**老年人口率は28.1%** を超え，**急速な高齢化**（こうれいか）に対するさまざまな取り組みが行われつつある。

❸　**1950年代後半〜1960年代の高度経済成長期**に，**三大都市圏**（けん）**への人口集中**が進み，**1970年代の石油危機**（ちんせいか）以降，やや沈静化する。

❹　近年は，不況（ふきょう）による地価の下落（げらく）などによって，**都心回帰**（かいき）が生じ，**東京**（とう きょう）の人口が増加しつつある。

「日本」の地理では小中学校で学んできたこともいっぱいあるよ。忘れてることもあると思うので気分を新たにしてもう一度がんばってみよう！

❸ 日本の産業と社会

さて，本当に最後の項になってしまったよ。ここでは，日本の**農林水産業**，**鉱工業**などの特色についてマスターしようね！

まず，**農業**についてやってみよう！　前にも話したように，日本は**国土の約60％が山地**で，**農業に適した平野が狭い**よね。だから**農地**の割合は国土の約**12％**にしかならないんだ。**家族労働中心**で，**零細経営**の農家が多いんだよ。**農業従事者1人当たりの農地面積は約2.0ha**で，**欧米に比べて著しく小さい**んだ［➡ p.135］。**主業農家**（農業所得が主 ➡ p.479 📈）だと約4haとけっこう規模が大きいんだけどね。

でも，多くの労働力や資本，高い技術を導入してるから，**土地生産性**はとても高いのが特徴だよ［➡ p.131］。ただ，人件費などの生産コストが高いから，**安い輸入農産物**に押されがちなんだね。

しかも，国内の他産業より労働生産性が低いため，特に高度成長期以降は**農業就業人口**，**専業農家数**などが激減し，現在も後継者不足に頭を悩ませているんだよ。高齢化による耕作放棄地の増加も深刻で，耕作放棄地の総面積は埼玉県や滋賀県と同じくらいの面積になっているよ。特に**中山間地域の耕作放棄地面積が多い**んだ。

> 日本は**海外の安い農産物**に対して**農業保護政策**を実施してきたよね。

うん，そうだよ。**農業生産を維持し，農家を保護**するため，国内の生産物と競合する農産物に関しては，長い間**食糧管理法**にもとづいて**輸入制限**を実施してきたんだ。でも**GATT**（現**WTO**）や**アメリカ合衆国**から強く**市場開放を要求され**，徐々に**輸入自由化**を実施してきたんだね。

ここでは，自由化が最も遅かった**米**を例にとって説明していこう！

第二次世界大戦後，**農地改革**が実施され，多くの**自作農**が生まれたんだ（それまでは，少数の地主が多くの小作農を使って農業生産をしていた）。自作農は自分の耕地で，自分のために農作物を栽培するから生産性も向上したんだよ。また，米の自給をできるようにするために，**食糧管理制度**によって農家の生産した米を，政府が高い値段で買い取る**価格支持政策**を行ってきたんだよ。こうすれば農家は思い切ってたくさんの米を生産できるよね（作りすぎても政府が買い取ってくれるから安心だろう？）。流通も，「農家➡政府➡政府指定の業者

地誌

東アジア

東南アジア・南アジア

西アジア・アフリカ

ヨーロッパ

ロシアと周辺諸国

アングロアメリカ

ラテンアメリカ

オセアニア

日本

→消費者」と渡るため，農家は安定した収入を得ることができるようになったんだ。ところが，高度成長による**生活水準の向上と食生活の変化**によって，**米の生産過剰**が問題となってきたんだね。米の1人当たり年間消費量は，1962年には118.3kgだったのが，2016年には54.4kgとすごい減少だ！

そこで1970年ごろから**生産調整**（**減反**や畑作への**転作奨励**）を実施し，需要と供給のバランスを保とうとしたんだよ。小中学生のころ，授業で聞いたことがあるよね！　生産調整の開始の年代は要注意だよ!!　2018年には，減反をやめるということが決定しているけどね。

一方，海外からの輸入米については，厳しく**輸入制限**をしていたんだ。これに対して，アメリカ合衆国など米の輸出国からは相当たたかれたんだね。「なんでこんなにたくさん自動車を日本から買ってやってるのに，日本はアメリカの米を買わないんだ！」と……。

そこで1995年，やっと米の輸入の**部分自由化**（ある最低限度の量は必ず輸入をするという約束をしたんだ。これを**ミニマムアクセス**というよ）を実施し，1999年からはついに関税化による**自由化**にふみきるんだね。**国内での米流通も1995年からは新食糧法によって自由化**され，今ではスーパーやコンビニでも自由に米を売ってるよ。

輸入が自由化されるということは，**外国からの安い農産物**がたくさん国内に入ってくるから，**食料自給率**はどんどん落ちていくんじゃないのかなぁ？

そうだね。次の**食料自給率**（p.480 👆）に関する統計を見てごらん！

表4　日本の食料自給率（%）の推移

	1970	1980	1990	2000	2010	2015	2017
穀類（食用＋飼料用）	46	33	30	28	27	29	28
米	106	100	100	95	97	98	96
小麦	9	10	15	11	9	15	14
豆類	13	7	8	7	8	9	7
野菜	99	97	91	81	81	80	79
果実	84	81	63	44	38	40	39
肉類	89	81	70	52	56	54	52

表5　各国の食料自給率（%）

	穀類	食用穀物	豆類	野菜類	果実類	肉類	卵類	牛乳・乳製品
日本	28	62	7	79	39	52	96	60
アメリカ合衆国	118	171	165	91	77	114	103	104
イギリス	101	105	47	40	5	69	91	81
ドイツ	103	115	7	41	28	113	70	119
フランス	176	167	86	78	62	102	98	128
イタリア	76	69	33	136	108	79	100	66
オランダ	14	20	0	290	28	207	222	200
オーストラリア	291	420	229	81	82	147	99	142

※統計年次は2011年（日本は2017年概算）。

特に，**米以外の穀物や豆類の自給率がすごく低い**よね。

それから，**1991年に牛肉とオレンジ類の輸入自由化**が行われたため，**1990年代から肉類と果実の自給率が低下**していることにも注意！ [➡ p.474 表4]　日本の食料自給率は先進国の中で最も低い水準で [➡ p.474 表5]，大量の食料を海外に依存している食料の輸入大国だという自覚が俺たちには必要なんだね。

> そうかぁ。これからの**日本の農業**も大変だなぁ。安い輸入農産物も魅力はあるけど，まったく**自給できない**っていうのもなんか不安だよねぇ。

そうだね。日本の農家もいろいろと努力をしているよ。

農地の借り入れなどによって**経営規模の拡大**に努めたり，日本人の嗜好にあった高品質な農産物の生産や，無農薬，有機栽培をするなど**安全性の高い農作物の栽培**にも力を入れ，輸入品との差別化を図ろうとしているね。**食料の自給と農産物の輸入問題**は今後の大きな課題だな。それから，地域の貿易自由化を目指す **TPP**（**戦略的経済連携協定**または**環太平洋パートナーシップ**）[➡ p.479 📊] の進め方も気になるところだね。

図11　地域別の農業産出額の割合（2017年）

北海道　1兆2,762億円

米	野菜	畜産	その他
10.0%	16.6	57.0	16.4

近畿　5,030億円

米	野菜	畜産	その他
25.4%	26.2	22.0	26.4

東北　1兆4,001億円

米	野菜	畜産	その他
31.8%	17.6	32.8	17.8

中国　4,796億円

米	野菜	畜産	その他
25.2%	20.0	37.0	17.8

北陸　4,171億円

米	野菜	畜産	その他
58.9%	14.4	18.0	8.7

四国　4,324億円

米	野菜	畜産	その他
12.7%	37.4	22.2	27.7

関東・東山　2兆1,553億円

米	野菜	畜産	その他
15.6%	38.7	26.9	18.8

九州・沖縄　1兆9,361億円

米	野菜	畜産	その他
9.7%	24.6	45.3	20.4

東海　7,482億円

米	野菜	畜産	その他
12.9%	30.9	29.3	26.9

■ 米　■ 野菜　■ 畜産　□ その他

※統計年次は2017年。北陸は新潟・富山・石川・福井の4県，東山は山梨・長野の2県，東海は岐阜・静岡・愛知・三重の4県。

地誌

東アジア

東南アジア・南アジア

西アジア・アフリカ

ヨーロッパ

ロシアと周辺諸国

アングロアメリカ

ラテンアメリカ

オセアニア

日　本

日本の林業や水産業については，系統地理分野でやったけど，簡単にまとめておいてくれる？

じゃあ，**林業**と**水産業**について，**表6**にまとめておくよ！　特に，農業には十分復習の時間をとろうね！

表6　日本の林業・水産業のまとめ

	特色と現状
林　業	国土の約70%が森林。木材需要の70%以上を輸入に依存。世界的な輸入国。かつては，フィリピン，インドネシア，マレーシアなど東南アジアへの依存度が高かったが，原木の輸出規制により，近年は，カナダ，アメリカ合衆国，ロシアへの依存度が高まる。
水産業	世界的な漁獲国だが，沿岸漁業，沖合漁業，遠洋漁業ともに不振。世界最大級の輸入国。輸入急増の原因は，円高による輸入の容易さ，生活水準の向上による高級化・多様化，流通革命による輸送技術の発達など。マグロやエビ，サケ，マスなど高級魚の輸入が多い（図12）。

図12　主な輸入水産物（2018年）

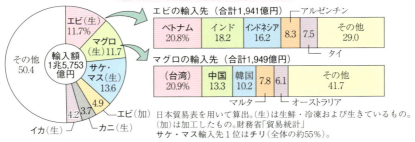

では，最後に**鉱工業**について説明しよう。

エネルギー・鉱産資源については，極端に<u>自給率が低い</u>っていうことを知ってるだろう？　**石炭，石油，天然ガスなど化石燃料はほとんどを輸入に依存**しているんだったね。1970年代の石油危機以後は，石油に代わる**代替エネルギー**の**開発**を積極的に進め，**原子力発電**や**地熱**，**太陽光**，**風力**など**自然エネルギー**の利用に取り組んでいるよ。

また，世界でもトップクラスの**省エネルギー化**が進んでいて，これは世界に誇れる部分だね。**コージェネレーションシステム**って聞いたことないかな？ちょっとだけ，話を聞いてくれる？

たとえば，重油やLNGを燃料として火力発電を行ったとするだろう？するとエネルギーの40%が電力となり，残りのエネルギーは廃棄されてしまう

んだ。もったいないよねぇ。

そこで，このとき発生する熱を回収し，冷暖房や給湯などに利用することによって，エネルギーの80%を利用することができるというシステムを**コージェネレーションシステム**っていうんだ。

これは徐々に実用化が進んでいるよ。まだまだ問題は多いけど，君たちの中からもっとすばらしいエネルギーシステムを考え出す人が出るんじゃないかなぁ？　期待しているよ！！！

工業に関しては，第二次世界大戦前まで日本は発展途上国レベルの工業化しか進んでいなかったんだよ。主な工業製品は**繊維品**で，一部の軍需産業が成長していた程度だったんだ。

第二次世界大戦後，急速に工業化が進み，1950年代後半から1960年代にかけての高度経済成長期には鉄鋼，石油化学，造船などの重化学工業が基幹産業になっていったんだね。

でも1970年代の石油危機以降，資源を大量に消費するタイプの鉄鋼業や造船業は不況業種となり，より付加価値が高い自動車などの機械工業や先端技術産業に移行していくことになるんだ。

1980年代後半からは，円高の影響（輸出が不利になるよ）や人件費，地価の高騰により生産費が上昇したため，**コストダウン**を図る目的で，アジアNIEs，ASEAN，中国などの発展途上地域へ生産拠点が移動しているんだ。さらにアメリカ合衆国など先進国との間で貿易摩擦が生じたため，これを解消するために現地に日本企業を設立し，生産を行うようになったんだ［図15 ➡ p.478］。すると海外の日系企業は発展するけど，日本国内の産業は衰退するという，産業の空洞化が生じるんだね。

図13　製造業における大企業と中小企業

	中小企業	大企業
企業数	99.1%	0.9%
従業者数	68.6%	31.4%
出荷額	大企業 51.7%	中小企業 48.3%

※資本金3億円未満の会社を中小企業とした。
統計年次は2016年。

地誌

東アジア
東南アジア・南アジア
西アジア・アフリカ
ヨーロッパ
ロシアと周辺諸国
アングロアメリカ
ラテンアメリカ
オセアニア
日　本

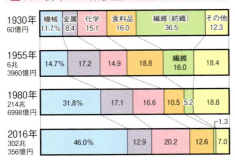

図14　日本の工業製品の出荷額とその変化

	機械	金属	化学	食料品	繊維(紡織)	その他
1930年 60億円	11.7%	8.4	15.1	16.0	36.5	12.3

	機械	金属	化学	食料品	繊維	その他
1955年 6兆3960億円	14.7%	17.2	14.9	18.8	16.0	18.4

	機械	金属	化学	食料品	繊維	その他
1980年 214兆6998億円	31.8%	17.1	16.6	10.5	5.2	18.8

	機械	金属	化学	食料品	繊維	その他
2016年 302兆356億円	46.0%	12.9	20.2	12.6	1.3	7.0

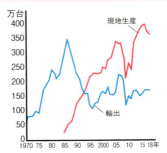

図15　日本のアメリカ合衆国への自動車輸出と現地生産

現地生産
輸出

表7　工業製品出荷額における工業地域の変化

3大工業地帯	京 浜	中 京	阪 神	計	北九州(参考)
1980					
出荷額(10億円)	37,613	25,102	30,263	92,978	5,834
全国比(%)	17.5	11.7	14.1	43.3	2.7
1990					
出荷額(10億円)	51,591	44,503	40,573	136,667	7,779
全国比(%)	15.8	13.6	12.4	41.8	2.4
2000					
出荷額(10億円)	40,253	42,747	32,552	115,552	7,426
全国比(%)	13.3	14.1	10.7	38.1	2.4
2010					
出荷額(10億円)	25,771	48,144	30,139	104,054	8,249
全国比(%)	8.9	16.6	10.4	35.9	2.8
2016					
出荷額(10億円)	24,508	55,120	31,413	111,042	9,319
全国比(%)	9.8	22.0	12.6	44.4	3.7

主な工業地域	関東内陸	京 葉	東 海	瀬戸内	計	全 国 計 (その他含む)
1980						
出荷額(10億円)	18,053	9,899	9,525	20,803	58,281	214,700
全国比(%)	8.4	4.6	4.4	9.7	27.1	100.0
1990						
出荷額(10億円)	33,632	12,262	16,465	26,688	89,047	327,093
全国比(%)	10.3	3.7	5.0	8.2	27.2	100.0
2000						
出荷額(10億円)	30,482	11,519	16,781	24,203	82,985	303,582
全国比(%)	10.0	3.8	5.5	8.0	27.3	100.0
2010						
出荷額(10億円)	29,018	12,414	15,885	29,278	86,595	290,803
全国比(%)	10.0	4.3	5.5	10.1	29.9	100.0
2016						
出荷額(10億円)	30,652	11,467	16,257	29,099	87,475	250,279
全国比(%)	12.2	4.6	6.5	11.6	35.0	100.0

※経済産業省「工業統計表　産業編」より作成。京浜は東京都・神奈川県の全域,中京は愛知・三重県の全域,阪神は大阪府・兵庫県の全域(以上,3大工業地帯),北九州は福岡県の全域,関東内陸は栃木・群馬・埼玉県の全域,京葉は千葉県の全域,東海は静岡県の全域,瀬戸内は岡山・広島・山口・香川・愛媛県の全域とした。

現在，日本企業は**国内**では高級品，新素材・バイオテクノロジーを利用した製品，IT 関連製品などを生産し，**海外**では量産型の家電などを生産する傾向が強くなっているよ。**研究開発部門**では，アメリカ合衆国やヨーロッパ諸国とのハイテク競争があるし，**量産部門**では中国や ASEAN，アジア NIEs との価格競争を勝ち抜かなければならないなど問題は多いね。**つまり日本の未来は，本書を読んでいる君たちにかかっているということだよ !!!**

表8　地域開発のまとめ

地域開発	時　期	特　色
特定地域総合開発計画	1951年，戦後復興期	TVA型の電源開発。多目的ダムを多数建設。
全 国 総 合 開 発 計 画	1962年，高度経済成長期前半	太平洋ベルトへの産業・人口集中を是正。拠点開発方式により，新産業都市，工業整備特別地域を指定し，地方に産業を分散。
新全国総合開発計画	1969年，高度経済成長期末期	太平洋ベルトと地方との格差是正。大規模プロジェクト方式により各地に大規模工業基地を建設。
第三次全国総合開発計画	1977年，石油危機後の安定成長期	地方への人口定着を図る。定住構想により，自然との調和がとれた産業や地方都市の育成。
第四次全国総合開発計画	1987年，バブル景気	東京一極集中を是正するため，多極分散型の国土形成をめざす。交流ネットワーク構想。
21世紀の国土のグランドデザイン	1998年，平成不況	太平洋ベルト以外の国土軸の形成を目標。多軸型国土構造を形成。

👆 **農家の分類**　農家の分類には，明治以来の専業農家，兼業農家の分類法と，1995年農業センサスによって導入された**主業農家**（農業所得が主），**準主業農家**（農業外所得が主で，65歳未満の農業従事者がいる），**副業的農家**（農業外所得が主で，65歳未満の農業従事者がいない）の分類法がある。

👆 **TPP**（Trans-Pacific Partnership：環太平洋パートナーシップ）　アジア・太平洋地域の**貿易自由化**を推進する経済的枠組みで，加盟国はすべての分野で**関税を撤廃**することを目指す。日本は加盟交渉の会合に参加しているが，日本の**輸出拡大への期待**と**安価な農産物流入や食の安全性に対する不安**など賛否両論がある。

👆 **日本の工業地域**（p.487 図4）　第二次世界大戦までは，**阪神工業地帯**（金属，繊維中心）が最大の工業地帯であったが，戦後，**京浜工業地帯**（機械，出版など）に首位の座を奪われた。近年は，自動車工業を中心とする**中京工業地帯**の伸びが著しく，工業生産額ではトップである。このほか，**関東内陸**（北関東）**工業地域**（自動車，家電など）の発展が著しく，**北九州工業地帯**の地位は低下している。参考までに，**工業統計**において，**2002年から出版がはずされたため**，出版

東アジア

東南アジア・南アジア

西アジア・アフリカ

ヨーロッパ

ロシアと周辺諸国

アングロアメリカ

ラテンアメリカ

オセアニア

日　本

が大きな地位を占めていた京浜工業地帯の生産額が著しく減少している［p.478 **表7**］。

🖐 **食料自給率**　国内の食料消費が国産食料でどれくらい 賄(まか)えているかを示す指標。**総合食料自給率**と**品目別自給率**がある。品目別自給率は重量ベースで算出されるが，総合自給率には，**生産額ベース，重量ベース，カロリーベース**による算出方法がある。日本の総合食料自給率（2017年）は，**生産額ベースで66％**，**カロリーベースで38％**となっている。

ポイント　日本の産業と社会

❶　日本の**農業**の特色は，労働集約的で**土地生産性**が高いが，国際競争力が弱いため，安価な輸入農産物が多く流入している。

❷　農産物の**自給率**は先進国の中できわめて低く，特に近年の輸入自由化以降，**自給率は低下**を続けている。

❸　**林業，水産業**ともに不振で，国内需要をまかなうことができず，輸入が増加している。

❹　**高度経済成長期**に，先進工業国の仲間入りを果たし，**重化学工業化**が進展した。

❺　**石油危機後，産業構造の転換**を図り，高度な知識や技術を利用して**高付加価値製品**の製造に力を入れている。

❻　近年は，日本企業の**多国籍化**が進み，企業の**海外進出**による**産業の空洞化**が生じている。

地

誌

東アジア

東南アジア・
南アジア

西アジア・
アフリカ

ヨーロッパ

ロシアと
周辺諸国

アングロ
アメリカ

ラテン
アメリカ

オセアニア

日　本

チェック問題

標準 4分

1 焼津市の防災施設を見て防災について関心をもったサクラさんは，静岡県中部で防災に関する地域調査を行い，地理の先生に報告した。次の図は静岡県中部のある地域の地形図（左）と，同範囲の地形分類図（右）である。下のサクラさんと先生との会話文中の下線部ア〜ウの正誤の組合せとして正しいものを，次ページの①〜⑧のうちから一つ選べ。

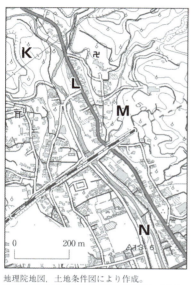
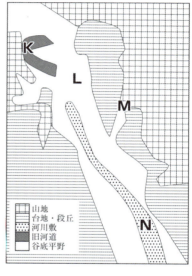

山地
台地・段丘
河川敷
旧河道
谷底平野

地理院地図，土地条件図により作成。
地形分類図は小面積のものを一部省略してある。

先　生　「興味深い調査をしてきましたね。図8や，サクラさんが調べたことをもとに，この地域の防災上の注意事項を考えてみましょう。たとえばK地点は地形から見て，建物を建てるときには液状化の対策が必要かもしれないですね。他の地点についてはどう思いますか？」

サクラ　「はい，まずこの地区のハザードマップを見たところ，この図の範囲内に洪水の危険性がある箇所は描かれていませんでした。M地点付近は谷で土石流の危険性があると描かれており，ア主に土砂災害の危険性があるので砂防ダムなど

の対策が必要だと思いました。ハザードマップでL地点付近は急傾斜地崩壊危険箇所となっていました。L地点付近に30年前から住んでいるという方から話を聞いたのですが，このあたりで洪水を経験したことはないそうです。しかし，地形分類図も参考にすると，L地点付近では，ィ<u>土砂災害とともに洪水にも注意が必要</u>だと思います。N地点付近では，下の写真のように，川の水面からは少し高く，道路より低い所が駐車場やテニスコートになっていました。N地点付近では<u>ウ洪水の危険性があり，大雨の際には近づかないほうがいい</u>と思いました」

先　生　「みなさんはどう思いますか？」

	①	②	③	④	⑤	⑥	⑦	⑧
ア	正	正	正	正	誤	誤	誤	誤
イ	正	正	誤	誤	正	正	誤	誤
ウ	正	誤	正	誤	正	誤	正	誤

2 幹線道路沿いに工業団地が造成されていることに気づいたケイタさんは，次に北上市の工業の変遷について調べることにした。次ページの表は，1960年，1985年，2010年の各年次について北上市における製造品出荷額の上位5業種と総従業員数を示したものであり，タ～ツは電気機械器具，輸送用機械器具，窯業・土石製品のいずれかである。業種名とタ～ツとの正しい組合せを，次ページの①～⑥のうちから一つ選べ。

表

順位	1960年	1985年	2010年
1位	木材・木製品 (55.6)	チ (30.6)	チ (41.8)
2位	食料品 (17.7)	一般機械器具 (12.6)	ツ (14.3)
3位	タ (13.5)	鉄鋼 (11.6)	パルプ・紙・紙加工品 (12.3)
4位	金属製品 (5.5)	パルプ・紙・紙加工品 (11.5)	一般機械器具 (8.7)
5位	一般機械器具 (1.6)	タ (6.1)	金属製品 (8.3)
総従業員数(人)	1,432	8,224	13,909

括弧内の数値は，製造品出荷額全体に占めている割合（％）を示す。
業種名は1985年の分類に統一してある。
『工業統計表』により作成。

	①	②	③	④	⑤	⑥
電気機械器具	タ	タ	チ	チ	ツ	ツ
輸送用機械器具	チ	ツ	タ	ツ	タ	チ
窯業・土石製品	ツ	チ	ツ	タ	チ	タ

3 交通網と地域の産業や生活とのかかわりをみるために，ケイタさんは岩手県全体の主題図を作成することにした。次の図は岩手県の主な交通網と，岩手県におけるいくつかの指標を市町村別に示したものであり，マ～ムは1km²当たりの事業所数，1世帯当たりの自動車保有台数，通勤・通学者数に占める他市町村への通勤・通学者の割合のいずれかである。指標名とマ～ムとの正しい組合せを，次ページの①～⑥のうちから一つ選べ。

地誌

東アジア

東南アジア・南アジア

西アジア・アフリカ

ヨーロッパ

ロシアと周辺諸国

アングロアメリカ

ラテンアメリカ

オセアニア

日　本

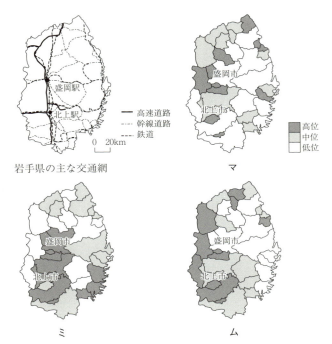

岩手県の主な交通網

| 高速道路 |
| 幹線道路 |
| 鉄道 |

0 20km

マ

| 高位 |
| 中位 |
| 低位 |

ミ

ム

統計年次は，1km²当たりの事業所数が2009年，1世帯当たりの自動車保有台数と，
通勤・通学者数に占める他市町村への通勤・通学者の割合が2010年。
岩手県の主な交通網は2010年。
経済センサスなどにより作成。

図

	①	②	③	④	⑤	⑥
1km² 当たりの事業所数	マ	マ	ミ	ミ	ム	ム
1世帯当たりの自動車保有台数	ミ	ム	マ	ム	マ	ミ
通勤・通学者数に占める 他市町村への通勤・通学者の割合	ム	ミ	ム	マ	ミ	マ

解答・解説　**1**　①　　静岡県中部の防災に関する地域調査についての会話
文である。M地点は，東部の山地に向かう谷に位置しているため，斜面崩壊な
どの土砂災害が生じた場合には土石流が発生する可能性があり，土砂の流下を
堰き止めるために「砂防ダム」などの防災対策は必要となる。したがって，ア
の下線部は正しい。L地点は，会話文中にあるように「急傾斜地崩壊危険箇所」
となっていることから，「土砂災害」が発生する危険性があるとともに，地形分

類図からは谷底平野であり，河川の水位が著しく上昇した場合には水害の恐れもあるため，イの下線部も正しい。N地点は，写真からすると河川よりは高いが，地形分類図では河川敷(かせんしき)と示されている。河川敷とは，常に河川が流れている河道に対して，増水時に冠水する平坦地であるため，平時には写真のように安全に見えても，増水時は洪水の危険性がある。したがって，ウの下線部も正しい。

2 ④　北上市における製造品出荷額の上位業種と総就業者数のデータから，電気機械器具，輸送用機械器具，窯業・土石製品を判定させる問題である。タ（窯業・土石製品）が順位を下げていることは，日本の産業構造の変化から判定はできる。窯業とは，粘土や石灰岩などを高熱で処理し，陶磁器，ガラス，瓦，セメントなどを生産する業種である。新素材などのハイテク分野に進出している企業もあるが，伝統産業としての性格が強い。チ（電気機械器具）とツ（輸送用機械器具）の判定はやや難しい。輸送用機械器具は，自動車，航空機，船舶，鉄道車両などを含むが，入試の際には自動車と考えてよい。電気機械器具は，家庭電化製品，情報通信機器，電子部品・デバイスなどいろいろあるが，特に（注）がないかぎりはこれらの製品と考える。表中では，チが1980年代から首位で，2010年でも40%以上と首位を保っているので電気機械器具とし，近年は自動車産業が三大工業地帯以外の北関東，東北，九州などに進出していることからツを輸送用機械器具と判定する。参考までに北上市には，トヨタグループが進出したため輸送用機械器具の出荷額が増加している。

3 ④　まず岩手県の主な交通網の図を見てみよう。北上盆地に位置する盛岡駅から北上駅にかけては平野に恵まれ鉄道，高速道路，幹線道路が整備され，経済の中心となっていることがわかる。したがって盛岡市〜北上市にかけて高位を示すミが1km²当たりの事業所数（企業数）である。マは岩手県の県庁所在地である盛岡市が低位で，その周辺地域が高位，中位になっていることから，通勤・通学者数に占める他市町村への通勤・通学者の割合である。周辺から盛岡市に通勤・通学している人々が多いと考える。残るムは盛岡市が低位で，西部の奥羽山脈付近で高位を示していることから1世帯当たりの自動車保有台数である。公共交通機関が整備されていないため，自動車を保有していなければ生活に支障をきたすと考えれば判定ができる。

東アジア

東南アジア・南アジア

西アジア・アフリカ

ヨーロッパ

ロシアと周辺諸国

アングロアメリカ

ラテンアメリカ

オセアニア

日　本

日 本 の 現 況

図1 日本の面積と地方区分

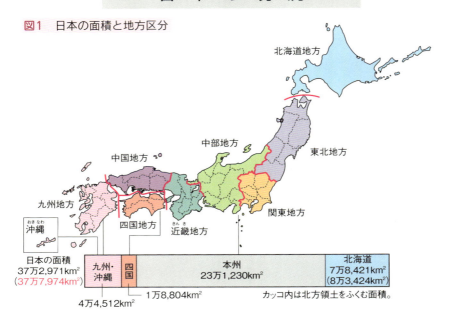

北海道地方

東北地方

中部地方

中国地方

関東地方

九州地方

沖縄

四国地方

近畿地方

日本の面積
37万2,971km²
（37万7,974km²）

九州・沖縄	四国	本州	北海道
		23万1,230km²	7万8,421km²（8万3,424km²）

4万4,512km²

1万8,804km²

カッコ内は北方領土をふくむ面積。

図2 日本の山地・山脈と主な火山の分布

天塩山地

北見山地

日高山脈

飛驒山脈

出羽山地

越後山脈

木曽山脈

北上高地

奥羽山脈

阿武隈高地

中国山地

丹波高地

関東山地

筑紫山地

赤石山脈

鈴鹿山脈

四国山地

九州山地

紀伊山地

主な
火山

図3　日本の主な河川と平野

石狩川
天塩川
石狩平野
津軽平野
十勝川
秋田平野
十勝平野
庄内平野
越後平野（新潟）
播磨平野（姫路）
岡山平野
最上川
信濃川
富山平野
北上川
筑紫平野
讃岐平野
木曽川
仙台平野
筑後川
阿武隈川
関東平野
高知平野
淀川
濃尾平野
天竜川
利根川
宮崎平野
吉野川
大阪平野
熊本平野

沖縄県

地誌
東アジア
東南アジア・南アジア
西アジア・アフリカ
ヨーロッパ
ロシアと周辺諸国
アングロアメリカ
ラテンアメリカ
オセアニア
日　本

図4　主な工業地帯と工業地域

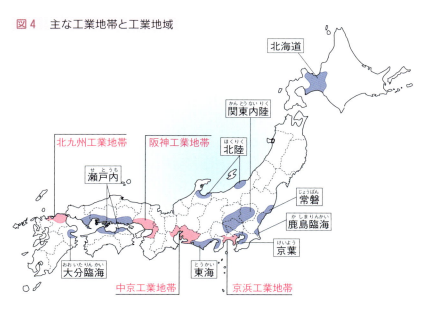

北海道
関東内陸
北九州工業地帯
阪神工業地帯
北陸
瀬戸内
常磐
鹿島臨海
大分臨海
京葉
中京工業地帯
東海
京浜工業地帯

図5　主な火力発電所（2019年3月末現在）

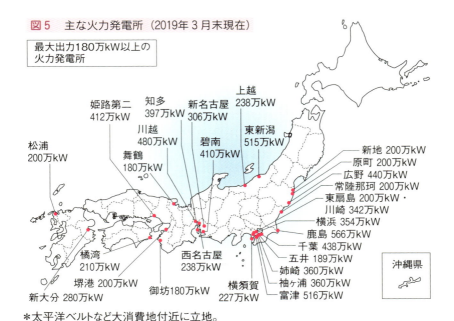

最大出力180万kW以上の
火力発電所

姫路第二
412万kW

知多
397万kW

新名古屋
306万kW

上越
238万kW

川越
480万kW

舞鶴
180万kW

碧南
410万kW

東新潟
515万kW

松浦
200万kW

新地 200万kW

原町 200万kW

広野 440万kW

常陸那珂 200万kW

東扇島 200万kW・
川崎 342万kW

横浜 354万kW

鹿島 566万kW

千葉 438万kW

五井 189万kW

姉崎 360万kW

橘湾
210万kW

西名古屋
238万kW

袖ヶ浦 360万kW

富津 516万kW

堺港 200万kW

御坊180万kW

横須賀
227万kW

新大分 280万kW

沖縄県

＊太平洋ベルトなど大消費地付近に立地。

図6　主な水力発電所（2018年3月末現在）

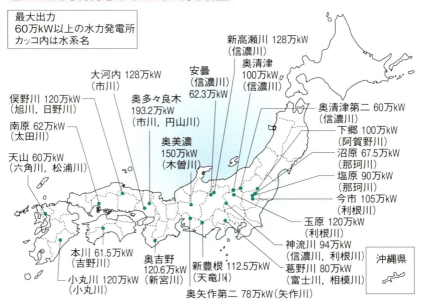

最大出力
60万kW以上の水力発電所
カッコ内は水系名

新高瀬川 128万kW
（信濃川）

大河内 128万kW
（市川）

安曇
（信濃川）
62.3万kW

奥清津
100万kW
（信濃川）

俣野川 120万kW
（旭川，日野川）

奥多々良木
193.2万kW
（市川，円山川）

奥清津第二 60万kW
（信濃川）

南原 62万kW
（太田川）

下郷 100万kW
（阿賀野川）

奥美濃
150万kW
（木曽川）

沼原 67.5万kW
（那珂川）

天山 60万kW
（六角川，松浦川）

塩原 90万kW
（那珂川）

今市 105万kW
（利根川）

玉原 120万kW
（利根川）

神流川 94万kW
（信濃川，利根川）

本川 61.5万kW
（吉野川）

奥吉野
120.6万kW
（新宮川）

新豊根 112.5万kW
（天竜川）

葛野川 80万kW
（富士川，相模川）

沖縄県

小丸川 120万kW
（小丸川）

奥矢作第二 78万kW（矢作川）

＊有効落差が得られる山間部に立地。

図7　原子力発電所の所在地（2019年7月31日現在）

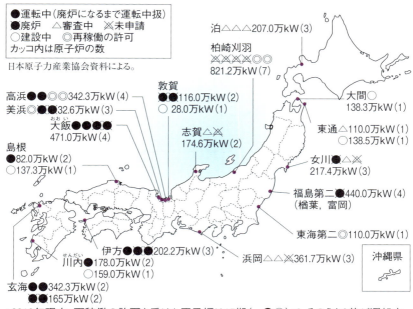

●運転中（廃炉になるまで運転中扱）
●廃炉　△審査中　※未申請
○建設中　◎再稼働の許可
カッコ内は原子炉の数

日本原子力産業協会資料による。

泊△△△207.0万kW（3）

柏崎刈羽
※※※※※○○821.2万kW（7）

大間○138.3万kW（1）

高浜●●◎◎342.3万kW（4）
美浜◎●●32.6万kW（3）

東通△110.0万kW（1）
○138.5万kW（1）

敦賀
●●116.0万kW（2）
○ 28.0万kW（1）

大飯●●●●471.0万kW（4）

志賀△※174.6万kW（2）

女川●△※217.4万kW（3）

島根
●82.0万kW（2）
○137.3万kW（1）

福島第二●440.0万kW（4）
（楢葉，富岡）

東海第二◎110.0万kW（1）

伊方●●●202.2万kW（3）

川内●178.0万kW（2）
○159.0万kW（1）

浜岡△△※361.7万kW（3）

玄海●●342.3万kW（2）
●●165万kW（2）

沖縄県

＊2019年現在，再稼働の許可を受けた原子炉は15期（＝●◎）で，そのうち9基が運転中。

全部のデータを丸暗記する必要はないけど，知っていれば，共通テストの問題を解くときに楽になるよ。

地誌

東アジア
東南アジア・南アジア
西アジア・アフリカ
ヨーロッパ
ロシアと周辺諸国
アングロアメリカ
ラテンアメリカ
オセアニア
日　本

図8 都道府県の主要工業（2017年）

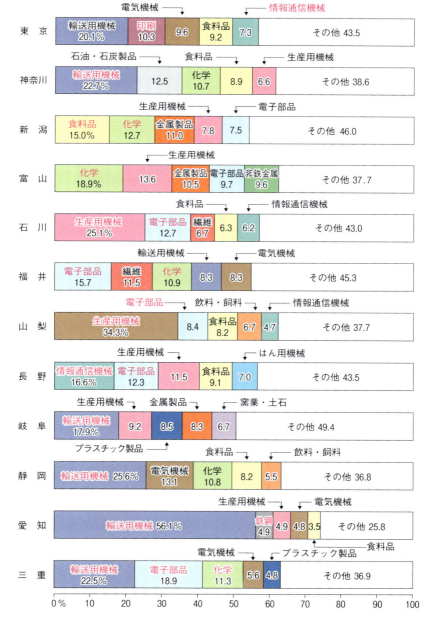

東京　輸送用機械 20.1%　印刷 10.3　電気機械 9.6　食料品 9.2　情報通信機械 7.3　その他 43.5

神奈川　輸送用機械 22.7%　石油・石炭製品 12.5　化学 10.7　食料品 8.9　生産用機械 6.6　その他 38.6

新潟　食料品 15.0%　化学 12.7　金属製品 11.0　生産用機械 7.8　電子部品 7.5　その他 46.0

富山　化学 18.9%　生産用機械 13.6　金属製品 10.5　電子部品 9.7　非鉄金属 9.6　その他 37.7

石川　生産用機械 25.1%　電子部品 12.7　繊維 6.7　食料品 6.3　情報通信機械 6.2　その他 43.0

福井　電子部品 15.7　繊維 11.5　化学 10.9　輸送用機械 8.3　電気機械 8.3　その他 45.3

山梨　生産用機械 34.3%　電子部品 8.4　食料品 8.2　飲料・飼料 6.7　情報通信機械 4.7　その他 37.7

長野　情報通信機械 16.6%　電子部品 12.3　生産用機械 11.5　食料品 9.1　はん用機械 7.0　その他 43.5

岐阜　輸送用機械 17.9%　生産用機械 9.2　金属製品 8.5　8.3　窯業・土石 6.7　その他 49.4

静岡　輸送用機械 25.6%　電気機械 13.1　化学 10.8　食料品 8.2　飲料・飼料 5.5　その他 36.8

愛知　輸送用機械 56.1%　鉄鋼 4.9　生産用機械 4.9　電気機械 4.8　3.5　その他 25.8

三重　輸送用機械 22.5%　電子部品 18.9　化学 11.3　電気機械 5.6　プラスチック製品 4.8　食料品　その他 36.9

0%　10　20　30　40　50　60　70　80　90　100

地誌

楽アジア

東南アジア・南アジア

西アジア・アフリカ

ヨーロッパ

ロシアと周辺諸国

アングロアメリカ

ラテンアメリカ

オセアニア

日　本

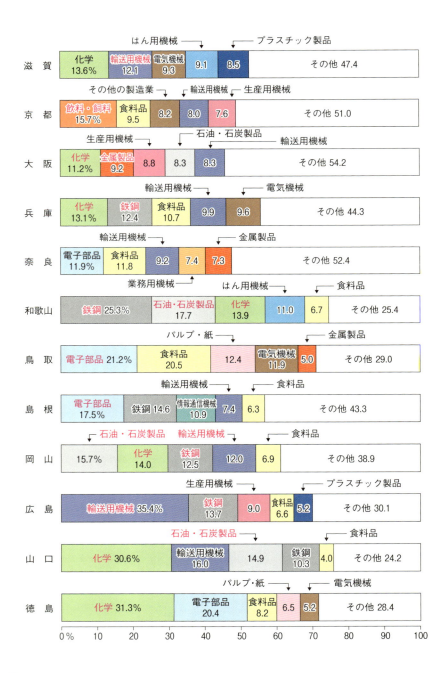

| | 0% | 10 | 20 | 30 | 40 | 50 | 60 | 70 | 80 | 90 | 100 |

滋賀　化学 13.6%　輸送用機械 12.1　電気機械 9.3　はん用機械 9.1　プラスチック製品 8.5　その他 47.4

京都　飲料・飼料 15.7%　食料品 9.5　その他の製造業 8.2　輸送用機械 8.0　生産用機械 7.6　その他 51.0

大阪　化学 11.2%　金属製品 9.2　生産用機械 8.8　石油・石炭製品 8.3　輸送用機械 8.3　その他 54.2

兵庫　化学 13.1%　鉄鋼 12.4　食料品 10.7　輸送用機械 9.9　電気機械 9.6　その他 44.3

奈良　電子部品 11.9%　食料品 11.8　輸送用機械 9.2　金属製品 7.4　7.3　その他 52.4

和歌山　鉄鋼 25.3%　石油・石炭製品 17.7　化学 13.9　業務用機械 11.0　はん用機械 6.7　食料品 その他 25.4

鳥取　電子部品 21.2%　食料品 20.5　パルプ・紙 12.4　電気機械 11.9　金属製品 5.0　その他 29.0

島根　電子部品 17.5%　鉄鋼 14.6　情報通信機械 10.9　輸送用機械 7.4　食料品 6.3　その他 43.3

岡山　石油・石炭製品 15.7%　化学 14.0　鉄鋼 12.5　輸送用機械 12.0　食料品 6.9　その他 38.9

広島　輸送用機械 35.4%　鉄鋼 13.7　生産用機械 9.0　食料品 6.6　プラスチック製品 5.2　その他 30.1

山口　化学 30.6%　輸送用機械 16.0　石油・石炭製品 14.9　鉄鋼 10.3　食料品 4.0　その他 24.2

徳島　化学 31.3%　電子部品 20.4　パルプ・紙 食料品 8.2　6.5　電気機械 5.2　その他 28.4

地誌

東アジア

東南アジア・南アジア

西アジア・アフリカ

ヨーロッパ

ロシアと周辺諸国

アングロアメリカ

ラテンアメリカ

オセアニア

日　本

香　川	非鉄金属 16.7% ／ 食料品 14.0 ／ 8.4 ／ 6.5 ／ 6.2	その他 48.2

輸送用機械 ／ 電気機械 ／ 金属製品

愛　媛：非鉄金属 17.3% ／ パルプ・紙 13.7 ／ 13.6 ／ 9.6 ／ 化学 7.4 ／ その他 38.4
石油・石炭製品 ／ 輸送用機械

高　知：食料品 16.5% ／ パルプ・紙 11.0 ／ 10.5 ／ 10.4 ／ 鉄鋼 7.2 ／ その他 44.4
窯業・土石 ／ 生産用機械

福　岡：輸送用機械 34.5% ／ 食料品 10.2 ／ 鉄鋼 9.4 ／ 6.7 ／ 5.5 ／ その他 33.7
飲料・飼料 ／ 金属製品

佐　賀：食料品 19.0% ／ 10.7 ／ 化学 9.5 ／ 8.8 ／ 8.5 ／ その他 42.5
輸送用機械 ／ 電子部品 ／ 電気機械

長　崎：輸送用機械 23.6% ／ はん用機械 18.1 ／ 電子部品 16.5 ／ 食料品 15.6 ／ 4.1 ／ その他 22.1
情報通信機械

熊　本：生産用機械 15.2% ／ 輸送用機械 14.6 ／ 食料品 13.0 ／ 電子部品 12.7 ／ 6.0 ／ その他 38.5
金属製品

大　分：輸送用機械 15.0 ／ 化学 14.0 ／ 鉄鋼 12.7 ／ 12.5 ／ 非鉄金属 11.7 ／ その他 34.1
石油・石炭製品

宮　崎：食料品 22.5% ／ 電子部品 10.8 ／ 10.1 ／ 化学 9.8 ／ 6.5 ／ その他 40.3
飲料・飼料 ／ ゴム製品

鹿児島：食料品 33.7% ／ 飲料・飼料 18.8 ／ 電子部品 15.1 ／ 8.8 ／ 5.5 ／ その他 18.1
窯業・土石 ／ 電気機械

沖　縄：石油・石炭製品 38.5% ／ 飲料・飼料 15.1 ／ 窯業・土石 13.2 ／ 10.9 ／ 5.2 ／ その他 17.1
金属製品 ／ 鉄鋼

全　国：輸送用機械 21.2% ／ 食料品 9.1 ／ 化学 8.9 ／ 6.5 ／ 鉄鋼 5.5 ／ 5.4 ／ 5.0 ／ 4.6 ／ その他 33.5
生産用機械 ／ 電気機械 ／ 電子部品 ／ 金属製品

0% 10 20 30 40 50 60 70 80 90 100

図9　主な鉄鋼工場所在地（2020年1月1日現在）

高炉一貫製鉄所

日本鉄鋼連盟資料，「全国製鉄所見学MAP」および各社ホームページによる。

図10　主な自動車組立工場所在地（2019年4月1日現在）

日本自動車工業会HP「日本の自動車工場分布図」による。＊は2020年末に閉鎖予定。

図11 半導体工場所在地（2018年）

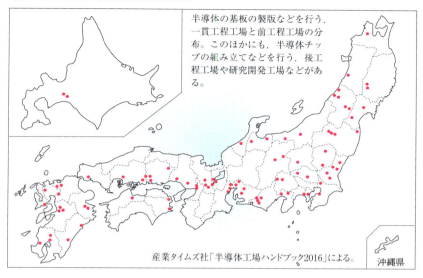

半導体の基板の製版などを行う，一貫工程工場と前工程工場の分布。このほかにも，半導体チップの組み立てなどを行う，後工程工場や研究開発工場などがある。

産業タイムズ社「半導体工場ハンドブック2016」による。

沖縄県

地誌

東アジア

東南アジア・南アジア

西アジア・アフリカ

ヨーロッパ

ロシアと周辺諸国

アングロアメリカ

ラテンアメリカ

オセアニア

日　本

図12 石油化学コンビナート所在地（2019年7月現在）

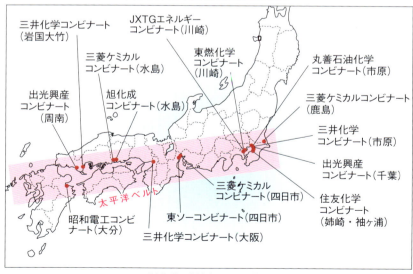

三井化学コンビナート（岩国大竹）

JXTGエネルギーコンビナート（川崎）

東燃化学コンビナート（川崎）

丸善石油化学コンビナート（市原）

三菱ケミカルコンビナート（水島）

三菱ケミカルコンビナート（鹿島）

出光興産コンビナート（周南）

旭化成コンビナート（水島）

三井化学コンビナート（市原）

出光興産コンビナート（千葉）

太平洋ベルト

三菱ケミカルコンビナート（四日市）

住友化学コンビナート（姉崎・袖ヶ浦）

昭和電工コンビナート（大分）

東ソーコンビナート（四日市）

三井化学コンビナート（大阪）

石油化学工業協会HPおよび「石油化学工業の現状」（2019年）による。

図13 セメント工場所在地（2018年4月1日現在）

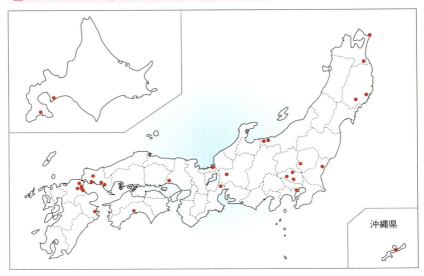

図14 パルプ・紙工場所在地（2019年4月1日現在）

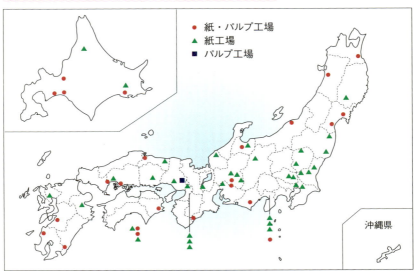

● 紙・パルプ工場
▲ 紙工場
■ パルプ工場

図15 １人当たり県民所得（2015年度）

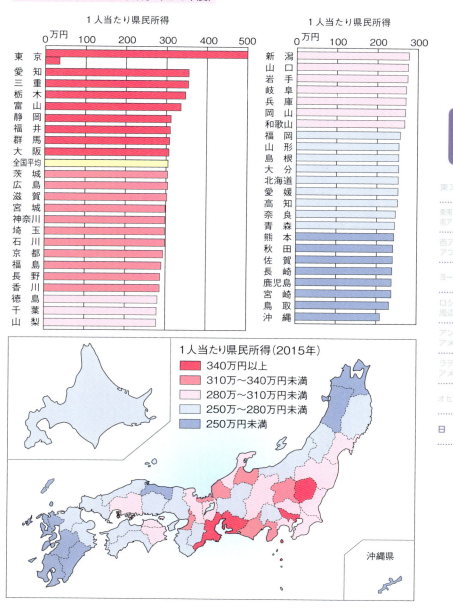

１人当たり県民所得

０万円　100　200　300　400　500

東京　愛知　三重　栃木　富山　静岡　福井　群馬　大阪　全国平均　茨城　広島　滋賀　宮城　神奈川　埼玉　石川　京都　福島　長野　香川　徳島　千葉　山梨

１人当たり県民所得

０万円　100　200　300

新潟　山口　岩手　岐阜　兵庫　岡山　和歌山　福岡　山形　島根　大分　北海道　愛媛　高知　奈良　青森　熊本　秋田　佐賀　長崎　鹿児島　宮崎　鳥取　沖縄

１人当たり県民所得（2015年）

- 340万円以上
- 310万〜340万円未満
- 280万〜310万円未満
- 250万〜280万円未満
- 250万円未満

沖縄県

地誌

東アジア

東南アジア・南アジア

西アジア・アフリカ

ヨーロッパ

ロシアと周辺諸国

アングロアメリカ

ラテンアメリカ

オセアニア

日　本

図16　都道府県名

- ------ 都・道・府・県界
- ------ 北海道の振興局界

択捉島
国後島
色丹島
歯舞群島
北海道
奥尻島
青森
秋田
岩手
山形　宮城
佐渡島
新潟
福島
石川　富山
栃木
群馬　茨城
福井　岐阜　長野　埼玉
鳥取　京都　滋賀　山梨　東京　千葉
島根　兵庫　愛知　神奈川
広島　岡山　大阪　静岡
山口　香川　奈良　大島
福岡　徳島　高知　和歌山
佐賀　愛媛
五島列島　大分
長崎　熊本　宮崎
鹿児島
奄美諸島
種子島
屋久島　沖縄諸島
尖閣諸島
先島諸島　沖縄
西表島　宮古島
与那国島　石垣島

0　　　200km

太平洋側なのか
日本海側なのか
内陸なのかを意識して都道
府県の名前と位置を確認！

図17　都道府県庁所在地・都市名

凡例
- ---- 都・道・府・県界
- ---- 北海道の支庁界
- ● 都・道・府・県の所在地
- ● 北海道の総合振興局所在地
- ● 北海道の振興局所在地

稚内
留萌　旭川　網走
札幌　岩見沢　帯広　釧路　根室
俱知安　室蘭　浦河
江差　函館
青森
秋田　盛岡
山形　仙台
新潟　福島
宇都宮
金沢　富山　長野　前橋　水戸
福井　岐阜　甲府　東京　千葉　さいたま
松江　鳥取　京都　大津　横浜
岡山　神戸　奈良　名古屋　静岡
広島　大阪　和歌山
山口　高松　徳島
福岡　松山　高知
佐賀　大分
長崎　熊本　宮崎
鹿児島
那覇

0　　　200km

47都道府県の**都道府県庁所在地名**は
バッチリだよね！

縦書き側注：
地誌
東アジア
東南アジア・南アジア
西アジア・アフリカ
ヨーロッパ
ロシアと周辺諸国
アングロアメリカ
ラテンアメリカ
オセアニア
日　本

表1　面積上位・下位県 (2018年)

	上位県	（万km²）	下位県	（万km²）
1	北海道	8.34	香　川	0.19
2	岩　手	1.53	大　阪	0.19
3	福　島	1.38	東　京	0.22
4	長　野	1.36	沖　縄	0.23
5	新　潟	1.26	神奈川	0.24

表2　人口上位・下位県 (2018年)

	上位県	（万人）	下位県	（万人）
1	東　京	1,382	鳥　取	56
2	神奈川	917	島　根	68
3	大　阪	881	高　知	71
4	愛　知	754	徳　島	74
5	埼　玉	733	福　井	77

表3　人口密度上位・下位県 (2018年)

	上位県	（人／km²）	下位県	（人／km²）
1	東　京	6,300	北海道	67
2	大　阪	4,626	岩　手	81
3	神奈川	3,798	秋　田	84
4	埼　玉	1,930	高　知	99
5	愛　知	1,457	島　根	101

表4　産業別人口構成 (2015年)

	第1次産業	（％）	第2次産業	（％）	第3次産業	（％）
1	青　森	12.4	滋　賀	33.8	東　京	82.1
2	高　知	11.8	富　山	33.6	沖　縄	80.0
3	宮　崎	11.0	愛　知	33.6	神奈川	76.7
4	岩　手	10.8	静　岡	33.2	千　葉	76.5
5	熊　本	9.8	三　重	32.0	福　岡	75.9
5	秋　田	9.8			大　阪	75.1
全国		4.0		25.0		71.0

表5　都道府県別農産物生産データ (2017年産)

	米 （千トン）		小麦 （百トン）		大麦 （百トン）	
1	新　潟	628	北海道	4,711	栃　木	358
2	北海道	515	福　岡	549	佐　賀	344
3	秋　田	491	佐　賀	369	福　岡	190
4	山　形	374	群　馬	231	茨　城	76
5	宮　城	371	愛　知	228	富　山	72
全国		7,780		7,649		1,607

		ばれいしょ（千トン）		さつまいも（千トン）		だいこん（千トン）
1	北海道	1,883	鹿児島	278	北海道	172
2	長　崎	89	茨　城	174	千　葉	140
3	鹿児島	86	千　葉	100	青　森	128
4	茨　城	45	宮　崎	90	鹿児島	94
5	千　葉	30	徳　島	28	宮　崎	78
全国		2,395		797		1,325

		キャベツ（千トン）		たまねぎ（千トン）		レタス（千トン）
1	群　馬	261	北海道	797	長　野	221
2	愛　知	245	佐　賀	103	茨　城	87
3	千　葉	111	兵　庫	93	群　馬	49
4	茨　城	111	愛　知	29	長　崎	32
5	神奈川	77	長　崎	24	兵　庫	26
全国		1,428		1,228		583

		みかん（千トン）		りんご（千トン）		ぶどう（千トン）
1	和歌山	144	青　森	416	山　梨	43
2	愛　媛	120	長　野	149	長　野	26
3	熊　本	86	山　形	47	山　形	17
4	静　岡	82	岩　手	40	岡　山	17
5	長　崎	53	福　島	27	福　岡	8
全国		741		735		176

		肉用牛（千頭）		乳用牛（千頭）		豚（千頭）
1	北海道	525	北海道	791	鹿児島	1,272
2	鹿児島	329	栃　木	52	宮　崎	822
3	宮　崎	245	熊　本	43	北海道	626
4	熊　本	127	岩　手	42	千　葉	614
5	岩　手	91	群　馬	35	群　馬	612
全国		2,514		1,328		9,189

※米，小麦，大麦，さつまいも，肉用牛，乳用牛，豚は2018年産。

地誌

東アジア

東南アジア・南アジア

西アジア・アフリカ

ヨーロッパ

ロシアと周辺諸国

アングロアメリカ

ラテンアメリカ

オセアニア

日　本

表6 都道府県別・業種別　製品出荷額データ（2016年）　　　（十億円）

	製造品出荷額総計		輸送用機械器具		生産用機械器具	
1	愛　知	**45,172**	愛　知	**25,224**	愛　知	2,125
2	神奈川	16,424	静　岡	4,031	大　阪	1,414
3	静　岡	16,257	神奈川	3,898	神奈川	1,063
4	大　阪	16,178	群　馬	3,583	兵　庫	1,054
5	兵　庫	15,235	広　島	3,467	茨　城	1,046
全国		305,149		**65,247**		18,417

	化学工業		食料品		電気機械器具	
1	千　葉	**2,194**	北海道	2,181	愛　知	2,110
2	兵　庫	2,005	埼　玉	1,790	静　岡	2,084
3	大　阪	1,994	愛　知	1,653	兵　庫	1,451
4	神奈川	1,882	兵　庫	1,640	大　阪	1,015
5	静　岡	1,731	千　葉	1,520	栃　木	875
全国		27,314		28,672		16,506

	電子部品・デバイス・電子回路		鉄鋼業		パルプ・紙・紙加工品	
1	三　重	**1,613**	愛　知	2,046	静　岡	819
2	長　野	739	兵　庫	1,742	愛　媛	575
3	広　島	634	千　葉	1,495	埼　玉	453
4	愛　知	611	大　阪	1,219	愛　知	432
5	宮　城	556	広　島	1,091	北海道	405
全国		14,582		15,738		5,275

表7　東京特別区と政令指定都市（＊）の基礎データ

特別区・ 政令指定都市	人口 （万人）	面積 （km²）	製造品出荷額 （億円）	年間商品販売額 （億円）
東京特別区	956	619	29,130	1,782,162
横　浜	374	438	39,975	106,996
大　阪	270	225	36,816	415,637
名古屋	229	327	34,904	273,595
札　幌	195	1,121	5,604	99,560
神　戸	154	557	32,556	56,483
福　岡	153	343	5,720	137,443
川　崎	149	143	40,929	30,232
京　都	142	828	26,138	53,632
さいたま	130	217	8,594	52,182
広　島	120	907	32,076	78,442
仙　台	106	786	9,224	91,420
千　葉	97	272	12,229	36,823
北九州	96	492	21,309	26,967
堺	84	150	35,187	17,546
浜　松	81	1,558	19,501	28,568
新　潟	80	726	11,451	32,319
熊　本	73	390	4,674	20,525
相模原	72	329	11,948	11,948
岡　山	71	790	10,182	31,941
静　岡	71	1,412	19,791	29,692

統計年次は2018年。製造品出荷額が2017年，年間商品販売額が2015年。
＊2019年。　　　　　　　　　　　　以上，『データでみる 県勢 2020』，『日本国勢図会 2019/20』など

長い間お疲れさまでした！
次のページに載っている，
オレからの熱いメッセージ
にも目を通してね！
よろしく！

地
誌

東アジア

東南アジア・
南アジア

西アジア・
アフリカ

ヨーロッパ

ロシアと
周辺諸国

アングロ
アメリカ

ラテン
アメリカ

オセアニア

日　本

最後までがんばった「君」へ

　地図と地理情報，系統地理から始まって，地誌の最後「日本」まで，本当によくがんばりました！

　最初はちょっとだけ（？）辛い時間も過ごしたかもしれないけど，少しずつ面白くなっていっただろう？　君たちは，本屋さんで本書を手にとり，「はじめに」を読んだ瞬間，成功への一歩を踏み出しているのです。

　地理は最高に楽しい科目です。「こんな楽しい学問に出会わず大学に行くのはもったいない！」と，俺は本気で思います。最初に話したように，受験で成功することはもちろんだけど，ただそれだけでは地理は面白くないよ。

　俺は，君たちには世界を正しく見つめ，日本の将来を背負っていく存在になってほしいんだ。この一年間のがんばりは，必ず君たちの未来を支えてくれるからね！　もちろん，俺もずーっと君たちを応援してます。

　そして今だけじゃなく，何歳になっても輝いていられるように，元気を出して（無理矢理でも），友達や学校の先生や家族と力を合わせて，君自身が楽しい人生にしてくださいね！　心から，心から成功を祈っています！

　　がんばれ！　全国の地理受験生♥♥♥

瀬川　聡

　次ページからの「さくいん」には，共通テスト「地理 B」攻略のための重要用語が掲載されているよ。積極的に活用して，身につけた知識を整理してくれよ！

さくいん

※原則として，初出，または詳述のページを表しています。

506

た行

510

主な参考文献（ウェブサイト含む）

『世界国勢図会　2019／20』（矢野恒太記念会）
『日本国勢図会　2019／20』（矢野恒太記念会）
『データブックオブ・ザ・ワールド　2020』（二宮書店）
『地理データファイル　2020年度版』（帝国書院）
『データでみる県勢2020』（矢野恒太記念会）
『日本のすがた2020』（矢野恒太記念会）
『国際連合世界統計年鑑』（国際連合統計局）
『国際連合世界人口年鑑』（国際連合統計局）
『国際連合世界人口予測』（国際連合経済社会情報・政策分析局人口部）
『世界森林白書』（FAO〔国連食糧農業機関〕）
『ILO労働統計年鑑』（国際労働事務局）
『人口の動向』（厚生統計協会）
『出入国管理統計年報』（法務省）
FAOSTAT（FAO Statistical Databases）http://faostat.fao.org/

参考とした教科書

『新詳地理B』（帝国書院）
『新編 詳解地理B　改訂版』（二宮書店）
『地理B』（東京書籍）

写真提供

㈱アフロ

瀬川　聡（せがわ　すなお）
　西南学院高等学校教諭を経て、現在、河合塾地理科講師。
　大学入学共通テスト対策から東大対策の授業まで幅広く担当。毎週、東は東京地区から西は中四国、九州地区までの校舎を飛び回るも、疲れは一切見せず、どの校舎でも熱意あふれる授業を展開。
　また、全国に配信されている「河合塾マナビス」での映像授業にも出講し、夏期講習、冬期講習は毎年必ず満員御礼となるなど、絶大な人気と実績を誇る「地理」受験指導の第一人者。河合塾の授業以外にも模試作成、テキスト執筆に加え、全国の高校地理教員研修（河合塾、教育委員会、私学協会、地理部会）、各種講演会、東京書籍・文部科学省検定教科書『地理総合』編集協力など活動は多岐にわたる。
　著書は、『改訂第3版　センター試験　地理Bの点数が面白いほどとれる本』『瀬川聡の　センター試験　地理B［系統地理編］超重要問題の解き方』『瀬川聡の　センター試験　地理B［地誌編］超重要問題の解き方』（以上、KADOKAWA）、『大学入学共通テスト　地理Bが1冊でしっかりわかる本［系統地理編］』（かんき出版）、『大学入学共通テスト　瀬川聡地理B講義の実況中継〈系統地理編／地誌編〉』（語学春秋社）、『地理用語完全解説G』（共著、河合出版）など多数。

大学入学共通テスト　地理Bの点数が面白いほどとれる本

2020年7月10日　初版　　第1刷発行
2021年12月10日　　　　　第12刷発行

著者／瀬川　聡

発行者／青柳　昌行

発行／株式会社KADOKAWA
〒102-8177　東京都千代田区富士見2-13-3
電話　0570-002-301（ナビダイヤル）

印刷所／図書印刷株式会社

●お問い合わせ
https://www.kadokawa.co.jp/（「お問い合わせ」へお進みください）
※内容によっては、お答えできない場合があります。
※サポートは日本国内のみとさせていただきます。
※Japanese text only

定価はカバーに表示してあります。